材料延寿与可持续发展

汽车材料和典型零件失效分析与延寿

↗《材料延寿与可持续发展》丛书总编委会　组织编写

马鸣图　等编著

化学工业出版社

·北京·

本书全面介绍了汽车材料和零部件的失效分析技术和预防措施。重点介绍了汽车典型零件和系统的腐蚀失效特点和预防措施，包括汽车腐蚀磨损形式以及预防措施，汽车金属材料的腐蚀失效形式与预防，汽车镀层板腐蚀特点以及腐蚀措施，汽车排气系统的热端和冷端失效的评价方法和防腐性能提升的措施等。书中许多案例是作者实际经验的总结和提升，将会给读者解决汽车零部件失效问题提供全新的思路和有益的借鉴。

本书可供从事汽车材料应用的科研、技术开发和零件制造的技术人员、管理人员阅读，也可供工科学校相关师生参考。

图书在版编目（CIP）数据

汽车材料和典型零件失效分析与延寿/马鸣图等编著.—北京：化学工业出版社，2016.11
（材料延寿与可持续发展）
ISBN 978-7-122-28135-7

Ⅰ.①汽⋯ Ⅱ.①马⋯ Ⅲ.①汽车-工程材料-失效分析②汽车-零部件-失效分析 Ⅳ.①U465②U463

中国版本图书馆CIP数据核字（2016）第229816号

责任编辑：刘丽宏　段志兵　王清颢　　文字编辑：颜克俭
责任校对：宋玮　　　　　　　　　　　　装帧设计：王晓宇

出版发行：化学工业出版社（北京市东城区青年湖南街13号　邮政编码100011）
印　　装：北京虎彩文化传播有限公司
710mm×1000mm　1/16　印张25¼　字数460千字　2017年1月北京第1版第1次印刷

购书咨询：010-64518888　（传真：010-64519686）
售后服务：010-64518899
网　　址：http://www.cip.com.cn
凡购买本书，如有缺损质量问题，本社销售中心负责调换。

定　价：88.00元　　　　　　　　　　　　版权所有　违者必究

《材料延寿与可持续发展》丛书顾问委员会

主任委员：师昌绪
副主任委员：严东生 王淀佐 干　勇 肖纪美
委　　员（按姓氏拼音排序）：
安桂华　白忠泉　才鸿年　才　让　陈光章　陈蕴博
戴圣龙　俸培宗　干　勇　高万振　葛昌纯　侯保荣
柯　伟　李晓红　李正邦　刘翔声　师昌绪　屠海令
王淀佐　王国栋　王亚军　吴荫顺　肖纪美　徐滨士
严东生　颜鸣皋　钟志华　周　廉

《材料延寿与可持续发展》丛书总编辑委员会

名誉主任（名誉总主编）：
　　干　勇
主　　任（总主编）：
　　李金桂　张启富
副 主 任（副总主编）：
　　许淳淳　高克玮　顾宝珊　张　炼　朱文德　李晓刚
编　　委（按姓氏拼音排序）：
白新德　蔡健平　陈建敏　程瑞珍　窦照英　杜存山
杜　楠　干　勇　高克玮　高万振　高玉魁　葛红花
顾宝珊　韩恩厚　韩雅芳　何玉怀　胡少伟　胡业锋
纪晓春　李金桂　李晓刚　李兴无　林　翠　刘世参
卢凤贤　路民旭　吕龙云　马鸣图　沈卫平　孙　辉
陶春虎　王　钧　王一建　武兵书　熊金平　许淳淳
许立坤　许维钧　杨卯生　杨文忠　袁训华　张　津
张　炼　张启富　张晓云　赵　晴　周国庆　周师岳
周伟斌　朱文德
办 公 室：袁训华　张雪华

《材料延寿与可持续发展》丛书指导单位

中国工程院
中国科学技术协会

《材料延寿与可持续发展》丛书合作单位

中国腐蚀与防护学会
中国钢研科技集团有限公司
中国航发北京航空材料研究院
化学工业出版社

总序言

在远古人类处于采猎时代，依赖自然，听天由命；公元前一万年开始，人类经历了漫长的石器时代，五千多年前进入青铜器时代，三千多年前进入铁器时代，出现了农业文明，他们砍伐森林、种植稻麦、驯养猪狗，改造自然，进入农牧经济时代。18世纪，发明蒸汽机车、轮船、汽车、飞机，先进的人类追求奢侈的生活、贪婪地挖掘地球、疯狂地掠夺资源、严重地污染环境，美其名曰人类征服自然，而实际是破坏自然，从地区性的伤害发展到全球性的灾难，人类发现在无休止、不理智、不文明地追求享受的同时在给自己挖掘坟墓。

人类终于惊醒了，1987年世界环境及发展委员会发表的《布特兰报告书》确定人类应该保护环境、善待自然，提出了"可持续发展战略"，表达了人类应该清醒地、理智地、文明地处理好人与自然关系的大问题，指出"既满足当代人的需求，又不对后代人满足其需求的能力构成危害的发展"，称之为可持续发展。其核心思想是"人类应协调人口、资源、环境与发展之间的相互关系，在不损害他人和后代利益的前提下追求发展"。

这实际上是涉及到我们人类所赖以生存的地球如何既满足人类不断发展的需求，又不被破坏、不被毁灭这样的大问题；涉及到人口的不断增长、生活水平的不断提高、资源的不断消耗、环境的不断恶化；涉及矿产资源的不断耗竭、不可再生能源资源的不断耗费、水力资源的污染、土地资源的破坏、空气质量的不断恶化等重大问题。

在"可持续发展"战略中，材料是关键，材料是人类赖以生存和发展的物质基础，是人类社会进步的标志和里程碑，是社会不断进步的先导、是可持续发展的支柱。如果不断发现新矿藏，不断研究出新材料，不断延长材料的使用寿命，不断实施材料的再制造、再循环、再利用，那么这根支柱是牢靠的、坚强的，是能够维护人类可持续发展的！

在我国，已经积累了许许多多预防和控制材料提前失效（其因素主要是腐蚀、摩擦磨损磨蚀、疲劳与腐蚀疲劳）的理论、原则、技术和措施，需要汇总和提供应用，《材料延寿与可持续发展》丛书以多个专题力求解决这一课题项目。有一部分专题阐述了材料失效原理和过程，另一部分涉及工程领域，结合我国已积累的材料失效的案例和经验，更深入系统地阐述预防和控制材料提前失效的理论、原则、技术和措施。丛书总编辑委员会前后花费五年的时间，将分散在全国各个研究院所、工厂、院校的研究成果经过精心分析研究、汇聚成一套系列丛书，这是一项研究成果、是一套高级科普丛书、是一套继续教育实用教材。希望对我国各个工业部门的设计、制造、使用、维护、维修和管理人员会有所启示、有所参考、有所贡献；希望对提高全民素质有所裨益、对国家各级公务员有所参考。

我国正处于高速发展阶段，制造业由大变强，材料的合理选择和使用，以达到装备的高精度、长寿命、低成本的目的，这一趋势应该受到广泛的关注。

中国科学院院士 师昌绪
中国工程院院士

总前言

材料是人类赖以生存和发展的物质基础,是人类社会进步的标志和里程碑,是社会不断进步的先导,是国家实现可持续发展的支柱。然而,地球上的矿藏是有限的,而且需要投入大量的能源,进行复杂的提炼、处理,产生大量污染,才能生产成为人类有用的材料,所以,材料是宝贵的,需要科学利用和认真保护。

半个多世纪特别是改革开放三十多年来,我国材料的研究、开发、应用有了快速的发展,水泥、钢铁、有色金属、稀土材料、织物等许多材料的产量多年居世界第一。我国已经成为世界上材料的生产、销售和消费大国。"中国材料"伴随着"中国制造"的产品,遍布全球;伴随着"中国建造"的工程项目,遍布全国乃至世界上很多国家。材料支撑我国国民经济连续30多年GDP年均10%左右的高速发展,使我国成为全球第二大经济体。但是,我国还不是材料强国,还存在诸多问题需要改进。例如,在制造环境、运行环境和自然环境的作用下,出现过早腐蚀、老化、磨损、断裂(疲劳),材料及其制品在使用可靠性、安全性、经济性和耐久性(简称"四性")方面都还有大量的工作要做。

"材料延寿"是指对材料及其制品在服役环境作用下出现腐蚀、老化、磨损和断裂而导致的过早失效进行预防与控制,以尽可能地提高其"四性",也就是提高水平,提高质量,延长寿命。目标是节约资源、能源,减少对环境的污染,支持国家可持续发展。

材料及制品的"四性"实质上是材料及制品水平高低和质量好坏的最终表征和判断标准。追求"四性",就是追求全寿命周期使用的高水平、高质量,追求"质量第一",追求"质量立国",追求"材料强国"、"制造强国"、"民富、国强、美丽国家"。

我国在"材料延寿与可持续发展"方面,做过大量的研究,取得了显著的成绩,积累了丰富的实践经验,凝练出了一系列在材料全寿命周期中提高"四性"的重要理论、原则、技术和措施,可以总结,服务于社会。

"材料延寿与可持续发展"丛书的目的就在于:总结过去,总结已有的系统控制材料提前损伤、破坏和失效的因素,即腐蚀、老化、磨损和断裂(主要是疲劳与腐蚀疲劳)的理论、原则、技术和措施,使各行业产品设计师,制造、使用和管理工程师有所启示、有所参考、有所作为、有所贡献,以尽可能地提高产品的"四性",

延长使用寿命。丛书的目的还在于：面对未来、研究未来，推进材料的优质化、高性能化、高强化、长寿命化，多品质、多规格化、标准化，传统材料的综合优化，材料的不断创新，并为国家长远发展，提出成套成熟可靠的理论、原则、政策和建议，推进国家"节约资源、节能减排"、"可持续发展"和"保卫地球、科学、和谐"发展战略的实施，加速创建我国"材料强国"、"制造强国"。

在中国科协和中国工程院的领导与支持下，一批材料科学工作者不懈努力，不断地编写和出版系列图书。衷心希望通过我们的努力，既能对设计师，制造、使用和管理工程师"材料延寿与可持续发展"的创新有所帮助，又能为国家成功实施"可持续发展"、"材料强国"、"制造强国"的发展战略有所贡献。

中国工程院院士
中国工程院副院长

前言

自 2000 年以来，中国汽车工业发展进入"快车道"，每年汽车产量几乎全以百分比两位数的速度增长，并于 2003 年达到 1364 万辆，超过美国，居世界首位。此后，多年来中国的汽车产销量一直居世界第一。2013 年产量达到 2211 万辆，汽车保有量超过 1.2 亿辆，汽车工业的主营收入超过 6.3 万亿元人民币，利税已接近 8.5 万亿元人民币。汽车工业已成为中国的支柱产业，汽车与人们日常生活密切相关，而汽车产业对相关产业的带动作用以及由此产生的汽车文化：汽车展览、汽车赛事、汽车旅游、汽车的现代科技等，也是没有任何一个产业可与之相比；对影响如此之大的一个产业，其用材和组成零部件的失效分析、预防和延寿自然是人们关注的重大课题。任何一个零件的失效原因的准确分析，特别是对一些关键零部件的分析，并提出延寿的措施，对于体量如此之大的汽车产业，不是一个单纯的技术问题，而是将会对整个产业的发展产生深刻的影响，进而产生巨大的经济效益，并给一个新车型的发展带来巨大的商机。这正是本书选择这一主题的重要原因所在。

早期系统的失效分析工作始于第二次世界大战后人们对自由轮的断裂分析，由此产生了材料低温韧性的评价参量，同时也使人们认识到失效分析不仅仅是寻找一个技术问题的解决方式，同时还涉及相关技术产业的发展和影响产业发展的新的科学问题的产生；随后美国金属学会组织编写了《金属手册——断口金相与断口图谱》，该手册的第 10 卷为失效分析预防，从而使失效分析成为一门新兴科学。20 世纪 60 年代以后，这门新兴学科迅速发展，对汽车零件的失效分析和材料的改进展示出了重要的意义。美国的这本手册已经出版到第 9 版，足见这一系统的巨著对技术发展所起的重要作用和意义。我国曾于 20 世纪 80 年代中期，由中国机械工程学会材料学会组织编写了《机械产品失效分析丛书》，该套丛书反映和总结了我国当时的失效分析技术水平、主要成果和经验，丛书的出版曾对我国失效分析预防工作发挥了重大作用，为产品质量的提升做出了贡献。

《汽车材料和典型零件失效分析与延寿》全面论述了汽车材料和零部件的失效分析技术和预防措施，全书共分七章。

第 1 章概述了汽车工业发展的趋势、汽车用材（包括高强度钢、先进高强度钢、铝合金、镁合金、复合材料等结构材料）的新近发展和应用以及孕育中的第三次产业革命对汽车发展趋势的影响（即电动化、智能化和轻量化），综述了汽车在服役过程中的材料和构件的失效模式和预防失效、延寿的重要意义。

腐蚀给国民经济尤其是汽车工业带来的巨大损失，第 2 章基于本书编著者承担的中国工程院、国家科技部资助的社会公益项目以及重庆市的国际合作项目所进行的大量的观测，收集了大量相关数据和试验结果，展示了车辆材料在潮湿和酸雨的典型环境下的腐蚀研究成果，并提出了在这类环境中提升材料和构件腐蚀抗力的措施。

第3章论述了镀层板的种类、特点、性能、未来的发展趋势，以及对汽车防腐抗力提升的作用，并通过大量的应用研究结果，提出了应用镀层板提升汽车防腐抗力的设计方法。

第4章概述了排气系统的零件构成、用材演变和进展。基于排气系统的热端和冷端的失效模式，尤其是对冷端冷凝腐蚀的研究和分析，提出了排气系统的热端和冷端失效的评价方法和防腐性能提升的措施。本章由中信金属公司尚成嘉和张伟提出初稿，编著者根据全书的撰写思路进行了修改和补充。

第5章首先论述了金属材料疲劳的特点、疲劳失效和断口特征、疲劳的种类及表征参量，疲劳的试验方法和数据处理，试图给读者关于疲劳方面的准确概念，并概述了影响疲劳的因素和提高疲劳性能的措施。

第6章以大量的汽车零部件台架试验和使用中的失效案例的分析论述了汽车零部件的多种失效模式，多因素的分析和认识方法，希望能给读者进行汽车典型零部件进行失效分析时一个新的多维的思维；本章由刘珂军和编著者共同完成。不少案例是实际经验的总结和提升，可供读者在分析失效原因时进行借鉴。

汽车中的摩擦磨损是重要的失效模式之一，摩擦不仅消耗汽车发动机的有效功，磨损还会引起零件的早期失效，第7章首先介绍摩擦磨损的类型、汽车中的典型零件的摩擦磨损失效的案例，并提出了减少摩擦和降低磨损失效的途径。

现代的失效分析是一门新颖的多学科交叉的综合性技术。做好汽车材料和零件的失效分析工作，涉及机械设计、力学、物理、材料、工艺、管理、材料试验和微观分析等多学科以及多学科交叉的专业知识，同时还要了解零件的制造历史、服役历史，准确地找出失效原因并提出预防措施，是一项系统工程。本书正是本着这一思想对汽车构件的常见的失效方式（腐蚀、疲劳、磨损）进行论述；这三种失效模式又相互交叉和联系。因此书中各章也相互渗透，互有联系，但针对特定的失效模式，又自成体系，可独立阅读！应该说明，由于电动化、智能化和轻量化的发展，汽车电器、电子、电控等技术迅速发展及其在现代汽车上的用量也迅速增加，失效概率也较前增多，有关这方面的失效与预防将另有专著论述，不在本书涉及范围。

本书涉及多学科的广泛领域，限于作者水平，书中不当之处难免，热情希望读者加以指正。本书初稿曾承总编委会李金桂研究员审阅，化学工业出版社责任编辑刘丽宏、段志兵、王清颢为本书的出版付出了许多辛勤劳动，他们所提出的宝贵意见已经采用于书中，中国工程院为编写此书专门立项并多次召开会议，给予指导和支持，编著者在此并致谢意。

编著者

目录

第1章 绪论

1.1 概述 ······ 001
1.2 汽车工业发展趋势 ······ 004
1.2.1 轻量化 ······ 004
1.2.2 提高安全性 ······ 006
1.2.3 提高可靠性 ······ 006
1.2.4 延长使用寿命 ······ 007
1.2.5 发展新能源汽车 ······ 007
1.3 汽车材料的开发和应用 ······ 008
1.3.1 汽车轻量化用钢概要 ······ 008
1.3.2 高强度钢和先进高强度钢在自主品牌汽车上的典型应用 ······ 013
1.3.3 汽车用铝合金 ······ 017
1.3.4 汽车用镁合金 ······ 024
1.3.5 复合材料 ······ 026
1.4 汽车在服役过程中的材料失效 ······ 028
1.4.1 腐蚀失效 ······ 028
1.4.2 疲劳失效 ······ 028
1.4.3 摩擦磨损 ······ 029
1.5 孕育中的新的工业革命对汽车工业发展和产品延寿带来的影响 ······ 029
1.6 小结 ······ 031
参考文献 ······ 032

第2章 车辆材料和典型构件的自然环境腐蚀

2.1 概述 ······ 034
2.2 腐蚀的危害 ······ 035
2.2.1 腐蚀给国民经济带来重大损失 ······ 035
2.2.2 腐蚀给汽车工业带来巨大损失 ······ 038

2.3 腐蚀失效的特点 …… 040
2.4 国内外汽车的环境腐蚀研究概况 …… 042
2.5 重庆市公交和卡车环境腐蚀调研 …… 045
　2.5.1 重庆市公交车辆环境腐蚀调研 …… 045
　2.5.2 重庆市卡车车辆大气腐蚀调查 …… 049
2.6 车辆材料在潮湿和酸雨的典型环境下的腐蚀 …… 053
　2.6.1 环境腐蚀试验试样与试验方法 …… 054
　2.6.2 环境腐蚀试验期间内的气象及环境数据 …… 054
　2.6.3 自然曝露试验的样品的腐蚀等级、光泽和色差的试验结果 …… 055
　2.6.4 环境腐蚀试样的表面形貌变化 …… 056
　2.6.5 典型汽车零件环境腐蚀试验结果和表面形貌 …… 058
2.7 自然曝露试验与加速腐蚀试验相关性的研究 …… 069
　2.7.1 试验样品和方法 …… 069
　2.7.2 环境腐蚀试验的结果 …… 073
　2.7.3 环境腐蚀产物形貌观察 …… 081
　2.7.4 环境腐蚀产物成分的定性和定量测定 …… 083
　2.7.5 人工加速试验——CASS盐雾腐蚀结果 …… 087
　2.7.6 人工加速腐蚀和自然环境腐蚀的相关性及其评价 …… 089
2.8 高强度螺栓的延迟断裂性能和环境腐蚀 …… 092
　2.8.1 高强度螺栓的延迟断裂性能 …… 092
　2.8.2 高强度螺栓环境腐蚀 …… 096
2.9 提高重庆地区典型汽车构件环境防腐性能的措施和建议 …… 100
2.10 车辆材料环境腐蚀数据库 …… 103
2.11 总结 …… 105
2.12 附录 …… 105
参考文献 …… 138

第3章 涂镀层钢板在汽车中的应用

3.1 概述 …… 141
3.2 镀层板的种类和特点 …… 141
3.3 镀层板的基本性能 …… 147
　3.3.1 镀层与基体的结合力 …… 147

3.3.2 涂层板的成形性 …… 148
3.3.3 涂层板的耐蚀性 …… 150
3.3.4 涂层板的点焊性能 …… 153
3.3.5 涂层板的表面处理与油漆特性 …… 164
3.4 涂层板在汽车工业中的应用 …… 168
3.5 不同镀层板的性能和未来的发展趋势 …… 171
3.6 提升汽车零件防腐抗力的设计方法 …… 173
3.7 小结 …… 174
参考文献 …… 175

第4章 汽车排气系统腐蚀分析与选材

4.1 概述 …… 177
4.2 排气系统的零件构成和用材演变 …… 178
4.3 不锈钢在汽车排气系统中的应用 …… 183
4.4 排气系统热端和冷端的常见失效模式 …… 184
4.5 排气系统热端材料的性能特点和失效 …… 188
4.6 排气系统的冷端材料性能和失效 …… 191
4.7 腐蚀失效评价标准与方法 …… 196
    4.7.1 高温氧化试验 …… 196
    4.7.2 持久强度试验 …… 197
    4.7.3 凝结液腐蚀试验 …… 198
    4.7.4 晶间腐蚀评价 …… 200
    4.7.5 盐雾腐蚀试验 …… 204
4.8 小结 …… 205
4.9 附录 …… 206
参考文献 …… 209

第5章 汽车金属材料疲劳失效

5.1 概述 …… 211
5.2 疲劳的循环应力 …… 212
5.3 疲劳的加载模式和宏观断口 …… 214
5.4 疲劳断口的微观特征 …… 217
5.5 疲劳的分类及表征参量 …… 225

  5.5.1 疲劳的分类 ………………………………………………… 225
  5.5.2 高周疲劳的表征 ……………………………………………… 227
  5.5.3 影响高周疲劳的应力因素 …………………………………… 233
 5.6 影响疲劳性能的因素 ………………………………………………… 236
  5.6.1 材料的种类和抗拉强度 ……………………………………… 237
  5.6.2 材料种类和屈服强度 ………………………………………… 239
  5.6.3 材料的晶粒度和亚晶尺寸 …………………………………… 241
  5.6.4 材料的表面完整性 …………………………………………… 241
  5.6.5 影响疲劳的其他因素 ………………………………………… 244
 5.7 应变疲劳（低周疲劳）及表征 ……………………………………… 247
 5.8 疲劳裂纹萌生 ………………………………………………………… 250
 5.9 疲劳裂纹扩展 ………………………………………………………… 251
  5.9.1 疲劳裂纹扩展和扩展速率的表征 …………………………… 251
  5.9.2 Paris 方程和疲劳寿命的估算 ………………………………… 255
 5.10 疲劳的试验方法和数据处理 ……………………………………… 256
  5.10.1 成组法及其数据处理 ……………………………………… 257
  5.10.2 升降法及其数据处理 ……………………………………… 258
  5.10.3 疲劳极限的统计分析——SAFL 方法 …………………… 258
  5.10.4 疲劳损伤累积理论的试验和数据处理方法——LOCATI 法 …… 259
 5.11 高周疲劳快速试验方法 …………………………………………… 261
 5.12 疲劳试验设备 ……………………………………………………… 264
 5.13 提高疲劳强度的措施 ……………………………………………… 268
  5.13.1 疲劳设计和零件选材 ……………………………………… 268
  5.13.2 制造工艺 …………………………………………………… 269
 5.14 疲劳失效分析 ……………………………………………………… 278
 5.15 小结 ………………………………………………………………… 281
 参考文献 ………………………………………………………………… 282

第6章 汽车零部件疲劳失效与延寿

 6.1 概述 …………………………………………………………………… 284
 6.2 汽车典型零件的疲劳失效模式 ……………………………………… 284
  6.2.1 轴类零件的失效断口特征 …………………………………… 288
  6.2.2 齿轮零件的失效的表面特征 ………………………………… 295

6.2.3 在剪矩作用下的疲劳失效模式 …… 296
6.3 疲劳失效模式的多样性和影响因素 …… 298
6.4 汽车零件疲劳失效分析的思路及方法的思考 …… 302
　6.4.1 可靠性分析原理的应用 …… 302
　6.4.2 正确区分材料性能和零部件功能 …… 315
　6.4.3 充分利用和发挥计算机模拟的手段 …… 316
　6.4.4 疲劳断裂分析的认识过程 …… 317
　6.4.5 对疲劳断裂认识的阶段性 …… 319
　6.4.6 疲劳失效的过程和零件所在系统的相关性 …… 320
　6.4.7 汽车零件失效分析时的共性和个性问题 …… 322
6.5 疲劳断裂分析与结构因素的再认识 …… 323
　6.5.1 零部件的基本结构特征与疲劳断裂模式 …… 323
　6.5.2 汽车部件结构对零件的力学要素和疲劳性能的影响 …… 325
　6.5.3 系统中的应力和应变集中对汽车结构件疲劳断裂的影响 …… 327
　6.5.4 弯曲结构与疲劳断裂 …… 333
　6.5.5 汽车零部件结构中的组合应力问题 …… 343
　6.5.6 系统结构对零件失效形式的影响 …… 345
　6.5.7 零件的结构失稳与失效 …… 347
6.6 小结 …… 350
参考文献 …… 351

第7章 典型汽车零件的摩擦与磨损

7.1 概述 …… 352
7.2 摩擦的定义与分类 …… 353
7.3 摩擦理论 …… 354
　7.3.1 早期摩擦理论 …… 354
　7.3.2 滑动摩擦理论 …… 355
　7.3.3 滚动摩擦理论 …… 355
7.4 影响摩擦的因素 …… 356
7.5 磨损的分类与评定 …… 357
　7.5.1 磨损的分类 …… 358
　7.5.2 影响黏着磨损和磨料磨损的因素 …… 359
　7.5.3 磨损的评定 …… 360

7.6 提高材料耐磨性的方法和途径 ………………………………………… 361
　7.6.1 开发耐磨材料 ……………………………………………………… 361
　7.6.2 表面强化 …………………………………………………………… 363
7.7 不同磨损类型和零件选材 ……………………………………………… 368
7.8 汽车中的磨损失效 ……………………………………………………… 370
　7.8.1 刹车制动毂磨损、热疲劳和断裂 ………………………………… 370
　7.8.2 变速箱齿轮的接触疲劳、咬蚀和剥落 …………………………… 371
　7.8.3 发动机排气阀的冲击磨损失效 …………………………………… 377
　7.8.4 矿用汽车翻斗的冲击磨损失效 …………………………………… 380
　7.8.5 汽车轮胎的磨损 …………………………………………………… 380
　7.8.6 汽车其他磨损件 …………………………………………………… 385
　7.8.7 热冲压硬化时的模具的磨损 ……………………………………… 385
7.9 小结 ……………………………………………………………………… 386
参考文献 ……………………………………………………………………… 387

第1章
绪 论

1.1 概述

汽车工业诞生已经有一百多年历史。汽车工业的发展及强烈影响人类的生活是以20世纪初美国福特公司T型车的问世而开始的。20世纪以前,汽车几乎是欧洲人的天下,美国到1900年也只有4192辆车;而在1907年福特T型车大批上市后,仅过了一年的时间,就达到12万辆;到1917年,竟达到150万辆。当时,美国已经成为举足轻重的汽车工业强国;福特T型车的出现使汽车变为大众消费的商品成为可能,使汽车工业生产的方式跨越了传统的手工作坊阶段,并随着大机器工业的发展而迈入了现代企业制度生产的新时期[1]。到20世纪70年代中期,美国几乎每位青年人都拥有一辆汽车;1973年,美国千人汽车拥有量达到将近450辆。1990年,美国新车销售竟达到1340万辆,并多年居世界首位[2,3]。

自1953年建立第一汽车制造厂,中国汽车工业已经走过了60多年的历程,从无到有,中国汽车工业到产量100万辆,经历了40年的时间;从100万辆到200万辆,经历了8年的时间;2000年以后,中国汽车工业均以百分比两位数的速度增长;到2009年,中国汽车年产量达到1374万辆,首次超过美国,居世界第一。2010~2012年汽车年产量1800万~1900万辆,2013年汽车产量达到2211万辆,当年世界汽车产量达到8730万辆,中国占世界总产量的25.34%,中国汽车工业的主营收入已超过6.3万亿元人民币,利税总额已达到8500亿元人民币。汽车工业已经成为我国的支柱产业[4],中国已成为世界汽车产销大国。

汽车不仅可作为交通工具,而且由于汽车工业的发展,迅速带动了相关工业的快速发展。汽车的普及,并发展形成为一种汽车文化。现代文明中,汽车已经是须臾离不开的代步工具和社会经济的基本组成,汽车工业发展的作用和意义远超出人们的想象[1]。

汽车工业的快速发展、汽车产量的增加、汽车保有量的增多在给人们出行带来方便、推动汽车文化、汽车文明的兴起和城市化进程的同时,也产生了油耗、排放的环境污染和安全三大问题。

(1) 油耗问题

1990年，我国还是石油出口国；从1995年我国开始进口石油。随着汽车工业的发展，我国的石油进口量逐年迅速上升。至2009年，我国石油对外依存度达到53%，2010年达到55%，首次超过美国。为保证我国的能源安全，我国政府做了大量的协调工作，从俄罗斯、哈萨克斯坦、东南亚、西亚、非洲等国家和地区多渠道进口石油和天然气，同时国家也投入大量的资金开发海底石油并研发新能源汽车和代用燃料汽车。

在我国石油消耗中，2007年，我国汽车用燃油消耗占国内石油消耗总量的27%，其中车用汽油占全国汽油消耗量的77.4%，车用柴油占全国柴油消耗量的37.5%，农用车消耗柴油达到11%。汽车行业是我国石油消费的主要产业。

1995年，中国石油需求量为300万桶/天（相当于1.47亿吨/年），2000年为450万桶/天（2.0亿吨/年），2005年为520万桶/天（2.5亿吨/年），预计到2020年将达到1250万桶/天（6亿吨/年）；但按照人均油耗油当量（TOE），美国>7，中国接近1，中国与美国有很大的差距。目前，美国对国外石油依存度为53.5%，日本为100%，欧盟为77%；2011年中国消耗石油4.2亿吨，进口2.42亿吨，对外依存度超过55%。因此，世界各国，尤其是汽车工业发达的国家均对汽车用油给予极大的关注，以求提高汽车的燃油效率、节约汽车用油。

(2) 环境污染

汽车工业发展带来的另外一个问题，就是尾气的排放和对环境的污染。

从理论上来讲，每燃烧1升汽油，就会产生2.44kg二氧化碳。二氧化碳虽然不是有害气体，但它是温室气体。按我国目前的汽车保有量为8000万辆计算，其中乘用车5000万辆，每辆车行驶2.5万公里/年，商用车3000万辆，每辆车行驶20万公里/年，这些车会产生2.2亿吨二氧化碳。如果按燃油消耗预测，到2020年，会排放二氧化碳超过15亿吨。此外，汽车的尾气中还会有碳氢化合物、氮氧化合物、少量的一氧化碳以及各类微粒。而这些是有害于人类健康的物质。

通过各种排放法规，以期将有害健康的物质排放降至最低。但二氧化碳排放是无法避免的。近年来，人类各种经济活动加速，大气中的二氧化碳含量都在迅速增加，近年来大气中的二氧化碳变化情况如图1-1所示，至2009年10月，大气中二氧化碳的含量已经达到390ppm（1ppm=10^{-6}）[5]，2015年5月6日美国海洋和大气管理局发布的数据显示：全球大气中的CO_2含量首超400ppm。而人类赖以生存并感到舒适的生存环境的大气中二氧化碳的极限是430ppm，按这样的增长速度，过不了几十年大气中的二氧化碳含量会达到极限值。

大气中二氧化碳的含量不仅会影响我们感觉舒适的程度，还会影响到气候的变暖。图1-2表示出格陵兰岛近年来的冰层融化变化范围的变化。该图形象地表示了格陵兰岛近年来的冰层融化范围的扩大，是温室气体增多引起气候变暖的一

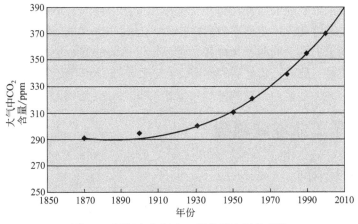

图 1-1　近年来大气中二氧化碳含量的变化

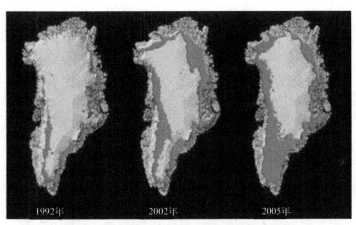

图 1-2　格陵兰岛的季节性冰层范围变化情况

个形象表征和证明。在人类活动各个产业排放的温室气体中，电力工业居首位，其次是交通运输，然后是工业、商业，民用和农业其温室气体排放很低。这也表征了降低汽车的运行过程中的温室气体排放对抑制全球变暖和改善人类生存环境的重要意义，如图 1-3 所示。

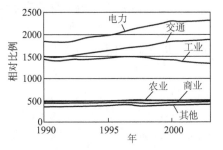

图 1-3　不同行业二氧化碳排放的比较

(3) 安全问题

汽车工业的发展、汽车产量、保有量增多、运行车辆增多也带来了交通安全问题。2005 年以后，中国每年死于交通事故的人数都超过 10 万人，即百万辆汽车死亡人数超过 0.5 万人。随着汽车产量的增多，这一数字还会增加，每年交通事故的损失巨大。因此如何提高汽车运行过程中的安全性和出现交通事故后减少对人身的伤害（被动安全性）也是汽车工业所面临的重大安全问题。为此各国都制定了相关的安全法，且逐年加严；各种法规包括正碰、侧碰、追尾、翻滚等，如美国，车顶部的压溃强度从 2.5 倍的车体重量提升到 4.2 倍；侧撞的壁障由原来的 900kg 提高到 1300kg。

1.2 汽车工业发展趋势

1.2.1 轻量化

汽车的节能减排可以通过提高发动机的效率来实现，包括：摩擦副的减摩，稀薄燃烧、缸内直喷等；降低汽车的空气阻力；改进传动系统；降低车辆的滚动阻力以及汽车的轻量化。而汽车轻量化是满足汽车节能减排发展要求最直接、最有效而且最方便的途径和方法。

大量的试验表明，作为乘用车每减重 10%，油耗可降低 7%，二氧化碳排放可降低 5%～7%，其他有害气体排放可降低 4%～7%。对欧洲全顺车研究表明，约 75% 的油耗与整车质量有关，降低汽车质量就可有效降低油耗以及排放。美国在欧洲全顺车的实验表明，在满足欧 IV 标准条件下，每百公里油耗 Y 与自重 X 满足以下关系：

$$Y = 0.003X + 3.3434 \tag{1-1}$$

对商用车的研究表明，汽车质量每减少 1000kg，油耗可降低 7%～8%。油耗的下降，意味着 CO_2、氮氧化物（NO_x）等有害气体排放量的下降。据报道，在美国汽车质量如果减少 25%，燃油消耗按减少 13% 计，一年可节省 2.7 亿桶石油，每消耗 1L 燃油，将产生 CO_2 2.44kg。因此燃油消耗的降低，就意味着温室气体和其他有害气体排放的下降。

日本的试验表明，当车身的自重从 1500kg 减到 1000kg 时，每升燃油平均行驶的里程由 10km 上升到 17.5km，相当于每减重 100kg，每升油可多行驶 1.5km，即在此区间内，燃油经济性提高了 4.6%～10%。与此同时，二氧化碳排放则随车子重量的增加而增加，也大体呈线性关系。可见汽车轻量化是实现节能减排的重要手段和方法。

汽车轻量化不是简单意义上的用轻质材料代替原有材料，汽车轻量化应该是在同样的发动机排量，满足汽车的使用要求并进行成本控制，通过轻量化的优化设计、轻量化材料的应用、先进的成形技术并考虑到汽车的安全、维修等一系列关键技术的综合应用所取得的汽车减重的突破。

图 1-4 表示汽车运行阻力分析[6,7]，可以看出在汽车运行的四种阻力中，只有空气动力学阻力与汽车的自身质量无关，其他 3 种阻力均与汽车自身质量呈线

性关系，这进一步表明汽车轻量化可以有效减低汽车运行的阻力，从而降低油耗和排放。

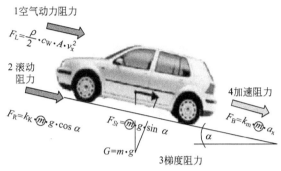

图 1-4　汽车运行阻力分析

世界各国都十分重视对汽车轻量化的研发工作。诸如美国"新一代轿车合作伙伴计划"（the Partnership for a New Generation of Vehicle，简称 PNGV），美国布什政府期间还实施了汽车研究与燃油伙伴计划（the Freedom CAR and Fuel Partnership Plan），汽车轻量化都是其中的核心路线之一。美国行业协会的企业之间建立了较为稳固的汽车轻量化研究机构。美国能源部主导下达的重大汽车材料开发项目共有五项，其中有两项与汽车轻量化有关，一是汽车轻量化材料专项（Automotive Light Weighting Materials Program）；二是高强度减小质量材料专项（High strength weight reduction material program）。两个项目的应用对象和研究侧重点稍有不同，互为补充。2003~2005 年，美国政府对这两个项目投入资金达到 5170 万美元。2005 年 5 月，美国能源部和 USAMP 又追加为期 5 年、金额达到 7000 万美元的研究合同，继续为这两个项目提供支持。

欧洲对于汽车轻量化技术也给予了高度关注和支持。在欧洲道路运输研究顾问委员会发表的战略发展计划中，有许多技术都涉及汽车轻量化。目前国际上一些有名的轻量化工程和效果列于表 1-1[8]。

表 1-1　典型的轻量化工程和效果

序号	项目名称	轻量化目标/%	技术路线	组织方
1	PNGV	30	多材料	美国钢铁协会
2	Super Light-Car	40	多材料	欧洲钢铁协会
3	Al	40	铝	国际铝协会
4	ULSAB-AVC	20	钢	国际钢铁协会
5	ABC	30	钢	阿赛乐钢厂
6	NSC	20	钢	蒂森钢厂

我国自主品牌汽车轻量化水平与国外同类车相比，整体水平较低，发展潜力巨大。因此，国内各企业和我国政府都十分重视汽车轻量化技术的开发和应用，并于 2007 年成立了中国汽车轻量化产业创新联盟。该联盟几乎包括了国内所有自主品牌的汽车企业和大型的汽车材料厂商以及有关的科研单位和高校。2010 年国家科技部对汽车轻量化立项，支持汽车轻量化新技术及其在自主品牌车型上的应用，资助金额为 9700 万，目前，该项目已经启动。同时，最近科技部还进行了汽车轻量化国家重点实验室立项方面的论证，以期为我国汽车轻量化提供较长期的发展技术支持。

1.2.2 提高安全性

汽车的安全性一直是人们关注的重点之一，特别是轻量化之后，使汽车安全性面临重要挑战，是有待解决的主要问题之一。

EVANS L 在对大量撞车事故造成的伤亡数据进行统计后得出，由普通材料制造的两车正面相撞的条件下，乘员死亡的比例 R（车 1 的死亡人数/车 2 的死亡人数）与车辆的自身质量存在如下经验关系[9,10]：

$$R = (m_1/m_2)^{3.57} \tag{1-2}$$

式中，m_1、m_2 分别为车 1、车 2 的质量。由式(1-2)不难算出，对质量小于对方 10%、20% 的一方来说，其死亡人数将分别高于对方 44.7% 和 122%，由此可知重量轻的车辆其安全性能大大下降。

在世界各国日益严格的安全法规推动下，如何解决好轻量化与车辆安全之间的矛盾是汽车轻量化方面的重要课题之一。前述的经验关系是对一般车辆用材情况下得出的，既要轻量化又要保证碰撞性能，就必须利用高强度和超高强度的车身结构材料才能设计出满足各种安全法规要求的既轻量化又安全的车身结构。正是因为采用了高强度的材料才能够保证轻量化后的车型、乘员的安全性。

事实上，汽车轻量化之后，从碰撞的惯性力来说，其安全性还会有一定的提升，所以高强度的轻量化材料和普通的结构材料所制造的车身结构对大量事故所造成的伤亡会有另外一种经验关系和统计分析。目前，许多轻量化的车身设计和碰撞安全测试已经证明了这一点。

1.2.3 提高可靠性

汽车工业发展的另外一种趋势是提高汽车使用的可靠性，汽车使用的可靠性涉及汽车的车身结构、汽车的制造技术、汽车的发动机、汽车电子等若干领域。

就目前来讲，汽车可靠性能提升正是目前国产汽车品牌的重要课题，需要多种专业的技术人员协同配合，共同攻关，从一些基础的细节做起，并改变现有的制造模式和管理模式，采用精益生产以提升汽车整体运行的可靠性。

1.2.4 延长使用寿命

汽车材料和零部件的延寿也就是在汽车的使用生命周期内保证零件功能的可靠和材料性能的可靠，达到汽车安全运行的目的。汽车轻量化的实施是从汽车轻量化的概念开始，通过优化设计再进行合理的选材以及运用先进的成形技术而取得的综合效果。要保证轻量化的汽车材料、零部件的延寿就必须根据零部件的功能要求和使用的环境、零件的设计应力、受力模式进行合理的选材，避免零部件由于选材不当、加工工艺不合理以及由于使用环境造成零部件使用过程中提前失效；对这些问题认识不足，会影响部件的使用寿命。

根据汽车零部件的工作环境、受力模式、加工制造工艺和材料的不同，汽车的延寿可以分为以下几个方面。

① 对车身结构件重点考虑冲压成形工艺、焊接工艺、防腐蚀工艺等方面以及材料应用的强度水平、安全系数、轻量化的系数和汽车的使用路面和环境，采取不同的措施和方法。

② 对于传动系统零件，重点考虑零件的磨损、接触疲劳、弯曲疲劳、润滑情况、支撑构件的受力情况以及相关的热处理工艺、化学热处理工艺和强化工艺等进行分析。

③ 对发动机零件，以摩擦、磨损为主要工作模式的，如几对摩擦副：曲轴、连杆轴套、活塞和活塞环、缸套活塞环等。部分结构件是以疲劳为主，譬如曲轴、连杆等，有些件承受热疲劳，如发动机的排气歧管。针对这些零件的受力模式和失效模式进行分析并采取相应的强化措施，保证零件使用的可靠性。

1.2.5 发展新能源汽车

寻求新的能源，替代一次性的石化能源是汽车节能减排、进行正常运行的有效措施之一；新能源汽车包括纯电动汽车、混合动力汽车以及燃料电池汽车。目前新能源汽车还有很多技术问题需要深入研究，如电动汽车需要解决电池的储能问题、快速充电问题、汽车的续驶里程问题、电池的使用寿命问题和汽车电池的回收问题等；燃料电池汽车在中国仍处在实验室阶段，从某种意义上来讲，仅是一个概念。由于电动汽车和混合动力汽车增加电池、电动机以及操控系统，从而极大地增加了汽车的重量。按目前电池的储能水平，每行驶 1km 所需电池的重量为 1kg，因此新能源汽车特别是电动汽车的轻量化更为重要，否则就不能达到节能和续驶里程要求的目的。

在认识和研发电动汽车的时候，必须进行全生命周期的能耗和二氧化碳排放的评估。说电动汽车是零排放是一种误导；就目前来讲，大量的电力也来自一次性的化石能源，如煤、天然气等；在发电过程中也会有大量的二氧化碳排放。而且随后的电动汽车使用过程中，经过多次的能量转化，每转化一次都有一定的能量损失，所以在寻求新的替代能源的时候，全生命周期评估和提高不同能量形式转化的效率都十分重要。

因此，新能源汽车其轻量化就更为重要，而实施新能源汽车轻量化肯定会涉及很多新的材料、新的结构及新的构件，对新能源汽车进行合理的性能评估、提高其使用的可靠性、保证其合理的使用寿命也十分重要。

1.3 汽车材料的开发和应用

材料是汽车工业的基础。简而言之，汽车应用材料包括了制造汽车各种零部件用的汽车工程材料，以及汽车在行驶过程中使用的燃料和工业液体等汽车运行材料。以下所述是针对汽车制造过程中所应用的材料。

当前世界汽车材料技术发展的主要特征如下[8]。

① 轻量化与环保是当今汽车材料发展的主要方向。

② 尽管近阶段钢铁材料仍保持主导地位，但各种材料在汽车上的应用比例正在发生变化。主要变化趋势是先进高强度钢和超高强度钢、铝合金、镁合金、塑料和复合材料的用量将有较大的增长，铸铁和中、低强度钢的比例将会逐步下降，载重车应用的高强度和轻量化的材料也和轿车一样在迅速增长。

③ 轻量化材料技术与汽车产品设计、制造工艺的结合将更为密切，汽车车身结构材料将趋向多材料设计方向，即各种材料优势的集成。

④ 由于汽车回收法规的实施，汽车材料的回收技术和回收性能会更受重视。

⑤ 电动汽车、代用燃料汽车专用材料以及汽车功能材料的开发和应用工作不断加强。

我国汽车新材料的研发是在国内轿车工业的带动下起步的。为满足轿车材料国产化需要，"九五"和"十五"期间先后将"轿车新材料技术开发""高强度高成形性铝合金研究开发和产业化关键技术""镁合金开发应用及产业化""釜内合金、PP塑料"等一批汽车新材料项目列为国家"863""973"高新技术项目和国家科技攻关重大项目，相继开发出了一批国产和自主品牌轿车急需的金属材料和非金属材料，促进了汽车材料的技术进步。

1.3.1 汽车轻量化用钢概要[11]

减轻汽车自身质量是降低汽车排放、提高燃油经济性的最有效措施之一。近年来，国外汽车自身质量同过去相比减轻了20％～26％。预计在未来的10年内，轿车自身质量还将继续减轻20％。

高强度钢、超高强度钢等轻量化材料的开发与应用在汽车的轻量化中将发挥重大作用。

虽然从长远战略上说，汽车采用新材料具有多种重要意义。但就目前的实际而言，首要目的是减轻重量、提高燃油效率、降低能耗、减少环境污染。从根本上来讲，汽车减轻重量还可增加乘员空间并对加速性、汽车舒适性的提升等行驶效率也有积极影响，同时亦可使转动和振动部件的噪声明显降低。钢铁材料是既轻量化又提升安全的性价比高的其他材料难以替代的一种汽车结构材料。

(1) 乘用车车身用钢

乘用车车身用钢，包括车身结构件用钢和内、外覆盖件用钢。汽车车身用钢主要是以钢板为主，要求强度和延性、成形性的良好匹配。以保证成形零件的低的回弹和性能；高的撞击性能适应车身安全件的要求；性能的均匀性和不同批次性能的一致性；良好的性价比；良好的疲劳性能和抗延迟断裂性能；强度和孔胀成形性的匹配；良好的点焊性和焊接性能；良好的涂装性能，使各种内外覆盖件油漆后具有良好的光鲜性；这类钢的覆盖件还应具有良好的烘烤硬化性和抗延性。车身结构件用钢向着高强度的方向发展，目前已从普通的一般高强度钢，包括高强度 IF 钢、固溶强化钢、烘烤硬化钢、低合金高强度钢等，到第一代先进高强度钢，包括双相钢如 DP450、DP540、DP590、DP780、DP980、DP1180，TRIP 钢如 TRIP590、TRIP780，复相钢 CP1180，热冲压成形钢的马氏体钢如 M1500 等，这类先进高强度钢的强塑积为 20000MPa%；到第二代先进高强度钢其强塑积为 60000 MPa%，即孪生诱发塑性钢，这类钢种的含 Mn 量大于 15%，虽然延性很高，但应用性能如可焊性等还需做大量的工作，应用还有待时日；到第三代先进高强度钢，其强塑积大约为 30000～40000MPa%，包括应用 Q&P、Q&PT 生产的马氏体级 TRIP 钢，具有更高延性的 δ 铁素体为基体的 TRIP 钢，Nano 贝氏体级 TRIP 钢以及含 Mn5% 左右的 BCC+FCC 的 TRIP 钢即中 Mn 钢，目前这类钢大多还处于实验室阶段，上海宝钢应用 Q&P 的方法生产了第三代先进高强度钢，并在生产中试用，成为国际上率先将这类钢产业化的企业。

总之，目前应用较多的，在乘用车车身结构件中主要为第一代先进高强度钢，而又以双相钢为主体，因为双相钢屈强比低，成形性好，生产工艺简单，价格便宜，合金元素含量也少。由于汽车车身，特别是白车身（完成焊接但未涂装之前的车身）轻量化和安全性的提升，目前白车身用钢材的强度也在迅速提升。作为车身覆盖件用材，大部分为一般高强度钢，为保证冲压的成形性和表面的光鲜性以及价格方面的考虑，多用高强度 IF 钢和 BH 钢。

各类高强度钢和先进高强度钢的强度和延伸率的香蕉图示于图 1-5，部分牌号的典型性能列于表 1-2[8,12~14]。

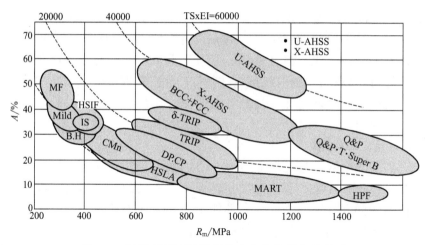

图 1-5 各类高强度钢的延伸率和抗拉强度的关系

IF：无间隙原子钢；HSIF：高强度 IF 钢；IS：各向同性钢；Mild：软钢；BH：烘烤硬化钢；CMn：碳锰固溶强化钢；HSLA：高强度低合金钢；DP：双相钢；CP：复相钢；TRIP：相变诱发塑性钢；MART：马氏体钢；HPF：热冲压成形钢；Q&P：淬火分配处理钢；Q&PT：淬火-回火分配处理钢；Supper B：超级贝氏体钢；δ-TRIP：δ铁素体 TRIP 钢；BCC＋FCC：中锰的相变诱发塑性钢（组织为奥氏体＋马氏体）；X-AHSS：特高先进高强度钢；U-AHSS：超高先进高强度钢；R_m：抗拉强度；A：延伸率（可以有 A50 或 A80）；TS×El：抗拉强度与延伸率的乘积。

表 1-2 各类高强度钢的典型性能

钢种	屈服强度/MPa	抗拉强度/MPa	n(10%-均匀延伸率)	断面收缩率/%
IF	150	300	0.24	46
DQSK	170	300	0.22	43
BH340	220	345	0.19	37
IF-rephos	220	345	0.22	38
HSLA340	350	445	0.17	28
DP600	340	600	0.17	27
DP800	450	840	0.11	17
DP1000	720	1000	0.06	11
TRIP600	380	631	0.23	34
TRIP800	470	820	0.23	28
TWIP	450	1000	0.58	60
Q&PT(250)	950	1080	0.12	18
Q&PT	900	1600	0.18	27
M1500	1200	1500	—	8
δ-TRIP	661	740	0.33	41

从图 1-5 和表 1-2 数据看出，先进高强度钢一个重要特点是在高的强度下具有良好的成形性。莱芜钢铁集团有限公司（莱钢）和中汽院联合试制了 22MnMoB 热冲压成形用钢，并试冲了热冲压成形件，扩宽了热冲压成形的工艺窗口，该钢的抗氧化性能优于 22MnB5，为加热工艺的实施提供了方便。

(2) 乘用车动力传动系统零部件用钢

在乘用车中，合金结构钢主要用于发动机和传动系统的零件。在发动机中的连杆和曲轴以及部分齿轮是主要的钢制件，其曲轴和连杆用钢为节能减排的非调质钢如 C70S6，49MnVS3，38MnNS5，C38N2 等，传动系统用钢多为各齿轮钢和轴类用的调质钢。对非调质钢其性能要求为：进一步提高非调质钢的韧性，开发用于特殊构件如高压共轨的高强度轻量化非调质钢；控制和改善一切非调质钢的硫化物的形态和分布，制定相关的硫化物形态标准；进一步提高非调质钢性能的稳定性和一致性，首先应控制非调质钢碳当量的一致性；进一步控制非调质钢的纯净度和性能的均一性以及组织的一致性；开发性能良好的价格便宜的非调质钢。

汽车齿轮用钢分为：渗碳齿轮钢、碳-氮共渗齿轮钢和氮化齿轮钢；目前的钢号有：20Cr，20CrMo，22CrMnMo，20CrNiMo，16MnCr5，20MnCr5，10NiMo，20NiMo，12CrNi3，20Cr2Ni4，ZF 钢系列和 20CrMnTi，高强度齿轮钢，阻尼齿轮钢或简化元素的齿轮钢；38CrMnAl 和其他微合金化的氮化用钢和齿轮用钢。对齿轮用钢其性能要求为高的耐磨性（低负荷高速和高负荷低速的使用状况下）；高的抗擦伤、划痕和胶合的能力；高的抗弯强度和弯曲疲劳强度；高的压溃抗力和抗点蚀剥落能力；良好的耐冲击能力和弯冲抗力；合适的淬透性，以使表层具有高硬度和合理的硬化层深度及心部硬度；良好的工艺性能（表面渗层性能和硬化性能）和切削加工性能；变形和尺寸稳定性。

汽车轻量化的要求使齿轮的弯曲疲劳应力和接触疲劳应力都在提升，如最近长城汽车股份有限公司（长城）的一款新车，其后桥齿轮的接触疲劳应力超过 2000MPa，原有的齿轮钢即使经过较好的渗碳表面处理工艺，也难以达到其接触疲劳应力的要求。需开发新的齿轮钢，以满足其使用要求。

(3) 乘用车用弹簧钢

对弹簧钢其性能要求为高的弹性极限和高的松弛抗力；合适的淬透性和淬硬性；断裂韧性；低的疲劳裂纹速率；高的应变疲劳性能；良好的工艺性能，合金元素简单，价格便宜，喷丸强化与预变形强化性能；良好的轧制成形性，小的脱碳敏感性，低的轧制硬度，高的成材率；良好的冷成形性和热处理工艺性；良好的使用性能及耐磨耐蚀性。其常用牌号为：60Si2Mn、60Si2CrVA、55SiCr、50CrVA、55SiMnVB。

（4）乘用车消声器用不锈钢

乘用车消声器用不锈钢为 409 和 439，其性能要求：高的均匀腐蚀、点蚀及晶间腐蚀抗力，良好的成形性和高的泊松比，提高排气系统冷端零件的耐蚀性，尤其是提高其对冷凝物的抗腐蚀能力和焊缝抗蚀能力；综合抗蚀性介于 409 和 436 之间，适应我国汽油高硫的现状，并有良好的性价比，其中含 Nb 的 409 将是有发展前景的材料。

（5）商用车用钢

对商用车，作为一个运输工具，常年都在公路行驶，其能耗占中国汽车总能耗的 60% 左右，而重型商用车，尤其是长途拖挂车，其能耗占商用车能耗的 65% 左右，因此节能减排对商用车意义更大。长期以来，由于我们国家国情和超载的严重性，导致几乎所有的商用车都比国外同吨位的商用车重量大，因此轻量化对我们国家商用车也是一个十分重要的课题。

同乘用车类似，商用车主要也由三大部分组成：车架和车身，发动机与传动系统，底盘及悬架系统等。

商用车的车架主要是由热轧高强度板冲压制造，应用较多的是 510 梁即抗拉强度大于 510MPa，屈服强度大于 340MPa 的普通低合金高强度钢。其结构是 8mm 厚的大梁＋5mm 厚的衬梁。目前轻量化的设计是采用屈服强度大于 700MPa、抗拉强度大于 850MPa 的超高强度钢，去掉 5mm 的衬梁，只用 8mm 的大梁，减重 30%～40% 左右。但目前屈服强度大于 700MPa 的超高强度钢的质量稳定性尚需提升，成形工艺需要改进，驾驶室的轻量化主要是采用宽幅的 BH 钢或者用 DP 钢。

发动机在重型商用汽车中也占有较大的比重。其曲轴和连杆用钢也为调质钢或非调质钢，考虑到重型商用车发动机的工作负荷较大，目前应用较多的为 40Cr 或 42CrMo 制造曲轴，大型连杆已在开始应用非调质钢 C70S6。变速箱和后桥齿轮将应用比较多的 Mn-Cr、Mn-Mo、Cr-Ni-Mo 系的齿轮钢。由于重型齿轮的传动负荷大，工作条件要比乘用车恶劣得多，因此在使用中齿轮的接触疲劳强度不足，齿轮的疲劳剥落和断齿都时有发生，如何改进和提升传动系统齿轮的使用寿命和可靠性，仍然是商用车用材和工艺中的重要课题。

商用车车轮由于其负荷高，多用钢板冲焊或旋压制造，目前用的钢种多为屈服强度为 340MPa 的低合金高强度钢制造；而新近的发展方向特别是对于中吨位的商用车是采用 DP590 制造齿轮的轮辐，BF540 制造车轮的轮辋，以实现轻量化和提升车轮的疲劳性能，但有关焊接的工艺、钢材性能的稳定性以及检测方法、性能评价都有待于进一步的研究。

商用车中钢板弹簧是重要的悬架系统，一副商用车的普通钢板弹簧重达 500kg。目前发展的趋势是提高板簧的使用应力，采用少片变截面板簧，以使板簧轻量化。

1.3.2 高强度钢和先进高强度钢在自主品牌汽车上的典型应用

近年来，国内在汽车用高强度钢的开发与应用方面取得较大进展。国内各大钢铁公司纷纷将汽车用钢，尤其是高强度钢作为优先发展的重点方向，并投入了较大的资金和力量，发展汽车工业所需的新产品。上海宝钢、首钢、武钢、邯钢等相继开发出 BR330/580DP 热轧双相钢、DP590MPa、DP780、热镀锌 TRIP590、550 轮辋钢等，高强度钢的热冲压成形用钢 22MnB5、TRIP700、TRIP780、热轧防弹板 TRIP850 和 CP900，高焊接性 DP780、980 以及 Q&P1180 超强钢，M1180，它们基本上涵盖了国外当前生产的主要品种。

在高强度钢应用方面，长春某汽车公司自主品牌用的某车型应用的高强度钢有一定特色，在这个车型上应用了先进的 3H 框架设计思想，并优化了前后端变形区，强化了侧面的结构件。该车型大量采用了高强钢板，特别是在 3H 框架位置，如 B 柱加强板、A 柱加强板和前纵梁等。门防撞杆应用抗拉强度大于 980MPa 的材料，其余车身骨架结构材料选用抗拉强度大于 440MPa 的高强钢。其典型构件示于图 1-6。该乘用车上应用高强钢和合金结构钢的情况见表 1-3[15]。

图 1-6 长春某汽车公司某车型高强度钢的典型构件

表 1-3 长春某汽车公司乘用车应用高强度钢和其他结构钢的情况

名称	钢号	工艺及用途
高强度钢	DP590 镀锌	冲压，TWB/前纵梁
	DP780	冲压/A 柱上部加强板
	1200M	冲压/车门防撞梁
	DP980	冲压/B 柱加强板
	Usibor1500P	热冲压/中通道
	DP980	辊压/保险杠梁
	STAM440	管液压成形/前副车架主管

续表

名称	钢号	工艺及用途
齿轮钢	TL-VW1354;1356;4125;4129;4221;CrMnTi;MnCr;CrNiMo	动力传动系统齿轮
调质钢	40-45CrH;40MnB;42CrMo;42CrMoS	各类传动系统钢零件
非调质钢	MnVS系列;C70S6;FAS2225;FAS2340	动力传动系统非调质件
冷镦钢	ML15-35;ML15MnVB;ML20MnVB;ML40Cr;ML35CrMo;ML15-35;SWRCH22A;S38K;ML40Cr	各类铆钢件
弹簧钢	50CrVA;60Si2CrV;60Si2MnA	悬架系统
易切钢	Y12-15;Y35TiS;Y15	低强度铆钢件
耐热钢	排气系统冷热端用不锈钢	排气系统热端

从表 1-3 中可以看出，在长春某汽车公司新设计的车型中，除了应用超高强度 DP 钢之外，还应用了热冲压成形钢，其抗拉强度已经达到 1500MPa。

长春某汽车公司商用车轻量化也导致应用高强度钢。2000 年开始，该公司与宝钢共同开发屈服强度 500MPa 级高强度大梁板，陆续在该公司新开发的 J5 系列中、重型车的车架上应用，同时该公司分别考察了 POSCO、SSAB 和日本川崎的钢种，并对其性能进行了比较；与传统材料 16MnL 相比，屈服强度提高 43%，疲劳强度提高 44%；在冲压工艺不变的条件下，进行了车架优化设计（加强梁及加强板数量减少）。该钢在 J5 重型汽车车架上应用，减重 300kg 左右，同时该公司在商用车上进一步开发了屈服强度为 700MPa 的高强度大梁板，应用辊压成形，取得更好的减重效果。

武汉某汽车公司通过结构优化及新技术的应用、新材料的应用以及功能集成，对国产品牌的商用车进行了轻量化；该公司生产的商用车拖车和原标杆车对比，减重 1400kg，其中通过结构优化，减重 266kg（占减重的 19%），通过新技术新材料的应用，减重 574kg（占减重的 41%），通过功能优化配置，减重 560kg（占减重的 40%）。在高强度钢的应用方面，主要是用屈服强度 700MPa 的高强度钢代替屈服强度 500MPa 的生产商用车车架，并采用热处理高强度钢（抗拉强度 1200MPa）生产商用车车架，在保证刚度和疲劳寿命的情况下，进一步减重将近 180kg。应用高强度钢时，采用辊压成形或热处理，保证了高强度钢成形后的精度。另外，重型汽车桥壳采用 WKOK510 代替原来的 KO345，用超细晶粒钢板，抗拉强度为 550MPa，代替 KO345 制造车轮，也取得良好的轻量化的效果。用屈服强度 700MPa 高强度板代替 KO235 做翻斗车的车厢，减重 20%～37%。该公司商用车上用的其他合金结构钢列于表 1-4。

表1-4　武汉某汽车公司商用车上用的合金结构钢

名称	钢号	工艺及用途	性能要求（板材是屈服/抗拉/延伸率）
齿轮用钢	20CrMoH	锻造-加工-渗碳/齿轮	弯曲疲劳强度800MPa；接触疲劳强度1400MPa
	22CrMoH	锻造-加工-渗碳/齿轮	
	20CrMoTiH	锻造-加工-渗碳/齿轮	
	8620	锻造-加工-渗碳/齿轮	
轴类用钢	B700	焊接/传动轴管	700 MPa
调质钢和非调质钢	50、42CrMo	锻造-调质-加工/前轴	820 MPa；980 MPa
	42CrMo	锻造-调质-加工/转向节	980 MPa
	48MnV	锻造-空冷-加工/曲轴	800 MPa
	38MnVS	锻造-空冷-加工/连杆	900 MPa
	40MnBH	锻造-调质-加工/联通轴	900－950 MPa
	40MnBH	锻造-调质-加工/半轴	900-950 MPa
	40Cr	锻造-调质-加工/半轴	
弹簧钢	50CrVA	成形淬火——喷丸/钢板弹簧	1400MPa
	60Si2MnA	成形淬火——喷丸/钢板弹簧	1400 MPa
耐热钢	409	排气管	

上海某汽车公司在自主品牌某车型上应用高强度钢，既保证轻量化，又注重材料的合理价格，在这一车型上，屈服强度大于210MPa的高强度钢占60%，其应用的示意见图1-7。

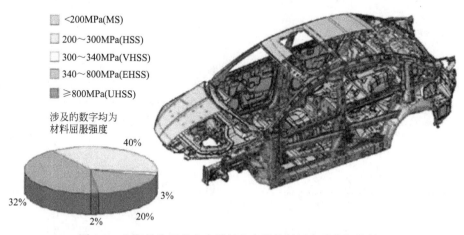

图1-7　上海某公司某自主品牌车身结构件用高强度钢的情况

浙江某汽车公司和中汽院等有关单位合作承担国家科技部国际合作项目，开发了轻型的某 SUV 车型，大量使用了 DP 高强钢。该车白车身上用 B280/440DP 钢，数量达 115 件，重量达 89kg；其次是 B340/590DP 钢，零件数量达 49 件，重量达 58kg。B240/390DP 钢数量为 34 件，重量约 19kg。该车型中使用的软钢包括 B250P1、B210P1、B180H1-FD 及 SPCC 系列钢种，这几种钢种数量 64 件，重量为 93kg。车的车门防撞梁采用 16MnAl 结构钢。该公司某车型典型零件如图 1-8，零件用材情况见表 1-5。

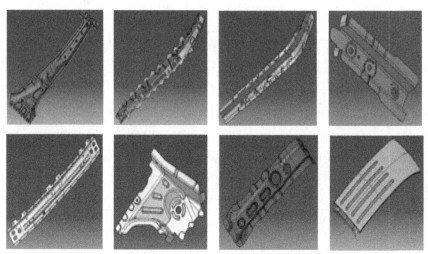

图 1-8　浙江某汽车公司高强度钢的典型零件示意图

表 1-5　浙江某汽车公司某车型典型零件用材情况

总成名称	钢种	数量	总成名称	钢种	数量
发动机舱总成	B340/590DP	4	前后横梁总成	B340/590DP	4
	B280/440DP	38		B280/440DP	12
	B240/390DP	18		B240/390DP	1
	B250P1	4	前舱导水主板总成	B280/440DP	1
前后地板总成	B340/590DP	3		B240/390DP	6
	B280/440DP	29		B280/440DP	5
	B240/390DP	1	前围上部总成	B240/390DP	3
	B250P1	8		B250P1	2
左右侧围总成	B340/590DP	37	左右前后车门总成	B280/440DP	4
	B280/440DP	20		B250P1	8
	B240/390DP	5		SPCC	28
	B250P1	2		16MnAl	4
顶盖总成	B340/590DP	1	其他总成(翼子板、背门、发动机罩、前围骨架连接板、顶盖横梁连接板)	B280/440DP	2
	B280/440DP	4		B250P1	2
	B210P1	3		B180H1-FD	5

续表

总成名称	钢种	数量	总成名称	钢种	数量
合计	B340/590DP—49(数量/件)—58.548(重量/kg);B280/440DP—115(数量/件)—89.689(重量/kg);B240/390DP—34(数量/件)—19.690(重量/kg);B250P1、B210P1、B180H1-FD 及 SPCC 软钢—62(数量/件)—93.102(重量/kg);16MnAl(防撞梁)—4(数量/件)—4.838(重量/kg);白车身—264(数量/件)—265.867(重量/kg)				

此外，在吉利的乘用车的降噪零件中还采用了静音复合钢板，仿真分析表明，可以减噪 8dB。

芜湖某汽车公司轻量化技术开发是结合激光拼焊板、热成形及辊压成形等轻量化技术，车身及零件结构优化设计，高强钢等轻量化材料使用，整车 CAE 模拟分析及成形模拟分析技术等相互融合的流程化开发体系。其中整车 CAE 模拟分析技术包括整车碰撞、模态、刚度等性能。轻量化技术开发宗旨是在刚度不变前提下，使体积最小化；在体积不变前提下，使刚度、模态或强度等性能达到最大化。相关的 CAE 模拟分析能够节约大量的试验和人力成本，为保证设计的快速、可靠提供强有力的基础。

新开发车型的车身高强度钢应用达到近 40%左右，部分车型超过 50%；屈服强度 340PMPa 以上的高强度钢板已在车身结构件上得到批量应用，如 A、B 柱加强板、门槛加强板等零件；抗拉强度 1000MPa 以上的冷成形及热成形 1500MPa 的超高强度钢已有应用。

当前，在国产自主品牌中，由于热成形和液压成形时工艺受其装备和成本的制约，推广力度不够，亟待开展进一步研究工作。但随着国家安全法规的提升和燃油法规、轻量化技术要求的加严，这两种工艺技术的应用也有望快速发展。

1.3.3 汽车用铝合金

铝合金的密度轻（$2.7g/cm^3$），仅为钢铁材料的 1/3，工艺性能好、防腐性能好、减震性好、易成形和可焊接、易回收等。

铝合金是重要的轻量化材料，在汽车上的应用前景良好[16~18]，其应用效果如下。

① 减重　典型的铝质零件一次减重效果可达 30%~40%，二次减重则可进一步提高到 50%。2006 年欧洲、美国、日本的小汽车平均用铝量已经达到 127kg/辆。欧洲铝协（EAA）预测，在 2015 年前，欧洲小汽车用铝量将增至 300kg/辆，如果轿车的零部件中凡是可用铝合金制造的都用其代替，那么每辆车的平均用铝量将达到 454kg，轻量化的效果将大大提高。在等弯曲刚度条件下，采用镁代替钢可减重 61%；在等弯曲强度条件下，镁代替钢可减重 74%。

② 降低排放　每使用 1kg 铝，可使轿车寿命期减少 20kg 尾气排放。每使用 1kg 镁，可使轿车寿命期减少 30kg 尾气排放。

③ 易回收　是绿色环保材料，可循环回收。

④ 节能　采用铝所节省的能量是生产该零件所用原铝耗能的 6~12 倍。

铝合金在一般乘用车中近 10 年的用量已经提高了 50%，国外最高用量已经大于 160kg，我国平均还不到 100kg，与国外还有很大差距。铝合金的应用形式有铸造铝合金、挤压铝合金、锻造铝合金以及变形铝合金板材。铸造铝合金主要用于各种壳体；变形铝合金主要用于乘用车的覆盖件；挤压铝合金主要用于一些结构件。锻造铝合金在乘用车上应用的典型例子是悬架支撑、锻造铝合金车轮、锻造铝活塞等。

铝合金在汽车上的应用[19]，一种形式是铸件，我国乘用车中的铝合金车轮多采用低压铸造成形，并已经在汽车上广泛应用，取得了较好效果。铸造铝合金在发动机上也有广泛应用，发动机的缸体、缸盖都应用了铸造铝合金；变速箱的壳体也是用铸造铝合金。这方面进一步的工作是提高铸件的成品率和性能。另一种形式是锻造铝合金，包括悬架支撑和商用车的锻铝车轮。在锻造铝合金车轮方面，其成品率和产品利用率亟待提升。另一个问题是成本较高，影响了这一车轮的扩大应用。挤压铝合金是铝合金在汽车轻量化中应用的另一种形式。在乘用车的一些安全件，如保险杠、门的防撞杆，在一些车型上已有批量应用，目前正在推广。在商用车拖挂车的大梁和箱式拖挂车的车厢零件都有应用，并已出现全铝的箱式拖挂车，其应用前景非常看好。变形铝合金板材是用于汽车冲压件轻量化的一个重要材料[20]。

(1) 铸造铝合金

在铸造铝合金方面，常用的铝合金为 A356，由于这类铝合金的铸态组织中常存有树枝状的结晶组织，从而影响了铸件的强度和韧性匹配，影响了这类铝合金铸件在运动构件中的运用，为改善铸件的组织、细化晶粒采用了控制冷却的方法，同时，细化和减少树枝状的结晶组织，目前这一工作已经取得了一定进展，用这种工艺所取得的力学性能：屈服强度为 260MPa，抗拉强度为 340MPa，延伸率大于 6%。扫描电镜下，这类合金的组织见图 1-9。国内某厂已用这种工艺制造商用车轮毂，目前正在试用中。

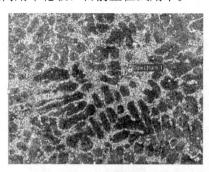 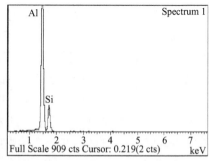

图 1-9　快冷下的铸态 A356 的组织

（横坐标为二次电子能量，单位为 keV；纵坐标为二次电子谱线的强度）

在铸造铝合金中，为提高强度，国内某厂开发了含铜的高强度铝合金，这种铝合金在 T6 状态下可达到屈服强度 285MPa，抗拉强度 410.7MPa，延伸率 10.8%，冲击功 11J。拉伸断口和冲击断口的形貌见图 1-10 和图 1-11。

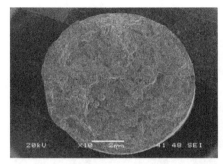
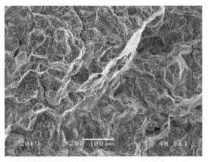

图 1-10　拉伸断口的纤维区

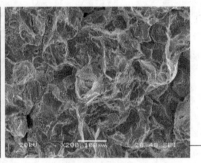

图 1-11　冲击断口的纤维区

铸件 T6 状态的金相组织见图 1-12，这类合金的性能已和锻造铝合金车轮的性能相当，但合金的价格和 A356 相比偏高，如果进一步优化成分，有望代替锻造铝合金做商用车的车轮，从而降低锻造铝合金车轮的成本。

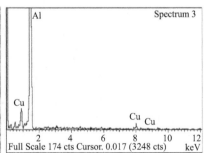

图 1-12　新型铸造铝合金的金相组织

(2) 锻造铝合金

铝合金锻件在汽车中有广泛的应用前景，其中典型构件有悬架支撑和车轮，目前大量商用车的车轮采用锻造铝合金，轻量化和节能减排效果明显；锻造铝合金的牌号为 6061，合金的屈服强度为 340～390MPa，抗拉强度为 380～440MPa，断后延伸率为 6%～9%，这类合金的金相组织和拉伸断口扫描电镜照片如图 1-13 与图 1-14 所示。

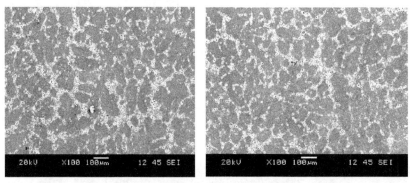

图 1-13 锻造铝轮毂的金相组织照片

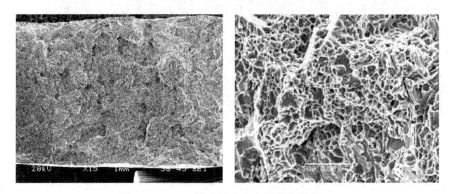

图 1-14 6061 锻造铝合金车轮的拉伸断口

(3) 半固态铸造

半固态组织和优点：成本低（相当于铸造）、性能高（达到锻造）、模具寿命长、机加量小（实现近终成型）、复杂薄壁件、缺陷少等。主要应用于汽车铝合金零部件，涉及合金：A356、2618、7075、ZL201、6061、6063、ZL116 等，成型件性能达到了锻造水平；其关键工艺为制浆和成型工艺，半固态组织和普通铸造组织的对比见图 1-15，其力学性能对比见表 1-6。

表 1-6 液态压铸和半固态压铸的性能对比

性能	液态压铸		半固态压铸	
	原始态	热处理态	原始态	热处理态
抗拉强度/MPa	218.0	279.2	220.8	343.3

续表

性能	液态压铸		半固态压铸	
	原始态	热处理态	原始态	热处理态
$\delta(5\%)$	9.6	4.1	16.8	14.3
强塑积(MPa%)	2092.8	1144.7	3709.4	4909.2

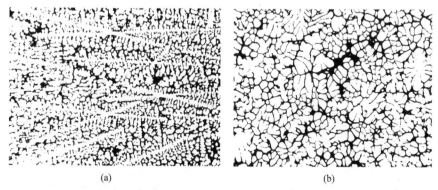

图 1-15 A356 铸态组织（a）和半固态组织的（b）对比

应用半固态压铸可以取得高于液态压铸 2000MPa% 以上的强塑积，而接近于锻造铝合金的强塑积，在合理的工艺条件下有望可以用半固态压铸，代替锻造工艺制造铝合金车轮，从而大大降低车轮的制造成本，有利于铝合金车轮在商用车上的推广应用。

(4) 挤压铝合金

由于铝合金的挤压件工艺方便，截面形状的可设计性强，在合理的截面设计下具有很高的冲击、吸能特性，在汽车上的应用越来越多。如乘用车的前后保险杠，应用挤压铝合金既可以满足冲击、吸能的要求，又可有效地减少构件的重量，减重率可达 40%~50%；目前，挤压铝合金在乘用车上的典型应用的构件示于图 1-16。

最近，国内外为适应长途运输的商用车，特别是拖挂车轻量化要求和发展形势，挤压铝合金的应用取得较大进展。国内一些铝合金挤压材生产企业都试制了全铝拖挂车，减重效果显著；如湖南晟通 14.6m 长的拖挂车，减重 4~4.5t，轻量化效果非常突出。全铝拖挂车的运输效率大幅度提升，和同样钢制的半挂车相比，每年可增加货运量 100 万吨·km，按这类商用车每年行驶 25 万公里计算，经济效益极为显著。挤压铝合金型材在多功能翼开启式厢车、各种冷藏保温车、民用厢式车、邮政车、发电车、抢险车、军用战备车、航空食品车等车型上应用，如图 1-17。

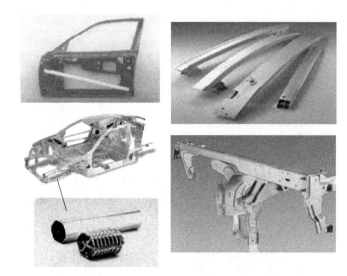

图 1-16 挤压铝型材的典型应用

图 1-17 挤压铝型材所制作的铝合金厢体

(5) 变形铝合金板材

铝合金应用的另一种重要的形式是变形铝合金板材。由于轻量化的需要，铝合金汽车板产量仍在逐年增长，铝合金汽车板应用的可能部位见图 1-18，铝合金汽车板在新能源汽车上的应用情况分别见图 1-19～图 1-21。

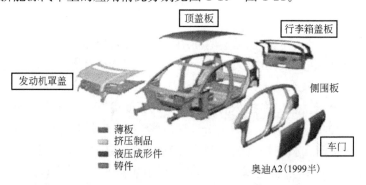

图 1-18 铝合金汽车板在汽车上应用的部位和零件

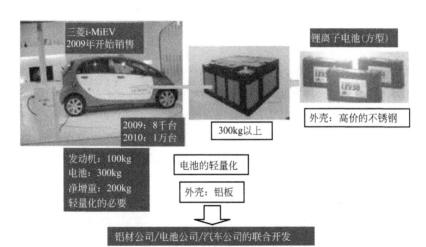

图 1-19　铝合金汽车板在锂离子电池外壳上的应用

图 1-20　铝合金汽车板在电动车上的应用

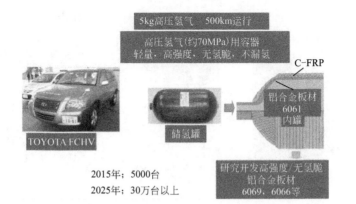

图 1-21　铝合金汽车板在氢燃料电池高压储气罐上的应用

1.3.4 汽车用镁合金[16,18]

镁的密度为 1.74g/cm³，是最轻的金属结构材料之一；镁合金代替某些钢铁材料可以有效地减轻汽车的重量，镁还是绿色环保材料，可循环回收，但目前其回收效果和成本与铝相比尚有一定的差距。镁也是一种有前景的汽车轻量化材料。

汽车工业中镁合金用量较多的国家和地区主要是北美、欧洲、日本和韩国，1991 年这些国家汽车工业中镁合金的用量仅为 2.4 万吨，到 1997 年则增至 6.4 万吨，到 2006 年这些国家和地区汽车工业对镁合金的需求已达到每年 20 万吨。目前，欧洲正在使用和研制的镁合金汽车零部件已超过 60 种，单车镁合金用量 9.3～20.3kg；北美正在使用和研制的镁合金汽车零部件已超过 100 种，单车镁合金用量 5.8～26.3kg；我国汽车镁合金产业的总体技术水平不高，平均单车用镁量不足 1kg。经过近几年的发展，目前已有 20 余种汽车零部件可以采用镁合金生产。

国内外汽车零部件常用镁合金主要有 AZ（Mg-Al-Zn）系、AM（Mg-Al-Mn）系、AS（Mg-Al-Si）系和 AE（Mg-Al-RE）系四大系列，广泛应用的仍然为铸造镁合金，目前已开发应用镁合金汽车零部件见表 1-7。部分镁合金汽车零部件的照片见图 1-22、图 1-23。

表 1-7 汽车常用镁合金及其零部件

镁合金	汽车零部件
AZ91D	手动变速箱、进气歧管、后窗框、门内框、辅助转动支架、离合器壳、反光镜支架、机油过滤器壳体、气门罩和凸轮罩、脚踏板、转向柱支架、变速箱上盖、操纵装置壳、汽缸盖罩、前端齿轮室
AZ61	行李架骨架、立柱梁
AZ31	轮毂
AM50	座椅框架
AM60B	方向盘芯骨、电器支架、仪表盘骨架、转向盘、散热器支架、大灯托座、座椅骨盘、轮毂
AS41B	自动变速离合器活塞、变速器壳体
AE44	变速箱壳体、油底壳、发动机托架

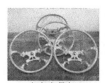
方向盘骨架

变速箱壳体

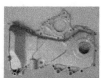
链轮室罩

EQ6106柴油发动机镁合金气阀室罩盖(1500g)

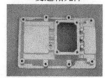
镁合金变速箱上盖(1500g)

镁合金仪表板骨架

图 1-22 典型的镁合金汽车零件

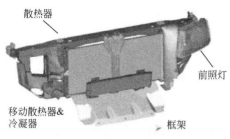

(a) 汽车前端体　　　　　　　　(b) 仪表盘骨架

图 1-23　镁合金汽车前端体和仪表盘骨架

镁合金在室温和高温的强度和韧性不能满足汽车中广泛应用的零部件的性能要求，提高镁合金强韧性是扩大镁合金在汽车产业中应用范围的有效途径。以现有镁合金为基础进行合金化，加入微量元素如 Ca、Sr、Ba、Sb、Sn、Pb、Bi 以及稀土元素等是研制新型镁合金的主要方法。

Mg-Al 系合金是汽车产业中应用最为广泛的一类合金，压铸镁合金主要就是 Mg-Al 系合金。为改善镁合金的韧性、耐高温性、耐腐蚀性，以 Mg-Al 系为基础发展形成了 AZ(Mg-Al-Zn)、AM(Mg-Al-Mn)、AS(Mg-Al-Si)、AE(Mg-Al-RE) 系列合金。AZ91 合金作为成熟的商业应用镁合金，是 AZ 系镁合金的代表之一，目前在汽车产业中应用最为广泛。二元 Mg-Zn 合金具有明显的时效硬化特性，有共格的 GP 区。

在 Mg-Zn 二元系基础上发展起来了 Mg-Zn-Zr 合金、Mg-Zn-RE 合金以及具有良好综合力学性能的 Mg-Zn-Cu 合金。Mg-Zn-Zr 合金中典型的是 ZK61 合金，其 T5 态下的抗拉强度可达 310MPa，但是较脆，延伸率基本为零。有代表性的 Mg-Zn-RE 合金是 ZE41 和 ZE33 合金，其力学性能一般。Mg-Zn-Cu 合金中由于加入 Cu，改善了铸件韧性和固溶处理特性，表现出良好的室温和高温力学性能，但其耐腐蚀性能差。

Mg-RE 系合金中稀土元素主要以稀土 Ce、稀土 Y 或富 Ce 混合稀土的形式加入，此外，La、Pr、Nd、Gd、Dy 等稀土元素也被应用于镁合金中。研究表明 Mg-Y 系合金是很有发展潜力的一类耐高温合金，在此基础上，开发的一些多元的稀土镁合金，如 Mg-Y-Nd-Zr 合金，室温强度和抗高温蠕变性能都较高，使用温度可达 300℃。通过调整 Gd/Y、RE/Zn，综合运用固溶强化、时效强化、长周期有序结构强化和形变强化等手段开发的高强度耐高温 Mg-Gd-Y-(Zn)-Zr 系变形镁合金，抗拉强度达 490MPa，延伸率 3%～6%，且其高温稳定性非常好，在 200～300℃ 之间仍具有良好的力学性能。

Mg-Li 合金有 LA141、LA91 及 LAZ933，这些合金的密度只有 1.25～1.35g/cm^3，却具有很高的弹性模量。Mg-Li 合金比强度高、振动衰减性好、切削加工性好,但高昂的价格限制了其在汽车产业中的应用。目前,镁合金正逐渐在原有合金系的基础上由二元、三元向多元化发展,这将是未来提高镁合金综合性能的主要趋势。

1.3.5 复合材料[21,22]

汽车用的塑料复合材料有热固性的和热塑性的。考虑到汽车回收的方便和法规的要求,目前热固性的塑料用量正在下降,由于热固性的塑料价格较便宜,特别是树脂类的复合材料包括 SMC、GMT 等复合材料在商用车上还有较多的应用。热塑性复合材料用量正在扩大,重点包括 ABS、尼龙和聚丙烯等。考虑到汽车回收的方便,目前汽车塑料的一个重要的发展趋势,是汽车用塑料的单一化,如扩大 PP 的应用,以便于管理,扩大应用,便于回收。

塑料复合材料在汽车上有广泛的应用,包括内饰件、装饰件和许多结构件;特别是近年来塑料复合材料正由内饰件和装饰件向结构件发展;以减轻汽车结构件的重量,其典型的构件有发动机的进气歧管、各种内饰的拉手、发动机油底壳、商用车悬架的变截面板簧、发动机罩盖以及部分车型的背门的内外板以及碳纤维复合材料发动机盖板等。

塑料复合材料目前在汽车上应用的品种有:PP、PE、PVC、PA、POM、PC 等,短纤维和长纤维以及连续显微增强的塑料复合材料。

汽车用的工程塑料在不同乘用车车型上应用的重量比大约为 8%~10%,商用车车型上为 1%~2%,塑料复合材料在商用车和乘用车上的典型构件见图 1-24 与图 1-25。

图 1-24 塑料复合材料在商用车上的典型应用

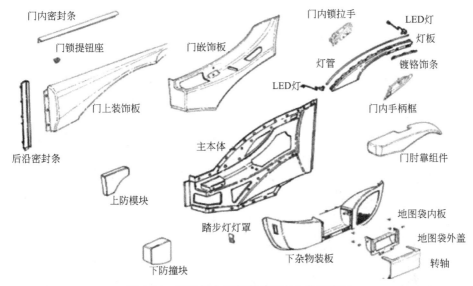

图 1-25　塑料复合材料在乘用车上典型应用

汽车中的大量的内饰件和前后保险杠的装饰件都用塑料复合材料制作。一个重要的趋势是热塑性的 PP 塑料其用量正在迅速扩大,以满足汽车回收法规的要求。另一个应用趋势是长纤维增强的塑料复合材料其用量在迅速增加,以满足汽车轻量化用的一些塑料结构件的要求,其中进气歧管就是一个例子。塑料复合材料在制造工艺的发展趋势是采用在线模压和在线模塑技术,以提高劳动生产率,简化工艺,降低成本。

除了上述构件之外,在混合动力车上,还有一个重要的应用就是电池支架,在内饰件中有仪表板支架、发动机的进气歧管油底壳等见图 1-26。

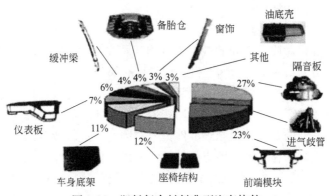

图 1-26　塑料复合材料典型汽车构件

试验证明[21][22],假如负荷是单轴的或者在结构上是沿纤维方向施加的话,纤维强化的材料则具有明显的优越性。

1.4 汽车在服役过程中的材料失效

1.4.1 腐蚀失效

腐蚀是由于材料受环境中化学侵蚀而导致的损伤；由腐蚀所产生的材料和构件功能的失效称为腐蚀失效。腐蚀一般是一种氧化反应，通常是金属失去电子而变成氧化物，或者在酸性介质中失去电子变成盐类[23]。

腐蚀可以导致材料和零部件的锈蚀、腐蚀疲劳、腐蚀断裂，最终导致材料性能恶化或零部件功能失效，由此给国民经济带来巨大的损失。根据世界各国所做的腐蚀调研统计得出，腐蚀不仅可以诱发重大事故，还可以造成各种损失，约占GNP 的 1.5%～2%，其损失相当惊人[24]。

腐蚀给汽车工业带来巨大损失。按世界各国对汽车行业腐蚀损失所做的调研，其统计结果表明每辆汽车的腐蚀损失和预防腐蚀所花的费用为 200 美元，目前全世界已有超过 10 亿辆车在运行，每年汽车行业造成的腐蚀损失将会高达 2000 多亿美元。

汽车工业的腐蚀损失，很大部分是环境损失。减少汽车的腐蚀损失，一方面是提高材料的腐蚀抗力，另一方面是改善大气环境，减少和降低能致汽车材料产生腐蚀的各种因素，同时开展腐蚀机理研究，提出有效的预防腐蚀的方法。在这方面中国还需要进一步提升。

1.4.2 疲劳失效

疲劳是指材料或零件在交变应力作用下发生的累积损伤，由于累积损伤而引起的断裂或零部件功能的丧失。

机械零件承受的载荷模式有拉压、平面弯曲、旋转弯曲、四点加载弯曲、扭转、弯扭复合等，对应于不同的载荷模式有不同的失效模式和不同的断口特征。从总体看，疲劳断口一般都分为三区：起裂区、裂纹扩展区、最后断裂区，三区中裂纹扩展区的脆性特征要高于其他两区。疲劳是一个复杂过程，除和受力载荷模式有关外，还和零件的工作环境密切相关。疲劳还和磨损、腐蚀都可能有交互作用，有时是三者的共同作用导致零件失效。因此，进行疲劳的失效分析，既需考虑到材料的性能即材料的处理历史，又需考虑零件的工作环境、服役历史。

疲劳断裂是许多机械构件破坏的主要模式，根据美国 20 世纪 80 年代的调研结果，在各种工程实际中，发生的疲劳破坏占全部力学破坏的 50%～90%。疲劳失效是机械失效最常见的形式，汽车是运动机械，汽车中有大量的承受多次循环应力的零件，因此疲劳破坏是汽车许多结构件失效的基本模式，占汽车零件失效的 70%

以上。由于疲劳和断裂在美国造成的直接经济损失均超过 2000 亿美元，目前机械零件的设计，特别是航空件和运动构件，已由原来的静态强度设计转变为疲劳设计。基于材料的疲劳特性和零件工作的服役环境，通过计算机模拟，对零件疲劳寿命进行预测，以保证零件在使用的服役期限内不能发生重大的疲劳失效事故。

提高零件疲劳寿命，对于机械零件特别是运动构件及汽车零件具有特殊的意义。不仅是对材料和工艺的全寿命周期评估、节能减排具有重要意义，而且对机械零件运行的安全性、避免机械零件意外失效和突发事故也十分重要。提高零件的疲劳寿命，首先要对构件进行优化设计，了解构件的服役环境和历史，其次要合理地选择材料，有针对性地采用先进的加工成形工艺，特别是对提高疲劳寿命非常有效的表面强化工艺，并严格制定零件的操作使用规程。显然，材料和零部件的延寿是一个系统工程。

1.4.3 摩擦磨损

当物体与另一物体沿接触面的切线方向运动或有相对运动的趋势时，在两物体的接触面之间有阻碍它们相对运动的作用力，这种力叫摩擦力。接触面之间的这种现象或特性叫"摩擦"。由于摩擦而造成的表面状态或表面的材料损失叫磨损。摩擦是自然界中普遍存在的一种现象，只要有相对运动，就一定有摩擦相伴。摩擦既是人类赖以生存的必需，同时摩擦也给人类带来了巨大的损失。

摩擦磨损与腐蚀、疲劳被列为机械零件的三大失效模式。汽车轮胎、齿轮、轴承的磨损等，汽车发动机和传动系统的摩擦不仅会带来严重磨损后果，同时还带来发动机巨大的消耗。据不完全统计，人类能源的 $1/3\sim1/2$ 消耗于摩擦磨损，汽车运动构件和机器零件由磨损引起的失效占 30%[25]。

摩擦的形式有多种，包括静摩擦、动摩擦、滑动摩擦、滚动摩擦、滑动与滚动复合型摩擦以及一般的正常摩擦、特殊工况条件下的摩擦（如高温、高速、低温、真空、辐射等摩擦）。这些不同的摩擦形式，对应有多种不同的磨损失效模式。常见的磨损分类为黏着磨损、磨料磨损、冲蚀磨损、微动磨损、疲劳磨损等。充分利用摩擦有利于人类的一面，通过减少摩擦，从而减少各种磨损，并弄清摩擦磨损的失效机理，以此指导材料的摩擦磨损的损失降低，延长构件的使用寿命。

1.5 孕育中的新的工业革命对汽车工业发展和产品延寿带来的影响

近年来，互联网技术与能源技术的发展以及数字化制造技术的进展，有可能催生第三次工业革命。正如德国经济技术部提出的工业 4.0 战略，其核心是网络世界和物理世界的融合，尽管目前对是否是新的产业革命还有不同看法，但是当前出现的信息技术、制造技术、能源技术、材料技术的交叉融合、深度渗透、群体升起的技术创新局面，使许多领域处在产业化创新突破的临界点，数字化制造技术的通用性和高度渗透性，将对生产方式、产业的重构方式乃至社会发展，逐步产生深刻的影响，使各国的竞争力此消彼长。由此看来，第三次工业革命的前兆已经出现[26]。

对汽车工业，第三次工业革命可能会在三个层面上带来较深刻的变化。一是汽车产品将向着电动化、智能化和轻量化方向转型；二是汽车生产方式将向大规模定制化转型，同时还可能出现分散化的个性生产；三是汽车商业模式将向着基于数据平台的网络化服务转型，其车联网将是一种主要的发展模式。轻量化发展长期以来都是汽车设计追求的目标，汽车轻量化并非是简单的小型化，而是通过优化设计、合理选材，应用高强度和轻质材料以及先进的成形技术等方法和手段，在不影响车辆原有性能和售价的前提下，达到车辆减重的目的。轻量化不仅对传统燃油汽车具有重要意义，对新能源汽车尤其是电动汽车，由于受制于电池能量密度和续驶里程的要求和限制，在客观上对轻量化提出了更为严格的要求。材料技术、信息技术和制造技术的发展为轻量化提供了技术的可能性。

新的产业革命对汽车工业发展的另一个影响是电动化。受全球能源、环境、技术等条件深刻变化的影响，电动汽车的优势正在不断凸显。相比传统的内燃机汽车，首先是电动车的能源转换效率高，它可以将电能的59%～65%转化为驱动力；其次是对环境污染小，电动车使用过程中不产生任何排放，但是从全寿命周期来评估，应该考虑电能的来源和汽车回收中的排放来进行评估；再次是电动车的运行会更加安静、平稳。但目前电动车还存在续驶里程短、充电设施不完善、充电时间长、车辆重量大、电池制造成本相对较高等问题，但是这些问题会随着技术的进步和电动车的大规模发展和应用在不长的时间内得到解决。随着风电、太阳能电池等可再生能源在发电领域的大规模应用，电动车在减少石化能源消耗、降低CO_2排放等方面的优势会得到更大程度的发挥。此外，随着信息技术和能源技术的交叉融合，智能电网也将取得进一步的发展，电动车的储能作用也将越来越重要。

新的产业革命对汽车工业发展的第二方面的影响是智能化。智能化的发展趋势体现在人类社会发展的各个领域，汽车产业也不例外。汽车智能化的发展是先进的信息通信技术在汽车生产制造、道路行驶等诸多环节深度应用的产物，它体现了一种更为便捷简单的人车交流互动方式。目前智能化的发展中，自动驾驶是对人们更大程度的"解放"，因此受到广泛的关注。自动驾驶会使汽车行驶安全性更加提升，虽然无人驾驶距我们还有一段时间，但其优势和发展必将随着电动汽车的发展而加快步伐。

新的产业革命还会就生产制造方式向大规模定制化、模块化转型，同时还可能出现分散化的个性化生产。商业模式也将向基于数据、平台、互联网的转型。

基于以上情况，汽车产业最终会出现革命性、颠覆性的变化，而汽车的电动化、智能化和轻量化必将对汽车的失效模式、材料和零部件的延寿提出新的挑战、新的思维。轻量化要用高强度轻质材料、各种智能化的制造技术、模块化的生产模式，在使用过程中必然会出现一些新的失效模式，这需要新的失效分析方法来应对。电动化中的轻量化和三电技术（电控、电机、电池）也将是全新的零部件和工作模式。电动化和智能化的发展、大量的智能化器件和电器元件将是汽车典型部件失效和延寿的新课题，这些应该以全新的思维和理念去应对。因此，汽车零部件的失效和延寿在汽车电动化、智能化和轻量化的时代，除了考虑传统车的结构件中的腐蚀、疲劳、磨损之外，更应该考虑电子、电器等电控智能元件的失效和延寿。随着这种新型技术的发展，需要新的积累，也需要有新的专门论著。而本书仍然以传统的燃油车中的结构零部件的失效和延寿进行论述。

1.6 小结

汽车工业诞生至今已经有一百多年历史，从美国福特公司的 T 型车开始，为汽车工业批量生产和进入大众化消费即乘用车进入家庭，提供了汽车工业迅速发展的条件、环境和机遇。汽车提供给人类的不仅仅是一个简单的代步工具，更是一个现代化的产业，在国民经济中具有举足轻重地位的支柱产业；没有任何一种产业像汽车产业这样对其他产业和就业产生巨大的拉动作用，更有汽车的普及、汽车的广泛应用而彻底改变了人们的生活方式。从而形成了一种内涵丰厚的汽车文化和文明。

但是汽车工业的发展、汽车产量和保有量的增多，也带来了能耗、排放污染和安全三大问题，针对这三大问题，世界主要汽车工业发达国家都制定了相关的法规，而且逐年严格，以保证汽车工业的健康发展，汽车轻量化是汽车节能减排最有效而且最直接的方法和途径。但轻量化不能影响汽车安全，因此就必须采用高强度的轻量化和高性能的材料，并通过优化设计、合理的选材、采用先进的成形工艺等多种专业、材料优势的集成，才能做出既轻量化又安全且使用性能可靠的汽车；为提高汽车的可靠性，应深入了解汽车用材、主要零部件的性能和功能以及使用中的失效模式，有针对性地采用一些强化措施，以此提升汽车使用的可靠性。

随着我国汽车工业的发展，汽车材料的性能提升、寿命延长、汽车零部件功能的改进、可靠性的提高，尚有大量的研发工作，这也是每一个汽车材料、制造业中的研发人员共同的使命。随着我国汽车行业的研发工作进展，汽车使用可靠性的提升，中国汽车工业不仅是世界上汽车产销量最大的国家，也一定会成为世界上的汽车强国。

参 考 文 献

[1] 孙益年编著.世界经济浪潮[M].北京：经济管理出版社，1991.
[2] 中国工程院，美国国家工程院，美国国家研究理事会.私人轿车与中国[M].北京：机械工业出版社，2003.
[3] 世界汽车技术发展研究报告.北京：中国汽车工程学会，中国汽车技术研究中心，2002.
[4] 中国汽车工业年鉴.北京：中国汽车技术研究中心，中国汽车工业协会，2004.
[5] 马鸣图，易红亮，路洪洲等.论汽车轻量化[J].中国工程科学，2009，11（9）：20-27.
[6] 马鸣图，吴宝榕.双相钢物理和力学冶金[M].第2版.北京：冶金工业出版社，2009.
[7] Marlen Bertram. Improving Sustainability in the Transport Sector [C], Invited Lecture in 2007 internationalconference of China Aluminum and transportation, Dalian, 25th July.
[8] 马鸣图.汽车轻量化和轻量化材料的研究进展[C].2013年上海第二届国际汽车轻量化创新材料与成形技术研究进展.成形技术应用高峰论坛特邀报告，2013年6月19日，上海.
[9] EVANS L. Driver fatalities versus car mass using a new exposure approach [R]. Accident Analysis and Prevention 16：19-36；1984.
[10] EVANS L. Car mass and likelihood of occupant fatality [C]. SAE paper820807Warrendale, PA：Society of Automotive Engineers；1982.
[11] 马鸣图主编.先进汽车用钢[M].北京：化学工业出版社，2008：8-130.
[12] Ohjoon Kwon. Next Generation Automotive of Steel at POSCO [R], POSCO Global EVI Forum. 2008, Dec, Seoul.
[13] Ma Mingtu, Yi Hongliang. , Light Weight Car Body and Application of High Strength Steels [M] . Advanced Steels, Edited by Yuqing Weng, Han Dong, Yong Gan, Springer and Metallurgical Industry Press. p187-198.
[14] 马鸣图，易红亮.高强度钢在汽车制造中的应用[J].热处理，2011，26（6）：9-20.
[15] 马鸣图等.特殊钢在新型汽车领域中的研究[R].特殊钢在先进装备制造业应用中的战略研究.翁宇庆，陈蕴博，刘玠等编著.北京：冶金工业出版社，2012：72-116.
[16] 马鸣图.汽车和新能源汽车轻量化材料[R].中国新材料产业发展报告.北京：化学工业出版社，2010：52-60.
[17] 马鸣图，马露霞.汽车轻量化和铝合金的应用[J].世界有色金属，2006，17：10-14.
[18] 马鸣图.新型材料助力汽车轻量化[J].高科技产业化，2006，1：20-23.
[19] Ma Mingtu. Application of Aluminum Alloy in Automotive Light Wight [C], Invited Lecture in 2007 international conference of China Aluminum and transportation, Dalian, 25th July.
[20] Ma Mingtu, You Jianghai, Lu Hongzhou, et all. Research progress of aiunilum-alloy automotive sheet and application technology [J]. Engineering Science, 2012, 10 (4)：29-34.
[21] 马鸣图，杨洪，魏莉霞.汽车轻量化和塑料复合材料的应用[J].新材料产业，2007（9），34-38.
[22] 魏莉霞，马鸣图，杨洁.长纤维增强热塑性复合材料在汽车轻量化上的应用[J].新材料产业，2013（9），45-52.
[23] William F. Smith, Javad Hashemi. Foundations of Materials Science and Engineering [M]. McGraw-

Hill Higher Education Co.，1990：718.
- [24] 柯伟. 中国腐蚀调查报告 [M]. 北京：化学工业出版社，2003：3-6，112-118.
- [25] Hutchings M I. Tribology：Friction and Wear of Engineering Materials. Great Britain. Edward Arnold，1992
- [26] 国务院发展研究中心产业经济研究部，中国汽车工程学会，大众汽车集团（中国）编著. 中国汽车产业发展报告 2014 [M]. 北京：社会科学文献出版社，2014.

第2章
车辆材料和典型构件的自然环境腐蚀

2.1 概述

腐蚀是一种自然现象[1]，腐蚀速率取决于温度、反应物和反应产物的浓度。其他因素，如机械应力、摩擦磨损也会对腐蚀速度有明显的影响[2]。但是我们通常提到的金属腐蚀是一种电化学侵蚀过程，金属对这一过程很敏感，因为金属具有自由电子，并在内部形成电化学电池。大多数金属可以被水和大气腐蚀，也可以被化学介质，甚至液态金属的直接化学侵蚀而造成腐蚀。

腐蚀造成事故的案例很多，1988年4月28日，美国阿罗哈航空公司波音737飞机在24000ft（约7300m）的高空飞行时失去了机身上部的主要部分，虽然飞机成功迫降而未造成灾难性损失，但是机上人员都是很受心理伤害。事后分析得出机身上下两部分连接的铆钉腐蚀而造成断裂[3]；重庆嘉陵江大桥每年对钢梁进行除锈、涂装，有效防护期为一年，1978年大修时发现钢梁有些部位严重腐蚀竟达2～3mm，由于重庆地处潮湿、高温和酸雨环境，城市设施腐蚀十分严重；横跨金沙江的宜宾市南门大桥是钢铁结构提篮式大桥，仅仅使用11年，2002年突然倒塌，断裂成三截，造成死亡2人、受伤2人。专家检验表明：该大桥吊杆的防护措施失效是塌桥的重要原因（承重钢缆生锈，悬吊的承重钢管的钢缆锈迹斑斑）[4]。

自然环境腐蚀是指在含有腐蚀因素的自然环境中，材料和构件所产生的腐蚀。环境腐蚀受多种复杂因素的影响，尤其是在我国，幅员广阔，各地环境差异大，就南北而言，气温从亚热带高温的海南到近寒带低温的东北漠河；从东海之滨的海洋性气候到西北干燥的沙漠；从中原地区的四季分明到西南地区的潮湿和热带雨林，几乎覆盖了热带之外的所有气候环境，在这样的环境中不同材料有不同的腐蚀失效模式。研究和论述在这样的环境下汽车构件的腐蚀失效，需要有专门的研发工作。国内有关单位已经在典型的环境中，如海南的海洋环境的腐蚀试验站、潮湿酸雨中的重庆江津环境腐蚀试验站、干燥大风侵蚀的敦煌试验站、高原寒冷的拉萨环境试验站、低温寒带的漠河试验站等，投放了相关的试样，进行相关的自然环境腐蚀研究。

本章的重点是论述本书作者承担国家科技部的社会公益项目"车辆材料在潮湿和酸雨环境中的腐蚀规律的研究"、与日本广岛市经济局联合进行的国际合作项目"自然曝露试验与加速腐蚀试验相关性的研究"、973项目"新一代钢铁材料的重大基础研究"中的子项"高强度细晶粒马氏体钢的延迟断裂抗力"所取得的一些典型结果和进展。

2.2 腐蚀的危害

2.2.1 腐蚀给国民经济带来重大损失

腐蚀是缓慢进行的冶金的逆过程，它给人类和社会带来巨大的损失和危害。一些工业化的国家基于对腐蚀所造成的严重危害的认识，对腐蚀损失进行了调查；特别是第二次世界大战后，大规模的基础建设和金属材料资源消耗逐步引起世界工业先进国家的重视和关注。20世纪70年代前后，许多国家相继进行了相对系统的腐蚀调查，英国、美国、日本、苏联、联邦德国、波兰、澳大利亚和印度都做过相关的调查，结果显示腐蚀造成的直接经济损失都相当可观，各国出台的报告达成了一种共识，国民经济为腐蚀付出了巨大的代价，其数值可占各国GNP的1%～5%，但这种损失约有1/4可以通过改善防腐措施来避免。这类调查报告已经过去了近40年，在此期间，各国的经济状况和产业结构都发生了显著的变化，从资源、环境保护和可持续发展的角度出发，人们更加深刻认识到腐蚀控制和管理的重要性。同时人们逐步学会了利用系统工程的观点和方法来评价一些工程项目和装备的腐蚀问题，即采用全寿命周期的分析方法（LCA-Life Cycle Assessment），并以风险分析为基础的检测概念来分析处理腐蚀问题；这些认识和情况的变化使人们再次感到对腐蚀损失调查的必要性。因此，近年来许多国家相继开展了不同规模的腐蚀调查，表2-1列出了一些国家的年腐蚀损失调研分析结果[5]。

1949～1999年间，美国开展了多次腐蚀调查，1949年采用Uhilig方法估计的年腐蚀损失为55亿美元；1978年Battelle Memorial Institute和National Bureau of Standard共同进行的腐蚀报告推算出年腐蚀损失为825亿美元，相当于美国GNP的4.9%；1995年Battelle Memorial Institute在1978年调查结果的基础上对20年来的变化进行了重新评估，调查表明美国每年腐蚀损失为3000亿美元，相当于美国GNP的4%～5%，腐蚀造成损失的内容包括设备和结构的更换、生产的损失、维修的费用、过剩的能力和多余的设备、腐蚀控制工程、技术支持费用、保险费及设备存货费用。

表 2-1 一些国家的年腐蚀损失

国家	时间	年腐蚀损失	占国民经济总产值/%	可避免损失比总产值/%	调查方法	文献
美国	1949 年	55 亿美元			Uhlig 法	[6]
	1975 年	825 亿美元(向国会报告为 700 亿美元)	4.9 (4.2)	(15)	投入-产出,产业关联分析方法	[7]
	1995 年	3000 亿美元	4.21	33	产业关联分析方法	[8]
	1998 年	2757 亿美元			产业关联分析方法	[9]
英国	1957 年	6 亿英镑			Vernon 推算方法	[10]
	1969 年	13.65 亿英镑	3.5	23	Hoar 法	[11]
日本	1975 年	25509.3 亿日元			Uhlig 法	[12]
	1997 年	39376.9 亿日元			Uhlig 法	[13]
苏联	20 世纪 70 年代中期	130140 亿卢布			仅金属结构和零件引起的损失	[14]
	1985 年	400 亿卢布				[15]
联邦德国	1968～1969 年	190 亿马克	3	25	D. Bhrens 估计	[16]
	1982 年	450 亿马克		20		[17]
瑞典	1986 年	350 亿瑞典法郎				[18]
印度	1960～1961 年	15 亿卢比				[19]
	1984～1985 年	400 亿卢比				[19]
澳大利亚	1973 年	4.71 亿澳元			Uhlig 法	[20]
	1982 年	20 亿美元			用产业关联法推算	[21]
捷克	1986 年	15×10^9 捷克法郎				[22]
波兰			6～10			[23]

1999 年在美国开展了新一轮腐蚀调查,美国议会委托拨款 100 万美元,确定了正式的调查专题,由 CC Technologies Laboratories 和 NACE International 负责执行,这项调查在 Transportation Equity Act for the 21st Century [TEA-21] 中立项。以 NACE 为主体,处理腐蚀损失调查委员会,由 Department of Transportation [DOT] 的 Federal High Way Administration [FHWA] 来管理。该计划为期两年,旨在评估美国金属腐蚀的总损失,以提供一个经济上能有效减少腐蚀损失的材料,并降低腐蚀对公共安全、环境和经济的影响。该计划评估的内容重点在运输基础设施防护对策方面,同时对桥梁、油气管线、机动车辆、飞机和储罐也做了调查研究,采用效益和风险分析来阐明腐蚀防护对策的经济效益。对每个行业最后的分析包括:按设备、结构和装置进行分类;确定腐蚀类型及其防护方法;在

行业内认定有可能大量节约的专业范围；进行腐蚀损失数据编辑和经济分析；撰写案例研究报告；推荐防护措施。从已经公布的调查结果看出：1998 年美国总的腐蚀损失为 2757 亿美元，其中直接经济损失为 1379 亿美元，具体腐蚀损失数据见表 2-2。20 多年来，美国的 GNP 增加了 4 倍，由于从设计到维修过程中普及了耐蚀材料、采用了耐蚀防护方法，腐蚀研究和防蚀技术的进步，使整体腐蚀损失由占 GNP 的 4.9% 降至 4.2%。

表 2-2 1998 年美国腐蚀调查数据[9]

行业	部门	直接腐蚀损失/亿美元	占总直接腐蚀损失/%
公共设施	电信、供电、燃气、饮用水和排污	479	34.7
运输业	船舶、飞机、汽车、铁路车辆、危险品运输	297	21.5
基础设施	燃气和液化气输送管线、水路和港口、危险品储存、机场、铁路、高速公路和桥梁	226	16.4
政府	国防、核废料贮藏	201	14.6
生产和制造业	油气勘探和生产，石油、炼化、化学、石油化工、制药，采矿、电子、日用品、食品加工、农业	176	12.8

1969 年，英国 T. P. Hoar 领导的委员会在英国贸易和工业部（Department of Trade and Industry）的支持下，进行了腐蚀调查，发表了知名的 Hoar 报告，估计英国腐蚀的总损失相当于 GNP 的 3.5%。近年来，英国在工业贸易部的支持下，由英国涂料研究协会和材料学会联合组成调查委员会，开展了题为"腐蚀损失、风险评估和减小腐蚀损失措施"的研究，就以下三个方面的内容开展工作：①评价腐蚀对英国经济造成的损失；②认定和普及减小腐蚀损失的措施，改进设计、选材和防护涂层；③建立风险评估方法和求得最佳的资源利用。其具体操作方法是在每一个部门调查腐蚀损失，采用寿命周期成本法和检测风险分析法减小腐蚀损失的程度。日本也开展了腐蚀调查，20 世纪 70 年代，由日本防腐蚀技术学会、防锈技术协会共同负责，设立腐蚀损失调查委员会，用 Uhlig 方法（即从制造和生产方面推算）和 Hoar 方法（从各个使用领域推算）评估了日本的腐蚀损失，调查结果于 1976 年以"我国腐蚀调查报告书"为题发表，所公布的腐蚀损失仅推算了直接损失，也达到了 GNP 的 1.8%，日本防腐蚀学会于 1999 年扩展了为期 2 年的腐蚀损失调查，由于 20 年来日本产业结构发生了很大变化，结果表明，用 Uhlig 和 Hoar 两种方法估算 1997 年日本腐蚀损失分别为 39380 亿日元和 52580 亿日元，为当年 GNP 的 0.77% 和 1.02%。如果考虑腐蚀的间接损失，采用输入/输出分析法，整个腐蚀损失要比 Uhlig 方法估算的数值高 2~3 倍，即占 GNP 的 1.54%。

1980年7月，中国国家科委委托腐蚀学科组向化工、石油、冶金、纺织、轻工、二机和建材等7个部门发送了腐蚀管理与腐蚀损失调查表，并进行了走访，调查结果列于表2-3。由于缺乏统计数据，调查内容和调查方法亦不完善，所以调查数据实际上只反映了几个部门的企业损失。

表 2-3 我国几个工业部门部分企业的腐蚀损失调查

部门	可供统计的企业数	腐蚀损失/万元	占总产值/%
化学工业	10	7972.9	3.97
炼油工业	13	750.0	0.08
冶金工业	30	678.0	2.4
化纤工业	17	3300.0	1.5

1986年，武汉材保所调查了我国机械工业的腐蚀损失，腐蚀损失值达到116.245亿元人民币，中国化工腐蚀损失约占总腐蚀损失的11%。1998年我国腐蚀造成的损失已达到2800亿元人民币，腐蚀严重的石油和化工行业已达到300亿元人民币，化工生产中因腐蚀造成的事故约占31%。1999年4月6日，中国工程院化工冶金与材料学部讨论了1998年8月科委曹楚南院士提出的建议和申请，决定正式启动中国工程院咨询项目"中国工业与自然环境腐蚀调查与对策"，该项目由中国科学院金属研究所负责，历时3年，于2001年基本完成，2002年作进一步补充和修订，根据有关的调研结果，用Uhlig和Hoar方法进行了腐蚀损失评估，结果表明：自然环境腐蚀量大面广，十分普遍，自然环境腐蚀损失在总腐蚀损失中所占比例最大，据统计大气中腐蚀的钢材占各种钢材腐蚀总量的60%，材料大气环境腐蚀损失占总损失的50%，土壤腐蚀损失占20%，水环境腐蚀损失占10%，因此自然环境腐蚀损失占总损失的80%以上。不同行业的腐蚀损失有差别，石油化工的腐蚀损失大体占总产值的2.9%～4.22%，即平均为3.48%。最近一次调研报告，命名为"中国腐蚀调查报告"，已由化学工业出版社出版[5]。

2.2.2 腐蚀给汽车工业带来巨大损失

自2000年以来，中国汽车工业得到迅速发展，2009年汽车产量达到1374万辆，产销量均居世界首位。2010～2012年汽车产量一直稳定在1800万～1900万辆。2013年中国汽车产量占世界总产量的25.34%，汽车保有量达到1.27亿辆。汽车的主营收入是63222.6亿元（人民币，下同），其总产值达到35774.4亿元，利润总额为5270.26亿元，汽车工业已成为我国当前重要的支柱产业和重要的交通工具[24]。据1982年统计，我国公路运输占总运输的32%，根据美国、英国、法国等发达国家的统计结果，公路运输业每年的产值都占国民生产总值的6%～8%。引起汽车腐蚀的主要是大气环境，即粉尘、气候、雨水、SO_2和Cl^-等。

汽车的腐蚀不仅影响了汽车的外观，而且严重的锈蚀还会降低汽车的使用寿命，增加维修费用，因此世界各国都在大力提高汽车的抗腐蚀性，以减少汽车因腐蚀造成的损失。汽车的腐蚀宏观上分为两类，即全面腐蚀和穿孔腐蚀。路上的砂子打在汽车的外表面，引起涂层脱落，导致材料生锈，引起全面腐蚀，而穿孔腐蚀主要起源于汽车不同部位的连接处，如空槽部位进入的水很难立即挥发，长时间维持较高的湿度和盐度，形成腐蚀性较强的环境，最终导致汽车主体材料的穿孔破坏。

中国汽车工程研究院在中国工程院腐蚀项目支持下对重庆市的公交、电车公司腐蚀情况进行调查[5]，1999 年，重庆市有公交车 2857 辆，由腐蚀造成的经济损失如下：直接经济损失——由于重庆地处高温、潮湿、酸雨环境，公交车每年要进行 1 次外涂装，每次车涂装的人工和材料费为 3500 元/辆；每运行 2 年，由于车顶的穿孔腐蚀需进行 1 次换顶和涂装，每辆车的耗材料费和人工费约 4500 元；每 4 年需对车辆进行一次车顶更换，对车身、骨架、大梁进行防护处理，每辆车需材料和人工费约 1 万元；基于以上数据，1999 年重庆公交汽车因环境腐蚀造成的 4 年维修费用共计 6147 万元，平均每年 1536.8 万元，腐蚀损失十分惊人，如果车辆运行 5~8 年，则维修费用将更高；间接经济损失——对于公交运营车辆，腐蚀维修会引起车辆的停运，以每辆车每天收入 1000 元计算，每次涂装要停运 3 天，换顶、更换面板及大梁、车身骨架的维护要停运 5 天，则 1999 年调研的重庆公交车辆因停运进行维护造成的间接损失，4 年共计 4574.4 万元，平均每年 1516 万元，这与上海 20 世纪 80 年代初公交车辆每年腐蚀损失 2490 万~2550 万元的数值是一致的。

对重庆卡车的调研表明，1999 年重庆卡车保有量为 8 万辆，3 年的维护和换件费用总计高达 14780 万元，由于腐蚀维护所造成的间接经济损失为 25350 万元。对重庆市车辆腐蚀损失的统计结果：重庆市以新车开始运行计算，公共交通车辆 4 年总的腐蚀损失为 10721.4 万元，年平均损失为 2680.4 万元；卡车 3 年总的损失为 40130 万元，年平均损失为 13376.7 万元。由此可知，1999 年重庆市车辆平均的腐蚀损失为 16057.1 万元，即由于腐蚀在 1999 年重庆的直接和间接损失高达 1.6 亿元，该数据是按新车开始运行计算的，如果公交运行 5~8 年、卡车运行 3 年以上，车辆腐蚀防护的维修频率将更高，造成的直接和间接损失会更大，所以腐蚀损失数据还是相对保守的。

根据世界上大量的统计数字，全世界汽车腐蚀年均损失为 150~250 美元/辆，假设中国汽车年均损失按 200 美元/辆，每辆车设计制造时防腐费用约为 150 美元，按照 2011 年底中国汽车保有量为 1.1 亿辆，2012 年中国汽车销售 1900 万辆，2012 年汽车行业的总损失为 248.5 亿美元（约合人民币 1491 亿元），这与 Hoar 法计算的腐蚀损失是一致的，即汽车每年的腐蚀损失为新生产产品的防蚀费和现有产品的防腐维修费之和，但这不包括使用产品报废后的损失。按这种评估方法，2011 年美国汽车保有量为 3.43 亿辆，保有量年腐蚀损失为 686 亿美元，德国汽车保有量为 5100 万辆，保有量年腐蚀损失为 102 亿美元；英国汽车保有量为 3779 万辆，保有量年腐蚀损失为 75.6 亿美元。有资料报道，考虑到腐蚀引起汽车报废，各国的腐蚀损失为：美国约为 200 亿美元、德国为 20 亿马克、英国 2 亿～5 亿英镑、瑞典 5 亿克朗、前苏联 25 亿卢布。2013 年中国汽车保有量为 1.27 亿辆，保有量每年腐蚀损失为 254 亿美元，此数字不包括新车的防腐损失和腐蚀引起汽车报废的损失。

腐蚀不仅给人类带来巨大的经济损失，同时还污染了环境，消耗了资源和能源。据统计，全世界 99s 就有 1t 钢铁腐蚀成为铁锈，而冶炼 1t 钢所消耗的电就够 1 个家庭使用 3 个月。从全寿命周期评估，则腐蚀的危害更加惊人。

2.3 腐蚀失效的特点

腐蚀是材料在环境中通过化学或电化学作用产生氧化过程而发生的破坏，通常它是一个缓慢的过程，其中一个简单的事例为钢铁材料曝露在空气中，和氧作用生成氧化铁，因此金属的腐蚀可看作按某种方式的逆向萃取冶金学。自然界中大部分金属以化合态存在，如氧化物、硫化物、碳酸盐和硅酸盐。以这些化合态存在时，金属的能量较低，以金属状态存在时能量较高，因此金属就有一种通过化学反应形成化合物的趋势。例如铁通常以铁矿石存在，借助热能可以被还原成为铁，此时具有较高的能量，金属铁可以通过腐蚀返回到铁的氧化物状态，这种状态具有更低的能量状态，显然这是符合自然界各种事物和各类化学反应运行的规律，因此腐蚀失效大部分是从表面开始，并明显地受环境影响。

汽车构件都是在承受不同应力状态下进行工作的，而大部分构件全部曝露在环境中，因此汽车构件发生环境腐蚀是一种自然现象。材料在应力和环境共同作用下所引起的材料性能下降和构件功能的丧失称为应力腐蚀，而将这种应力和环境作用导致的材料早期断裂和构件功能的早期失效称为环境诱发断裂或环境敏感断裂。由于汽车材料和构件所受的应力状态不同，将环境敏感断裂分为应力腐蚀断裂、腐蚀疲劳断裂、腐蚀磨损断裂和微动腐蚀断裂等，根据破坏机理和特点，又可以分为裂纹尖端引起的应力腐蚀、阴极析氢引起的氢脆或氢致断裂。

腐蚀失效通常用表面形貌评价，零部件表面产生氧化物、失光和剥落等，这可以用形貌的变化、失重或增重来表征。应力腐蚀开裂具有以下特征[2]。

① 造成应力腐蚀破坏的静应力远低于材料的屈服强度，而且一般为拉伸应力。拉伸应力越大，断裂所需的应力越大。最近研究结果表明[25~28]，铝合金、不锈钢、铜合金等在压应力作用下也会发生应力腐蚀，但裂纹形核的孕育期要比拉应力腐蚀的高 1～2 个数量级，且断口形貌也与拉应力腐蚀不同。

② 应力腐蚀造成的破坏都是脆性破坏，没有明显的塑性变形。
③ 不同材料只有在特定介质中才会发生应力腐蚀。
④ 应力腐蚀的裂纹多起源于表面的蚀坑处，而裂纹的传播途径常垂直于拉应力方向。
⑤ 应力腐蚀的断口颜色灰暗，表面常有"泥状花样"的腐蚀产物，及腐蚀坑，如图 2-1 所示。
⑥ 应力腐蚀引起的断裂可以是沿晶，也可以是穿晶，或者是两种模式兼有。

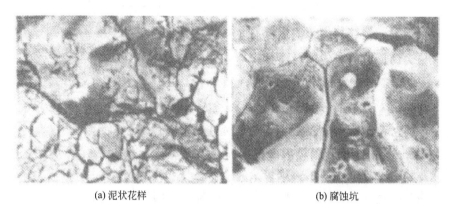

(a) 泥状花样　　　　(b) 腐蚀坑

图 2-1　应力腐蚀断口的微观形貌

应力腐蚀的表征参量通常有两种，对于光滑试样，通常采用在应力和化学介质共同作用下发生断裂所持续的时间作为材料抗应力腐蚀的表征，当应力低于某一值时，应力腐蚀断裂时间将趋于无限长，即不发生应力腐蚀，这时应力值称为不发生应力腐蚀断裂的临界应力值 σ_{SCC}，见图 2-2；对有裂纹的试样，通常在恒定载荷和位移下，测定裂纹扩展引起的应力强度因子 K_I 随断裂时间的变化关系，由此得出材料的抗应力腐蚀特性，通常断裂时间随应力强度因子 K_I 的降低而增加，当 K 值低于某一临界值时，应力腐蚀断裂就不会发生，这时的 K_I 值就

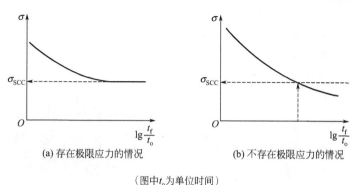

(a) 存在极限应力的情况　　　　(b) 不存在极限应力的情况

（图中 t_o 为单位时间）

图 2-2　光滑试样的应力腐蚀断裂曲线

称为应力腐蚀临界应力强度因子 K_{ISCC},见图 2-3。汽车中的螺栓腐蚀失效模式类同于尖缺口的应力腐蚀失效,而其他零件多类同于光滑试样的应力腐蚀失效。

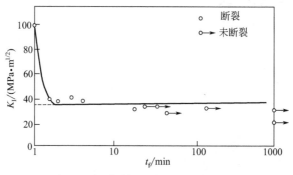

图 2-3　断裂时间 t_f 与 K_I 的关系曲线

2.4　国内外汽车的环境腐蚀研究概况

一般家庭用车用材构成如图 2-4 所示[29,30],钢铁材料约占 64%,铝合金占 8%,橡胶、玻璃和塑料占 28%,金属材料是汽车用材的主体,在大气环境下必然存在腐蚀问题,而其他材料虽不像金属材料产生腐蚀,但也会发生老化而失去功能。在商用车中,金属材料(特别是钢铁材料)的应用比例更高,以东风载重车为例,钢铁材料占 86%,铝合金占 2%,其他材料占 12%,再加上商用车使用条件恶劣,其腐蚀失效情况比乘用车更加严重,因此国内外都十分重视对汽车环境腐蚀的研究。

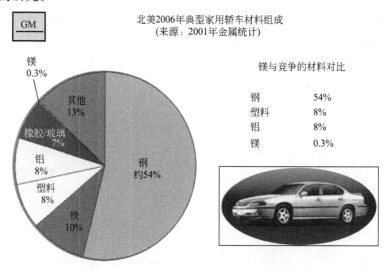

图 2-4　一般家庭用车和商用车的材料构成

汽车环境腐蚀的几种典型的表现是油漆粉化、局部锈蚀、钢铁材料锈蚀引起的剥落、不同零件连接处的穿孔腐蚀、汽车外壳与车身罩板多为油漆失效进而产生腐蚀。引起上述汽车腐蚀的主要原因是大气环境腐蚀，不同地区、不同车型、不同汽车制造厂商，其汽车的腐蚀抗力和腐蚀损失是不同的，失效模式也是多种多样的。例如，在沿海城市和某些国家冬天清理道路积雪而喷洒盐粒所造成的腐蚀为盐雾腐蚀，其主要是氯离子引起金属的腐蚀；而在内陆城市，大气环境中的二氧化硫等酸性气氛产生的腐蚀主要是硫酸离子引起的酸雨腐蚀。中国钢铁研究总院和瑞典腐蚀研究所联合开展了中国汽车腐蚀项目研究，从1985～1997年，该项目进行了十余年，并出版了研究论文集，由于中国当时汽车工业还较为薄弱，汽车产量较低，研究主要针对中吨位的商用卡车。根据钢铁研究总院的调查结果表明：国产客货汽车一般运行3年左右，驾驶室蒙皮、踏板、地板、车门、翼子板和底梁等部位就出现不同程度的锈蚀。与进口同类车相比，耐腐蚀性低2～3倍，载货车更新周期一般为20年；而不同的运行和气候条件，更新周期都不相同。由于腐蚀破坏，1980年全国保有的90万辆解放牌汽车中，运行10年以下的占65%，10年以上的占35%，20年以上的仅占15%[5,31]。

一般来说，穿孔腐蚀比全面腐蚀的破坏程度更为严重。在北方干燥气候，汽车腐蚀速度小；在滨海城市如青岛、海南等由于高浓度的Cl^-影响，腐蚀速率会高于内地气候条件的2倍以上；在重庆由于气候湿热、酸雨和SO_2的影响，汽车腐蚀速度也很快，如重庆公共汽车，运行1年会产生锈斑，1年半至2年就出现腐蚀穿孔现象，3～4年更换车身面板。

国际上都十分重视对汽车的环境腐蚀，为了评价汽车腐蚀破坏的程度，每个国家都有汽车腐蚀试验站，主要的评价工作是通过室内加速腐蚀试验来实现的。美国汽车工程协会下属的腐蚀防护分会（Society of Automotive Engineering Automotive Corrosion and Protection，SAE/CAP）到目前为止，已经设计了三种合理的评价汽车材料耐全面腐蚀的方法，即The GM9540P-Method B test、the Volve test and SAE J2334。目前，还没有十分成熟的评价汽车腐蚀破坏的试验方法，很多公司采用评价全面腐蚀的方法，如GM9540P-Method和SAE J2334 method，但汽车腐蚀还有其他局部腐蚀破坏形态，如缝隙腐蚀、电偶腐蚀、晶间腐蚀、垢下腐蚀、应力腐蚀和腐蚀疲劳等[5]。世界各国都建立有汽车环境腐蚀曝晒试验基地，其中美国佛罗里达州汽车环境腐蚀曝晒场是世界上最大的汽车环境腐蚀试验场，大量的整车在该试验场进行环境腐蚀试验，其研究结果为汽车材料抗环境腐蚀性能提升和标准的制定提供大量的基础数据，如美国克莱斯勒公司最早提出通过镀层板的应用使汽车板的耐腐蚀性达到4年无锈斑[32]，这是依据佛罗里达州环境曝晒的结果得出的。

美国的其他曝露试验场如下。菲尼克斯沙漠阳光曝露试验场（沙漠环境）：创建于1984年，属民间企业。该场地处北纬33°52′32″、西经112°09′05″，占地161880m^2，是目前世界上最大的曝露场。南佛罗里达曝露试验场（亚热带气候）：创建于1931年，属于民间企业。承接世界各国委托试验。除地面曝露外，还进行海边海雾试验、海水交替浸渍及全浸试验，该场地处北纬25°08′、西经80°05′，占地64752m^2。国际镍公司吉尔海滩曝露场：该场地处美国东海岸，北纬24°00′、西经77°05′，总面积40470m^2，建于1950年，主要进行金属材料腐蚀试验，接受国外委托试验任务。

日本的天然环境曝露试验遍及全球，各企业分散的试验场有20多个，其中铫子曝露试验场闻名于世，功能齐全，是经过对7个国家总共12个单位的调查研究后，于1970年7月29日建立的，并得到了日本通商产业省的认可，成为法人资格的国家级天然环境试验中心。铫子试验场位于北纬35°43′37″、东经140°45′02″，海拔53.6m，面积110000m^2。1992年2月21日，日本又在冲绳岛以南300km、四周被珊瑚所包围的最南端、几乎靠近北回归线的地域，建立了宫古岛曝露试验场。

苏联于1932年开始建立试验场，后又发展到50多个，其天然环境曝露试验场也遍布远东地区、中亚细亚、南高加索地区、中央地带和北极地区。为求配套，还在古巴、越南、印度、缅甸和中近东以及非洲这些曝露试验站继续保持业务联系，进行试验研究工作。苏联解体后，俄罗斯自然环境体系较为完善地保存下来的主要单位是俄罗斯科学院系统物理化学研究所，基本代表了其国家水平。该所在国内现有摩尔曼斯克、莫斯科、兹维尼、海参崴等4个站，并和巴统站（属格鲁吉亚）保持紧密协作关系。其大部分站点分布在俄罗斯周边典型气候带，具有国防、国民经济建设和产品外销方面的代表意义。

英国于1930年开始建站，目前总共有各类曝露试验场40个左右，仅钢铁研究协会就有8个，其中最大的当属英国日太公司的克林顿曝露试验场。英国还专门建立了热带曝露试验场。另外，英国还在西非、新加坡、纽约市郊、澳大利亚海滨等不同地点建立了规模不一的曝露试验场。

法国约有曝露试验场30多个，气候类型大致分为欧洲大陆、非洲撒哈拉沙漠、赤道地区热带气候。其中法国在秘鲁安第斯山海拔4843m的高原曝露场，是世界上海拔最高的曝露试验场。

在瑞典，由瑞典腐蚀研究所管辖的有12个曝露场，其中以布胡斯-马尔默试验场最大，面积765m^2。

加拿大自1952年起，共建立了7个曝露场，分布在全国不同气候区，地点在渥太华、斯卡通、诺曼韦尔斯、特利尔、哈利斯科、约利多洛基因，还和美国

ASTM 达成协议，使用美国的 9 个试验场。

我国十分重视工程材料的环境腐蚀研究，中科院沈阳金属研究所和沈阳腐蚀所都开展了大量的环境腐蚀研究工作；中国工程院委托腐蚀所开展了中国腐蚀调研，并出版有《中国腐蚀调查报告》[5]；中国兵器工业第 59 所设有国防科技工业自然环境试验研究中心，先后在敦煌、拉萨、漠河、海南、重庆江津等地建有环境腐蚀曝晒场，在进行国防材料和装备的环境腐蚀研究的同时，也开展一些民用材料的环境腐蚀研究。国家科技部也十分重视环境腐蚀研究，在 2001 年设立由重庆汽车研究所承担的社会公益专项资金资助项目，进行车辆材料在酸雨和潮湿的典型环境下腐蚀规律的研究，其成果并获得 2012 年中国汽车工业科技进步二等奖。

就目前而言，中国汽车的环境腐蚀的研究和国外比还有较大差距，不论其每年进行环境腐蚀研究的规模、数量、品种以及资金的投入均尚显不足，尤其是和美国的佛罗里达州的汽车腐蚀曝晒场相比差距很大，特别是整车、整个部件和总成环境腐蚀实验几乎没有进行，相应地根据我国不同地区的气候和环境情况，制定相关的汽车防腐的标准、环境腐蚀的检测标准的工作更有待进行，对汽车环境腐蚀和防腐性能的提升还需引起更多人的关注和认识的提高，以促进我国汽车工业防腐的研究和防腐性能的提升。

2.5 重庆市公交和卡车环境腐蚀调研

2.5.1 重庆市公交车辆环境腐蚀调研

根据中国工程院的项目要求，从 1999 年对重庆市公交车辆环境腐蚀情况进行调研，并形成调研报告[34,35]。该报告首先介绍了当时的重庆市的气候特点，重庆市系内陆盆地，夏季闷热，冬天潮湿，年平均气温较高，其大气环境中的 Cl^-、SO_2^-、H_2S 等含量高，空气中固体颗粒物含量高，酸雨频率高，酸雨的 pH 值低，大雾天气时有发生，有雾都之称。并列举了重庆市 1996～2000 年主城区环境数据：二氧化硫日平均浓度为 $0.192mg/m^3$，超标率范围 55.9%；二氧化氮年日均浓度为 $0.052mg/m^3$，日均超标率为 1.91%；氮氧化物平均浓度为 $0.061mg/m^3$，日均超标率为 14.4%；空气中悬浮颗粒物平均浓度为 $0.218mg/m^3$，日均值超标率为 21.8%；尘降为 11.45t/(平方公里·月)；酸雨的 pH 均值为 4.50，最低的 pH 值为 3.28。因此，重庆市的公交和电车公司的车辆在较恶劣的环境中运行，车辆的腐蚀情况十分严重，不仅影响了城市形象，增加了车辆的维护、保养费用，而且影响保安件、易损件的寿命，从而影响了车辆运行的安全性。

（1）重庆市公公共汽车和电车公司车辆的基本情况

重庆市市区和主要近郊的公共汽车公司和电车公司车辆的保有量、车型、年运行里程等情况见表2-4。

表2-4 各公司车辆的基本情况

公司	车辆使用量/辆	车型	年运行里程/万公里	车辆底盘	存放条件	生产厂家
市电车公司	493 共中163辆电车	CKZ6835 CKZ65D	2.8～3.2	解放东风	露天	重庆客车总厂
公交一公司	628	CKZ6835 CKZ6865	2.8～3.2	解放东风	露天	重庆客车总厂
公交二公司	465	CKZ6835 CKZ6934B	3.0～3.5	解放东风	露天	重庆客车总厂
公交三公司	420	CKZ6835 CKZ6934B	3.0～3.5	解放东风	露天	重庆客车总厂
公交四公司	437	CKZ6835 CKZ6934B	3.0～3.5	解放东风	露天	重庆客车总厂
公交五公司	416	CKZ6835 CKZ6934B	3.0～3.5	解放东风	露天	重庆客车总厂

注：以上均指大部分运营车辆。

重庆市电车公司及公交1～5公司的车辆大梁、车身骨架、车身面板及材料的情况见表2-5。

表2-5 车底、车身骨架、面板的用材情况

结构	车身面板	大梁	骨架	其他
材料	0.8F 或 Q235 冷轧	热轧 16MnL 或 Q235 大梁钢板	Q235 方型钢管	车窗框；铝或塑料个别车顶使用铝板 LF21 或 L2Y2
规格	1.0～1.2mm			油箱；镀铅板

（2）重庆公交车辆和电车腐蚀情况

重庆市运行的公共汽车、电车一般是新车一年后即产生锈斑，严重的一年半至二年即有腐蚀穿孔现象，腐蚀主要发生在车顶、车身面板；一些构件的焊接、连接处以及局部集雨处。通常2年左右要进行整个车顶的更换，3～4年要进行整个车身面板的更换（这种情况一般是在车顶或面板出现大块腐蚀和网状腐蚀及多处出现腐蚀穿孔）并进行车身骨架、车架的维修防护；新车运行一年后，车体骨架往往会出现整体锈蚀并伴随起泡。重庆市一些运行的公交汽车车辆各部位的腐蚀情况见表2-6。

表 2-6　重庆市公交车辆典型部件的腐蚀情况

部件名称	腐蚀特点			
	半年	1年	1年半	2年
大梁	局部点蚀	点蚀、团状锈蚀	团状锈蚀	团状锈蚀锈蚀起泡
车身骨架	局部点蚀	团状锈蚀	大面积锈蚀	大量起泡
车身面板	连接处点蚀	点蚀	大面积点蚀、部分穿孔	多处穿孔
车顶	连接处点蚀	点蚀、团状锈蚀	大面积点蚀、个别穿孔	多处穿孔
车顶窗	点蚀	团状锈蚀	大面积锈蚀、个别穿孔	多处穿孔
车顶窗支架	点蚀	团状锈蚀	大面积锈蚀、少量起泡	大面积起泡
车轮罩	点蚀	团状锈蚀	个别穿孔	多处穿孔
前反光镜支架	点蚀	团状锈蚀	团状锈蚀、少量起泡	多处穿孔
车门	点蚀、个别团状、锈蚀	团状锈蚀	团状锈蚀、穿孔	多处穿孔
车门踏板	锈斑	团状锈蚀	大面积锈斑	少量穿孔
前车灯框	锈斑	团状锈蚀	部分起泡	多处起泡

图 2-5 是车号为 1317，由上清寺开往解放碑，全程约 4km 的 401 路车，该车已运行约十万公里，经过一次换顶，每年均进行了外涂装维修的车面板、车面板连接处、车窗框的腐蚀。图 2-6 是公交一公司 112 路，五里店至小十字全程约 10km，1251 号车的车顶及车顶窗的腐蚀照片，该车已运行二年，总行驶里程约 6 万公里。

(a) 车门框和面板

(b) 车面板连接处、车窗框

(c) 车厢内板

图 2-5　车门框和面板（a）、车面板连接处、车窗框（b）和车厢内板（c）的腐蚀

(a) 车灯框

(b) 车轮罩

(c) 车顶

图 2-6　车灯框（a）、车轮罩（b）、车顶（c）的腐蚀

图2-7是重庆市公共电车公司由五里店开往李家沱全程约12km的4731号车在维修点进行该车的车身面板、车顶的更换及骨架翻新图，该车已运行2年，行驶约6万公里。从图中可以看出：车身骨架已经整体锈蚀起泡，车门、车轮罩、旅客上下踏板等多处锈蚀穿孔。

(a) 旅客脚踏板、轮辋　　　　　(b) 车身骨架、车轮罩

图2-7　旅客脚踏板、轮辋（a）、车身骨架、车轮罩（b）的腐蚀

(3) 腐蚀对重庆市公交和电车公司造成的经济损失分析

① 直接经济损失　重庆市公交和电车公司当时拥有车辆约2857辆，每年每辆车需进行一次外涂装，每次涂装的人工及材料费约3500元。由于车顶的穿孔腐蚀，车辆运行2年需要进行换顶和涂装，每辆车需材料和人工费约4500元。因车身面板、车骨架及大梁等腐蚀，每4年需进行面板、车顶更换及车身骨架、大梁等防护处理，每辆车的材料和人工费约10000元。基于以上数据，将重庆市公共汽车（以保有量2859辆计）因环境腐蚀造成的每年涂装，2年换顶，4年进行面板、车顶更换、车身骨架维护的损失费用列于表2-7。从表2-7可知，4年维修费用总计为6147万元，平均每年1536.80万元，损失十分惊人。如果在车辆运行的5～8年时间内，则维修费用将更高。

表2-7　重庆市公共汽车因环境腐蚀造成的直接经济损失

年限	1年	2年	3年	4年
维修项目	涂装	换顶	涂装	换面板、换顶、骨架、大梁维护
单车费用/万元	0.35	0.45	0.35	1.00
2859辆车总费用/万元	1000.70	1286.6	1000.70	2859.00
2859辆车四年总费用/万元	6147.00			

② 间接经济损失　车辆涂装、换面板、换顶等维修会引起车辆的停运，产生因环境腐蚀而发生的间接经济损失。每次外涂装要停运3天左右；换顶、换面板及大梁、车身骨架维护要停运5天左右，以每辆车每天营运收入1000元计，因环境腐蚀导致重庆市公共汽车停运产生的间接经济损失列于表2-8。如果考虑到重庆市的各私营、远郊、卫星市县的公交、客运车辆，则因大气环境腐蚀而造成的直接、间接经济损失将更大。

表 2-8　重庆市公共汽车因停运产生的间接经济损失

使用年限	1 年	2 年	3 年	4 年
在该使用年限下的停运天数	3 天	5 天	3 天	5 天
单车停运损失费/万元	0.3	0.5	0.3	0.5
2859 辆车停运损失费/万元	857.7	1429.5	857.7	1429.5
2859 辆车 4 年总计停运损失费/万元	4574.4			

(4) 公交、电车车辆腐蚀特点

① 重庆市公交和电车公司运行车辆受大气环境的腐蚀十分严重，通常新车运行 1 年后就产生锈斑，2 年左右就有腐蚀穿孔现象发生。腐蚀主要发生在一些构件的焊接、连接处，局部集雨处，车顶，车面板及大梁、车身骨架等地方。

② 由于大面积腐蚀和腐蚀穿孔，通常车辆每年都要进行外涂装；2 年要进行换顶；4 年要进行面板、车顶的更换及大梁、车身骨架的维护。

③ 重庆市公交和电车公司的车辆因受大气环境腐蚀而产生的经济损失十分惊人。以车辆运行 4 年计，其直接经济损失 6147 万元，间接经济损失 4574.4 万元。

2.5.2　重庆市卡车车辆大气腐蚀调查

(1) 重庆市卡车车辆的基本情况

1999 年，重庆市卡车有重型卡车（包括公路运输、矿山、大型拖车等）、中型卡车和品牌繁多的轻、微型卡车组成，分属各运输公司、厂矿企业和私人所有。其运营载货车的车辆约 8 万辆，其中私人拥有 1 万辆左右，各运输公司、企、事业单位约 7 万辆。重庆市主要的运输公司的分布情况见表 2-9。重庆市货运卡车的车型、运营范围、年运营里程、车辆情况等见表 2-10。

表 2-9　重庆市主要运输公司的分布情况

公司数 \ 地区	主要城区	九龙坡区	江北区	大渡口区	沙坪坝区	南岸区	市、县
卡车运输公司数/个	42	12	15	11	21	20	51

表 2-10　重庆市卡车车辆的基本情况

车类型 \ 项目	车型名称	运营范围	年运营全程/万公里	车辆数量/万辆
重型卡车	红岩 CQ1491、C30290、北方奔驰、铁马	工地市区	1.5~2.0	0.7
中型卡车	东风 EQ141、EQ153、解放 CA141	长途运输市区、工地	2.0~3.0	4.5
轻、微型卡车	小解放、长安五十铃	市、县、区	2.5~3.0	2.8

(2) 重庆市卡车车辆的腐蚀情况

卡车的大气环境腐蚀与公共汽车的腐蚀有相似之处，但由于卡车的使用情况和使用环境更为复杂一些，如市、县内运行的轻、微型卡车主要受重庆市大气环境的腐蚀为主；而中型卡车以中、长途运输为主，其所受大气环境腐蚀的影响更为复杂，另一部分以工地运输为主的卡车，不但要受大气环境的腐蚀，还要受泥沙等冲击、磨损；重型卡车，一部分用于市区货物的转运，而另一部分用于施工工地的运输，使用环境也更恶劣一些，车辆的腐蚀程度也略有不同，表2-11列出了重庆市卡车各部位的腐蚀情况评价结果。

表 2-11　重庆市卡车车辆各部位的腐蚀情况

车辆部位		1年			2年			3年		
		市区	中长途	工地	市区	中长途	工地	市区	中长途	工地
驾驶室	车门	1	1	2	2+3	2	3	5+8	5	7+8
	雨刷	1	1	2	3	2+3	3	8+9	5+8	8
	反光镜支架	1	1	1	3	2+3	3	8	5+8	8
	保险杠	1	1	1	2+3	2	3	7	7	7
	车顶	1	1	1	2+3	2	2+3	3	3	3
	前面板	1	1	1	2+3	2+3	2+3	5+6	5	7+8
	面板	1	1	1	2+3	2+3	2+3	5+6	5	7+8
车底盘	大梁	1+2	1+2	2+3	3+4	3+4	3+4	5+7	5+7	6+7
	传动轴	1+2	1+2	1+3	2+3	2+3	2+3	5+6	5+6	5+7
	车轮罩	2	2	2+3	4+5	4+5	4+5	7+8	7+8	8+9
	消声器	4	4	4	8	8	8	8+9	8+9	8+9
	板簧	3	3	30	7	7	7	7	7	7
	电瓶箱	3	3	3	7	7	7	8	8	8+9
车货箱	车侧箱	1+2	1+2	2+3	4+5	4+5	4+5	7+8	7+8	7+8
	车箱底	1+2	1+2	2+2	4	4	4	5	5	5

注：表中各数据表示为1—局部点蚀；2—点蚀；3—大面积点蚀；4—锈蚀；5—团体锈蚀；6—少量起泡；7—大面积腐蚀起泡；8—少量穿孔；9—大面积穿孔。

图 2-8 为燎原交通运输公司的解放小卡的腐蚀照片，该车主要用于市区运输，已运行1年半，运行里程约为2.5万公里。

重庆某公司生产的 NKR55FLW-R 轻型卡车1998年9月出厂，用户于1999年6月购买，用于重庆市主城区的运输，该车运行4.5万公里后，用户就需要重新涂装处理。图 2-9 是某公司的东风 EQ141 卡车的车厢、驾驶室的腐蚀照片。该车主要用于工地运输，运行里程约4.5万公里。图 2-10 是某公司解放 CA141 卡车的驾驶室车门、前面板、反光镜支架、车轮罩等腐蚀照片。该车主要用于中、长途运输，已经运行约3.5万公里。图 2-11、图 2-12 为红岩 CQ1491 重型卡车的腐蚀照片，该车主要用于市区货物转运，运行时间约2年。

(a) 反光镜支架、雨刮座　　　　(b) 车门　　　　　　　(c) 车厢底

图 2-8　解放小卡的腐蚀

图 2-9　东风 EQ141 卡车的车厢、驾驶室的腐蚀

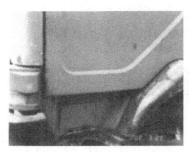

(a) 车门、车轮罩　　　　　　　(b) 车门、前面板、反光镜支架

图 2-10　解放 CA141 卡车的腐蚀

(a) 保险杠、雨刮　　　　　　　(b) 传动轴、梁、消声器

图 2-11　红岩 CQ1491 重型卡车的腐蚀

 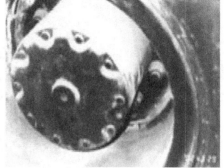

(a) 大梁、板簧、车轮罩　　　　　　　　(b) 车轮轮辋

图 2-12　红岩 CQ1491 重型卡车的腐蚀

(3) 腐蚀对重庆市货物运输卡车公司造成的经济损失（按新车运行三年计算）

① 直接经济损失　重庆市大气腐蚀对卡车车辆的腐蚀造成的直接经济损失主要由两部分组成，一部分是由于雨腐蚀或车辆的锈蚀而需要外涂装的费用；另一部分是由于大量的锈蚀穿孔（电瓶箱、车轮罩、消声器等）而需要更换部件的费用。重庆市卡车车辆的外涂装和附件更换一般同时进行，新车大约使用 3 年进行一次。大气环境腐蚀对重庆卡车车辆造成的直接经济损失见表 2-12。

表 2-12　重庆市卡车因大气环境腐蚀造成的直接经济损失

车辆类型	防腐产生的费用/(万元/辆)	
	外涂装	换件费
重型卡车	0.08	0.25
中型卡车	0.07	0.12
轻、微型卡车	0.069	0.08
车辆数量	外涂装总费用/万元	换件总费用/万元
重型卡车(0.7 万辆)	560	1750
中型卡车(4.5 万辆)	3150	5400
轻、微型卡车(2.8 万辆)	1680	2240
总计	14780	

② 间接经济损失　硬环境腐蚀是车辆的涂装和换件引起的车辆停运，造成间接经济损失，一般车辆每次涂装和更换维修需要 5 天左右。表 2-13 列出了因环境腐蚀使卡车维修停运而产生的间接经济损失。

表 2-13　重庆市卡车因停运而产生的间接经济损失

车辆类型	停运时间与损失/(万元/辆)	
	1 天	5 天
重型卡车	0.15	0.75
中型卡车	0.08	0.40
轻、微型卡车	0.015	0.075
车辆数量	损失总费用/万元	
重型卡车(0.7 万辆)	1015	5250
中型卡车(4.5 万辆)	3600	18000
轻、微型卡车(2.5 万辆)	420	2100
总计	25350	

(4) 重庆市卡车腐蚀特点和损失

① 重庆市货物运输卡车车辆受大气环境腐蚀十分严重，通常新车运行 1 年后产生锈斑，2 年左右发生大面积锈蚀现象和局部穿孔，3 年左右表面多处锈蚀穿孔现象，腐蚀主要发生在一些物件的焊接、连接处、局部集雨处、大梁、货箱、消声器等地方。

② 由于大面积腐蚀和腐蚀穿孔，通常车辆要进行外涂装和一些物件的更换。

③ 重庆市卡车车辆因大气环境腐蚀造成的经济损失十分惊人。以运行 3 年计算，直接经济损失达 14780 万元，间接经济损失达 25350 万元。

2.6　车辆材料在潮湿和酸雨的典型环境下的腐蚀

在科技部项目的支持下，重庆汽车研究所进行了为期 5 年的车辆材料在酸雨和潮湿的典型环境下腐蚀规律的研究[36]，项目选定重庆主城区、江津、贵阳主城区三个典型地区所设立了试验场投放样品，收集了东风公司 46 厂、神龙富康公司、重庆红岩汽车弹簧厂、重庆益峰公司、长安汽车公司、重庆建设摩托车厂、贵州高强度螺栓厂、贵州高强度紧固件制造公司、贵州永红散热器厂、云雀汽车厂、贵州万达旅行车厂、贵阳市国航空工业标准件制造公司、重庆镁业公司、自贡格瑞公司等 14 个公司的 24 类、143 种近千件样品，所收集样品具有广泛性和代表性，材料涉及钢铁材料、有色合金、塑料、橡胶、复合材料、各种涂层件、裸件、不同表面处理件、汽车与摩托车典型零件，项目进行的相关内容如下所述。

① 收集、组织、制备各类腐蚀试验的材料样件和典型汽车零部件。

② 收集和整理腐蚀试验点的环境和大气气象数据。

③ 对腐蚀样品环境腐蚀过程进行记录、分析和整理。

④ 分析重庆和贵阳地区的环境特点和对腐蚀的影响,并测量环境腐蚀后的性能。

⑤ 对典型车辆用材和典型车辆零件提出有效的防腐措施与建议。

⑥ 建立重庆地区环境数据库和车辆材料自然曝露腐蚀数据库。

2.6.1 环境腐蚀试验试样与试验方法

在三个不同地区进行环境腐蚀:重庆江津(为本次试验的重点),重庆江北观音桥环科院,贵阳市新华路省环科院。本章附录表 2-1 中列出了重庆江津地区的试样,同时保留一套完整的试样,作为原始的对标试样。表中列出了涂漆样品的漆膜厚度的检测结果。其厚度测量按 GB/T 13452.2—1992 进行,测量仪器采用日本 SANKB 公司生产的 SM-100 膜厚仪。光泽检测均采用日本电色工业株式会社生产的 TG-1M 光泽仪。色差检测采用日本电色工业株式会社生产的 MI-NOLTA CR-300 色差仪。

安放于重庆江北观音桥重庆环科院、贵阳市新华路贵州省环科院的试样与本章附录表 2-1 所列环境腐蚀试样数量和规模相同,用于对环境腐蚀试验结果进行对比。所有试样的安放架均朝南放置,试片与水平方向的夹角为 30°(接近实验所在地的纬度 29.18°)、45°(重庆江北)及 60°(贵阳环科院)。

试验检测的项目为:失光、变色、粉化、裂纹、起泡、长霉、斑点、玷污、生锈、泛金、脱落及综合等评价。

环境试验及各项目的检测,记录及评价按下列标准进行。

① ISO 4542—1981《金属和其他非有机覆盖静置户外曝晒腐蚀试验的一般规则》

② GB/T 13452.2—2008《色漆和清漆漆膜厚度的测定》

③ GB 11186.1—1989《涂膜颜色的测量方法》

④ GB 9754—2007《色漆和清漆不含金属颜料的色漆漆膜之 20°、60°和 85°镜面光泽的测定》

⑤ GB 2573—1989《玻璃纤维增强塑料大气曝露试验方法》

⑥ GB/T 3511—2001《硫化橡胶或热塑性橡胶直接自然气候老化试验方法》

⑦ GB/T 6461—2002《金属基体上金属和其他无机覆盖层经腐蚀试验后的试样和试件的评级》

⑧ GB/T 1766—2008《色漆和清漆涂层老化的评级方法》

2.6.2 环境腐蚀试验期间内的气象及环境数据

试验期间的气象及测量记录数据包括:月平均温度,月平均相对湿度,月降雨量，日照时数，平均风速。环境数据包括：SO_2、NO_2、H_2S、SO_3、NH_3、海盐离子、pH值、降尘、Cl^-、Ca^{2+}、K^+、Mg^{2+}、Na^+等，重庆江津、重庆环科院和贵阳环科院三个地区试验期间的气象和环境数据见本章附录表2-2～附录表2-4。

由表可以看出，重庆江津、江北、贵阳环科院的气象环境数据在近4年的试验时间内基本相近。其中，以重庆江北的平均温度略高，重庆江津的pH值略低，贵阳的相对温度略低，重庆江北的钙离子、镁离子、钠离子比贵阳高；贵阳的钾离子、钠离子、硫酸根离子、硝酸根离子、氯离子比重庆江北高，而重庆江津的氯离子相对较高。

2.6.3　自然曝露试验的样品的腐蚀等级、光泽和色差的试验结果

(1) 自然曝露试验综合等级评价结果

江津试验站24个月自然曝露试验结果的综合等级评定结果见本章附录表2-5，重庆江北环科院、贵阳环科院与江津站的检测结果基本类同，这与三地的环境条件基本类同相一致，但贵阳试验站的腐蚀略轻，这与贵阳气温比重庆环境温度低是一致的。

(2) 自然曝露试验的光泽试验结果

江津试验站的光泽测定为前半年每1个月测量一次，后一年半为1～3个月不等测量一次，重庆江北观音桥重庆环境科学研究院和贵阳新华路贵阳环境科学研究院分别为每3个月测量一次。江津试验点的样品光泽每3个月检测结果见本章附录表2-6，表中数值均为三个样品的平均值。贵阳和重庆环科院的结果与此类同，贵阳样品的光泽优于重庆两个试验点，重庆环科院的样品光泽要略差于江津，这与重庆环科院的温度高于江津的结果相一致。

(3) 自然曝露试验的色差试验结果

江津试验站的样品的色差测量，每1个月测量一次（前半年），此后为1～3个月不等测试一次（后一年半）；重庆环科院、贵阳环科院分别每3个月检测一次，每一次检测都记录L、a、b，计算E值用公式：$E=\sqrt{L_o^2+a_o^2+b_o^2}$，经一定时间曝露后样品的色差变化$\Delta E$值用公式：$\Delta E=\sqrt{(L_o-L_n)^2+(a_o-a_n)^2+(b_o-b_n)^2}$式中L为明度值，a为红/绿值，b为黄/蓝值，式中，L_o、a_o、b_o初始测量值，L_n、a_n、b_n为第n次的测量值。附录表2-7列出了重庆江津试验点的样品色差随时间变化值，间隔时间为3个月，表中数值均为3个样品的平均值。可以看出，样品的色差变化值在初始阶段要小，越到后期色差变化值越大。即一旦样品开始老化，和初始相比，色泽的变化值会加速。

2.6.4 环境腐蚀试样的表面形貌变化

图 2-13～图 2-22 是重庆江津腐蚀试验点不同防护工艺、不同材料的样品环境腐蚀前后表面形貌的变化。重庆江北环科院和贵阳环科院具有类似的结果,该组照片对应的检测结果见本章附录 2-5,可以看出防腐效果较好的 24 个月表面形貌变化不大(见图 2-14～图 2-19),这类试样大多属于冷轧薄板和板材镀锌后进行油漆涂层的,而油漆防护不好的,如钢板弹簧和气瓶等的涂漆防护样品(分别见图 2-20～图 2-22),在几个月或 24 个月中,表面发生严重锈蚀,与原始状态相比已面目全非。从钢板弹簧上切取样块,所进行的环境腐蚀结果见表 2-14。

表 2-14 钢板弹簧的环境腐蚀试验结果

试验地点	3 个月	6 个月	9 个月	12 个月	15 个月	18 个月	21 个月	24 个月
江津	失光	点锈	点锈粉化	粉化20%锈蚀	粉化30%锈蚀	粉化块状锈蚀	粉化块状锈蚀	粉化块状锈蚀
江北	失光	失光	失光点锈	粉化	粉化20%锈蚀	粉化20%锈蚀	粉化块状锈蚀	粉化块状锈蚀

图 2-13 重庆江津环境腐蚀试验站及样品挂片全貌图

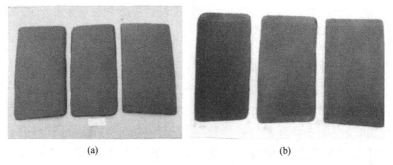

图 2-14 (a) AA-A1 样品的原始照片;(b) 经 24 个月自然环境曝露后的照片

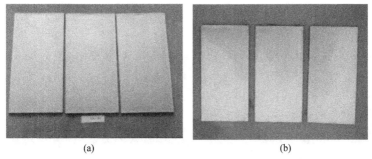

图 2-15 (a) AA-B1 样品的原始照片；(b) 24 个月自然环境曝露后的照片

图 2-16 (a) AA-B4 样品的原始照片；(b) 24 个月自然环境曝露后的照片

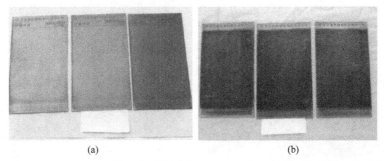

图 2-17 (a) AA-D1 样品的原始照片；(b) 24 个月自然环境曝露后的照片

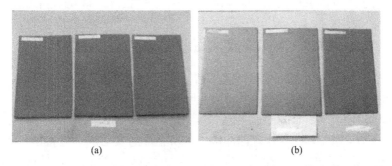

图 2-18 (a) AA-J1 样品的原始照片；(b) 24 个月自然环境曝露后的照片

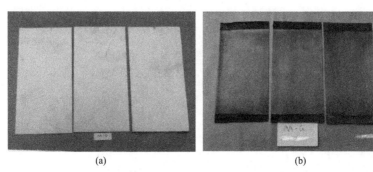

图 2-19 (a) AA-Q 样品的原始照片;(b) 24 个月自然环境曝露后的照片

图 2-20 (a) BA-A 样品的原始照片;(b) 24 个月自然环境曝露后的照片

图 2-21 (a) BA-B 样品的原始照片;(b) 24 个月自然环境曝露后的照片

2.6.5 典型汽车零件环境腐蚀试验结果和表面形貌

图 2-23~图 2-56 示出了典型汽车零件、冲压件、标准件、高压气瓶、镀铬件、压铸铝合金车轮等不同材料、不同工艺处理后的环境腐蚀结果,零件试验结果的测量值见本章附录表 2-6 和附录表 2-7,这与试片的试验结果是一致的。有趣的是,神龙富康汽车采用镀锌板与合理的涂漆工艺所生产的发动机罩盖和车门经 24 个月曝晒后,基本保持原貌,未发生什么变化(见图 2-23、图 2-24),足见该零件抗环境腐蚀性非常好。采用不同工艺和原材料的环境腐蚀后的测量结果见表 2-15。

图 2-22 （a）CA-A 样品的原始照片；（b）半个月自然环境曝露后的照片；
（c）2 个月自然环境曝露后的照片；（d）6 个月自然环境曝露后的照片；
（e）24 个月自然环境曝露后的照片

表 2-15　汽车车身面板的环境腐蚀试验结果（自然曝露 24 个月）

样品代号	失光	变色	粉化	生锈	综合等级
AB-A，AB-B	1	0	0	0	1
DB-A	1	0	0	0	1
IA-A	1	2	0	0	1
JA-A	4	1	2	2	3

图 2-23 （a）AB-A 样品的原始照片；（b）24 个月自然环境曝露后的照片

 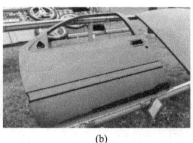

图 2-24 （a）AB-B 样品的原始照片；（b）24 个月自然环境曝露后的照片

而采用普通冷轧板冲压成的车门和油底壳经 24 个月的腐蚀，在零件的薄边和弯角区常有明显的锈蚀（见图 2-25～图 2-28）。

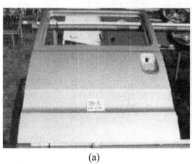 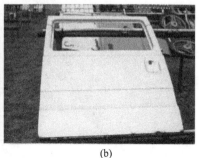

图 2-25 （a）DB-A 样品的原始照片；（b）样品在江津试验站 24 个月自然环境曝露后的照片

 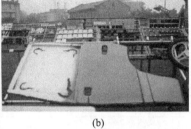

图 2-26 （a）JB-A 样品的原始照片；（b）24 个月自然环境曝露后的照片

(a)   (b)

图 2-27 （a）AB-C 样品的原始照片；（b）24 个月自然环境曝露后的照片

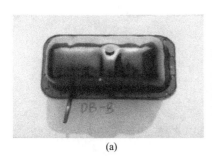 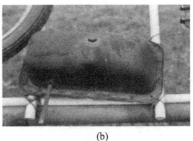

(a)   (b)

图 2-28 （a）DB-B 样品的原始照片；（b）24 个月自然环境曝露后的照片

燃气汽车高压气瓶工作压力为 20MPa，原用油漆的抗腐蚀能力较差，24 个月开始锈蚀剥落（见图 2-29），采用富锌漆防腐处理后 24 个月完好无损（见图 2-30），其不同防腐处理后的环境腐蚀测量结果见表 2-16。

表 2-16 CNG 钢质气瓶的环境腐蚀结果

试验地点	3 个月	6 个月	9 个月	12 个月	15 个月	18 个月	21 个月	24 个月
江津	85%锈蚀	全锈	全锈	全锈	全锈	全锈+部分剥落	全锈+部分剥落	全锈+部分剥落
江北	50%锈蚀	70%锈蚀	80%锈蚀	90%锈蚀	全锈	全锈	锈蚀+部分剥落	锈蚀+部分剥落

铝合金车轮 24 个月在重庆江津环境下除发生些点锈外，基本没有变化（见图 2-31），表明铝合金具有良好的抗腐蚀性。其环境腐蚀的测量结果见表 2-17。

表 2-17 铝合金车轮的环境腐蚀结果

试验地点	3 个月	6 个月	9 个月	12 个月	15 个月	18 个月	21 个月	24 个月
江津	10%点锈	40%点锈	60%点锈	60%点锈、橡胶老化	60%点锈、橡胶老化	60%点锈、橡胶老化	60%点锈、橡胶老化	60%点锈、橡胶老化
贵阳	无变化	10%点锈	30%点锈	40%点锈	50%点锈、橡胶老化	50%点锈、橡胶老化	50%点锈、橡胶老化	50%点锈、橡胶老化

图 2-29 (a) CB-A 样品的原始照片；(b) 1 个月自然环境曝露后的照片；
(c) 6 个月自然环境曝露后的照片；(d) 24 个月自然环境曝露后的照片

图 2-30 (a) CS-B2 样品的原始照片；(b) 样品 24 个月自然环境曝露后的照片；(c) 样品（局部）24 个月自然环境曝露后的照片；(d) 样品 24 个月自然环境曝露后比较的照片

图 2-31 （a）EB-A 样品的原始照片；（b）样品在江津试验站 24 个月自然环境曝露后的照片

摩托车脚踏板和后货架镀铬件工艺效果不良，江津 24 个月，环境腐蚀十分严重，并产生剥落（见图 2-32、图 2-33）。其后货架的环境腐蚀测量结果见表 2-18。摩托车链轮盒（见图 2-34）在江津的环境条件下，由于油漆质量的问题，底漆较差，面漆厚度与附着力均不足，故其生锈、腐蚀非常明显。这一零件又是一个装饰件，应具有较好的耐蚀性，其油漆工艺应该改进，以适应摩托车在露天存放和使用时的防腐性能要求。其环境腐蚀测量结果见表 2-19。

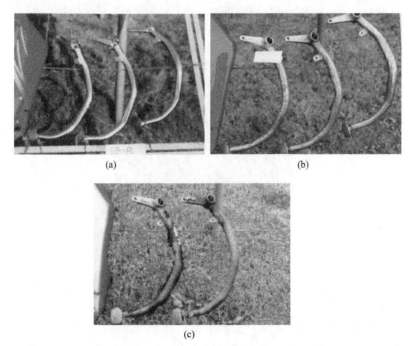

图 2-32 （a）EB-B 样品的原始照片；（b）样品 9 个月自然环境曝露后的照片；
（c）样品 24 个月自然环境曝露后的照片

表 2-18 摩托车后托架的环境腐蚀结果

试验地点	3 个月	6 个月	9 个月	12 个月	15 个月	18 个月	21 个月	24 个月
江津	焊接处 20% 锈蚀	70%锈	全锈	剥落锈蚀	剥落锈蚀	剥落锈蚀	剥落锈蚀	剥落锈蚀
贵阳	焊接处点锈	焊接处 20%锈蚀	50%锈蚀	70%锈蚀	剥落锈蚀	剥落锈蚀	剥落锈蚀	剥落锈蚀

表 2-19 摩托车链盒的环境腐蚀试验结果

试验地点	3 个月	6 个月	9 个月	12 个月	15 个月	18 个月	21 个月	24 个月
江津	内部锈蚀	内部锈蚀	内部锈蚀	变色、内部锈蚀	变色、边缘内部锈蚀	变色、边缘内部锈蚀	变色、边缘内部锈蚀	变色、边缘内部锈蚀
贵阳	内部点锈	内部 20%锈蚀	内部 20%锈蚀	变色内部锈蚀	变色内部锈蚀	变色内部锈蚀	变色内部锈蚀	变色内部锈蚀

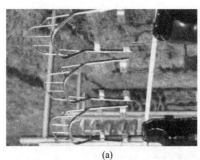
(a)

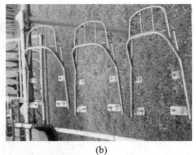
(b)

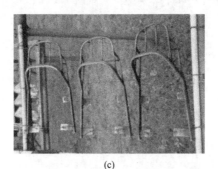
(c)

图 2-33 (a) EB-C 样品的原始照片；(b) 样品 6 个月自然环境曝露后的照片；
(c) 样品 24 个月自然环境曝露后的照片

图 2-35 为预加应力的高强度螺栓（12.9 级和 14.9 级）经环境腐蚀后的照片，尽管施加应力的夹具经 2 年腐蚀锈蚀十分严重，螺栓的杆部也产生一定的腐蚀，但令人奇怪的是没有发生一件螺栓断裂，即在这种条件下，这种高强度螺栓具有足够的延迟断裂抗力。这类高强度螺栓主要用于发动机缸盖和连杆螺栓，在发动机实际使用条件下，完全没有江津腐蚀试验场中的环境腐蚀条件，完全不必

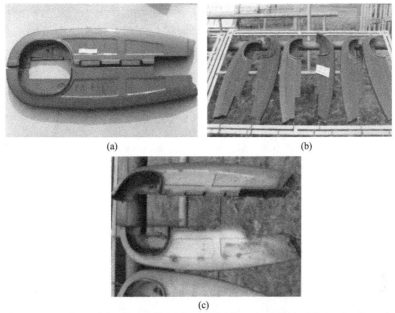

图 2-34 （a）EB-E 样品的原始照片；（b）样品 1 个月自然环境曝露后的照片；
（c）E 样品 24 个月自然环境曝露后的照片

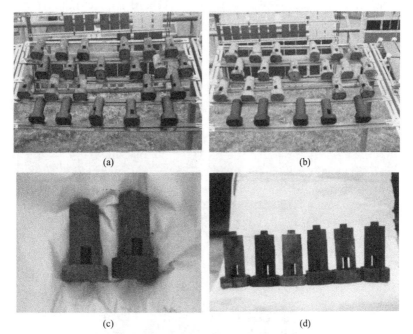

图 2-35 （a）MB-(A-F) 样品 1 个月自然环境曝露后的照片；（b）样品 3 个月
自然环境曝露后的照片；（c）MB-A 样品 24 个月自然环境曝露后的照片；
（d）MB-(ABEF) 裸样和涂层样品在江津试验站 24 个月自然环境曝露后的比较照片

要担心高强度螺栓在使用中的环境腐蚀开裂,应该特别说明的是高强度螺栓中的氢含量是影响螺栓延迟断裂至关重要的因素,只要螺栓中的氢含量小于 2mg/kg,且螺栓具有组织细密的高强韧性,就不必要担心螺栓使用过程中的延迟断裂问题。高强度螺栓试验时的应力腐蚀(或者延迟断裂抗力)测量结果见表 2-20,表中数据表明,高强度螺栓具有延迟断裂的敏感性,但经过很好的防腐涂层,则完全可以达到标准规定的延迟断裂的时间(大于 720h)。

表 2-20 高强度螺栓应力腐蚀试验结果

螺栓级别	加载水平	表面涂装情况	延迟断裂时间/h
14.9 级	104.1kN	夹具、螺纹全涂装	720h 未断
		只涂夹具不涂螺纹	18
		夹具、螺纹均不涂装	17
12.9 级	92.7kN	夹具、螺纹全涂装	720h 未断
		只涂夹具,不涂螺纹	180
		夹具、螺纹均不涂装	175

玻璃纤维缠绕的高压气瓶,经 2 年环境腐蚀后,缠绕层有老化、开裂的倾向(见图 2-36),但这种开裂基本上是平行于环向,可能会对疲劳强度有一定的影响,但对充压后的静强度影响不大。在这类气瓶使用中,适当加以保护,防止曝晒后气瓶缠绕层的开裂,是保证气瓶安全性的措施之一。

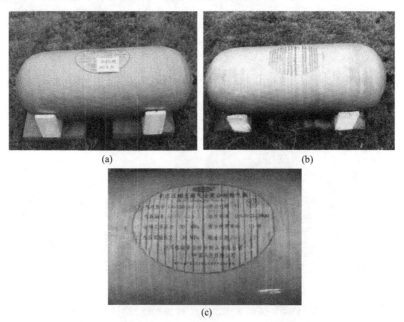

图 2-36 (a) CS-C 样品的原始照片;(b) 样品 24 个月自然环境曝露后的照片;
(c) 样品(局部)24 个月自然环境曝露后的照片

图 2-37 示出了镁合金复杂压铸件的壳体，仅进行了压铸件的清理，并没有采取防腐措施，但是在江津的环境条件下，2 年时间内并未产生明显的腐蚀，这与人们常规认识的镁合金的防腐能力差有一定的相悖之处。在样件的表面，形成了一定的保护膜；另外，该样件没有形成电池的条件，没有产生电化学腐蚀的条件。在有电化学腐蚀的条件下，镁合金才会"牺牲自己，保存别人"。因此，镁合金防护的关键是去除形成电化学腐蚀的条件。图 2-38 示出了经微弧氧化后的镁合金压铸件，在初始状态表面光亮漂亮，但 11 个月微弧氧化层开始变色，即镁合金开始表面被腐蚀，24 个月产生严重腐蚀，其腐蚀程度超过表面未经微弧氧化处理的样品。在微弧氧化工程中，表面形成多孔性的氧化物层。在这种氧化物未被破坏时，样品具有良好的耐腐蚀性能。一旦产生腐蚀，很难形成致密性的氧化膜，因此腐蚀速度反被加速，由此得出，对镁合金进行防腐，在微弧氧化之后必须采取另外的封闭措施，才能起到对镁合金的防腐效果。表面的微弧氧化层硬度较高，可以提高镁合金制件表面的耐磨性，这是微弧氧化的优点。但这层氧化膜是多孔的，难以阻隔在空气中的电化学腐蚀作用，如未进行封闭处理，反而会加速表面层的氧化。有涂层和未涂层的环境腐蚀后的测量结果列入表 2-21。

图 2-37 （a）NB-A 样品的原始照片；（b）样品在江津试验站 2 个月自然环境曝露后的照片；（c）样品 4 个月自然环境曝露后的照片；（d）样品 24 个月自然环境曝露后的照片

表 2-21 镁合金的防腐和未防腐处理的环境腐蚀结果

表面状态	3个月	6个月	9个月	12个月	15个月	18个月	21个月	24个月
原始表面	失光	变色	变色开裂	变色开裂	变色开裂	变色开裂	变色开裂	变色开裂
微弧氧化处理	无变化	轻微失光	失光	失光变色	失光变色	变色	严重变色	严重变色

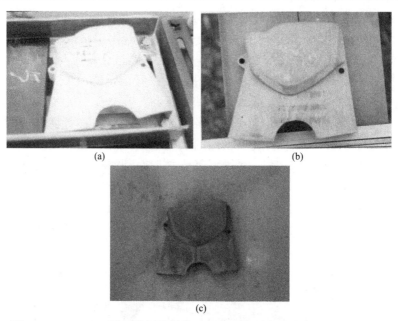

图 2-38　(a) NB-B 样品的原始照片；(b) 11 个月自然环境曝露后的照片；
(c) 样品 24 个月自然环境曝露后的照片

经过镀锌处理的螺栓,在江津试验点环境腐蚀后的图片见图 2-39,可以看出,镀锌层在存放 2 年后,明显受到腐蚀,这类螺栓的镀锌处理工艺为一般镀锌工艺,故该镀锌工艺有待改进和提升,以适应湿热和酸雨的环境中使用的要求。采用达克罗镀锌工艺,基本可以满足镀锌层的防腐要求。

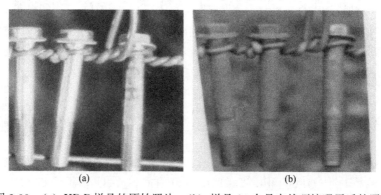

图 2-39　(a) KB-B 样品的原始照片；(b) 样品 24 个月自然环境曝露后的照片

2.7 自然曝露试验与加速腐蚀试验相关性的研究

腐蚀给国民经济带来巨大损失，这已成为许多科技工作者的共识，由此开展了相关的腐蚀试验。但是环境腐蚀试验需要很长时间（几年甚至更长时间）的工作，特别是目前材料的抗腐蚀性和防腐技术的进步，环境腐蚀试验要得出所需结果的时间越来越长，能否采用实验室中的加速试验结果来预测自然环境下材料的抗腐蚀能力已成为许多科技工作者感兴趣的课题；要达到这一目的，就必须研究自然环境腐蚀和加速腐蚀的相关性，根据两者相关性的试验结果建立起的相关性规律，作为加速腐蚀试验与自然环境试验之间关系的依据。自然曝露腐蚀和加速腐蚀试验相关性的研究涉及影响因素甚多，如防腐措施和工艺，不同地方的自然环境、不同时间的环境变化，产生腐蚀的主导因素等均对其相关性产生明显的影响。因此，即使在某一时间、某一地区得出了一定的相关性的关系，也只是对这一时间段这一地区是有意义的。随着这一地区环境的变化，这种相关性也会发生变化。譬如某一地区在工业没有发展之前，环境状态较好，随着工业的发展，排放增加，产生腐蚀的有害因素增加，原先所建立的自然曝露腐蚀和加速腐蚀试验的相关性就会发生变化。同样随着环境污染的治理，产生腐蚀的有害因素减少，这时的相关性的关系又会发生变化。防腐措施和工艺对这一相关性也有明显的影响，因此本节所做的相关性的试验研究是在所限定环境条件和防腐措施的工艺下的试验结果，其相关性只在这种条件下适用，不具有普适性。本节有关数据均取自于重庆汽车研究所、重庆五九研究所和日本的国际合作交流项目中有关的试验数据[37]。

2.7.1 试验样品和方法

(1) 试验样品

试样主要包括标准试样、实物及制品、腐蚀量测定试样、力学性能试样，制作了不同防蚀工艺的标准试片，用于自然曝露试验、玻璃框下试验、CASS、NSS、SO_2 试验；抽选了不同防蚀工艺的制品，用于自然曝露试验、CASS 试验，具体分类如下。其中 H1~H9 为采用国外工艺制作 9 大类 50 种试样，每种试样共 7 片，其中 3 片用于重庆进行自然曝露试验，3 片用于进行 CASS、NSS、SO_2 加速腐蚀试验，1 片作为标准试样保存；H10~H24 为用特殊工艺制作的 15 类 83 种试样；H25 为腐蚀量测定用的碳钢、铝、铜试验片；H26 为用作研究曝露试验对力学性能影响的常用 4 种金属材料；C1、C2 为重庆制作提供的 2 类 17 种试样，每种试样共 15 片，用于在重庆进行自然曝露试验，典型试样在玻璃框下进行曝露试验，1 片作为标准试样保存；C3 为重庆制作提供的 18 种试样。各类试验样品编号如下：

H1——一般环境的热轧板构件；

H2——工厂地区的热轧板构件；

H3——强腐蚀环境的热轧板构件；

H4——卡车和建筑机械的热轧板构件；

H5——冷轧板和铝合金制的汽车零部件；

H6——冷轧板、热轧板、耐候板、不锈钢、铜、黄铜制金属制品；

H7——户外类铜制件；

H9——铝、冷轧板防锈电镀的汽车零件、金属制品等；

H10——汽车零件；

H11——深冲板材制件；

H12——热浸镀锌件；

H13——热浸镀锌的道路交通标志；

H14——铝、铜合金制作的字牌、牌照；

H15——铝和热浸镀锌板制作的卷扬门部件、铝合金涂装；

H16——铝和不锈钢制的杆柱；

H19——铁道车辆构件；

H21——电动工具；

H25——碳钢、铜、铝试件；

H26——机械性能试验用试样；

C1——汽车、摩托车涂装标准试片；

C2——汽车、摩托车电镀标准试片；

C3——涂装、电镀试片和制品。

各样品详细的处理工艺和涂层厚度等见本章附录表 2-8、附录表 2-9。可以看出本次试验所选材料、处理工艺以及要进行的环境腐蚀和加速腐蚀试验具有广泛的代表性，全部样品分两地进行，一部分在日本广岛市，另一部分在重庆市江津腐蚀场。1995 年重庆降雨的 pH 平均值为 4.57、最高 8.06、最低 3.08，SO_4^{2-} 浓度平均值为 25.02mg/L，NO_3^- 浓度平均值为 5.13mg/L、Cl^- 浓度平均值为 1.79mg/L，NH_4^+ 浓度平均值为 4.32mg/L。1995 年广岛降雨的 pH 平均值为 5.96、最高 6.95、最低 5.15，SO_4^{2-} 浓度平均值为 5.37mg/L，NO_3^- 浓度平均值为 2.95mg/L、Cl^- 浓度平均值为 4.46mg/L，NH_4^+ 浓度平均值为 1.18mg/L。从以上数据可以看出，广岛的 Cl^- 浓度为重庆的 2 倍多，而重庆的 SO_4^{2-} 浓度、NO_3^- 浓度分别接近广岛的 5 倍、2 倍，NO_3^- 浓度超过广岛 2 倍，pH 值的差异更明显。

按照 ISO 9223（大气腐蚀——分类），与金属的腐蚀有关的环境因子中，结露、降雨引起的表面湿润时间、大气污染物中的 SO_2、Cl^- 等是最重要的因子。

由这些环境因素可以预测在进行盐雾试验时，广岛的试验结果的相关性应该比重庆会更好一些，因腐蚀影响的关键因子广岛比重庆与盐雾腐蚀更为一致。

各类涂装的板状试样用尖刀在下半部刻划到基体金属、呈 60°的 2 条交叉对角线，各类电镀试样用乙醇脱脂洗净后试验。

(2) 自然曝露试验的样品安放和检测方法

① 涂装试片及制品的自然曝露试验方法

a. 曝露角度为试样朝南、与水平方向成 24°角（重庆）。

b. 试样检测项目：膜厚、光泽、变色、开裂、起泡、剥离、粉化、锈蚀、划痕单面最大锈蚀宽度。其中，光泽按 JIS Z 8741 60°测定，变色用 D65，O/D 光源照射下 10°大视野光谱三刺激值 XYZ 测定，用 $L^*a^*b^*$ 表色系，与初始三刺激值 XYZ 比较算出色差 ΔE。其他项目按双方约定的方法和相关标准进行。

c. 试样检测周期：第 1 年每月 1 次，第 2、3 年每 3 个月 1 次。

d. 试验前进行原始性能检测（膜厚、光泽度、颜色、外观等）。

② 电镀试片及制品自然曝露试验

a. 曝露角度与①相同。

b. 试验前进行原始性能检测（膜厚、外观等）。

c. 试样检测周期：最初 1 个月每周 1 次，2 个月至 1 年每月 1 次，2～3 年每 3 个月 1 次。

d. 检测项目：腐蚀等级、外观等。

③ 其他试片及制品的曝露试验　曝露角度、检测周期与①相同，检查外观、评定腐蚀等级、测量划痕单面最大锈蚀宽度等。

④ 玻璃框下曝露试验　在玻璃框下进行曝露试验，排除酸雨的影响，与自然曝露试验进行对比，以考核酸雨对防蚀工艺耐候性的影响。试验方法和检测项目与户外曝露试验相同。该项试验仅采用 C2 中的典型试样在重庆进行。

在测量腐蚀量时应该注意不同季节由于气候不同对腐蚀量有明显的差异，同时也应该注意碳钢、铜、铝的腐蚀速率是初期大，而不同月份的腐蚀深度差别很大，因此在分析观察环境腐蚀数据时，应注意开始试验的月份和不同季节气候的影响。

(3) 人工加速腐蚀试验方法

① 人工加速腐蚀试验类型及方法　用 SO_2 试验机和酸性盐雾（CASS）试验机进行试验，并每间隔 24h 测量划痕锈蚀宽度或评定腐蚀等级。H1～H9、C1、C2 做了 SO_2 试验及中性盐雾（NSS）试验、CASS 人工加速腐蚀试验。H10～H24、C3 只做了 CASS 人工加速腐蚀试验。

a. SO_2 试验方法　按 JIS H 8502.9(a) 进行，主要的试验条件是：试样垂直放置，SO_2 气体浓度 25ppm，温度为 40℃，相对湿度为 90%。

b. NSS 试验方法　按 JIS H 8502.5 进行，主要的试验条件是：试样与垂直方向成 20°放置，试样箱温度为 35℃，空气饱和器的温度为 47℃，压缩空气压力为 $0.7 \sim 1.7 \text{kgf/cm}^2 (69 \sim 167 \text{kPa})$，喷雾量为 $1.0 \sim 2.0 \text{mL}/(80 \text{cm}^2 \cdot \text{h})$，pH 值为 6.5。

c. CASS 试验方法　按 JIS H 8502.7 进行，主要的试验条件为：试样与垂直方向成 20°放置，试样箱温度为 50℃，空气饱和器的温度为 63℃，压缩空气压力为 $0.7 \sim 1.7 \text{kgf/cm}^2 (69 \sim 167 \text{kPa})$，喷雾量为 $1.0 \sim 2.0 \text{mL}/(80 \text{cm}^2 \cdot \text{h})$，pH 值为 3.0，NaCl 溶液的浓度为 40g/L，$CuCl_2$ 溶液的浓度为 0.205g/L。

日本著名人工加速腐蚀试验设备制造商——SUGA 试验机株式会社推荐了一种模拟酸雨环境的人工加速腐蚀试验方法，试验条件列于表 2-22。

表 2-22　一种模拟酸雨环境的人工加速腐蚀试验方法

项目	条件	
喷雾	1)温度/℃	35±2
	2)喷雾液组成	
	5%NaCl 溶液(pH 6.5)/L	10
	硝酸/mL	12
	硫酸/mL	17.3
	3)pH(用 10%NaOH 溶液 317mL 来调整)	3.5
干燥	1)温度/℃	60±1
	2)相对湿度/%	20～80
湿润	1)温度/℃	50±1
	2)相对湿度/%	>95
1 个循环的时间及内容	1)人工酸雨/h	2
	2)干燥/h	4
	3)湿润/h	2
过渡时间	1)从喷雾到干燥/min	30
	2)从干燥到湿润/min	15
	3)从湿润到喷雾/min	30
试样放置角度	原则上是试样试验面与垂直方向成 15°～30°	

在现代的快速试验设备中，增加了较多的传感器，零件表面的形貌的检测系统、自动记录系统和计算机控制系统，使整个试验各种信息能够自动记录、分析，最后给出合理而准确的结果。

② 测定方法和评定方法　各类涂装试样生锈的评定：按检测周期，用刻度放大镜，测定划痕的单侧最大锈蚀宽度。各类电镀试样生锈的评定：按 JIS H 8502.10.4 中分级标准图表评定腐蚀等级。

③ 环境腐蚀后的腐蚀量测定试验　用于测定铝、铜、碳钢腐蚀量的试样的曝露试验方法按 JIS Z 2381 "大気汚染による金属材料の腐食測定法指針"进

行。主要要点如下。

a. 样品安放的曝露角度为 45°。

b. 曝露试验从每月开始，月末结束，另外一组持续曝露 1 年。

c. 测定腐蚀增量和减量，根据试样面积，算出平均腐蚀深度。

d. 碳钢用 10％柠檬酸氢铵在 100℃下除锈，铜用 20％盐酸常温除锈，铝用浓硝酸常温除锈。

④ 腐蚀前后性能检测、微观组织观察和成分分析　为了探明大气及其污染物对各种金属材料力学性能的影响，在两市进行了自然曝露试验，并对曝露后的试样片进行了拉伸试验、断面的组织观察、断面的硬度测定、疲劳试验、试样锈中的 S 含量测定等。曝露试验方法与自然曝露试验中涂装试片及制品的自然曝露试验方法相同，检测周期为 6 个月。拉伸试验、疲劳试验片按 JIS Z 2201 制作。

2.7.2　环境腐蚀试验的结果

(1) 典型试样环境腐蚀后的划叉宽度检测结果

试样的环境腐蚀试验结果详见文献 [37]。这里展示了典型样品重庆江津试验站环境腐蚀结果的曲线图和实物照片，以给出有关试验结果的一个直观的概念和印象。图 2-40 为热轧钢板的划叉锈蚀宽度与环境腐蚀时间之间的关系，可以看出，随着试验时间的延长，腐蚀宽度增加。由于表面处理工艺不同，其腐蚀速度及划叉锈蚀的宽度不同。同样的一组样品在广岛，由于环境的不同，其划叉的腐蚀宽度差异较大。图 2-41 示出了同样的热轧板经不同防腐处理后，36 个月环境腐蚀划叉宽度的样品照片，与图 2-40 的数据有很好的对应关系。

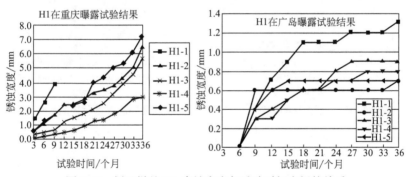

图 2-40　划叉样品 H1 腐蚀宽度与试验时间之间的关系

图 2-42 示出了热轧板经不同处理工艺后的环境腐蚀的划叉腐蚀宽度随环境腐蚀时间的变化，H2-1 与 H2-2 处理工艺基本相同，其防腐抗力基本相当；H2-3 试样防腐处理工艺远不如 H2-1 与 H2-2，因此其抗自然腐蚀能力要差得多，其 10 个月的划叉腐蚀宽度与 H2-2 试样 36 个月的划叉腐蚀宽度还要大 [见图 2-42(b)]。

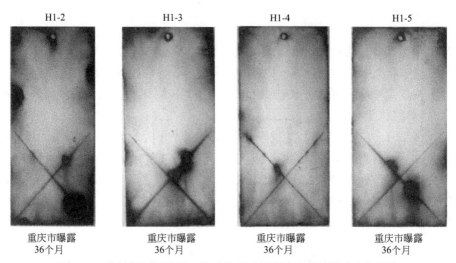

图 2-41　热轧板不同防腐工艺后的划叉的腐蚀宽度的样品实物照片

H1、H2 钢板的腐蚀深度与曝露时间的关系见图 2-43，可以看出，深度随腐蚀时间的变化没有宽度变化的规律性强。

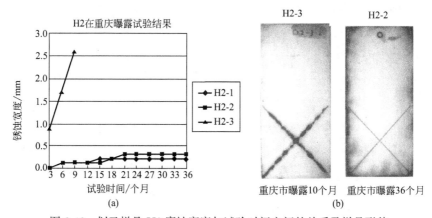

图 2-42　划叉样品 H2 腐蚀宽度与试验时间之间的关系及样品形貌

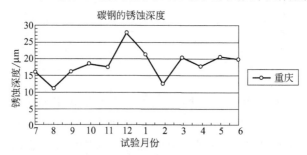

图 2-43　H1、H2 热轧板试样腐蚀深度与试验月份之间的关系

图 2-44 所示热轧板 H3 经不同防腐处理后的环境腐蚀结果，H3-1 的防腐处理工艺效果远低于 H3-2 与 H3-3，所示划叉实物照片与图 2-42(b) 有类似的情况，即防腐工艺 H3-1 9 个月的划叉腐蚀宽度比 H3-2 36 个月还宽的多。图 2-45 为热轧板 H4 经不同防腐处理后的环境腐蚀结果，H4-1 与 H4-2 防腐措施相当，因此锈蚀宽度随时间变化规律相当。H4-3 试样经热浸锌处理后防腐效果比 H4-1 和 H4-2 都好得多。

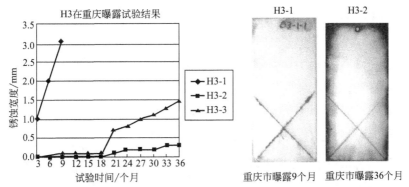

图 2-44　划叉样品 H3 腐蚀宽度与试验时间之间的关系及样品形貌

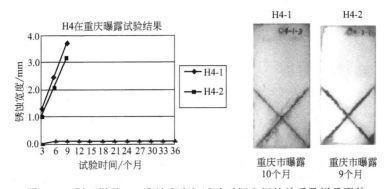

图 2-45　划叉样品 H4 腐蚀宽度与试验时间之间的关系及样品形貌

图 2-46 示出了冷轧板经不同防腐处理和铝合金样品经铬酸盐处理后划叉样品 H5 的自然环境腐蚀结果。图中数据表明经铬酸盐处理后的铝合金具有非常好的环境腐蚀抗力，3 年时间内锈蚀宽度接近于 0，H5-2f 处理的工艺，即阳离子电沉积→三聚氰胺系面漆→三聚氰胺系单色面漆，防腐效果也比较好，3 年时间自然曝露试验后划叉宽度基本没有变化，实物照片见图 2-46。

图 2-47 为不同材料包括冷轧板、耐候板、不锈钢板、铜合金以及热轧板经防腐处理后的环境腐蚀结果，可以看出，即使是耐候板，如表面防腐措施不好，其防腐效果也不理想；冷轧板经简单处理后，防腐效果有提升，但 12 个月划叉

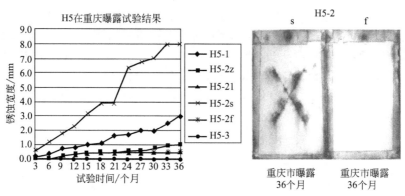

图 2-46　划叉样品 H5 腐蚀宽度与试验时间之间的关系及样品形貌

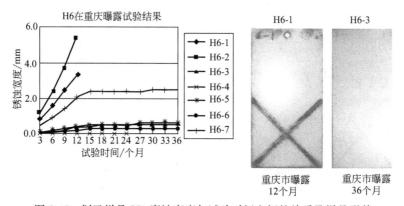

图 2-47　划叉样品 H6 腐蚀宽度与试验时间之间的关系及样品形貌

宽度明显变宽，见图 2-47，不锈钢钢板 SUS304 3 年腐蚀后划叉宽度没有变化（图 2-47）热轧板经热浸镀锌，再经粉末涂料处理，在初始一年半的时间内，腐蚀宽度较快增加，但随后在 36 个月之内腐蚀宽度维持不变。两个铜合金 H6-5、H6-6 具有很好的耐环境腐蚀性能，3 年之内划叉的腐蚀宽度基本没什么变化。H6-5、H6-6 腐蚀深度随曝露时间的变化见图 2-48，与热轧板的情况类似，腐蚀深度随时间的变化其规律性也不如宽度随时间变化的规律性强。

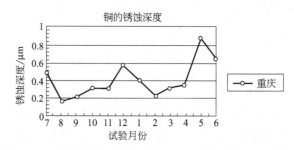

图 2-48　H6 铜合金试样腐蚀深度与试验月份之间的关系

从上述所列典型试样的环境腐蚀试验结果可以看出：每一类材料中采用不同的腐蚀工艺，其环境腐蚀效果也明显不同。H 类试样的工艺是根据不同环境要求，按日本钢桥涂装专门委员会的教科书制作的，H1 的 5 种工艺中，H1-1 便宜，在日本 3 年没问题，H1-2~5 在日本是较高级的工艺，但在重庆的防蚀效果都不好，划线边缘锈蚀、起层；H2 中的 3 种工艺中，H2-2 较好，而 H2-1、H2-3 防蚀效果不好；H3 中的 3 种防蚀工艺中，H3-2~3 在重庆有效果；H4 中的 3 种工艺中，只有 H4-3 有效果；H5-1 来自 MAZDA 生产线上生产的，在重庆锈蚀严重，H5-2 来自从三菱汽车公司不同生产线上生产的，其中的 H5-2S 锈蚀厉害，H5-3 在重庆基本不发生锈蚀；H6-1 沿划线边沿锈蚀并起层，H6-2 有意让其表面生锈，由于锈的颜色好看，所以在住宅、新干线车站屋顶等被广泛采用，在日本有效，在重庆无效，H6-3~7 在重庆的防蚀效果都较良好；H7-1~3 像预先设计的那样在重庆有铜绿生成，H7-4~7 的涂层起泡、然后起层，形成半透明的气囊。

C 类的涂装试样在 2~3 年内都会不同程度地起层、剥离和脱落，特别在边缘处更为严重。电镀试样 2 年内基体没有腐蚀，但不同工艺对环境腐蚀的反应也完全不同，电镀 Ni-Fe 的试样效果最差，腐蚀速度非常迅速，试样内部比外部还要严重，但电镀 2Ni-Cr、3Ni-Cr、4Ni-Cr 试样的抗环境腐蚀效果良好；镀锌试样在重庆曝晒不到 2 年腐蚀就很严重，但锌层厚度对环境腐蚀抗力有明显差异，锌层厚的腐蚀抗力较好。

自然曝露后涂装试样的漆膜分析结果表明，邻苯二甲酸系列漆膜及氯化橡胶系列漆发生了明显的劣化。聚胺酯系列漆膜、三聚氰酰胺树脂系列漆膜则没有明显的劣化。漆膜的表面劣化明显。

在重庆市，防锈颜料的腐蚀速度为：一般防锈的氧化铁系列最大，碳氮化铅、红丹、碱式铬酸次之，一氧化二铅最小。

大量的试验表明（H4-3、H6-7、H2-2、H3-2、H3-3），在重庆环境下，不论是镀锌板还是热浸镀锌的试样再经过防腐处理，都有良好的环境腐蚀抗力，显然这与新镀层的阳极保护作用有密切关系，因此在重庆地区应用镀锌板对汽车覆盖件的防腐抗力的提升有较好的作用。

试验中的所有涂装试样，环境腐蚀后涂层起层现象较为突出，粉化失效或破坏的现象较少。

一般情况下，镀层试样要比涂层试样膜厚要薄，这影响了镀层试样在重庆环境腐蚀中的耐蚀性。在重庆一般的电镀镍、电镀镍铬的抗环境腐蚀效果均有待提升，镀层的结合力也有待提高，工艺也有待改进。提升重庆电镀防腐层的环境防腐抗力还是一个重要课题。

对环境腐蚀的结果分析可以得出，尽管广岛和重庆提供的涂装、电镀试样有各种不同的工艺，但在重庆的腐蚀均比在广岛严重。没有经过处理的金属的腐蚀量、腐蚀深度的实验结果也得到同样的结论。通过锈层含硫量的分析结果，说明酸雨的 SO_2 含量高是造成腐蚀严重的重要原因。因此，保护和改善环境尤为重要。

重庆地区的环境对装饰性镀层（Cu-Ni-Cr 或 Ni-Cr 体系）的腐蚀有特殊的影响。对于外露件，无论什么体系，都应严格控制工艺和厚度，一般厚度低于 $25\mu m$，就难以发挥装饰和防腐蚀效果；镀 Zn、喷 Zn 及涂层等在重庆地区用于防蚀性保护涂层是可行的，但在使用时必须注意体系的选择和组合。

引起广岛和重庆试验结果差异大的二城市差异最明显的环境因子为 SO_4^{2-}、NO_3^-、NH_4^+ 浓度、pH 值、表面湿润时间、结露、除尘、阳光等。此外，降雨量、山雾、气温、湿度的交变作用也是极为重要的。

采用一般的人工加速腐蚀试验方法（SO_2、NSS、CASS）与重庆或广岛自然曝露试验结果没有明显的相关性。显然，在目前条件下，要获得加速倍率高而相关性又好的人工加速模拟试验方法尚有困难，有待进一步的实验与研究。

在广岛曝露 36 个月后，涂装试样划痕单面最大锈蚀宽度几乎都在 3mm 以下，而相同的涂装试样在重庆几乎都在 3mm 以上，即使设计为在强腐蚀环境使用的重防蚀涂装试样在重庆的实用性也难以达到预想效果。

推荐在重庆地区使用的保护层如下。

钢铁保护层（外露件的总厚度应大于 $25\mu m$），可采用 3Ni-Cr、4Ni-Cr 镀层体系。

防蚀性涂层（兼有装饰性）可采用热浸 Zn＋环氧底漆＋聚氨酯瓷漆、热浸 Zn＋聚酯粉末涂装；厚膜无机富锌底漆＋磷化底漆＋铬酸锌底漆＋酚醛系 MIO＋氯化橡胶漆；Zn 合金电镀＋氟树脂涂装。对汽车外板和覆盖件，建议采用各类合金镀层板如热镀锌铁、电镀锌镍，再加装饰性涂层。

防蚀性电镀可采用热浸锌；电镀锌＋达克罗工艺；电镀锌＋黑铬。铝上保护层可采用各种氧化或铬酸处理＋热固化丙烯酸树脂。

此次试验所采用的工艺全部是工厂现行的工艺，试样也全部由工厂制作。通过试验的结果来看，先进昂贵的工艺耐候性并不像预计的那样好。其主要原因是生产工艺没有得到严格控制。而一些传统经济的工艺其耐候性还有上佳的表现，这给这次规律性的研究带来了巨大困难。采用耐蚀的基体金属或通过适当的前处理是提高耐蚀性能的重要措施，其中热浸锌在重庆的效果最明显。

(2) 重庆玻璃框下的曝露试验结果

玻璃框试验时试样安装在玻璃下，去除了酸雨的影响，可以考核无酸雨条件下的重庆大气环境中的腐蚀结果，其典型的腐蚀结果见表 2-23～表 2-25。

表 2-23　重庆玻璃框下曝露试验腐蚀等级

试样编号		3月	6月	9月	12月	15月	18月	21月	24月	27月	30月	33月	36月
C2	1	9.9	9.9	9	8.3	8	8	8	8	8	8	8	8
	2	4.7	0	—	—	—	—	—	—	—	—	—	—
	3	5	2	1	—	—	—	—	—	—	—	—	—
	4	7.3	4.3	2.7	2	2	2	2	1.3	1	1	1	1
	5	9.2	8	6.3	4.7	4.7	4.7	4.7	4	3.7	3.7	3.3	3
	6	9	2	—	—	—	—	—	—	—	—	—	—

表 2-24　重庆玻璃框下曝露试验颜色结果

试样编号		3月	6月	9月	12月	15月	18月	21月	24月	27月	30月	33月	36月
C1	2	0.40	2.29	1.83	3.55	2.11	2.84	1.51	1.50	2.78	2.13	0.75	1.17
	4	3.63	4.08	3.57	4.38	7.79	3.92	3.48	4.60	4.52	4.44	4.67	7.13
	7	1.10	3.27	7.15	4.33	2.78	3.73	2.09	2.31	3.67	3.04	1.39	5.67
	8	1.01	3.21	4.81	6.46	7.08	7.80	7.78	8.48	9.34	9.65	8.61	10.48
	9	4.99	4.34	11.48	6.20	4.62	5.15	4.09	5.87	5.92	5.65	6.01	5.65
	10	4.77	4.32	4.78	4.41	11.10	8.41	7.18	8.26	8.40	9.74	10.44	11.25

表 2-25　重庆玻璃框下曝露试验光泽保留率结果

试样编号		初期	3月	6月	9月	12月	15月	18月	21月	24月	27月	30月	33月	36月
C1	2	91.1	96.9	94.3	97.5	100.7	102.3	100.1	97.7	93.1	89.9	91.0	85.7	81.4
	4	92.7	88.2	98.8	97.6	97.8	99.7	96.4	93.4	94.9	91.3	95.9	91.3	95.4
	7	94.9	96.2	97.6	97.3	96.4	97.9	97.5	91.4	92.9	87.5	88.0	89.1	91.3
	8	90.0	94.2	93.6	91.9	79.6	73.4	74.1	63.2	43.4	44.9	48.9	39.1	30.9
	9	91.5	93.0	94.9	95.8	97	98.8	95.2	90.5	86.9	90.8	91.0	81.6	90.5
	10	91.9	94.0	95.4	96.3	95.2	91.9	92.2	87.2	82.2	91.0	87.7	76.4	84.3

在重庆，涂装试样自然曝露试验结果比玻璃框下曝露试验差，而电镀试样自然曝露试验只比玻璃框下试验结果稍差。虽然玻璃框屏蔽了酸雨的影响，但是玻璃框内的湿度高，凝露时间长，特别是暴雨之后。

(3) 环境腐蚀对材料力学性能的影响

为了研究环境腐蚀后对试样力学性能的影响，测量了 A1085P 等材料不同环境腐蚀试验后的力学性能，如图 2-49 所示，结果表明环境腐蚀后 SPHC、SS 试样力学性能明显下降，SUS304、A1085P 试样表面没有显著的锈蚀，强度基本没有下降。对腐蚀后的试样断面观察表明：环境腐蚀试样的锈蚀基本都在表面，试样内部强度基本没有变化，对 SPHC、SUS304、SS 试样锈蚀去除后由表面向心部每隔 0.05mm、0.1mm、0.15mm、0.2mm 等 4 个点和上下表面各 2 处测量硬度并取平均值，结果如图 2-50 所示，锈蚀对材料内部的硬度没有影响。相比于没有锈蚀的 SUS304，锈蚀的 SS 试样疲劳性能下降 40%～55%，这一结果与文献[38]中趋势类同。而 SUS304 不同环境腐蚀后在所列试验条件下，由于基本没有发生腐蚀，疲劳性能基本无变化，如图 2-51 所示。

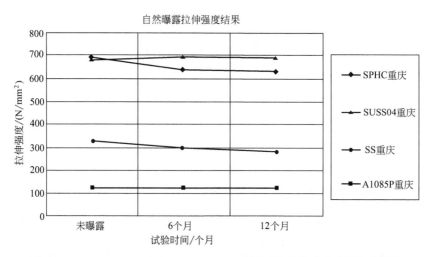

图 2-49 SPHC、SUS304、SS、A1085P 不同环境腐蚀试验后的力学性能
（SPHC 为焊接钢瓶用钢，SUS304 为 304 不锈钢，SS 为普通低碳钢，A1085P 为普通铝合金板材）

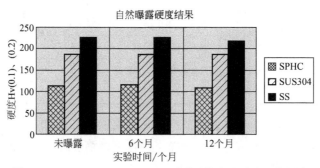

图 2-50 SPHC、SUS304、SS 不同环境腐蚀试验后的硬度

自然曝露表面生锈，显著降低 SPHC、SS 的拉伸强度。试样锈蚀越明显、拉伸强度下降越大。SUS304 及 A1085P 没有显著的锈生成，强度没有下降。

去除表面锈蚀，测量硬度；再磨掉 0.1mm、0.2mm 测量硬度均和原材料硬度相当。表明表面锈蚀对内部组织和硬度没有影响。这与环境腐蚀生锈试样的断

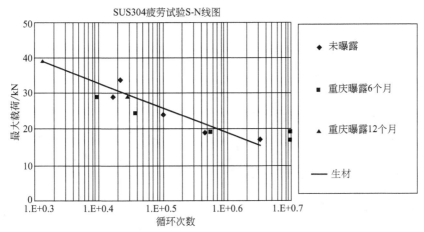

图 2-51　SUS304 不同环境腐蚀试验后的疲劳性能

面组织观察相一致,即锈只在其表面,没有沿晶间向内发展,样品内部强度没有变化。

表面锈蚀有效降低了试样的疲劳强度,其中生锈的 SS 试样疲劳寿命下降明显,而未生锈的 SUS304 抗拉强度和疲劳强度均未变化。如将锈蚀去除,则材料的疲劳强度和原材料相当。但对于构件,由于锈蚀,构件的承力截面减小,因此锈蚀会减少构件的承载能力,进而减少构件的疲劳寿命。

从以上可以看出,环境试验是一种产品对环境适应性的考核手段,并作为产品验收决策的依据之一;更重要的是环境试验是获取材料或产品对环境适应性的信息,并根据这些信息的分析,提出进一步提高材料和产品环境适应能力的手段和方法。2000 年 1 月颁布的美军标准 801F 所规定的环境试验标准,其明确规定了环境试验的两个主要目的:其一是寻找产品、装备、设计、使用材料、制造工艺、包装技术和维修方法的不足、错误和缺陷;其二是验证与合同要求的符合性。我国所指定的 GJB 4239 也把环境适应性的研制试验作为工程研制阶段一个必须进行的试验项目。在产品寿命不同的阶段,也安排不同的试验获取不同的信息。研制阶段的各种环境试验用于获取产品设计工艺、材料缺陷的信息、产品物理特性和极限能力的信息;产品定型阶段的环境试验和批量生产的环境试验用于获取产品故障信息,作为产品定型和批量生产验收决策的依据。

2.7.3　环境腐蚀产物形貌观察

环境腐蚀产物的宏观照片见图 2-52,基材不同,防腐处理工艺不同,腐蚀后的形貌也不同,显然很难得出其相应的规律性。体视显微镜下,C2 试样不同处理工艺后的环境腐蚀产物照片见图 2-53。扫描电镜下的微观形貌见图 2-54。

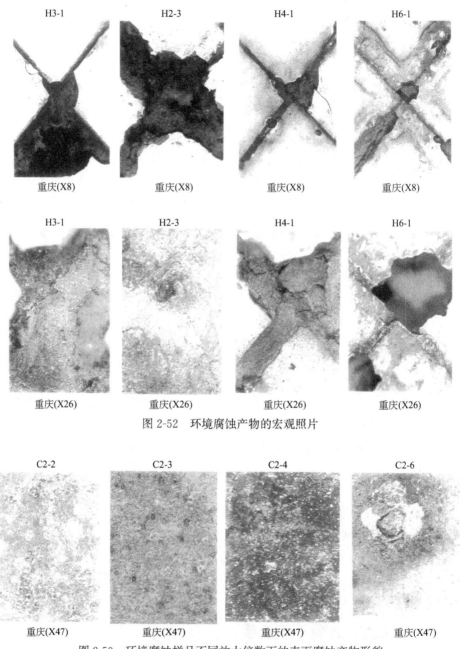

图 2-52　环境腐蚀产物的宏观照片

图 2-53　环境腐蚀样品不同放大倍数下的表面腐蚀产物形貌

这一形貌照片表明自然曝露后电镀铬试样的腐蚀产物的形貌为细小结晶状结

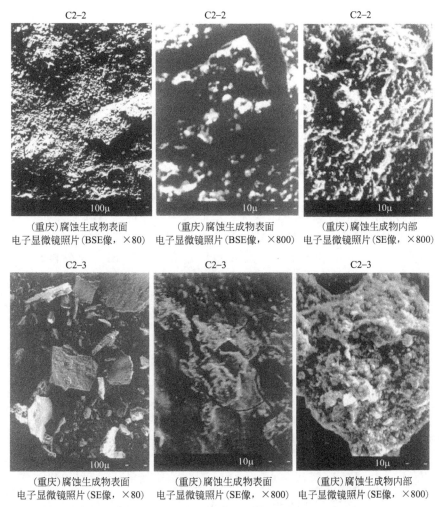

图 2-54 环境腐蚀样品扫描电镜下的表面腐蚀产物形貌

构,这种结构的形成既有酸雨的影响,又与内陆气候、昼夜温差大、交变的强烈阳光照射的影响密切相关。

2.7.4 环境腐蚀产物成分的定性和定量测定

腐蚀产物成分的定性测定用电子探针显微分析仪(EPMA)进行内部和表面分析。从环境腐蚀试样中,切取有代表性的试样上的腐蚀生成物,用导电性两面胶带固定,喷金后,用 EPMA 线扫描和面扫面进行定性分析。线扫描的定性分析条件为加速电压 20kV,试验电流 $0.2\mu A$,分析探头直径 $200\mu m$;面分析的试验条件为加速电压 20kV,试验电流 $50\sim100nA$,分析探头直径 $200\mu m$,成像元素 S、O、Si、K，C2-2、C2-3 试样在重庆环境腐蚀分别为 9 个月和 10 个月，腐蚀产物表面和内部的 EPMA 的定性分析曲线分别见图 2-55 和图 2-56。从图中可以看出，表面的 S 含量远高于腐蚀产物内部的 S 含量，这表明造成样品腐蚀的主要原因是大气中的硫酸根离子所导致。EPMA 面扫描的结果见图 2-57。图中清晰表明了 O、S、K、Si 的分布，和线扫描的定性结果是类似的。根据分析结果判断腐蚀产物的类型为腐蚀机理探讨和防腐措施提供基础。腐蚀层中有氧、硫等元素含量较高，表明腐蚀产物多为氧化物和硫化物的混合物，这与重庆酸雨的腐蚀是一致的。从腐蚀产物的 EPMA 分析，除试样本身的组成元素以外，还存在氧、氮、硫。表层的硫含量较高，这是大气中的硫化物的影响的结果。对不同腐蚀产物进行了红外吸收光谱分析，所用试样制备方法如下：用湿布将涂装试样表面擦净，干燥后，用小刀取下漆膜片，然后研磨粉碎，用 KBr 粉末稀释，挤压成片状。典型试样 H1-1、H4-1 无环境腐蚀与经环境腐蚀 10 个月的红外吸收光谱分析曲线见图 2-58 和图 2-59，红外光谱分析结果与 EPMA 分析结果类同。表 2-26 列出了不同腐蚀时间不同地点的腐蚀产物的 S 含量的分析结果，其总体趋势都是随着腐蚀时间的增长，S 含量升高。重庆 10～12 个月环境腐蚀的 S 含量一般高于广岛 18 个月的 S 含量，这表明当时条件下，重庆酸雨和大气中的 S 含量要高于广岛。

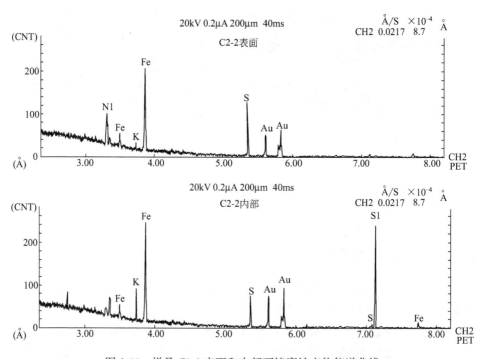

图 2-55　样品 C2-2 表面和内部环境腐蚀产物能谱曲线

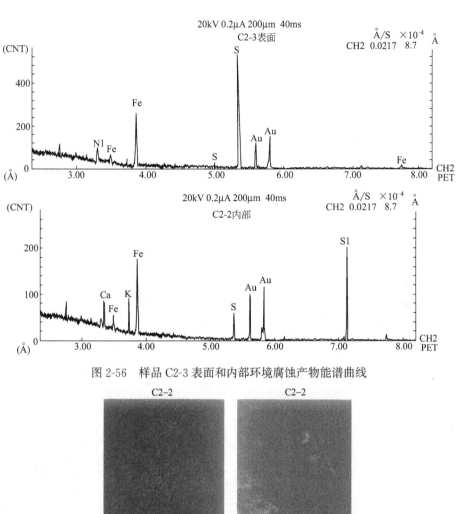

图 2-56 样品 C2-3 表面和内部环境腐蚀产物能谱曲线

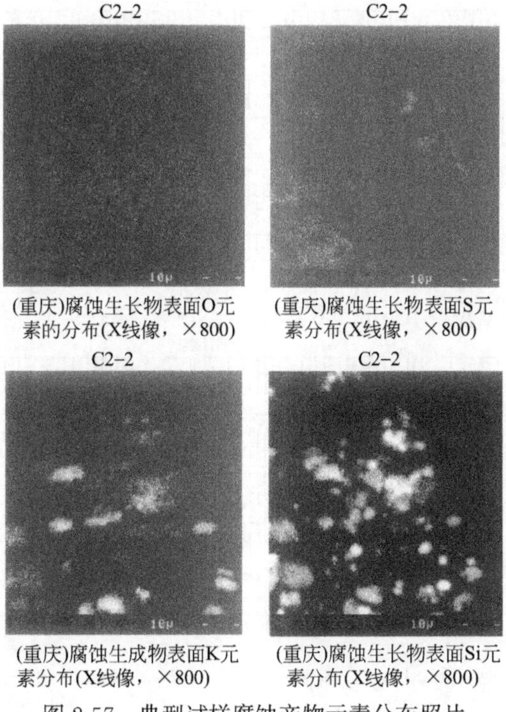

图 2-57 典型试样腐蚀产物元素分布照片

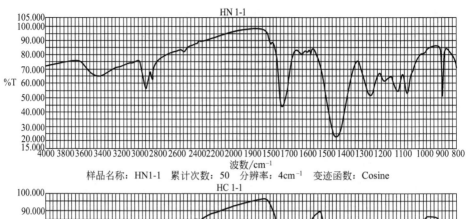

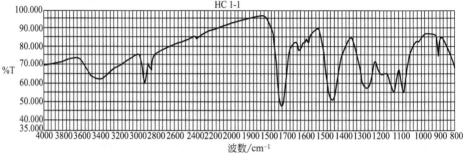

图 2-58　典型试样 H1-1 无环境腐蚀、经环境腐蚀 10 个月的红外吸收光谱分析曲线

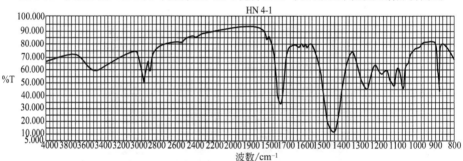

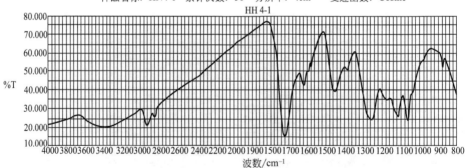

图 2-59　典型试样 H4-1 无环境腐蚀、经环境腐蚀 10 个月的红外吸收光谱分析曲线

表 2-26 S 含量分析结果

试样名称	曝露场所	曝露时间	S 含量/%
H9-8	广岛	21 个月	0.84
	重庆	10 个月	0.62
C2-2	广岛	18 个月	0.60
	重庆	9 个月	0.85
C2-3	广岛	27 个月	0.96
	重庆	10 个月	1.08
H24-2	广岛	18 个月	0.34
	重庆	12 个月	0.36
C3-9	广岛	18 个月	0.33
	重庆	12 个月	0.59
C3-15	广岛	18 个月	0.87
	重庆	12 个月	1.08

2.7.5 人工加速试验——CASS 盐雾腐蚀结果

正如前述，人工加速试验方法有多种，其中 CASS 盐雾是一种常用的加速试验方法，这里以这种试验方法为例，列举相关的试验结果，以便分析人工加速试验和环境试验的相关性。

CASS 盐雾腐蚀后 H1-1、H1-2、H1-4 的腐蚀宽度与试验时间之间的关系见图 2-60(左)，CASS 盐雾腐蚀后 H2-1、H2-2 的腐蚀宽度与试验时间之间的关系见图 2-60(右)。可以看出，随着试验时间的延长，划叉试样的锈蚀宽度增加，这与环境腐蚀时划叉的锈蚀宽度随曝晒时间延长增加趋势一致，但时间的影响因子不一样。

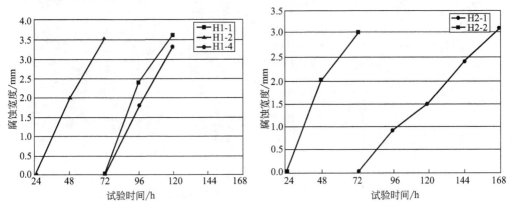

图 2-60 CASS 盐雾腐蚀后 H1 和 H2 的腐蚀宽度与试验时间之间的关系

H10 样品盐雾腐蚀和环境腐蚀形貌对比见图 2-61，其中用低碳钢 SPCC 制成的油箱盖经防腐处理后的盐雾试验 168h，划叉锈蚀宽度十分明显，而环境腐蚀 24 个月后防腐层无明显变化。经辊轧和热处理后的螺钉 H10-6～8 采用达克罗电镀防腐处理，CASS 盐雾加速腐蚀 72h 与自然曝露 24 个月的腐蚀程度很相近（见图 2-62）。

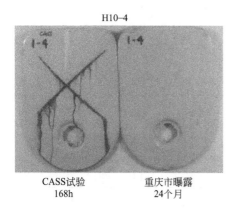

图 2-61　H10 样品 CASS 盐雾腐蚀和曝露腐蚀形貌对比

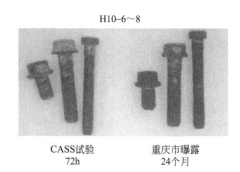

图 2-62　经辊轧和热处理后的螺钉

H11-2、H11-3、H11-5 划叉样品 CASS 盐雾腐蚀和曝露腐蚀的对比见图 2-63。在日本制作的不同颜色的数字牌的 CASS 盐雾腐蚀和曝露腐蚀对比见图 2-64。从这些所示形貌可以看出，144h 的 CASS 盐雾和 24 个月的曝晒对字牌的腐蚀影响不大。

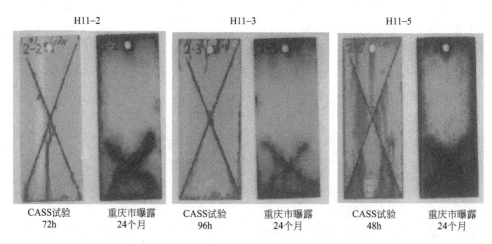

图 2-63　H11 样品 CASS 盐雾腐蚀和曝露腐蚀形貌对比

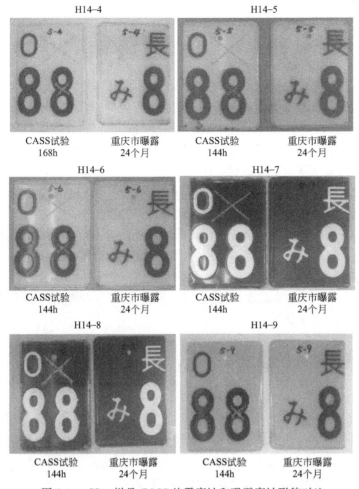

图 2-64　H14 样品 CASS 盐雾腐蚀和曝露腐蚀形貌对比

2.7.6　人工加速腐蚀和自然环境腐蚀的相关性及其评价

(1) 不同腐蚀试验方法试验结果相关性的评价原则

当进行不同腐蚀试验方法所取得试验结果相关性评价时，应遵循以下原则。

① 腐蚀机理和动力学的可比性好　不同试验腐蚀过程的电化学特性和机理相似；不同腐蚀试验形成的锈层特性（宏、微观腐蚀形貌、组成结构和腐蚀的二次过程及阻滞特性）具有相似性；同时不同腐蚀试验的环境作用机理及液膜干湿循环过程特点、腐蚀动力学规律的一致性；而且不同试验方法同时试验多组材料（或产品）时，耐蚀的优劣顺序一致。

② 加速性和重现性好　在室内人工加速模拟腐蚀试验在模拟性优良的基础

上具有合适的加速倍率,可以达到缩短试验时间的目的。当加速试验条件相同时,其结果具有重现性。

(2) 相关性评价方法

① 定性评价法

a. 图表法　图表法是相关性研究中最早采用的一种直观比较方法,具体作法是:选择试验参数,并将两种试验获得的数据与时间对应列入适当表格或作图(析线图或方框图),比较图或表中数据,确定性能变化趋势,从而判断其相关性好坏。日本铫子曝露试验场,曾用该法较好地评价了装饰性镀层人工加速腐蚀试验与该场自然大气曝露试验的相关性。

b. 腐蚀机理对比法　不同腐蚀试验方法的腐蚀机理的一致是相关性的根本所在,腐蚀机理和动力学的可比,才可能建立良好的相关性。

通过图表法、腐蚀机理对比分析,定性评价不同试验方法试验结果之间的相关性,按有关试验结果进行综合排序,以确定人工加速腐蚀试验的合理性。

② 定量评价

a. Spearman 秩相关系数(rho_s)法　rho_s 法属非参数线性相关分析,即趋势性评价,具体办法如下。

设 X_i、Y_i 分别为两种试验后测得的性能数据,将两组试验数据按大小排列,每个数据对应的序数即为 x_i、y_i,又分别称为 X_i、Y_i 的秩,d_i 为秩差,可用方程 1 进行计算。

秩差
$$d_i = x_i - y_i \tag{1}$$

相关性系数 rho_s 的计算:$rho_s = 1 - 6\sum_{i}^{n} d_i/(n^3 - n)$ (2)

rho_s 越接近 1 说明相关性越好。牟献良等[39]采用该方法对碳钢和低合金钢模拟加速试验与大气腐蚀试验的相关性进行了研究。

b. 灰色关联分析法　一般用于灰色体系的优势分析,在此将其引入相关性分析中,获得了满意的效果。该法主要适用于多个室内模拟加速试验的相互比较,以择优选择试验方法。计算出的各灰色关联度 r_i,按大小进行排序,最大的为相关性最好的加速试验方法。

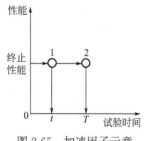

图 2-65　加速因子示意

c. 加速因子法　试验前,首先规定该材料(或产品)试验终止性能指标,当用两种方法试验达到终止性能指标时的加速倍率就是 $m = t/T$,如图 2-65。

d. 加速转换因子法　由于 m 只表明某一点的加速倍率,不能反映整个寿命内的加速性,为此以时间为横坐标,腐蚀性能为纵坐标作时间响应曲线,并对两条曲线进行拟合,则性能是时间的函数。取几个腐蚀性能值，得到相对应的几个加速试验时间（t）和大气暴露时间（T）。加速转换因子，$a=t/T$。如图 2-66(a)。

在加速转换因子法中，对于取不同的腐蚀性能所得到的 a 是不同的。也就是说，a 是动态变化的。按上述方法，以横坐标为自然暴露试验时间、以纵坐标为人工加速腐蚀试验时间，对于给定的腐蚀性能，自然暴露时间为 t_1，人工加速腐蚀试验时间为 T_1，在坐标系统上作出 4 个以上点，将其拟合，建立自然暴露时间与人工加速腐蚀试验时间的数学模型：人工加速腐蚀试验时间＝F（自然暴露试验时间）。从而对不同试验方法之间的加速性作出评价。如图 2-66(b)。

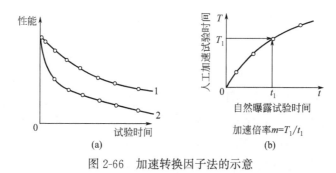

图 2-66 加速转换因子法的示意

（3）人工加速腐蚀试验的相关性及其加速倍率

盐雾试验 168h（1 周）和重庆市曝露试验 36 个月后的划痕锈蚀宽度为 3～8mm，优劣的顺序不存在相关性。CASS 试验使用的试验液的 pH＝3，没有像期待的那样再现酸雨对防锈薄膜的影响；CASS 试验 120h 后，锈蚀宽度达到 3mm 以上的和盐雾试验有着不同的顺序，这些数据并没有表明与自然曝露试验的广义相关性。很显然这是由于不同的环境条件和加速腐蚀条件的腐蚀机理存在很大的差异。因此，不能单一地以一种人工加速腐蚀试验方法来评价或推测在不同地区试样或制品的耐候性，可以研究一种加速腐蚀试验方法来加速模拟特定工艺在特定环境条件下的耐候性。如世界广泛采用的达克罗镀锌防锈工艺耐盐雾 1000h 没有问题，但在重庆 3 年后开始生锈。因此，要建立这种广泛的相关性，必须进行大量的数据积累。

虽然人工加速腐蚀和环境腐蚀的广义相关性的关系很难建立，但人工加速试验的加速性是存在的。根据经验，可以探索这样的试验方法，以期加速模拟特定工艺或材料在特定环境下的防蚀性能。中性盐雾试验 168h，CASS 试验 120h，5 种涂装试样锈蚀宽度全部达到 3mm 以上，在重庆市曝露试验锈蚀宽度全部达到 3mm 以上几乎需要 36 个月，与在重庆市涂装试样曝露试验的结果比较，中性盐雾试验的加速倍率为 150，CASS 试验的加速倍率为 200。

2.8 高强度螺栓的延迟断裂性能和环境腐蚀

2.8.1 高强度螺栓的延迟断裂性能

马鸣图等曾对高强度螺栓延迟断裂性能进行了系统研究[40]，这类螺栓用于汽车发动机缸体与缸盖的连接，工作应力高，可靠性要求高，如果发生断裂就会导致重大事故，甚至车毁人亡。硫化物腐蚀开裂与材料的力学性能密切相关，材料的屈服点越高、硬度越高、延伸率和断面收缩率越小，其应力腐蚀开裂和氢脆的敏感性越高，高强度螺栓由于其高强度、高的使用应力，再加上螺纹工作处的应力集中，对氢脆较为敏感，因此了解高强度螺栓（12.9 级和 14.9 级）延迟断裂具有重要的实用意义。

图 2-67 试验螺栓的加载装置

试验用钢为螺栓新钢 ADF1 和 42CrMo，化学成分见表 2-27，试验加载装置夹具及其图纸见图 2-67 和图 2-68，螺栓尺寸为 M12。一般螺栓加载采用扭矩法，用扳手将螺栓拧紧到规定扭矩，此扭矩与螺栓使用应力相对应，但这种方法是建立在拧紧扭矩全部用于螺栓的伸长，对强度级别小于 10.9 级以下的螺栓，这种方法是可行的，此时由于正压力不高，由此产生的摩擦力矩基本可以忽略，而高强度和超高强度下，如 12.9 级、14.9 级的螺栓拧紧时，将产生大量的摩擦力矩，会消耗拧紧扭矩，因此用扭矩法在达到规定扭矩后，螺栓实际受力并没有达到规定的受力状态；基于这种情况，提出了测定螺栓伸长和载荷关系的伸长曲线作为螺栓加载的依据，用螺栓工作时的载荷对应的伸长量来进行加载，从而解决高强度螺栓试验和工作状态下加载方法问题。文中测定的 12.9 级、14.9 级 M12 螺栓的载荷与伸长量的关系曲线见图 2-69。

表 2-27 试验钢 ADF1 与 42CrMo 的化学成分　　单位：%（质量）

钢号	C	Si	Mn	S	P	Cr	Mo	V	Nb	RE①
42CrMo	0.39	0.29	0.80	0.019	0.025	1.08	0.22	—	—	—
ADF1	0.41	0.10	0.44	0.005	0.009	1.26	0.56	添加	添加	添加

① 只是少量添加，不作分析。

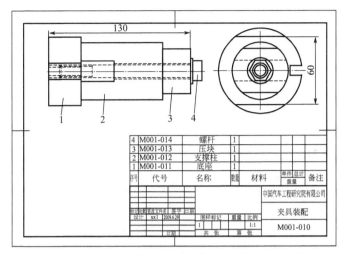

图 2-68　试验螺栓的加载装置图纸

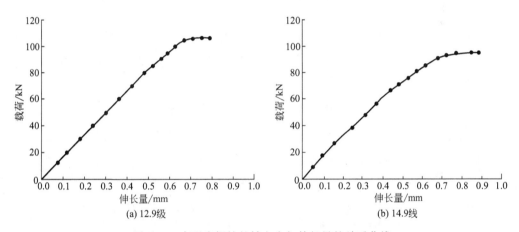

图 2-69　高强度螺栓的轴向力与伸长量的关系曲线

利用上述的加载方法研究了 12.9 级、14.9 级螺栓表面状况对延迟断裂的影响，分别采用夹具、螺纹全涂装，夹具涂装、螺纹不涂装，夹具、螺纹均不涂装的方法，涂装漆采用富锌漆，各试样的具体涂装情况见表 2-28。

表 2-28　试样的涂装情况

螺栓级别	加载水平/kN	涂装试样编号		
		夹具螺纹全涂装	只涂夹具不涂螺纹	夹具螺纹均不涂装
14.9 级	104.1	21#~22#	17#~18#	23#~24#
14.9 级	92.7	45#~46#	41#~42#	47#~48#
12.9 级	92.7	56#~57#	54#~55#	58#

图 2-70 螺栓延迟断裂试验装置

高强度螺栓延迟断裂的试验方法按按标准 [41] GB 4157—1984 在图 2-70 所示的实验装置中进行，装置的右面部分为 H_2S 气体发生装置，其气体发生量和发生速度可以根据需要进行控制，左面部分为装入一定量按标准配制的溶液容器，试验试样放在容器中。

溶液的量是以每平方厘米试样的表面积配制 50mL 溶液，溶液由水、NaCl、冰醋酸组成，并按 190∶10∶1 比例配制，充分搅拌均匀，pH 值为 3；H_2S 气体用 FeS 与 20% 的 HCl 反应生成，用滴定管控制滴液的速度来控制 H_2S 气体的发生速度及发生量。先对溶液充分充入 H_2S 气体，使之成为饱和 H_2S 溶液，再将试样放入并完全浸泡。试验进行过程中溶液的 pH 值控制在 3～3.5 范围，试验中溶液的温度为 20～29℃ 范围。

12.9 级、14.9 级高强度螺栓在不同加载水平，不同的涂装情况下的延迟断裂试验结果见表 2-29。螺纹根部表示螺纹与螺杆的连接处，经试验后螺栓的断口及断裂位置见图 2-71。

表 2-29　12.9 级、14.9 级螺栓的延迟断裂时间

试样编号	17-18	23-24	41-42	47	58	54	21	22	56	57	45-46
断裂时间/h	18	17	21	20	175	180	720（未断）	620	720（未断）	380	720（未断）
断裂位置	螺纹根部	螺纹根部	螺纹根部	螺纹根部	螺纹根部	螺纹根部	出现应力松弛,加载荷明显下降	螺杆与螺栓头的连接圆弧出断裂	加载保持未出现应力松弛	螺杆中部断裂	加载保持未出现应力松弛

图 2-71　试验后螺栓的断口及断裂位置

从结果表明：螺栓的强度级别越高，其延迟断裂时间越短；同一强度级别的加载应力越大，延迟断裂时间越短。这可能与强度高、抗氢脆能力低、应力集中

敏感性高等因素有关。

未涂装的 14.9 级螺栓 17 号、18 号、23 号、24 号和 12.9 级 54 号、58 号试样的加载应力均为使用时的载荷水平，涂装的 14.9 级螺栓 41 号、42 号、47 号、48 号试样为低于螺栓使用的载荷水平。按标准 GB 4157—84 的规定，材料的抗延迟断裂时间为 720h，本试验的两种级别的螺栓在工作应力水平或略低于工作应力水平下，其延迟断裂时间大都仅为 17~21h，高的也只有 180h 左右，还远未达到标准要求，这些结果表明高强度螺栓具有较低延迟断裂抗力。曾有人采用扭矩法加载对同样螺栓进行延迟断裂试验，结果表明螺栓超过 720h 均为发生断裂，由此得出这类螺栓不具有延迟断裂的敏感性，与上述所列试验结果相悖。本书作者分析，造成这种矛盾的结果主要是后者采用的加载方法所造成的，用扭矩加载并达到螺栓应该承受的载荷。而实际上，螺栓能承受较低应力，在较低的应力下，高强度螺栓可能是对延迟断裂不敏感的。

大部分试样均断于螺纹根部，即螺纹、螺杆的交界处，如图 2-71 所示，这说明本次螺栓的滚丝工艺加工时使该处产生了尖角，从而产生尖角应力集中，而引起断裂；这种断裂位置与螺栓的台架疲劳试验断裂位置相同，即断裂于螺纹根部。因此，建议将螺纹的根部形状改为梯形，以减少尖角应力集中，提高螺栓的延迟断裂时间和疲劳寿命。

采用富锌漆对螺栓进行涂装后，其抗延迟断裂性能大大提高。如对螺栓螺纹涂装富锌涂层的 21 号、56 号、45 号、46 号试样经 720h 试验后未断裂，达到标准要求，而 42 号、57 号试样的延迟断裂时间也分别达到 620h、380h，且断裂位置不是出现在有螺纹部分与螺杆交界处（即螺纹根部），而是断裂在螺杆中部和螺栓头与螺杆连接处，这说明经过涂装后，可有效地阻止 H^+ 进入螺栓中，从而避免氢脆，达到提高螺栓抗延迟断裂的能力。

断裂试样的宏观断口呈较为齐平整的脆性断口，如图 2-71 所示。图 2-72 示出了断口扫描照片，断口形貌组织为准解理+微坑。通常氢脆断口以沿晶断裂为主[42]。但文献[43，44]也表明，在高的应力强度因子作用下，或在高的使用应力作用下，氢脆断口为准解理+微坑，本文的结果与此一致。对比图 2-72(a) 和图 2-72(b) 可以看出：强度级别较低的 12.9 级螺栓的断口比强度级别较高的 14.9 级螺栓的断口起伏要大一些；撕裂也要多一些；微坑的数量和比例也多一些。即断口的脆性特征少一些。

延迟断裂试验是 14.9 级、12.9 级高强度螺栓在酸性的饱和 H_2S 溶液中十分恶劣的条件下的脆性化倾向，它与螺栓的实际使用条件有很大的差别，本试验结果只是表征了高强度螺栓在不同的表面状态下延迟断裂的抗力的情况；并不表示在发动机上使用时的断裂情况，试验结果也表明，合适的涂层处理可以有效改进延迟断裂抗力。

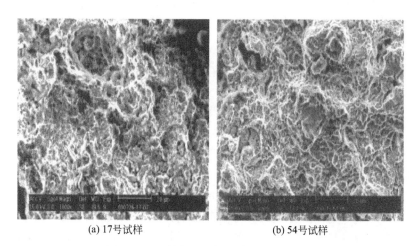

(a) 17号试样　　　　　　　　　　(b) 54号试样

图 2-72　试样断口心部形貌的 SEM 照片

2.8.2　高强度螺栓环境腐蚀

用 2.7.1 同样的加载方式和夹具对 12.9 级、14.9 级的 M12 汽车发动机高强度螺栓进行了环境腐蚀试验，不同涂装试样编号见表 2-30。

表 2-30　试样的涂装情况

螺栓级别	加载水平/kN	涂装试样编号		
		夹具螺纹全涂装	只涂夹具不涂螺纹	夹具螺纹均不涂装
14.9 级	104.1	5#～6#	1#～4#	7#～8#
14.9 级	92.7	29#～30#	25#～28#	31#～32#
12.9 级	92.7	51#～52#	49#～50#	53#～58#

14.9 级、12.9 级高强度螺栓的自然暴露环境腐蚀试验在国防科技工业自然环境试验研究中心江津试验站进行，该站位于东经 $106°15'$、北纬 $29°19'$，海拔 208.6m；当地属于亚热带季风气候，其气候特征是夏季闷热、冬天潮湿、年平均气温较高，其环境大气中的 Cl^-、SO_4^{2-}、H_2S 等含量高，空气中固体颗粒物含量大，酸雨频率高，酸雨 pH 值低，大雾天气时有发生，2002 年 6 月至 2003 年 5 月江津试验站的大气环境数据见本章附录表 2-2。

样品放置在铝合金材料的样品架上，样品与样品架之间用绝缘胶带把它们隔开，以防止它们之间产生电化学腐蚀；样品与水平方向呈 45°，向南的方向放置。定期对样品投放后的外观变化和腐蚀情况进行观察，并记录和拍照，外观变化主要指试样表面光泽，钝化膜颜色变化，覆盖层腐蚀等现象，表 2-31 列出了样品在大气自然环境条件下，不同时间的变化情况，不同编号高强度螺栓加载后 24 个月环境腐蚀试验形貌见图 2-73。

表 2-31 不同时间的样品的腐蚀情况

螺栓级别	涂层情况	1天	1周	1月	3月	6月	12月
14.9级 (104.1kN)	夹具、螺纹全涂装	无变化	轻微退色	明显退色	严重退色	出现团状锈蚀	大面积锈蚀
	只涂夹具、不涂螺栓	无变化	螺栓点蚀	螺栓锈蚀	螺栓全部锈蚀	螺栓起泡	螺栓严重起泡
	夹具螺栓均不涂	出现点蚀	大面积锈蚀	表面全锈蚀	锈蚀起泡	锈蚀起泡	严重锈蚀起泡
14.9级 (92.7kN)	夹具、螺纹全涂装	无变化	轻微退色	明显退色	严重退色	出现团状锈蚀	大面积锈蚀
	只涂夹具不涂螺栓	无变化	螺栓点蚀	螺栓锈蚀	螺栓全部锈蚀	螺栓起泡	螺栓严重起泡
	夹具、螺栓均不涂	点蚀	大面积锈蚀	表面全锈蚀	锈蚀起泡	锈蚀起泡	严重锈蚀起泡
12.9级 (92.7kN)	夹具、螺纹全涂装	无变化	轻微退色	明显退色	严重退色	出现团状锈蚀	大面积锈蚀
	只涂夹具不涂螺栓	无变化	螺栓点蚀	螺栓锈蚀	螺栓全部锈蚀	螺栓起泡	螺栓严重起泡
	夹具、螺栓均不涂	点蚀	大面积锈蚀	表面全锈蚀	锈蚀起泡	锈蚀起泡	严重锈蚀起泡

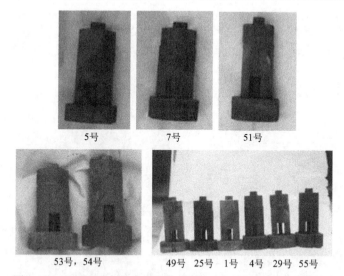

图 2-73 不同编号高强度螺栓加载后 24 个月环境腐蚀试验形貌

将经 24 个月自然环境腐蚀后的螺栓样品性能变化按以下程序进行检验：将螺栓头上的锈迹去除，测量螺栓承受载荷条件下的长度；将螺栓拧松，测量拧松过程中的最大扭矩；测量螺栓在拧松之后的长度，拧松前后螺栓的长度差即为螺栓的伸长量，根据螺栓的轴向力-伸长量关系曲线，分别给出了 14.9 级、12.9 级螺栓的轴向力与伸长量的关系曲线；将螺栓与原试验夹具配套，并将螺栓拧断，测量拧断过程中的最大扭矩。根据以上试验过程得到的螺栓环境试验后轴向力及松开、拧断扭矩的结果见表 2-32。环境腐蚀后的样品，再加载拧断后的断口进行对 5 号、7 号、29 号、32 号、51 号、53 号等腐蚀样品断口进行 SEM 观察，其断口电镜照片如图 2-74 所示。

表 2-32　环境试验后螺栓的伸长量、轴向力及松开扭矩、拧断扭矩

螺栓编号	伸长量/mm	轴向力/kN	轴向力下降程度	松开扭矩/N·m	拧断扭矩/N·m
5 号	0.6082	96.8	7.0%	158	272
7 号	0.6157	97.8	6.1%	338	258
51 号	0.5188	81.6	12.0%	122	212
53 号	0.5345	83.7	9.7%	131	220

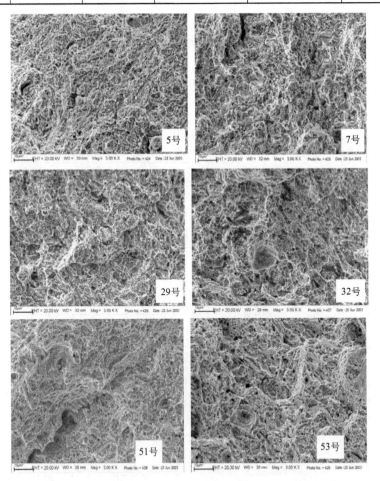

图 2-74　不同编号高强度螺栓环境腐蚀后断口的扫描照片

从表 2-31 和图 2-73 可知，全部样品经大气自然环境腐蚀后表面的腐蚀情况是十分明显，如不进行表面的涂装保护，在样品投放 1 天后即产生锈蚀，经过涂层的样品，在现场存放 6 个月后才会产生锈蚀。因此经过涂层后可十分有效地提高样品表面的耐蚀能力，从图 2-73 所列各样品的对比可以看出：未经涂装的螺栓经 24 个月后，已经出现全部表面严重的起泡锈蚀和剥落，而经富锌漆涂装的螺栓仅出现团状锈蚀和部分起泡，大气环境腐蚀的产物为 FeO、Fe_2O_3。

表 2-32 的结果表明，经自然环境腐蚀后，螺栓的力学性能有一定程度的下降，经涂层的样品的轴向力比未涂层的下降程度略小。有研究表明[39]：钢中的碳在铁的氧化物和钢基体界面上氧化形成 $CO+CO_2$ 再加水和 Fe_3C 发生反应，使得基体界面脱碳，并使渗碳体 Fe_3C 含量减小，导致钢基体表面的 σ_s 降低，在应力和电化学腐蚀的作用下，蚀坑处的屈服应力较低，再加应力集中，产生塑性变形，萌生裂纹，裂纹尖端塑性变形部位位于晶界；在吸附的电解质液膜中发生阳极溶解反应；而阴极主要是氧的去极化反应，阳极与阴极反应呈共轭反应；阴极放出的氢上坡扩散到三向应力区的裂纹尖端，增加裂纹处的张应力和脆性，促进了应力腐蚀开裂，这就是螺栓经自然环境腐蚀后其轴向力下降的原因。而涂层能有效减少阴极和阳极反应，从而降低其脆化和应力腐蚀开裂倾向。从图 2-74 中可以看出：经过涂装的 5 号、29 号、51 号样品比未涂装的 7 号、32 号、53 号样品的断口形貌其脆性部分和解理、准解理平台要少，而韧性的撕裂要多一些。一般环境腐蚀条件导致钢材内部脆性增加的因素并不严重，因此两年后腐蚀断口虽有差别，但并不明显；而在延迟断裂的试验条件下，大量的脆性因素（如氢原子）在应力集中处渗入螺栓内部，所以导致螺栓脆性断裂。

表 2-32 同时表明：样品经自然环境腐蚀后其脆性倾向不十分明显，经过涂装和未涂装样品之间的力学性能差异不十分明显，这可能由于 14.9 级、12.9 级高强度螺栓本身在大气自然暴露环境中的环境应力腐蚀不严重；也可能是因为由于样品的投放时间不长，其共轭反应的负面影响还未充分表现出来；以及由于锈蚀给测量带来较大的困难等因素有关，如果进一步延长环境腐蚀时间，可能会得出更加有意义的结果。

汽车发动机的缸盖螺栓的实际使用环境与本次自然曝露环境实验的环境有很大区别，其使用环境温度较高，环境介质湿度小；而环境介质的湿度对腐蚀的影响很大，根据 Vernon 报道，当大气环境的湿度小于 $60\%\sim70\%$ 时，其大气腐蚀速度急剧减小，这是由于湿度低于一定的值后不容易在样品的表面形成水溶性的腐蚀介质薄膜，从而减轻了电化学反应过程。本次环境试验的平均湿度为 74%，而 14.9 级、2.9 级螺栓的实际使用环境湿度要低得多。因此，环境腐蚀的程度也要小，其实际使用时螺栓的脆化倾向也比自然曝露试样的要小得多，在使用中 14.9 级、12.9 级螺栓因环境腐蚀产生环境应力腐蚀而栓发生断裂的可能性极小，如果能采取一些防腐措施，基本上可以保证高强度螺栓在发动机中使用的安全性。

2.9 提高重庆地区典型汽车构件环境防腐性能的措施和建议

（1）高压气瓶防腐处理的建议

根据上述环境腐蚀结果可以看出：采用富锌漆专用涂料，可以保证钢瓶在 2 年的环境腐蚀中不发生锈斑，而原用的油漆防腐处理，C04-88 各色丙烯酸改性快干漆，涂漆工艺采用静电喷漆，经烘烤干燥；涂漆前钢瓶经喷丸处理，而富锌漆为 GZH 富锌底漆，即 GZH 系列无机磷酸盐富锌涂料。涂漆的前处理为吹砂和吹灰，采用喷漆方法涂漆。涂漆后于 80~100℃进行烘干 1h，经该涂层处理后，可以再涂一层面漆，则防腐效果更好，经这种涂层处理后，可以保证钢瓶使用 5 年无锈斑，极大地提高了气瓶的耐腐蚀性能，同时如果在钢内衬复合材料增强气瓶中，由于内衬较薄更需要进行良好的防腐处理，而采用富锌漆，提供了良好的防腐途径。

这种富锌涂料的防腐处理为 CNG 钢质或钢内衬气瓶的环境腐蚀抗力提高，为在酸性腐蚀环境中，尤其耐 H_2S 和潮湿酸雨的环境中安全性能、可靠性提高提供了有效手段和方法，是值得推荐的一种工艺方法。

（2）摩托车后托架电镀件防腐处理建议

目前采用的电镀件其抗环境腐蚀能力较差，尤其在酸雨环境中，抗腐蚀能力较差，本次试验的摩托车后托架为电镀件，其工艺为先进行清洗，然后镀铜，再镀铬；从腐蚀过程可以看出，首先是镀铬表面的光亮镀变差，到一定时间后出现针孔腐蚀，再曝露一段时间后，则出现镀层剥落，镀层与铁层之间发现铁层严重锈蚀，导致镀层剥落。对镀铬层测试表明镀铬层厚为 $20\mu m$，按我们过去的试验结果，当镀层的厚度小于 $25\mu m$ 时，则难以发挥其镀层的保护作用，本次试验的镀铬层厚度不足，使酸雨透过镀层发生针孔腐蚀。渗入基体铁层，使铁层锈蚀，使镀层和基体的结合力严重下降，再加气候和环境因素的引入的镀层和基体的应力应变差异，到一定程度时，就发生腐蚀剥落，针对上述情况，作为汽车、摩托车一些零件的装饰电镀的工艺和要求建议为：提高镀层和基体的结合力，应该在电镀前注意清洗，同时采用合理的电镀工艺，并制定相应的电镀结合力的标准；进一步采用复合电镀，如 Cu-Ni-Cr 等；保证镀 Cr 层的厚度，应大于 $25\mu m$，使镀 Cr 层发挥良好的保护作用，延缓针孔腐蚀的时间，最终提高镀铬件的环境腐蚀抗力。

（3）摩托车链盒的防腐处理建议

目前的防锈涂层在重庆典型环境下尚需改进和提高抗蚀能力；该零件采用 0.5mm 的冷轧板冲压而成，然后经清洗、喷漆和烘干工艺处理，由于链盒呈盒状结构，在盒的内部喷漆时未被全部涂上油漆，因此在上架不久，便在链盒子内部出现锈斑，并随曝露时间的推移，迅速扩大；这类零件的外表面漆膜太薄，也影响环境腐蚀抗力，链盒的工作条件较差，泥、土污染亦经常发生，如这一零件发生腐蚀，将会影响摩托车噪声和美观，因此建议采用更好的涂漆工艺，如有条件基板可采用镀锌板，在涂漆前，并保证酸洗磷化的效果，如有可能建议采用静电喷漆或浸涂法涂以底漆，再喷面漆，由于摩托车的价格问题，在保证基本质量的前提下，零件每个地方均应防护涂层，并尽可能降低价格和成本。

(4) 汽车车身面板的防腐处理

汽车面板在使用中直接曝露于自然环境中，因此其环境腐蚀抗力对于汽车面板尤为重要，对于汽车安全作用和汽车美观亦尤为重要，对比的三家生产的汽车面板环境腐蚀结果，可以看出：以神龙富康的车身面板防腐处理的耐环境腐蚀性能最好，2年的环境腐蚀实验中，涂层的光泽、颜色以及结合力，几乎没有发生变化，国外曾提出小汽车3年5万里无锈斑，以这次富康的实验结果完全可以达到这一要求，对比的某微车厂的车门面板环境腐蚀结果也较好，只是在曝露1.5年以后，才在车门的边部出现少量轻微锈斑，油漆光泽和颜色都变化不大；而某厂生产的中巴车车门，耐环境腐蚀性能就差得多，不到1年出现锈斑，曝露2年时，其油漆的颜色、光泽等都发生了大的变化，尤其放置到2年前后时，油漆基本粉化，边部已严重腐蚀，因此作为在重庆地区使用的汽车车身材料的油漆防护建议采用富康车的涂装工艺，如基板采用合适的镀锌板，可以保证车身面板，使用4年4万公里以上无锈斑，对于保证汽车安全行驶和外观美观都十分重要。

(5) 高强度螺栓抗应力腐蚀的措施

高强度螺栓的应力腐蚀试验专题报告指出，曝露环境中的在外加应力下的高强度螺栓会发生严重锈蚀，会产生应力松弛，如腐蚀严重时，还会导致应力腐蚀开裂；如果用富锌漆进行防腐处理，则可以极大地延缓上述环境腐蚀现象的发生，通常汽车中的高强度螺栓，其使用条件下都不像本次环境腐蚀那么严重，但加工处理尤其是表面处理过程中，必须注意避免渗氢，以防延迟断裂；对于应用于曝露在大气环境中的高强度螺栓，最好用富锌漆进行防腐处理，这种防腐方法不仅可以有效减轻环境腐蚀，而且还避免采用其他化学防腐处理时，发生渗氢的问题。

(6) 钢板弹簧防腐处理的建议

从钢板弹簧的环境腐蚀试验结果可以看出，在2年之内油漆涂层都发生锈斑，部分试样油漆粉化，表面出现严重锈蚀；钢板弹簧在汽车中工作条件恶劣，不仅曝露于使用环境，同时也有泥沙和雨水中的侵蚀和污染，片与片之间还有严重摩擦，钢板弹簧又是高受力件、疲劳件和安全件，因此其防腐处理应该引起生产厂家的高度重视。如美国曾规定钢板弹簧采用富锌漆作底漆，以防美国冬季高速公路撒盐溅起的盐雾、盐水的腐蚀；我国汽车板簧寿命很低，既与道路条件恶劣、超载严重有关，也与钢板弹簧的油漆不良、抗环境腐蚀能力差有关，因此，弹簧生产厂应该重视弹簧的防腐处理，最好采用富锌漆作底漆，然后加喷面漆，既有好的防腐效果，又有较美观及保证这一易损件、保安件的环境腐蚀抗力和应有的使用寿命。

(7) 关于镁合金防腐方法的探讨

本次镁合金环境腐蚀试验采用二种零件，一种为摩托车罩盖，另一种为摩托车发动机壳体，其中前者经过微弧氧化的防腐处理，后者为铸态清理后的零件，经腐蚀后，初期铸件表面很快失去光泽，颜变灰黑色，此后，直至 2 年内变化不大，但零件的某些部位发生开裂，推测这与铸件的内应力较高和在环境条件下引起进一步的变形有关，加大了应力，使铸件的薄弱处发生开裂，镁的平衡电位非常负，为 $-2.3V$，铸造的稳定电位（在 29.3g/L 的 NaCl 中），也是合金中最负的一种；但镁极易钝化，因此还具有一定的耐蚀抗力；在大气条件下，主要是阴极氧去极化形式。这些情况与铸件的腐蚀过程是一致的。经过微弧氧化的部件，表面已形成了一层光亮的防腐蚀陶瓷薄膜，因此初始表现出较好的腐蚀抗力，但随时间延长，膜的光泽和颜色迅速发生变化。分析还发现经微弧氧化形成的薄膜，一旦开始腐蚀其环境腐蚀速度要比未经微弧氧化的还要快，这可能与微弧氧化膜厚度不足，且氧化膜层内系多孔结构、不致密，表层的 MgO 陶瓷层与水反应可以生成 $Mg(OH)_2$，而 $Mg(OH)_2$ 和 SO_2 或（H_2SO_4）反应生成 Mg_2SO_4 和水，同时，微弧氧化层内部由于氧化层多孔而未封闭，Mg 和 H_2O 及 SO_2 也会发生反应，因此一旦腐蚀开始，便发展很快。基于以上情况，建议在重庆典型环境下，Mg 合金的防腐可以用 Ni-P 镀层；如用微弧氧化，则必须保持一定厚度氧化膜之后，应使用其他防腐手段，对其氧化层应进行封闭处理。

(8) 铝合金车轮防腐措施

铝合金车轮的环境腐蚀结果表明：所有试验的车轮，均未发生明显腐蚀，只是在车轮的铝合金部分出现一些点蚀，铝的电极电位也很负，为 $-1.67V$，但铝的钝化能力很强，在水中，大部分中性或弱酸性溶液均有很强的钝化能力，铝的抗蚀能力基本上取决于在给定环境中所形成的保护膜的稳定性，钝化态的保护膜为 $Al_2O_3 \cdot H_2O$。在 2 年的环境腐蚀实验中，只是到实验晚期才出现明显点蚀，点蚀是铝合金的容易发生的腐蚀方式之一，在江津地区有 SO_2、H_2S 气体存在，溶解于水之后，成为抑制铝合金全面腐蚀的因素，而江津的环境中又有破坏铝合金局部钝化的离子存在，因此在个别车轮的部位上发生了点蚀，但总体看来并不严重；如果在正常使用条件下不会影响车轮的寿命。在重庆地区的环境下，一般压铸铝合金车轮可以直接在加工后进行氧化处理后使用，对一些特殊外观要求的车辆，再进行特殊的防护处理。

2.10 车辆材料环境腐蚀数据库

早在 2000 年，在文献[45]中就论述了建立各类数据库的重要性。现代计算机技术的发展、材料科学研究成果的进展及对材料各种特性深入的认识，有可能按照人们的意图来设计新型的材料，并从三个层次上进行材料的开发和设计；其一是微观层次，即原子和分子尺度，如原子工程、能带工程，这必须具有对原子、分子性能及其交互作用能，以及这些性能和相互间的作用对微观和宏观性能、物理、化学性能的可能影响方面的数据库；其二是显微层次，其大小在微米以上，如形变情况、磁性，需建立微观组织和性能之间相互的关系以及微观组织的控制因素；其三是宏观层次，即宏观性能，如各种力学性能、成形性、可焊性等，生产流程与构件的使用性能之间的关系。

金属在环境中的腐蚀过程一般就是化学反应过程[46]。

阴极反应：

在中性介质中 $O_2+2H_2O+4e \longrightarrow 4OH^-$

在酸性（如酸雨）中性介质中 $O_2+4H^++4e \longrightarrow 2H_2O$

阳极反应：

阳极过程的反应 $M \longrightarrow M^{n+}+ne$

$M^{n+}+xH_2O \longrightarrow M^{n+} \cdot xH_2O$

总的阳极过程 $M+xH_2O \longrightarrow M^{n+} \cdot xH_2O+ne$

在重庆潮湿、酸雨的环境条件下，通过对腐蚀产物进行分析，发现除本身组成元素外，还含有氧、氮、硫等；腐蚀产物中，表层的硫含量较高；空气中的二氧化硫+水→硫酸；硫酸+铁→硫酸盐；可以认为是大气中的硫化物的影响，因此符合重庆地区的酸雨及潮湿环境的腐蚀是硫化物腐蚀。

金属的防腐就是提高材料的防腐抗力，避免金属在环境中发生上述的反应。如建立环境腐蚀数据库，就可以根据金属腐蚀和环境的特点，利用合金数据库设计出一种防腐性能良好的新材料，因此世界各国都特别注意各类数据库的建立。国外曾建立的材料工艺性能数据库，利用计算机模拟控制材料与构件的强化和加工过程；建立了材料力学性能数据库，充分发挥 CAD、CAE、CAM 在汽车设计加工的作用，缩短了汽车车身更新换代周期，极大地缩短车身开发和试验的时间，节省相关费用；建立失效分析数据库，提高了汽车零件的制造工艺水平，延长了使用寿命；北京航空材料研究院曾建立了我国航空材料性能和环境腐蚀数据库，为我国航空材料的开发和环境腐蚀的预防发挥了作用。

结合车辆材料在潮湿和酸雨环境中腐蚀规律的研究课题，建立了车辆材料及构件环境适应性数据库，其结构图如图 2-75 所示。数据库采用 Microsoft SQL Server 2000 语言，数据库设计可扩充为无限容量；目前数据量为 520G，包含环境数据、腐蚀试验数据 6 万多个，腐蚀过程的照片近 3000 张，各种图表近 2000 多个，数据库界面见图 2-76。在数据库中，应用数据挖掘技术，建立了环境气候条件与材料材料环境腐蚀特点的相关性。

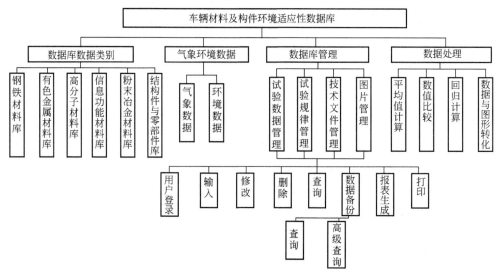

图 2-75　车辆材料及构件环境适应性数据库结构

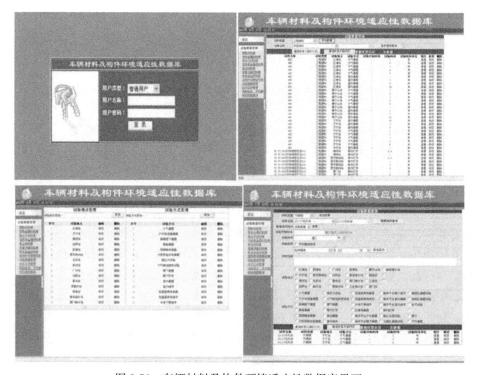

图 2-76　车辆材料及构件环境适应性数据库界面

2.11 总结

腐蚀是由于材料受环境中化学侵蚀而导致的损伤，它不仅给人类社会带来损失，而且还污染了环境，消耗了资源和能源，据统计全世界每 99 秒就有 1t 钢铁腐蚀成铁锈，而冶炼 1t 钢的耗能可供一个家庭使用 1 个月。腐蚀也给我国汽车工业带来巨大损失，以 2011 年汽车产量和保有量来算，世界汽车腐蚀损失为 2120 亿美元，中国汽车腐蚀损失为 227 亿美元，随着汽车产量和保有量的增加，汽车的腐蚀损失还会不断上升；腐蚀还会造成零部件的早期失效，如腐蚀疲劳和腐蚀磨损会降低零件的寿命，因此世界各国都特别重视对腐蚀的研究。

我国正处在工业化阶段，环境条件远比国外复杂，大气污染严重，材料腐蚀的严重性高于国外，对重庆等酸雨和潮湿环境下车辆材料和构件的腐蚀情况进行了系统研究，并联合日本进行了环境腐蚀和加速腐蚀相关性的研究，基于大量的试验数据，提出了西南地区及潮湿、酸雨环境下汽车典型构件的防腐措施，对汽车腐蚀损失的降低具有重要实用价值，对国内其他地区汽车材料和构件的防腐也具有重要的参考价值。同时还建立了车辆材料及构件环境适应性数据库，在进一步完善后将会为我国汽车材料和构件的防腐蚀技术发展做出贡献。

研究人工加速腐蚀和自然环境腐蚀的相关性，对于用较短时间内取得的腐蚀数据来预测环境腐蚀的效果具有重要意义。本书虽然对人工加速腐蚀和自然环境腐蚀的相关性进行了一些初步探讨，提出了相关性研究的一些基本原则。但由于环境因素的复杂性、环境腐蚀的机理的多样性，用简单的人工加速腐蚀试验结果来建立两者之间的相关性尚有难度。从另外的一种意义上来说，腐蚀都是一种氧化反应，这是腐蚀的共性，因此两者也有其内在的联系，为建立两者相关性的关系提供了基础。随着人工加速腐蚀试验装备、计算机控制程序的发展和环境腐蚀数据的大量积累，人工加速腐蚀试验和环境腐蚀相关性的研究一定会取得新的进展，并通过计算机这一有效手段，用人工加速腐蚀试验结果来预测材料产品和构件的环境腐蚀特性是完全有可能的。

2.12 附录

附录表 2-1 重庆江津环境腐蚀试验站的试样

试样编号	材料或零件名称	样品提供单位	试样尺寸及数量(mm)片	涂层处理	光泽	色差	膜厚/mm
AA-A1	ZX 保险杠 PP	神龙汽车有限公司	75×150×3	FZL	3.77	72.2	
AA-A2	ZX 保险杠 PP	神龙汽车有限公司	75×150×3	FZL	3.60	72.5	
AA-A3	ZX 保险杠 PP	神龙汽车有限公司	75×150×3	FZL	3.74	72.4	

续表

试样编号	材料或零件名称	样品提供单位	试样尺寸及数量(mm)片	涂层处理	光泽	色差	膜厚/mm
AA-B1	ZX 油漆保险杠 PP	神龙汽车有限公司	75×150×3	沙滩黄	102.8	21.6	
AA-B2	ZX 油漆保险杠 PP	神龙汽车有限公司	75×150×3	海水绿	92.0	71.5	
AA-B3	ZX 油漆保险杠 PP	神龙汽车有限公司	75×150×3	沙滩黄	100.8	21.4	
AA-B4	ZX 油漆保险杠 PP	神龙汽车有限公司	75×150×3	海水绿	92.5	71.4	
AA-B5	ZX 油漆保险杠 PP	神龙汽车有限公司	75×150×3	沙滩黄	100.8	21.6	
AA-B6	ZX 油漆保险杠 PP	神龙汽车有限公司	75×150×3	海水绿	93.3	71.6	
AA-C	尾灯罩 PM MA	神龙汽车有限公司	100×200×3	透明红			
AA-D1	天线座活动头 PA66% 20% FW	神龙汽车有限公司	75×150×3	FZL	4.2	72.5	
AA-D2	天线座基座 PP/PDM	神龙汽车有限公司	75×150×3	FZL	4.8	73.3	
AA-E	车门玻璃导槽 EPDM 橡胶	神龙汽车有限公司	75×150×3	FZL	33.1	76.7	
AA-F	角窗装饰框 ASA	神龙汽车有限公司	75×150×3	FZL	68.3	73.6	
AA-G	车门防擦条 PVC	神龙汽车有限公司	75×150×3	FZL	6.5	72.0	
AA-H1	外后视镜 ABS	神龙汽车有限公司	75×150×3	沙滩黄	94.4	73.4	
AA-H2	外后视镜 ABS	神龙汽车有限公司	75×150×3	海水绿	93.5	71.6	
AA-H3	外后视镜 PA66+33%FV	神龙汽车有限公司	75×150×3	FZL	75.6	76.2	
AA-I1	后牌照支架 ABSG360	神龙汽车有限公司	75×150×3	枣红	93.0	72.2	
AA-I2	后牌照支架 ABSG360	神龙汽车有限公司	75×150×3	海水绿	92.7	71.1	
AA-J1	下扰流板玻璃钢	神龙汽车有限公司	75×150×3	枣红	88.8	71.8	
AA-J2	下扰流板玻璃钢	神龙汽车有限公司	75×150×3	海水绿	82.5	70.7	
AA-K1	上扰流板 PA6+34%MD	神龙汽车有限公司	75×150×3	大红	90.0	77.6	
AA-K2	7%OC216M×355NA	神龙汽车有限公司	75×150×3	枣红	91.2	71.9	
AB-A	ZX 发动机罩盖钢板	神龙汽车有限公司	零件1件	枣红	88.9	72.1	
AB-B	车门钢板	神龙汽车有限公司	零件1件	海水绿	89.4	71.6	
AA-L	1号油漆钢板	神龙汽车有限公司	100×200×3	沙滩黄	107.4	22.4	137.9
AA-M	2号油漆钢板	神龙汽车有限公司	100×200×3	沙滩黄	105.4	22.8	133.7
AA-N	3号油漆钢板	神龙汽车有限公司	100×200×3	沙滩黄	106.2	22.5	132.6
AA-O	4号油漆钢板	神龙汽车有限公司	100×200×3	沙滩黄	106.9	22.5	123.7

续表

试样编号	材料或零件名称	样品提供单位	试样尺寸及数量(mm)片	涂层处理	光泽	色差	膜厚/mm
AA-P1	车门外手柄 RBT+30%FV+TG6BN+6K20	神龙汽车有限公司	75×150×3	海水绿	92.4	69.9	
AA-P2	车门外手柄 RBT+30%FV+TG6BN+6K20	神龙汽车有限公司	75×150×3	沙滩黄	98.0	21.8	
AA-P3	车门外手柄 RBT+30%FV+TG6BN+6K20	神龙汽车有限公司	75×150×3	FZL	96.7	63.5	
AA-Q	前翼子板钢板	神龙汽车有限公司	75×150×3	灰色	3.1	40.5	
AB-C	油底壳钢板	神龙汽车有限公司	零件1件	黑色	31.4	70.2	42.7
AA-R	进气口格栅 ABS	神龙汽车有限公司	75×150×3	FZL	81.4	73.5	
BA-A	板簧钢板	重庆红岩弹簧厂	150×90×20×3	黑色	30.4	75.6	47.5
BA-B	板簧钢板	重庆红岩弹簧厂	150×75×14×3	红色	81.4	73.5	
BA-C	板簧钢板	重庆红岩弹簧厂	150×90×8×3	黑色	30.8	75.6	47.5
BA-D	板簧钢板	重庆红岩弹簧厂	150×70×8×3	黑色	77.7	71.8	37.0
BA-F	板簧钢板	重庆红岩弹簧厂	150×60×7×3	黑色	43.4	70.8	56.9
CA-A	天然气钢瓶	重庆益峰高压容器公司	75×150×3	暗红	36.7	75.8	117.7
CB-A	天然气钢瓶	重庆益峰高压容器公司	钢瓶×3	暗红	11.6	74.1	51.3
DB-A	长安车门钢板	重庆长安汽车有限公司	零件×1件	银灰	9.6	53.2	28.7
DB-B	长安油底壳钢板	重庆长安汽车有限公司	零件×1件	黑色	8.6	42.1	22.3
DA-A	长安厂油漆钢板	重庆长安汽车有限公司	75×150×3	银灰	99.7	19.2	89.4
EB-A	摩托车车轮 橡胶+铝合金	重庆建设摩托车厂	零件×3件	铝合金氧化处理	30.2	65.7	39.8
EB-B	摩托车脚踏板	重庆建设摩托车厂	零件×3件	钢管镀铬	102.2	18.6	87.3
EB-C	摩托车后车货架	重庆建设摩托车厂	零件×3件	钢管			
EB-D	摩托车塑料挡板	重庆建设摩托车厂	零件×3件	喷塑红色			

续表

试样编号	材料或零件名称	样品提供单位	试样尺寸及数量(mm)片	涂层处理	光泽	色差	膜厚/mm
EB-E	摩托车链盒	重庆建设摩托车厂	零件×3件	钢板、喷漆，红色			
EB-F	摩托车油管	重庆建设摩托车厂	零件×3件	橡胶黑色			
FB-A	摩托车缸盖螺栓	贵州高强度螺栓厂	零件×3件	发黑处理			
FB-B	8.8级轮胎螺栓	贵州高强度螺栓厂	零件×3件	镀锌银灰			
FB-C	10.9级轮胎螺栓	贵州高强度螺栓厂	零件×3件	镀锌银灰			
GB-A	10.9级螺栓	贵州高强度紧固件公司	零件×3件	发黑处理			
GB-B	8.8级螺栓	贵州高强度紧固件公司	零件×3件	镀锌，银灰			
HB-A	散热器上关栅	贵州永红散热器厂	零件×3件	铝银灰			
HB-B	散热器下关栅	贵州永红散热器厂	零件×3件	铝银灰			
HA-A	08AlGB13237-91	贵州永红散热器厂	75×150×1	铝银灰	121.3	16.6	
HA-B	AA404 513003	贵州永红散热器厂	75×150×1.6×3	钢银灰	102.4	18.3	
IA-A	汽车面板钢板	贵州云雀汽车厂	75×150×3	大红、蓝、灰	94.3	76.3	105.1
IB-A	轮胎螺栓帽盖	贵州云雀汽车厂	零件×3	镀铬银灰			
IB-B	中心罩盖盖	贵州云雀汽车厂	零件×1件	喷塑灰			
IB-C	暖风机出水管橡胶	贵州云雀汽车厂	零件×3件	黑色			
IB-D1	制动软管橡胶	贵州云雀汽车厂	零件×3件	黑色			
IB-D2	制动软管(短)橡胶	贵州云雀汽车厂	零件×3件	黑色			
JB-A	车门	贵阳万达汽车厂	零件×1件	白色,蓝色	85.4	74.3	46.4
JB-B	车身骨架局部	贵阳万达汽车厂	零件×1件	黑色	68.6	13.1	48.5
JB-C	车身局部	贵阳万达汽车厂	零件×1件	白色			
JB-D	车身骨架局部	贵阳万达汽车厂	零件×1件	白色			
JA-A	汽车面板钢板	贵阳万达汽车厂	75×150×1×3	白色	82.8	12.7	55.6
JA-B	汽车面板钢板	贵阳万达汽车厂	75×150×1×3	白色	87.0	12.7	45.5
JA-C	汽车面板钢板	贵阳万达汽车厂	75×150×1×3	白色	90.3	13.2	47.8
JA-D	汽车面板钢板	贵阳万达汽车厂	75×150×1.2×3	白色	86.6	12.8	50.2
JA-E	骨架钢板	贵阳万达汽车厂	75×150×3×3	白色	72.0	13.2	46.7
JA-F	骨架钢板	贵阳万达汽车厂	75×150×1.5×3	白色	80.7	13.0	59.0
JA-G	骨架钢板	贵阳万达汽车厂	75×150×2×3	白色	76.2	13.1	47.4

续表

试样编号	材料或零件名称	样品提供单位	试样尺寸及数量(mm)片	涂层处理	光泽	色差	膜厚/mm
KB-A	摩托车10.9级螺栓	贵阳中国航空工业标准件公司	零件×3件	镀锌、灰色			
KB-B	摩托车10.8级螺栓	贵阳中国航空工业标准件公司	零件×3件	镀锌灰色			
KB-C	摩托车12.9级螺栓	贵阳中国航空工业标准件公司	零件×3件	镀锌灰色			
LA-A	50CrVA钢板弹簧	东风汽车公司46分厂	20×89×150×3	喷漆黑色	45.4	70.5	41.6
LA-B	60SiMnVB钢板弹簧	东风汽车公司46分厂	13×90×150×3	喷漆黑色	38.2	68.3	43.7
LA-C	35SiMnVB钢板弹簧	东风汽车公司46分厂	6×70×150×3	喷漆黑色	41.7	72.7	45.6
CS-A	钢板	成都天合科技发展公司	75×150×3	喷富锌漆灰色	1.1	48.0	34.5
CS-B1	钢板	成都天合科技发展公司	75×150×3	喷富锌漆灰色	1.0	47.6	36.4
CS-B2	钢瓶	益民益峰钢瓶公司	产品	喷富锌漆			
MB-A	12.9级螺栓	二汽工艺所提供螺栓	零件加载夹具	不涂装			
MB-B	12.9级螺栓	二汽工艺所螺栓	零件加载夹具	夹具涂装螺栓不涂装			
MB-C	12.9级螺栓	二汽工艺所螺栓	零件加载夹具	夹具螺栓全涂装			
MB-D	14.9级螺栓	二汽工艺所螺栓	零件加载夹具	不涂装			
MB-E	14.9级螺栓	二汽工艺所螺栓	零件加载夹具	夹具涂装螺栓不涂装			
MB-F	14.9级螺栓	二汽工艺所提供	零件加夹具	夹具螺栓全涂装			
CS-C	全车用复合材料	四川格瑞复合材料制品有限公司	产品	全碳纤维缠绕+树脂填充			
NB-A	摩托车发动机镁合金	重庆镁业公司	产品	灰色			
NA-A	镁合金试片	重庆镁业公司	零件局部	微弧氧化银灰			

注：第一个字母表示样品的提供厂家，第二个字母表示试片或零件，如A表示试片，B表示零件；第三个字母表示不同样品组的顺序；第四个阿拉伯数字表示样品的顺序号，CQ表示重庆环科院，GY表示贵阳环科院投样。

附录表 2-2 江津试验站的气象及环境数据（2000～2003 年）

时间	气象数据					环境数据									
	月平均温度/℃	月平均相对湿度/%	月降雨量/mm	月日照时数/h	月平均风速/(m/s)	瞬时法/(mg/m³)			连续法/[mg/(100cm²·日)]			海盐离子	pH值	雨水分析/(mg/m³)		降尘量/[g/(cm²·月)]	
						SO_2	NO_2	HS	SO_3	N				SO_4^{2-}	Cl^-	水溶性	非溶性
2000.1	8	83	6.3	26.3	0.2	0.403	0.026	—	1.082	0.072	0.006	4.62	40000	800	4.2667	3.6167
2000.2	8.9	76	32.3	71.5	0.4	0.309	0.0244	—	1.0669	0.091	0.007	5.06	20000	1000	4.2278	3.7278
2000.3	14.2	77	56	179.5	0.3	0.254	0.0245	—	0.834	0.077	0.007	5.58	20000	600	4.0944	3.8278
2000.4	17.2	79	127.3	93.5	0.4	0.267	0.018	0.006	0.9823	0.108	0.006	5.41	25000	700	3.5191	4.3287
2000.5	23.8	72	90	236	0.3	0.256	0.0158	0.005	0.8451	0.121	0.008	5.53	20000	800	4.1725	5.1168
2000.6	25.2	80	63.2	145	0.3	0.233	0.0127	—	0.7804	0.129	0.008	5.94	20000	800	4.0427	4.5893
2000.7	28.4	76	105.2	251	0.7	0.185	0.0128	—	0.4452	0.152	0.009	6.11	15000	1000	4.9736	4.7725
2000.8	26.5	80	237.7	230	1.2	0.208	0.0144	—	0.5591	0.143	0.007	5.93	12000	1000	3.2584	4.0692
2000.9	23.1	83	55.9	233.5	1.0	0.233	0.0187	—	0.6634	0.166	0.008	5.91	18000	800	3.8126	4.5618
2000.10	19.7	85	63.2	111	0.7	0.261	0.026	0.005	0.6984	0.183	0.009	5.78	25000	800	3.1297	3.8954
2000.11	13.2	84	21.9	93	1.1	0.302	0.024	0.006	0.8835	0.104	0.006	5.66	20000	1000	2.8834	3.6742
2000.12	—	—	—	—	—	0.302	0.0244	—	0.9875	0.116	0.007	4.81	40000	1000	2.8652	3.2839
2001.1	8.7	84	23.9	88	0.4	0.3136	0.005	—	0.8851	0.082	0.007	4.16	10000	800	2.527	1.8933
2001.2	11.2	77	2.9	52	0.1	0.2507	0.008	—	0.8565	0.074	0.007	4.54	15000	800	2.7278	2.2701
2001.3	16.3	72	39.8	104.5	0.3	0.2528	0.01	—	0.8637	0.095	0.008	4.38	10000	1000	2.6154	2.0079
2001.4	17.9	77	58.2	69	0.5	0.2375	0.006	—	0.849	0.108	0.008	5.15	8000	800	3.1666	2.0889

续表

时间	气象数据					环境数据										
	月平均温度/℃	月平均相对湿度/%	月降雨量/mm	月日照时数/h	月平均风速/(m/s)	瞬时法/(mg/m³)		连续法/[mg/(100cm²·日)]				海盐离子	pH值	雨水分析/(mg/m³)		降尘量/[g/(cm²·月)]	
						SO₂	NO₂	HS	SO₃	N				SO₄²⁻	Cl⁻	水溶性	非溶性
2001.5	22.7	71	88.7	185.1	0.3	0.2478	0.011	—	0.8055	0.1151	0.006	5.54	8000	500	3.0786	2.008
2001.6	23.6	85	138.5	113	0.4	0.1953	0.009	—	0.5297	0.0339	0.005	5.25	6000	500	5.25	1.1556
2001.7	30.3	71	68.6	174.5	0.8	0.1936	0.012	—	0.4856	0.1058	0.006	5.27	4000	400	4.3856	2.0732
2001.8	26.9	77	77.7	182.5	1.1	0.2022	0.008	—	0.5342	0.1043	0.006	5.17	5000	600	3.25	2.0915
2001.9	24.6	81	21.6	203	0.9	0.254	0.0103	—	0.6575	0.073	0.007	4.4	15000	800	3.0915	3.1823
2001.10	19.4	85	63.3	56.8	0.7	0.289	0.0091	—	0.8014	0.0698	0.0053	4.41	10000	800	3.0722	4.6833
2001.11	15.3	84	33.5	63.2	1.2	0.305	0.008	—	0.8731	0.0666	0.006	4.25	20000	1000	1.972	3.5722
2001.12	9.2	82	21.4	45	0.8	0.308	0.0066	—	0.8938	0.0616	0.005	4.29	20000	1000	1.4361	3.5667
2002.1	8.4	86	21.3	27.5	0.7	0.2956	0.0085	—	0.8851	0.074	0.005	4.6	1000	2000	2.6111	2.4556
2002.2	12.1	85	21.8	24.5	0.8	0.349	0.007	—	0.8923	0.1	0.0053	3.74	20000	1000	3.3667	2.8667
2002.3	16.4	74	56.7	181.0	1.2	0.2719	0.0115	—	0.7072	0.0887	0.0056	4.69	10000	800	5.2443	5.4301
2002.4	19.6	76	116.1	198.5	—	0.3299	0.0418	—	0.7977	0.0798	0.009	4.61	10000	1000	1.984	4.72
2002.5	21.6	81	131.3	108.0	—	0.2372	0.0509	—	0.7458	0.0838	0.0068	4.89	15000	1200	2.52	4.408
2002.6	25.4	86	282.1	112.0	—	0.2208	0.0365	—	0.9201	0.09	0.007	4.78	8000	1600	2.1	4.65
2002.7	28.1	78	33.6	249.0	—	0.2187	0.0218	—	0.4454	0.0773	0.007	6.22	1500	800	2.6863	4.685
2002.8	25.8	81	74.6	184.5	—	0.2401	0.0195	—	0.5072	0.1085	0.008	5.74	2000	800	3.8555	4.595

续表

时间	气象数据					环境数据										
	月平均温度/℃	月平均相对湿度/%	月降雨量/mm	月日照时数/h	月平均风速/(m/s)	瞬时法/(mg/m³)		连续法/[mg/(100cm²·日)]			海盐离子	pH值	雨水分析/(mg/m³)		降尘量/[g/(cm²·月)]	
						SO_2	NO_2	HS	SO_3	N			SO_4^{2-}	Cl^-	水溶性	非溶性
2002.9	24.8	72	38.0	224.0	—	0.265	0.015	—	0.6988	0.0136	0.007	4.1	2000	400	1.47	3.685
2002.10	19.7	80	11.6	71.6	—	0.2536	0.0214	—	0.7572	0.0822	0.008	5.13	12000	2000	2.0743	2.7389
2002.11	15.1	83	24.3	20.5	—	0.2602	0.0205	—	0.8459	0.1274	0.0095	4.95	15000	700	2.934	3.73
2002.12	10.1	81	30.1	36.5	—	0.3413	0.0159	—	0.9164	0.0986	0.0097	4.85	12000	1000	2.0467	2.8759
2003.1	8.4	85	62.6	31.3	1.9	0.4320	0.0892	—	1.6822	0.1578	0.0060	4.4800	12000.0000	800.0000	4.9543	5.5389
2003.2	13.4	75	4.6	88.0	1.9	0.3440	0.0068	—	1.8593	0.1638	0.0090	4.8500	14000.0000	1000.0000	4.7859	6.0822
2003.3	15.1	73	12.2	161.5	1.7	0.3160	0.0455	—	1.6737	0.0740	0.0060	5.0500	15000.0000	1000.0000	7.1300	4.8928
2003.4	20.0	75	59.2	14.8	1.6	0.2790	0.0490	—	1.2869	0.0781	0.0090	5.4600	10000.0000	1800.0000	6.4400	5.2743
2003.5	23.1	79	123.2	124.9	1.7	0.2390	0.0554	—	1.5300	1.1019	0.0070	5.8800	10000.0000	800.0000	4.4356	3.4203
2003.6	24.7	83	199.5	138.1	1.9	0.2410	0.0591	—	0.9987	0.0985	0.0080	4.8500	10000.0000	900.0000	3.8916	3.3100
2003.7	28.5	80	167.4	139.1	1.9	0.1660	0.0491	—	0.4565	0.1414	0.0070	6.3300	4000.0000	1000.0000	2.0667	3.4800
2003.8	29.5	69	40.2	190.7	1.7	0.2120	0.0391	—	0.5352	0.1775	0.0090	6.0800	5000.0000	900.0000	2.9450	5.7900
2003.9	24.2	78	83.8	118.5	1.8	0.2800	0.0151	—	0.6279	0.0747	0.0072	5.9200	10000.0000	700.0000	1.3795	3.6000
2003.10	18.0	86	32.3	80.0	1.4	0.2460	0.0242	—	1.3384	0.1068	0.0074	5.7500	9000.0000	1000.0000	2.7022	2.9088
2003.11	15.1	83	34.5	49.0	1.7	0.4401	0.0257	—	1.2679	0.0934	0.0087	5.5800	16000.0000	600.0000	3.0840	3.5850
2003.12	9.9	84	30	27.9	1.4	0.3143	0.0245	—	1.3634	0.0805	0.0071	5.5300	15000.0000	800.0000	5.0806	3.2085

注:"—"表示仪器故障。

附录表 2-3 贵阳试验站的气象及环境数据（2001~2003 年）

时间	气象数据						环境数据							
	月降雨量/mm	温度/℃	湿度/%	风速/(m/s)	气压/hPa	pH	Ca^{2+}/(mg/L)	Mg^{2+}/(mg/L)	Na^+/(mg/L)	K^+/(mg/L)	NH_4^+/(mg N/L)	SO_4^{2-}/(mg S/L)	NO_3^-/(mg N/L)	Cl^-/(mg/L)
2001.1	19.20	5.00	85.0	3.40	879.30	4.35	5.4	2.0	0.3	1.0	2.98	8.01	0.18	5.30
2001.2	12.60	6.70	78.0	3.50	879.70	4.38	4.8	1.1	0.2	0.9	3.68	7.95	0.53	1.97
2001.3	26.90	12.10	75.0	3.40	878.20	—	—	—	—	—	—	—	—	—
2001.4	117.70	14.60	82.0	3.20	876.50	4.65	2.52	1.20	0.05	0.35	0.63	3.27	0.09	4.10
2001.5	128.60	17.50	77.0	2.90	876.40	5.07	1.23	0.16	0.29	0.43	0.52	1.89	0.17	0.58
2001.6	188.80	20.40	85.0	2.70	872.50	4.41	1.35	0.30	0.11	0.20	0.74	2.29	0.17	0.95
2001.7	192.80	23.20	82.0	2.90	872.10	5.55	2.91	0.52	0.19	0.34	0.49	1.96	0.16	2.45
2001.8	56.20	21.70	81.0	2.80	875.10	5.54	5.21	0.67	0.19	0.55	0.92	4.16	0.72	0.22
2001.9	6.50	20.80	74.0	3.00	877.80	5.49	3.09	0.55	0.25	0.58	1.24	5.30	0.50	0.85
2001.10	138.60	16.40	87.0	2.60	880.90	5.12	7.67	0.63	0.30	0.56	1.16	4.88	0.24	0.51
2001.11	35.10	11.40	74.0	2.90	883.00	4.07	1.54	0.2	0.10	0.38	0.89	3.00	0.15	0.72
2001.12	19.30	4.80	86.0	3.10	884.20	4.42	6.56	0.62	0.36	1.20	4.23	10.8	0.53	0.67
2002.1	44.70	6.40	75.0	3.00	881.90	5.48	12.0	1.0	0.50	1.50	4.45	16.12	1.22	0.82
2002.2	66.50	8.40	86.0	3.00	880.80	4.26	2.35	0.30	0.25	0.45	1.62	6.44	0.32	0.55
2002.3	50.10	11.30	80.0	3.20	878.10	5.78	9.7	0.75	0.40	0.95	2.74	9.84	0.69	0.62
2002.4	93.40	13.00	73.0	6.10	874.80	6.17	5.0	0.53	0.15	0.57	1.27	5.25	0.50	0.35
2002.5	72.70	18.10	81.0	2.70	875.10	4.87	0.88	0.20	0.20	0.28	0.55	1.68	0.13	0.24
2002.6	82.80	22.30	81.0	2.80	872.20	4.43	4.00	0.58	0.27	0.38	0.76	4.63	0.34	4.06

续表

时间	气象数据					环境数据							
	月降雨量/mm	温度/°C	湿度/%	风速/(m/s)	气压/hPa	pH	Ca^{2+}/(mg/L)	Mg^{2+}/(mg/L)	Na^+/(mg/L)	K^+/(mg/L)	NH_4^+/(mg N/L)	SO_4^{2-}/(mg S/L)	NO_3^-/(mg N/L)	Cl^-/(mg/L)
2002.7	122.80	22.70	80.0	2.40	871.80	5.77	3.70	0.27	0.07	0.01	1.36	3.24	0.35	0.36
2002.8	237.60	20.60	84.0	2.60	875.00	4.12	0.56	0.08	0.02	0.38	0.63	2.52	0.13	0.16
2002.9	106.80	18.90	74.0	2.80	879.50	6.31	3.30	0.50	0.10	0.30	0.48	3.26	0.21	0.30
2002.10	69.70	15.50	80.0	2.60	880.60	5.52	0.48	0.54	0.39	0.62	0.72	4.47	0.40	0.55
2002.11	51.00	11.60	77.0	2.60	882.60	4.78	0.60	0.10	0.30	0.40	0.33	1.31	0.06	0.14
2002.12	35.30	5.60	86.0	3.20	881.60	5.26	2.55	0.30	0.19	0.38	0.90	3.26	0.29	0.30
2003.1	18.80	5.10	82.0	2.90	882.30	5.23	5.4	0.60	0.20	1.60	1.26	6.04	0.69	0.26
2003.2	5.50	9.00	80.0	3.70	878.20	—	—	—	—	—	—	—	—	—
2003.3	31.50	10.20	97.0	3.20	877.60	4.46	8.00	0.63	0.33	1.03	3.42	12.22	1.08	0.55
2003.4	169.70	16.00	79.0	3.60	876.00	6.10	2.98	0.45	0.10	0.40	1.08	3.07	0.39	0.14
2003.5	236.50	18.50	84.0	2.50	874.70	5.21	4.65	0.68	0.16	2.70	0.55	5.72	0.19	0.49
2003.6	159.50	20.50	82.0	2.10	872.80	5.94	1.67	0.17	0.13	0.2	0.32	1.46	0.10	0.17
2003.7	107.90	23.50	79.0	3.00	873.30	5.67	3.65	0.28	0.08	0.39	0.79	4.73	0.36	4.12
2003.8	17.40	23.90	75.0	2.50	874.20	5.69	3.31	0.51	0.21	0.36	0.59	3.10	0.38	0.55
2003.9	40.50	20.80	72.0	3.00	884.80	5.50	0.50	0.55	0.44	0.58	0.84	3.97	0.12	0.24
2003.10	58.90	14.80	83.0	2.60	882.10	4.76	1.34	0.19	0.28	0.47	0.52	2.01	0.60	0.31
2003.11	20.00	11.70	79.0	3.10	881.80	5.28	2.25	0.47	0.21	0.39	0.94	3.16	0.29	0.26

注:"—"表示仪器故障。

附录表 2-4　重庆环科院试验站的气象及环境数据（2002～2003 年）

时间	气象数据					环境数据							
	月降雨量/mm	温度/℃	湿度/%	风速/(m/s)	气压/hPa	pH	Ca^{2+}/(mg/L)	Mg^{2+}/(mg/L)	Na^+/(mg/L)	K^+/(mg/L)	NH_4^+/(mg N/L)	SO_4^{2-}/(mg S/L)	NO_3^-/(mg N/L)	Cl^-/(mg/L)
2002.1	20.2	8.7	83	1.7	880.20	4.60	11.230	0.730	0.520	1.990	7.080	48.740	10.740	2.850
2002.2	16.1	12.6	82	1.6	880.50	4.36	7.270	0.530	0.520	1.430	7.430	33.590	6.710	1.920
2002.3	59.8	16.4	70	1.5	706.50	4.94	3.680	0.210	0.270	0.650	3.780	15.800	2.950	0.890
2002.4	205.7	19.5	75	1.4	798.40	4.53	2.890	0.260	0.160	0.380	2.720	10.610	2.230	0.590
2002.5	212.7	21.7	78	2.0	796.60	4.48	2.940	0.190	0.220	0.600	4.260	15.930	3.080	0.870
2002.6	483.7	25.6	82	1.9	793.70	4.42	1.890	0.120	0.100	0.370	1.840	9.470	1.470	0.560
2002.7	82.1	28.4	75	1.8	793.90	5.01	8.490	0.330	0.170	0.890	2.040	17.210	3.860	1.810
2002.8	222.8	25.9	77	1.7	795.40	4.49	4.050	0.170	0.200	0.480	0.790	10.270	2.140	0.380
2002.9	75.6	25.2	69	1.3	880.10	4.69	3.150	0.150	0.220	0.400	1.420	10.100	1.430	0.570
2002.10	36.6	19.8	76	1.7	884.00	4.90	4.920	0.170	0.140	0.570	2.720	14.230	2.230	0.650
2002.11	43.5	15.3	80	1.5	885.10	4.81	5.450	0.420	0.370	0.840	4.010	16.480	4.190	0.710
2002.12	36.6	10.4	78	1.4	885.70	4.47	4.500	0.190	0.200	1.110	5.190	20.110	5.050	1.170
2003.1	12.9	8.6	82	1.8	881.60	3.84	7.680	0.340	0.290	1.790	6.570	43.910	10.110	1.820
2003.2	7.6	13.7	71	1.9	880.50	4.05	2.950	0.120	0.080	0.390	2.510	13.830	3.600	0.490
2003.3	12.5	15.5	70	1.6	793.70	4.38	9.810	0.320	0.890	1.100	6.430	23.370	6.460	1.440
2003.4	68.2	20.7	72	1.7	795.70	5.32	5.650	0.270	0.230	0.480	2.440	13.830	3.530	0.440
2003.5	198.9	23.2	73	1.6	794.30	4.43	1.450	0.090	0.080	0.240	2.040	8.190	2.030	0.360
2003.6	298.9	24.9	871	2.1	785.40	4.28	1.290	—	0.080	0.300	1.850	8.740	2.290	0.480
2003.7	148.1	29.1	76	2.0	796.50	4.49	1.800	0.070	0.060	0.210	1.230	7.450	1.350	0.490
2003.8	14.8	30.0	62	1.8	797.70	6.50	4.080	0.140	0.160	0.590	3.710	10.930	0.470	1.030
2003.9	82.5	24.5	74	1.7	798.50	4.30	3.830	0.100	0.060	0.260	1.920	9.880	1.790	0.460
2003.10	44.1	18.2	81	1.4	881.70	4.65	3.610	0.170	0.160	0.700	3.680	15.700	3.260	1.220
2003.11	56.1	15.4	80	1.7	883.10	4.32	5.030	0.250	0.200	0.750	3.970	15.940	4.040	0.710
2003.12	24.5	10.3	82	1.5	884.30	4.35	7.620	0.370	0.410	2.370	7.720	31.070	14.160	3.230

注："—"表示仪器故障。

附录表 2-5　江津试验站 24 个月环境曝露试验结果

样品名称	样品编号	累积时间	失光	变色	粉化	裂纹	起泡	长霉	斑点	玷污	生锈	泛金	脱落	综合等级	检测标准
ZX 油漆保险杠	AA-B1-1	24 月	0	0	0	0	0	0	0	0	—	—	—	0	GB/T 1766—2008
	AA-B1-2	24 月	0	0	0	0	0	0	0	0	—	—	—	0	
	AA-B1-3	24 月	0	0	0	0	0	0	0	0	—	—	—	0	
	AA-B2-1	24 月	0	0	0	0	0	0	0	0	—	—	—	0	
	AA-B2-2	24 月	0	0	0	0	0	0	0	0	—	—	—	0	
	AA-B2-3	24 月	0	0	0	0	0	0	0	0	—	—	—	0	
	AA-B3-1	24 月	0	0	0	0	0	0	0	0	—	—	—	0	
	AA-B3-2	24 月	0	0	0	0	0	0	0	0	—	—	—	0	
	AA-B3-3	24 月	0	0	0	0	0	0	0	0	—	—	—	0	
	AA-B4-1	24 月	0	0	0	0	0	0	0	0	—	—	—	0	
	AA-B4-2	24 月	0	0	0	0	0	0	0	0	—	—	—	0	
	AA-B4-3	24 月	0	0	0	0	0	0	0	0	—	—	—	0	
	AA-B5-1	24 月	0	0	0	0	0	0	0	0	—	—	—	0	
	AA-B5-2	24 月	0	0	0	0	0	0	0	0	—	—	—	0	
	AA-B5-3	24 月	0	0	0	0	0	0	0	0	—	—	—	0	
	AA-B6-1	24 月	0	0	0	0	0	0	0	0	—	—	—	0	
	AA-B6-2	24 月	0	0	0	0	0	0	0	0	—	—	—	0	
	AA-B6-3	24 月	0	0	0	0	0	0	0	0	—	—	—	0	
尾灯罩	AA-C-1	24 月	0	0	0	0	0	0	0	0	—	—	—	0	GB/T 15596—2008
	AA-C-2	24 月	0	0	0	0	0	0	0	0	—	—	—	0	
	AA-C-3	24 月	0	0	0	0	0	0	0	0	—	—	—	0	

续表

样品名称	样品编号	累积时间	失光	变色	粉化	裂纹	起泡	长霉	斑点	黏污	生锈	泛金	脱落	综合等级	检测标准
ZX 保险杠	AA-A1-1	24月	1	0	0	0	0	0	0	0	—	—	—	1	GB/T 15596—2008
	AA-A1-2	24月	1	0	0	0	0	0	0	0	—	—	—	1	
	AA-A1-3	24月	1	0	0	0	0	0	0	0	—	—	—	1	
	AA-A2-1	24月	1	0	0	0	0	0	0	0	—	—	—	1	
	AA-A2-2	24月	1	0	0	0	0	0	0	0	—	—	—	1	
	AA-A2-3	24月	1	0	0	0	0	0	0	0	—	—	—	1	
	AA-A3-1	24月	1	0	0	0	0	0	0	0	—	—	—	1	
	AA-A3-2	24月	1	0	0	0	0	0	0	0	—	—	—	1	
	AA-A3-3	24月	1	0	0	0	0	0	0	0	—	—	—	1	
天线座	AA-D1-1	24月	3	1	0	0	0	0	0	0	—	—	—	1	
	AA-D1-2	24月	3	1	0	0	0	0	0	0	—	—	—	1	
	AA-D1-3	24月	3	1	0	0	0	0	0	0	—	—	—	1	
	AA-D2-1	24月	1	0	0	0	0	0	0	0	—	—	—	0	
	AA-D2-2	24月	3	1	0	0	0	0	0	0	—	—	—	1	
	AA-D2-3	24月	3	1	0	0	0	0	0	0	—	—	—	1	
车门玻璃导槽	AA-E-1	24月	3	1	0	0	0	0	0	0	—	—	—	1	GB 3511—2001
	AA-E-2	24月	3	1	0	0	0	0	0	0	—	—	—	1	
	AA-E-3	24月	3	1	0	0	0	0	0	0	—	—	—	1	
角窗装饰框	AA-F-1	24月	3	2	0	0	0	0	0	0	—	—	—	2	GB/T 15596—2008
	AA-F-2	24月	3	2	0	0	0	0	0	0	—	—	—	2	
	AA-F-3	24月	3	2	0	0	0	0	0	0	—	—	—	2	
	AA-F-4	24月	3	2	0	0	0	0	0	0	—	—	—	2	

续表

样品名称	样品编号	累积时间	失光	变色	粉化	裂纹	起泡	长霉	斑点	黏污	生锈	泛金	脱落	综合等级	检测标准
车门防擦条	AA-G-1	24月	2	1	0	0	0	0	0	0	—	—	—	1	GB 3511—2001
	AA-G-2	24月	2	1	0	0	0	0	0	0	—	—	—	1	
	AA-G-3	24月	2	1	0	0	0	0	0	0	—	—	—	1	
外后视镜	AA-H1-1	24月	0	0	0	0	0	0	0	0	—	—	—	0	
	AA-H1-2		0	0	0	0	0	0	0	0	—	—	—	0	
	AA-H1-3		0	0	0	0	0	0	0	0	—	—	—	0	
	AA-H2-1	24月	0	0	0	0	0	0	0	0	—	—	—	0	
	AA-H2-2	24月	0	0	0	0	0	0	0	0	—	—	—	0	
	AA-H2-3	24月	0	0	0	0	0	0	0	0	—	—	—	0	
	AA-H3-1	24月	0	0	0	0	0	0	0	0	—	—	—	0	GB/T 15596—2008
	AA-H3-2	24月	0	0	0	0	0	0	0	0	—	—	—	0	
	AA-H3-3	24月	0	0	0	0	0	0	0	0	—	—	—	0	
后牌照支架	AA-I1-1	24月	0	0	0	0	0	0	0	0	—	—	—	0	
	AA-I1-2	24月	0	0	0	0	0	0	0	0	—	—	—	0	
	AA-I1-3	24月	1	0	0	0	0	0	0	0	—	—	—	0	
	AA-I2-1	24月	1	0	0	0	0	0	0	0	—	—	—	0	
	AA-I2-2	24月	0	0	0	0	0	0	0	0	—	—	—	0	
	AA-I2-3	24月	0	0	0	0	0	0	0	0	—	—	—	0	
下扰流板	AA-J1-1	24月	0	0	0	0	0	0	0	0	—	—	—	0	GB 2573—1989
	AA-J1-2	24月	0	0	0	0	0	0	0	0	—	—	—	0	
	AA-J1-3	24月	0	0	0	0	0	0	0	0	—	—	—	0	

续表

样品名称	样品编号	累积时间	失光	变色	粉化	裂纹	起泡	长霉	斑点	粘污	生锈	泛金	脱落	综合等级	检测标准
下扰流板	AA-J2-1	24月	1	0	0	0	0	0	0	0	—	—	—	0	GB 2573—1989
	AA-J2-2	24月	1	0	0	0	0	0	0	0	—	—	—	0	
	AA-J2-3	24月	1	0	0	0	0	0	0	0	—	—	—	0	
上扰流板	AA-K1-1	24月	1	0	0	0	0	0	0	0	—	—	—	0	
	AA-K1-2	24月	0	0	0	0	0	0	0	0	—	—	—	0	
	AA-K1-3	24月	1	0	0	0	0	0	0	0	—	—	—	0	
	AA-K2-1	24月	0	0	0	0	0	0	0	0	—	—	—	0	
	AA-K2-2	24月	1	0	0	0	0	0	0	0	—	—	—	0	
	AA-K2-3	24月	1	0	0	0	0	0	0	0	—	—	—	0	
ZX发动机罩	AB-A	24月	0	0	0	0	0	0	0	0	0	0	0	0	GB/T 1766—2008
车门	AB-B	24月	0	0	0	0	0	0	0	0	0	0	0	0	
1号油漆钢板	AA-L-1	24月	1	0	0	0	0	0	0	0	0	0	0	0	
	AA-L-2	24月	1	0	0	0	0	0	0	0	0	0	0	0	
	AA-L-3	24月	1	0	0	0	0	0	0	0	0	0	0	0	
	AA-L-4	24月	1	0	0	0	0	0	0	0	0	0	0	0	
	AA-L-5	24月	1	0	0	0	0	0	0	0	0	0	0	0	
2号油漆钢板	AA-M-1	24月	1	0	0	0	0	0	0	0	0	0	0	0	
	AA-M-2	24月	1	0	0	0	0	0	0	0	0	0	0	0	
	AA-M-3	24月	1	0	0	0	0	0	0	0	0	0	0	0	
3号油漆钢板	AA-N-1	24月	1	0	0	0	0	0	0	0	0	0	0	0	
	AA-N-2	24月	1	0	0	0	0	0	0	0	0	0	0	0	
	AA-N-3	24月	1	0	0	0	0	0	0	0	0	0	0	0	

续表

样品名称	样品编号	累积时间	失光	变色	粉化	裂纹	起泡	长霉	斑点	粘污	生锈	泛金	脱落	综合等级	检测标准
4号油漆钢板	AA-O-1	24月	1	0	0	0	0	0	0	0	0	0	0	0	GB/T 1766—2008
	AA-O-2	24月	1	0	0	0	0	0	0	0	0	0	0	0	
	AA-O-3	24月	1	0	0	0	0	0	0	0	0	0	0	0	
	AA-O-4	24月	1	0	0	0	0	0	0	0	0	0	0	0	
	AA-O-5	24月	1	0	0	0	0	0	0	0	—	—	—	0	
车门外手柄	AA-P1-1	24月	0	0	0	0	0	0	0	0	—	—	—	0	
	AA-P1-2	24月	0	0	0	0	0	0	0	0	—	—	—	0	
	AA-P1-3	24月	0	0	0	0	0	0	0	0	—	—	—	0	
	AA-P2-1	24月	0	0	0	0	0	0	0	0	—	—	—	0	
	AA-P2-2	24月	0	0	0	0	0	0	0	0	—	—	—	0	
	AA-P2-3	24月	0	0	0	0	0	0	0	0	—	—	—	0	
油底壳	AB-C	24月	4	3	4	2	3	0	0	0	3	0	0	4	
进气口格栅	AA-R-1	24月	2	1	0	0	0	0	0	0	—	—	—	1	
	AA-R-2	24月	2	1	0	0	0	0	0	0	—	—	—	1	
	AA-R-3	24月	2	1	0	0	0	0	0	0	—	—	—	1	
试片	BA-A-1	24月	4	3	2	1	2	0	1	0	2	1	1	3	
	BA-A-2	24月	4	3	2	2	2	0	1	0	2	1	1	3	
	BA-A-3	24月	4	3	2	1	2	0	1	0	2	1	1	3	
	BA-B-1	24月	4	3	2	2	2	0	1	0	2	1	1	3	
	BA-B-2	24月	4	3	2	1	2	0	1	0	2	1	1	3	
	BA-B-3	24月	4	3	2	1	2	0	1	0	2	1	1	3	

续表

样品名称	样品编号	累积时间	失光	变色	粉化	裂纹	起泡	长霉	斑点	黏污	生锈	泛金	脱落	综合等级	检测标准
试片	BA-C-1	24月	4	3	2	1	2	0	1	0	2	1	1	3	GB/T 1766—2008
	BA-C-2	24月	4	3	2	1	2	0	1	0	2	1	1	3	
	BA-C-3	24月	4	3	2	1	2	0	1	0	2	1	1	3	
	BA-D-1	24月	4	3	2	1	2	0	1	0	2	1	1	3	
	BA-D-2	24月	4	3	2	1	2	0	1	0	2	1	1	3	
	BA-D-3	24月	4	3	2	1	2	0	1	0	2	1	1	3	
	BA-F-1	24月	4	3	2	1	2	0	1	0	2	1	1	3	
	BA-F-2	24月	4	3	2	1	2	0	1	0	2	1	1	3	
	BA-F-3	24月	4	3	2	1	2	0	1	0	2	1	1	3	
	CA-A-1	24月	5	5	4	3	0	0	0	0	5	0	4	5	
	CA-A-2	24月	5	5	4	3	0	0	0	0	5	0	4	5	
	CA-A-3	24月	5	5	4	3	0	0	0	0	5	0	4	5	
钢瓶	CB-A	24月	5	5	4	3	0	0	0	0	5	0	4	5	
车门	DB-A	24月	1	0	0	0	0	0	0	0	0	0	0	1	
油底壳	DB-B	24月	4	2	4	2	4	0	0	0	3	1	2	4	
试片	DA-A-1	24月	1	0	0	0	0	0	0	0	0	0	0	1	
	DA-A-2	24月	1	0	0	0	0	0	0	0	0	0	0	1	
	DA-A-3	24月	1	0	0	0	0	0	0	0	0	0	0	1	
车轮	EB-A-1	24月	3	3	0	0	0	0	4	1	2	0	0	3	
	EB-A-2	24月	3	3	0	0	0	0	4	1	2	0	0	3	
	EB-A-3	24月	3	3	0	0	0	0	4	1	2	0	0	3	

续表

样品名称	样品编号	累积时间	失光	变色	粉化	裂纹	起泡	长霉	斑点	粘污	生锈	泛金	脱落	综合等级	检测标准
脚踏板	EB-B-1	24月	5	5	0	5	0	0	1	0	5	5	5	5	GB/T 6461—2001
	EB-B-2	24月	5	5	0	5	0	0	1	0	5	5	5	5	
	EB-B-3	24月	5	5	0	5	0	0	1	0	5	5	5	5	
后货架	EB-C-1	24月	5	5	0	5	0	0	2	0	5	0	5	5	
	EB-C-2	24月	5	5	0	5	0	0	2	0	5	0	5	5	
	EB-C-3	24月	5	5	0	5	0	0	2	0	5	0	5	5	
塑料挡板	EB-D-1	24月	3	3	0	0	0	0	0	0	0	0	1	3	
	EB-D-2	24月	3	3	0	0	0	0	0	0	0	0	1	3	
	EB-D-3	24月	3	3	0	0	0	0	0	0	0	0	1	3	
链盒	EB-E-1	24月	2	4	0	0	0	0	0	0	0	0	0	2	
	EB-E-2	24月	2	4	0	0	0	0	0	0	0	0	0	2	
	EB-E-3	24月	2	4	0	0	0	0	0	0	0	0	0	2	
油管	EB-F	24月	2	1	0	0	0	0	0	0	0	0	0	1	
螺栓	FB-A-1	24月	5	5	5	4	5	0	0	0	5	4	3	5	GB/T 1766—2008
	FB-A-2	24月	5	5	5	4	5	0	0	0	5	4	3	5	
	FB-A-3	24月	5	5	5	4	5	0	0	0	5	4	3	5	
	FB-B-1	24月	2	2	0	0	0	0	1	0	0	0	0	1	
	FB-B-2	24月	2	2	0	0	0	0	0	0	0	0	0	1	
	FB-B-3	24月	2	2	0	0	0	0	1	0	0	0	0	1	
	FB-C-1	24月	2	2	0	0	0	0	0	0	0	0	0	1	
	FB-C-2	24月	2	2	0	0	0	0	1	0	0	0	0	1	
	FB-C-3	24月	2	2	0	0	0	0	1	0	0	0	0	1	

续表

样品名称	样品编号	累积时间	失光	变色	粉化	裂纹	起泡	长霉	斑点	玷污	生锈	泛金	脱落	综合等级	检测标准
紧固件	GB-A-1	24月	5	5	2	2	4	0	5	0	5	5	3	5	GB/T 1766—2008
紧固件	GB-A-2	24月	5	5	2	2	4	0	5	0	5	5	3	5	
紧固件	GB-A-3	24月	5	5	2	2	4	0	5	0	5	5	3	5	
紧固件	GB-B-1	24月	2	2	0	0	0	0	2	0	0	0	0	1	
紧固件	GB-B-2	24月	2	2	0	0	0	0	2	0	0	0	0	1	
紧固件	GB-B-3	24月	2	2	0	0	0	0	2	0	0	0	0	1	
上关枫	HB-A	24月	2	2	0	0	0	0	2	1	1	0	0	2	
下关枫	HB-B	24月	2	2	0	0	0	0	2	1	1	0	0	2	
试片	HA-A	24月	2	2	0	0	0	0	2	0	1	0	0	2	
试片	HA-B	24月	2	2	0	0	0	0	2	0	1	0	0	2	
面板试片	IA-A-1	24月	1	2	0	0	1	0	0	0	1	0	0	1	
面板试片	IA-A-2	24月	2	2	0	0	1	0	0	0	1	0	0	1	
面板试片	IA-A-3	24月	1	2	0	0	2	0	0	0	2	0	0	2	
面板试片	IA-A-4	24月	1	2	0	0	1	0	0	0	2	0	0	2	
轮胎螺帽	IB-A	24月	4	4	0	0	1	0	3	0	3	2	0	3	
中心罩盖	IB-B	24月	4	4	0	0	1	0	3	0	3	2	0	3	
出水管	IB-C	24月	2	2	0	0	0	0	2	0	1	0	0	2	
制动软管	IB-D1	24月	2	2	0	0	0	0	2	0	1	0	0	2	GB 3511—2001
制动软管	IB-D2	24月	2	2	0	0	0	0	2	0	1	0	0	2	
车门	JB-A	24月	4	3	3	0	0	0	0	0	2	1	0	3	GB/T 1766—2008
车身骨架	JB-C	24月	2	1	3	0	0	0	0	0	2	0	0	2	
车面板	JB-D	24月	3	1	3	0	0	0	0	0	1	0	0	2	

续表

样品名称	样品编号	累积时间	失光	变色	粉化	裂纹	起泡	长霉	斑点	玷污	生锈	泛金	脱落	综合等级	检测标准
试片	JA-A-1	24月	4	1	2	0	2	0	1	0	2	1	1	3	GB/T 1766—2008
	JA-A-2	24月	4	1	2	0	2	0	1	0	2	1	1	3	
	JA-A-3 J	24月	4	1	2	0	2	0	1	0	2	1	1	3	
	JA-B-1	24月	4	1	2	0	2	0	1	0	2	1	1	3	
	JA-B-1	24月	4	1	2	0	2	0	1	0	2	1	1	3	
	JA-C-1	24月	4	1	2	0	2	0	1	0	2	1	1	3	
	JA-C-1	24月	4	1	2	0	2	0	1	0	2	1	1	3	
	JA-D-1	24月	4	1	2	0	2	0	1	0	2	1	1	3	
试片	JA-D-1	24月	4	1	2	0	2	0	1	0	2	1	1	3	
	JA-E-1	24月	4	1	2	0	2	0	1	0	2	1	1	3	
	JA-E-1	24月	4	1	2	0	2	0	1	0	2	1	1	3	
	JA-F-1	24月	4	1	2	0	2	0	1	0	2	1	1	3	
	JA-F-1	24月	4	1	2	0	2	0	1	0	2	1	1	3	
	JA-G-1	24月	4	1	2	0	2	0	1	0	2	1	1	3	
	JA-G-1	24月	4	1	2	0	2	0	1	0	2	1	1	3	

续表

样品名称	样品编号	累积时间	失光	变色	粉化	裂纹	起泡	长霉	斑点	粘污	生锈	泛金	脱落	综合等级	检测标准
摩托车零件	KB-A	24月	5	5	1	1	3	4	1	0	5	5	5	5	GB/T 1766—2008
零件	KB-B	18月	5	1	1	3	4	1	0	5	5	5	5	5	
	KB-C	18月	5	1	1	3	4	1	0	5	5	5	5	5	
	LX-A	18月	2	2	0	0	0	0	1	0	2	3	0	2	
	LX-B	18月	2	2	0	1	2	2	1	0	2	1	1	3	
试片	LA-A-1	18月	4	3	3	3	2	0	0	0	5	4	3	5	
	LA-A-2	18月	4	3	3	3	2	0	0	0	5	4	3	5	
	LA-A-3	18月	4	3	3	3	2	0	0	0	5	4	3	5	
	LA-B-1	18月	4	3	3	3	2	0	0	0	5	4	3	5	
	LA-B-2	18月	4	3	3	3	2	0	0	0	5	4	3	5	
	LA-B-3	18月	4	3	3	3	2	0	0	0	5	4	3	5	
	LA-C-1	18月	4	3	3	3	2	0	0	0	5	4	3	5	
	LA-C-2	18月	4	3	3	3	2	0	0	0	5	4	3	5	
	LA-C-3	18月	4	3	3	3	2	0	0	0	5	4	3	5	
试片	CS-A-1	18月	1	2	0	0	0	0	0	0	1	0	0	1	
	CS-A-1	18月	1	2	0	0	0	0	0	0	0	0	0	1	
	CS-A-1	18月	1	2	0	0	0	0	0	0	0	0	0	1	
	CS-A-1	18月	0	2	0	0	0	0	0	0	0	0	0	1	
汽瓶	CS-Q	18月	1	2	0	0	0	0	0	0	0	0	0	1	
复合气瓶	CS-C	18月	1	1	0	0	0	0	0	0	0	0	0	1	

附录表 2-6　江津试验站试样的光泽随时间的变化结果

样品编号	原始光泽	3个月	6个月	9个月	12个月	15个月	18个月	21个月	24个月
AA-A1	3.7	3.6	3.6	3.5	3.5	3.5	3.5	3.5	3.5
AA-A2	3.6	3.5	3.4	3.4	3.3	3.4	3.3	3.3	3.3
AA-A3	3.7	3.6	3.6	3.6	3.5	3.5	3.5	3.4	3.4
AA-B1	102.8	102.9	102.9	102.2	102.0	102.0	102.0	102.0	102.0
AA-B2	92.0	92.0	92.0	91.3	91.1	91.3	91.5	90.6	90.3
AA-B3	100.8	99.3	98.8	98.4	98.9	98.9	98.3	96.9	96.9
AA-B4	92.5	92.1	92.0	92.0	91.5	91.2	92.0	90.4	91.2
AA-B5	100.8	100.6	100.8	100.5	99.7	99.6	99.2	98.7	98.9
AA-B6	93.3	93.1	92.5	92.2	91.9	91.6	90.3	90.6	90.7
AA-D1	4.2	4.2	4.0	3.7	2.8	3.0	3.0	2.8	2.8
AA-D2	4.8	4.6	4.6	4.0	3.9	3.3	3.2	3.2	3.2
AA-E	33.1	32.6	31.7	30.7	29.1	28.1	26.7	25.3	25.3
AA-F	68.3	68.3	68.0	67.8	67.2	66.8	66.8	66.1	65.3
AA-G	6.5	6.5	6.4	6.2	6.1	6.0	5.9	5.7	5.6
AA-H1	94.4	94.4	94.1	94.0	92.4	92.6	92.5	92.2	92.2
AA-H2	93.5	93.4	93.1	93.5	93.5	93.2	93.4	93.4	93.1
AA-H3	75.6	73.6	72.7	71.3	71.3	71.3	71.3	71.5	71.3
AA-I1	93.0	93.0	92.7	92.6	92.0	92.3	92.2	91.0	91.5
AA-I2	92.1	91.7	92.2	92.1	91.2	91.0	91.4	91.4	91.4
AA-J1	88.8	88.0	88.8	88.3	88.5	88.3	88.4	88.3	88.2
AA-J2	82.5	82.6	81.9	81.3	80.4	80.7	80.2	80.8	80.7
AA-K1	90.0	89.4	89.3	88.6	88.4	88.6	88.4	87.7	87.7
AA-K2	91.2	91.0	91.0	88.7	89.2	89.2	88.9	88.5	88.6
AB-A	88.9	88.5	89.3	88.3	88.5	88.5	88.5	88.2	88.0
AB-B	89.4	88.5	88.3	88.2	88.1	86.5	87.0	87.1	87.7
AA-L	107.4	102.3	101.5	104.6	100.2	99.0	98.7	96.2	97.6
AA-M	105.4	104.6	99.8	105.3	98.4	97.5	98.7	96.2	97.6
AA-N	106.2	99.0	101.3	103.8	99.4	98.2	99.6	98.7	99.4
AA-O	106.9	99.2	101.3	102.3	97.9	99.3	99.8	97.7	98.9
AA-P1	92.4	86.5	90.8	90.9	91.3	90.6	91.4	90.9	90.2
AA-P2	98.0	97.8	97.0	96.7	96.5	96.3	96.9	96.4	96.4
AA-P3	96.8	96.8	95.4	96.2	95.8	96.0	96.1	95.8	95.8
AA-Q	3.1	2.8	2.7	3.0	2.6	2.6	2.4	2.4	2.4
AB-C	31.4	30.4	28.4	31.9	28.2	27.4	22.2	20.2	18.6

续表

样品编号	原始光泽	3个月	6个月	9个月	12个月	15个月	18个月	21个月	24个月
AA-R	81.4	80.3	80.1	81.2	81.3	81.2	81.3	80.3	80.7
BA-A	30.8	28.9	24.7	24.1	22.7	20.8	18.2	16.3	14.6
BA-B	77.7	76.5	66.6	56.7	34.6	28.3	16.9	15.5	12.0
BA-C	43.4	35.3	24.8	13.1	12.1	8.3	5.0	3.7	1.7
BA-D	36.7	35.7	18.5	19.2	19.6	19.2	19.2	19.2	13.8
BA-F	11.6	10.6	5.7	5.8	4.5	3.4	3.9	3.4	3.2
DB-A	97.7	90.9	95.3	86.2	90.1	86.5	85.6	87.7	87.4
DA-A	102.2	95.8	95.3	96.5	93.6	91.7	93.1	90.7	90.0
HA-B	102.4	100.5	98.7	96.4	94.6	93.7	92.3	89.7	87.5
IA-A	94.3	94.3	89.5	94.4	90.1	88.2	88.9	86.4	85.9
JB-B	85.4	70.4	66.4	67.8	59.8	56.7	52.3	49.8	47.20
JA-A	82.8	73.4	66.7	68.6	65.3	60.4	55.7	45.2	37.6
JA-B	87.0	80.4	76.3	71.7	61.7	57.4	58.9	43.8	39.5
JA-C	90.3	81.2	71.6	72.9	67.4	66.3	64.8	49.4	40.3
JA-D	86.6	77.7	64.0	65.8	62.6	59.3	58.7	42.0	32.6
JA-E	72.0	66.7	66.0	66.6	62.3	58.5	56.5	44.8	36.5
JA-F	80.7	75.3	70.3	65.0	62.0	60.0	44.2	44.2	32.0
JA-G	76.2	72.3	63.8	67.1	58.0	56.1	56.0	44.2	33.3
CS-A	1.1	1.0	1.0	0.9	0.9	0.9	0.8	0.8	0.8
CS-B	1.1	1.0	0.9	0.9	0.9	0.8	0.8	0.7	0.7
JB-D	83.2	83.0	82.8	81.3	76.0	77.7	78.9	69.3	48.7
JB-A	85.4	84.5	81.4	76.7	70.4	70.0	49.9	43.1	29.4

附录表 2-7　江津试验站试样的色差随时间变化结果

编号	原始 E 值	3个月 ΔE 值	6个月 ΔE 值	9个月 ΔE 值	12个月 ΔE 值	15个月 ΔE 值	18个月 ΔE 值	21个月 ΔE 值	24个月 ΔE 值
AA-A1	72.2	0.33	0.62	0.85	1.01	1.16	1.32	1.40	1.51
AA-A2	72.5	0.46	0.68	0.81	0.92	1.11	1.19	1.26	1.32
AA-A3	72.4	0.42	0.66	0.87	0.97	1.18	1.27	1.35	1.47
AA-B1	21.6	0.28	0.42	0.61	0.83	0.97	1.14	1.20	1.28
AA-B2	71.5	0.36	0.38	0.38	0.40	0.41	0.41	0.42	0.42
AA-B3	21.4	0.20	0.49	0.62	0.89	1.12	1.23	1.37	1.41
AA-B4	71.4	0.23	0.27	0.30	0.30	0.32	0.35	0.35	0.35
AA-B5	21.6	0.45	0.63	0.82	1.00	1.08	1.16	1.22	1.31
AA-B6	71.6	0.21	0.25	0.29	0.33	0.37	0.39	0.43	0.46

续表

编号	原始 E 值	3个月 ΔE 值	6个月 ΔE 值	9个月 ΔE 值	12个月 ΔE 值	15个月 ΔE 值	18个月 ΔE 值	21个月 ΔE 值	24个月 ΔE 值
AA-D1	72.5	0.73	0.86	1.03	1.15	1.27	1.32	1.45	1.58
AA-D2	73.3	0.96	1.08	1.17	1.22	1.28	1.32	1.36	1.39
AA-E	76.7	0.44	0.77	1.28	1.43	1.57	1.65	1.74	1.89
AA-F	73.6	2.28	2.41	2.55	2.67	2.74	2.81	2.90	2.96
AA-G	72.0	0.38	0.67	0.84	1.08	1.23	1.36	1.45	1.59
AA-H1	73.4	0.35	0.51	0.64	0.74	0.81	0.88	0.97	1.03
AA-H2	71.6	0.36	0.49	0.71	0.82	0.93	1.07	1.17	1.24
AA-H3	76.2	0.99	1.33	1.52	1.71	1.92	2.16	2.28	2.38
AA-I1	72.2	0.72	0.80	0.89	0.96	1.05	1.09	1.13	1.18
AA-I2	71.1	0.55	0.60	0.62	0.62	0.65	0.68	0.70	0.73
AA-J1	71.8	0.14	0.47	0.65	0.97	1.24	1.46	1.70	1.89
AA-J2	70.7	0.89	0.92	0.97	1.05	1.09	1.15	1.02	1.23
AA-K1	77.6	1.87	1.87	1.90	1.90	1.93	1.95	1.97	1.97
AA-K2	71.9	0.83	0.90	0.95	1.03	1.07	1.10	1.15	1.15
AB-A	72.1	1.11	1.30	1.52	1.65	1.71	1.80	1.87	1.91
AB-B	71.6	0.27	0.31	0.40	0.48	0.52	0.58	0.61	0.68
AA-L	22.4	0.30	0.47	0.62	0.74	0.81	0.89	0.95	1.09
AA-M	22.8	0.19	0.31	0.45	0.59	0.70	0.77	0.82	0.87
AA-N	22.5	0.39	0.51	0.65	0.77	0.85	0.94	1.09	1.18
AA-O	22.5	0.28	0.44	0.57	0.64	0.78	0.84	0.95	1.03
AA-P1	69.6	0.24	0.31	0.40	0.47	0.50	0.52	0.58	0.62
AA-P2	29.8	0.20	0.38	0.51	0.77	0.84	0.96	1.15	1.24
AA-P3	63.5	0.27	0.43	0.74	1.02	1.15	1.23	1.29	1.32
AA-Q	40.5	0.22	0.40	0.65	0.88	0.93	1.01	1.09	1.16
AB-C	70.2	1.57	1.83	2.27	2.51	3.27	3.95	4.04	4.65
AA-R	73.5	1.49	1.65	1.84	2.15	2.68	3.11	3.68	3.95
BA-A	75.6	2.22	2.89	3.81	4.56	5.12	5.84	6.21	6.54
BA-B	71.8	2.73	3.46	4.31	5.19	5.88	6.21	6.87	7.28
BA-C	70.8	2.85	3.10	3.64	3.82	4.00	4.19	4.28	4.41
BA-D	75.8	3.10	3.91	4.77	5.17	5.69	6.07	6.28	6.63
BA-F	74.1	5.49	5.91	6.32	6.78	6.97	7.21	7.66	7.90
DB-A	19.2	0.20	0.33	0.41	0.47	0.56	0.64	0.75	0.88
DB-B	69.3	1.63	1.93	2.57	3.11	3.88	4.24	4.68	5.02

续表

编号	原始 E 值	3个月 ΔE 值	6个月 ΔE 值	9个月 ΔE 值	12个月 ΔE 值	15个月 ΔE 值	18个月 ΔE 值	21个月 ΔE 值	24个月 ΔE 值
DA-A	18.6	0.14	0.27	0.39	0.54	0.66	0.78	0.86	0.99
EB-D	78.6	3.47	8.33	12.09	15.19	19.92	25.37	28.53	31.12
EB-E	78.1	2.96	6.32	8.07	9.88	12.55	17.30	20.61	23.7
HA-B	18.3	0.36	0.44	0.57	0.67	0.81	0.99	1.21	1.34
IA-A	76.3	0.64	0.77	0.92	1.12	1.34	1.56	1.75	1.88
JB-A	73.1	1.43	2.56	3.29	4.21	4.67	5.34	5.92	6.17
JB-B	13.1	1.86	1.95	2.07	2.11	2.38	2.46	2.52	2.60
JB-D	12.9	1.73	1.83	1.96	2.04	2.17	2.31	2.45	2.57
JA-A	12.7	1.12	1.34	1.57	1.78	1.91	2.26	2.30	2.44
JA-B	12.7	1.01	1.27	1.62	1.82	1.95	2.10	2.29	2.48
JA-C	13.2	0.89	1.18	1.42	1.65	1.87	2.06	2.21	2.38
JA-D	12.8	0.90	1.21	1.49	1.71	1.92	2.10	2.24	2.43
JA-E	13.2	0.83	1.17	1.53	1.96	2.42	2.77	2.93	3.22
JA-F	13.0	0.72	1.11	1.39	1.66	1.75	1.87	1.98	2.12
JA-G	13.1	0.85	1.20	1.46	1.78	2.05	2.27	2.46	2.63
CS-A	54.4	0.57	0.94	1.32	1.64	1.85	2.21	2.47	2.56
CS-B	54.6	0.55	0.96	1.30	1.45	1.78	2.10	2.15	2.26

附录表 2-8 材料环境腐蚀和加速腐蚀的试验样品

试样编号		供试材料	前处理	试片尺寸/mm	涂镀工艺	膜厚/μm
H1	1	热轧钢板	研磨180号	150×70×4	一般防锈漆→邻苯二甲酸系中间漆→邻苯二甲酸系面漆	129
	2	热轧钢板	喷丸处理	150×70×4	长期曝露形磷化底漆→红丹防锈漆1→红丹防锈漆2→邻苯二甲酸系中间漆→邻苯二甲酸系面漆	214
	3	热轧钢板	喷丸处理	150×70×4	长期曝露形磷化底漆→碳氮化铅防锈漆1→碳氮化铅防锈漆2→邻苯二甲酸系中间漆→邻苯二甲酸系面漆	194
	4	热轧钢板	喷丸处理	150×70×4	长期曝露形磷化底漆→一氧化二铅防锈漆1→一氧化二铅防锈漆2→邻苯二甲酸系中间漆→邻苯二甲酸系面漆	203
	5	热轧钢板	喷丸处理	150×70×4	长期曝露形磷化底漆→碱式铬酸铅防锈漆1→碱式铬酸铅防锈漆2→邻苯二甲酸系中间漆→邻苯二甲酸系面漆	223

续表

日本广岛制作的试样

试样编号		供试材料	前处理	试片尺寸/mm	涂镀工艺	膜厚/μm
H2	1	热轧钢板	喷丸处理	150×70×4	长期曝露形磷化底漆→碱式铬酸铅防锈漆1→碱式铬酸铅防锈漆2→酚醛系云母氧化铁(MIO)→氯化橡胶中间漆→氯化橡胶面漆	223
	2	热轧钢板	喷丸处理	150×70×4	厚膜无机富锌漆→短期曝露形磷化底漆→酚醛系铬酸锌底漆→酚醛系云母氧化铁→氯化橡胶中间漆→氯化橡胶面漆	183
	3	热轧钢板	喷丸处理	150×70×4	厚膜有机富锌漆→氯化橡胶系底漆→氯化橡胶系底漆→氯化橡胶系中间漆→氯化橡胶系面漆	99
H3	1	热轧钢板	喷丸处理	150×70×4	厚膜有机富锌漆→环氧底漆→环氧底漆→聚氨酯中间漆→聚氨酯面	180
	2	热轧钢板	喷丸处理	150×70×4	厚膜无机富锌漆→喷涂层→环氧底漆→环氧底漆→聚氨酯中间漆→聚氨酯面漆	194
	3	热轧钢板	喷丸处理	150×70×4	无机富锌漆→焦油环氧→焦油环氧→焦油环氧	258
H4	1	热轧钢板	喷丸处理	150×70×4	酚醛系铬酸锌底漆→快干邻苯二甲酸中间漆→快干邻苯二甲酸面漆	132
	2	热轧钢板	喷丸处理	150×70×4	环氧底漆→聚氨酯中间漆→聚氨酯中间漆	178
	3	热轧钢板	喷丸处理	180×45×4	热浸锌→环氧底漆→聚氨酯面漆	116
H5	1	冷轧钢板	转化为磷化锌膜	300×300×0.8	阳离子电沉积→三聚氰胺系面漆→三聚氰胺系单色面漆(H试样)	89
	2	冷轧钢板	转化为磷化锌膜	150×100×0.8	阳离子电沉积→三聚氰胺系面漆→三聚氰胺系单色面漆(M试样)	95
	3	铝	铬酸盐处理	230×80×1.0	热固化丙烯酸磁漆(车牌)	24
H6	1	冷轧钢板	转化为磷化锌膜	150×70×1.0	阳离子电沉积→三聚氰胺系单色面漆	33
	2	耐候性钢板	转化为氧化膜	200×50×1.0	丙烷处理	23
	3	不锈钢SUS304	纹饰	150×70×1.0	二道常温固化氟树脂面漆	31
	4	不锈钢SUS304	抛光	150×70×1.0	二道常温固化丙烯酸有机硅树脂面漆	28

续表

日本广岛制作的试样					
试样编号		供试材料	前处理	试片尺寸/mm	涂镀工艺	膜厚/μm

试样编号		供试材料	前处理	试片尺寸/mm	涂镀工艺	膜厚/μm
H6	5	铜	纹饰	150×70×1.0	二道常温固化丙烯酸有机硅树脂面漆	30
	6	黄铜 6:4,2种	去油,脱脂	150×70×1.0	二道常温固化丙烯酸有机硅树脂面漆	32
	7	热轧钢板	喷丸处理	150×70×2.0	热浸锌→粉末漆料(D试样)	205
H7	1	青铜	脱脂	150×70×5.0	铜绿→二道常温固化氟树脂清漆	21
	2	青铜	脱脂	150×70×5.0	铜绿→常温固化浸渍清漆	—
	3	青铜	脱脂	150×70×5.0	铜绿→二道丙烯酸氨基甲酸酯清漆	24
H9	1	铝	电解脱酯	150×70×0.4	硬质阳极氧化	20
	2	铝	电解脱酯	150×70×0.4	着色阳极氧化	6
	3	冷轧钢板	电解脱酯	150×70×0.4	铬酸(AM172处理)	2
	4	冷轧钢板	电解脱酯	150×70×0.4	镀锌	5
	5	冷轧钢板	电解脱酯	150×70×0.4	黑钝	5
	6	冷轧钢板	电解脱酯	150×70×0.4	绿钝	5
	7	冷轧钢板	电解脱酯	150×70×0.4	锌→镍有色钝	5
	8	冷轧钢板	电解脱酯	150×70×0.4	锌→镍黑钝	5
	9	冷轧钢板	电解脱酯	150×70×0.4	锌→铁有色钝	5
	10	冷轧钢板	电解脱酯	150×70×0.4	锌→铁黑钝	5
	11	冷轧钢板	电解脱酯	150×70×0.4	热浸锌	58
	12	冷轧钢板	电解脱酯	150×70×0.4	达克罗镀锌	7
	13	冷轧钢板	电解脱酯	150×70×0.4	达克罗镀锌	12
	14	冷轧钢板	电解脱酯	150×70×0.4	镍	12
	15	冷轧钢板	电解脱酯	150×70×0.4	镍+铬	10
重庆制作						
C1	1	冷轧低碳钢板	脱酯→磷化	150×70×0.8	阴极电泳底漆→聚酯丙烯酸烘漆	113
	2	冷轧低碳钢板	脱酯→磷化	150×70×0.8	阴极电泳底漆→中涂二道底漆→聚酯丙烯酸烘漆	105
	4	冷轧钢板	磷化	150×70×0.8	阴极电泳底漆→面漆	50
	5	25料	高温磷化	150×70×0.8	黑色有机硅耐热漆	75
	6	25料	低温磷化	150×70×0.8	高固份聚酯环氧漆	42
	7	冷轧钢板	磷化	150×70×0.8	灰色阴极电泳底漆→灰高级聚酯汽车面漆	41

续表

重庆制作

试样编号		供试材料	前处理	试片尺寸/mm	涂镀工艺	膜厚/μm
C1	8	冷轧钢板	磷化	150×70×0.8	阴极电泳底漆→丙烯酸聚酯面漆	98
	9	冷轧钢板	去锈→磷化	200×70×0.8	浅灰环氧底漆→丙烯酸烘干磁漆→聚氨酯清漆	162
	10	冷轧钢板	去锈→磷化	200×70×0.8	浅灰环氧底漆→醇酸氨基聚酯漆→聚氨酯清漆	94
	19	08F	磷化	200×70×0.8	H06-2 底漆→G06-5 中漆→951 石绿色面漆	
	20	08F	磷化	200×70×0.8	H06-2 底漆→聚氨酯面漆	
C2	1	黑铁	去油→去锈	150×70×0.8	镀锌	5
	2	冷轧钢板	脱酯→阴极电介除油	150×70×0.8	半亮镍→高硫镍→光亮镍→活化镀铬→氮化钛	11
	3	冷轧钢板	脱酯→阴极电介除油	150×70×0.8	半亮镍→高硫镍→光亮镍→活化镀铬	8
	4	冷轧钢板	脱酯→阴极电介除油	200×70×0.8	半亮镍→高硫镍→光亮镍→活化镀铬	20
	5	冷轧钢板	脱酯→阴极电介除油	150×70×0.8	半亮镍→高硫镍→光亮镍→镍封→活化镀铬	22
	6	冷轧钢板	脱酯→阴极电介除油	150×70×0.8	半亮镍→铜→光亮镍→活化镀铬	19
	7	冷轧钢板	脱酯→阴极电介除油	150×70×0.8	铜→光亮镍→活化镀铬	15

附录表 2-9 环境腐蚀和加速腐蚀的零部件试样

日本广岛制作的试样

试样编号		试验片名	基材	表面处理工艺	膜厚/μm
H10	1	车门拉手(红色涂装)	锌压铸件	铬酸盐处理+环氧树脂变性三聚氰胺底漆+三聚氰胺醇酸漆	74
	2	车门拉手(白色涂装)	锌压铸件	铬酸盐处理+环氧树脂变性三聚氰胺底漆+三聚氰胺醇酸漆	93
	3	油箱盖(红色涂装)	SPCC	脱酯+磷酸锌皮膜+电泳漆+二道三聚氰胺醇酸漆	72
	4	油箱盖(白色涂装)	SPCC	脱酯+磷酸锌皮膜+电泳漆+二道三聚氰胺醇酸	81

续表

日本广岛制作的试样

试样编号		试验片名	基材	表面处理工艺	膜厚/μm
H10	5	车门拉手(电镀)	锌压铸件	Ni-Cr 电镀	27
	6	螺钉(10Φ×88)	滚轧、热处理品	达克罗镀锌	8
	7	螺钉(11Φ×74)	滚轧、热处理品	达克罗镀锌	9
	8	螺钉(12Φ×33)	滚轧、热处理品	达克罗镀锌	8
H11	1	A试样	SPHC	阳极电泳漆+三聚氰酰胺漆	39
	2	B试样	SPHC	阳极电泳漆+常温快干漆	47
	3	C试样	SPCC	二道常温快干漆	75
	4	D试样	SPCC	阳极电泳漆	18
	5	E试样	SPHC	常温快干漆	24
	6	F试样	SPHC	只涂一道底漆	27
H12	1	网筛	SPHC	热浸锌	73
	2	铁丝网 SWMVGS-2 3.2	热浸锌铁线	热浸锌2种+乙烯塑料薄膜3.2Φ	14
	3	铁丝网 AZA-30	铝合金	铝合金不处理5.0Φ	—
	4	铁丝网 SWMVGS-7 3.2	热浸锌铁线	热浸锌7种3.2Φ	8
	5	铁丝网 SWMVGS-3 3.0	热浸锌铁线	热浸锌4.0Φ	9
	6	铁丝网 SWMVGS-2 2.0	热浸锌铁线	热浸锌2.0Φ	7
H13	1	防护围栏	热浸锌钢管	热浸锌+磷酸锌皮膜+涂装	92
	2	防护围栏	热浸锌钢管	热浸锌+磷酸锌皮膜+粉末涂料	96
	3	道路标志	铝板+反射玻璃材料	不处理贴上反射薄膜	235
H14	1	标准板(田字)(黑色)	SUS 304	黑色丙烯树脂漆	18
	2	标准板(田字)(黄色)	黄铜	氟树脂清漆	14
	3	标准板(田字)(银白色)	SUS 304	不处理	—
	4	数字牌和板(白)	彩色铝	黄色底涂装	16
	5	数字牌和板(白)	彩色铝	白色底子涂装	21
	6	数字牌和板(白)	铝	白色底子涂装	19
	7	数字牌和板(绿)	彩色铝	绿色底子涂装	21
	8	数字牌和板(绿)	铝	绿底涂装	21
	9	数字牌和板(黄)	铝	黄底涂装	28
	10	数字牌和板(长浜)	耐候钢板	UV涂装	164
	11	数字牌和板(长浜)	耐候钢板	UV涂装+清漆	187
	12	数字牌和板(えびの市)	铝	UV涂装	107

续表

日本广岛制作的试样					
试样编号		试验片名	基材	表面处理工艺	膜厚/μm
H14	13	数字牌和板(えびの市)	铝	UV涂装＋清漆	126
	14	数字牌和板(大浦町)	耐候钢板	UV涂装＋清漆	225
	15	封印	铝＋SUS304＋软钢	不处理＋弹簧SUS＋螺钉电镀锌	—
H15	1	卷扬门板条	涂装热浸锌钢板	内外两道涂装二道烧付,(20±4)μm	29
	2	卷扬门板条	耐候钢板	外层厚0.2mm,里层厚0.05mm	234
	3	卷扬门板条	铝热浸锌钢板	铝、电镀比例为55%	71
	4	卷扬门板条	合金热浸锌钢板	电镀付里量H12	18
	5	铝型材	铝	烧付涂装白色(膜厚6,涂装15μm)	25
	6	铝型材	铝	烧付涂装厚光纸()	24
	7	铝型材	铝	电解着色青铜色(膜厚6,涂装7μm以下)	16
	8	铝型材	铝	电解着色黑色(膜厚9,涂装7μm以下)	16
	9	导辊	PP(耐候品)	树脂灰色	—
	10	角管	SUS 304	50×50抛光	—
	11	タンパックル	SPCC	电镀锌	8
H16	1	铝杆	铝	纹饰	—
	2	铝杆	Sus 304	纹饰	—
	3	铝杆	Sus 304	抛光不处理	—
	2	配件	挤压成形	热浸锌	75
	2	小型变压器外壳	SPCC	四道涂装(膜厚105μm),自然干燥热浸Zn＋涂装(15μm)＋烘干(120℃×20分)	114
	3	机器外壳	磷酸皮膜处理的镀锌钢板	三道涂装(两道底漆两次烘干＋中涂＋二道面漆烘干)膜厚120μm	188
H19	1	特快车卧铺晨风外板(已经过18年8个月)	SPHC	三道衬底不饱和聚酯树脂油灰＋蓝色漆酚树脂搪瓷	1447
	2	アストロム线支撑绝缘瓷瓶	灰口铸铁 SUS304ADCC	不处理	—
H21	1	齿轮箱	铝压铸件	不处理	—
	2	空气过滤器	SPCC	电镀锌	5
	3	轴栓	SPCC	电镀锌＋光亮铬	6

续表

试样编号		试验片名	基材	表面处理工艺	膜厚/μm
日本广岛制作的试样					
	4	尾管	SPCC	电镀锌+彩色铬	5
	5	外法兰	SPCC	电镀锌+光亮铬	5
	6	托座(架)	锌压铸件	不处理	—
	7	垫片	SPCC	镀铬	12
	8	板 A	SPCC	热处理	—
	9	杆钩	黄铜	不处理	—
H21	2	屋顶外用钢板 B	电镀锌钢板	氟树脂漆(无棕色光泽)成形加工	60
	3	屋顶外用钢板 C	电镀锌钢板	氟树脂漆(有棕色光泽)成形加工	52
	4	屋顶外用钢板 D	SUS 304 不锈钢	氟树脂漆(无棕色光泽)成形加工	56
	5	屋顶外用钢板 A	电镀合金钢板	氟树脂漆(有棕色光泽)平板	51
	6	屋顶外用钢板 B	电镀锌钢板	氟树脂漆(无棕色光泽)平板	59
	7	屋顶外用钢板 C	电镀锌钢板	氟树脂漆(有棕色光泽)平板	50
	8	屋顶外用钢板 D	SUS304 不锈钢	氟树脂漆(无棕色光泽)平板	56
	2	秋千接头(大)	SPCC	磷酸铁皮膜处理+三聚氰胺漆	19
H25	1	碳钢	SPCC-SB	JIS G 3141	—
	2	铜	C-1100P	JIS H 3100	—
	3	铝	A-5052P	JIS H 4000	—
H26	1	热轧软钢板	SPHC	JIS G 3131	—
	2	热轧不锈钢板	SUS304	JIS G 4304	—
	3	一般构造用轧钢	SS	JIS G 3101	—
	4	铝合金钢板	A1085P	JIS H 4000	—
重庆制作的试样					
C3	1	摩托车灯罩	塑料	Cr-Ni-Cr	14
	2	平板灰色涂装试片	SPCC	磷化-电泳-喷氨基烘干漆	43
	3	平板电镀试片	SPCC	4 Ni-Cr	44
	4	摩托车油盖	SPCC	Cr	11
	5	平板电镀试片	SPCC	锌酸盐碱式镀锌	13
	6	摩托车脚踏板	SPCC	镀锌-黑色钝化	16
	7	锁零件	SPCC	3 Ni-Cr	11
	8	L 型五金工具	SPCC	3 Ni-Cr	42
	9	五金工具	SPCC	3 Ni-Cr	46

续表

		重庆制作的试样			
试样编号		试验片名	基材	表面处理工艺	膜厚/μm
C3	10	五金工具	SPCC	镀锌-彩色钝化	10
	11	涂装试样	铝薄板	滚涂富碳涂料(银灰色)	37
	12	涂装试样	铝薄板	滚涂聚脂涂料(红色)	25
	13	涂装试样	铝薄板	滚涂聚脂涂料(蓝色)	21
	14	摩托车消声器切片	SPCC	4 Ni-Cr	42
	15	扳手套筒16#	SPCC	Ni-Fe	13
	16	扳手套筒27#	SPCC	Ni-Fe	19
	17	摩托车后视镜支架	SPCC	Cr	34
	18	电风扇支架	SPCC	Ni-Ni-Cr	20

附录表 2-10　CASS 试验结果

试片编号		24h	48h	72h	96h	120h	144h	168h
H1	1	0.0	0.0	0.0	2.4	3.6	终止	—
	2	0.0	2.0	3.5	终止	—	—	—
	3	3.1	终止	—	—	—	—	—
	4	0.0	0.0	0.0	1.8	3.2	—	—
	5	3.4	终止	—	—	—	—	—
H2	1	0.0	0.0	0.0	0.9	1.5	2.3	3.1
	2	0.8	2.1	3.0	终止	—	—	—
	3	0.0	0.0	0.0	0.8	2.2	3.9	终止
H3	1	0.0	0.0	0.0	1.1	2.1	3.2	终止
	2	0.0	0.0	0.0	1.7	2.6	3.8	终止
	3	0.0	1.8	4.8	终止	—	—	—
H4	1	0.0	0.0	0.0	2.0	3.3	终止	—
	2	0.0	1.2	3.2	终止	—	—	—
	3	0.0	2.8	4.9	终止	—	—	—
H5	1	0.0	0.0	0.0	1.6	1.1	1.6	2.1
	3	0.0	1.4	3.0	终止	—	—	—
H6	1	0.0	0.0	0.0	1.1	1.8	2.4	3.3
	2	1.0	1.8	2.3	3.1	3.6	4.3	5.2
	3	0.0	3.4	10.3	终止	—	—	—
	4	0.0	0.0	0.0	0.5	0.9	1.8	2.4

续表

试片编号		24h	48h	72h	96h	120h	144h	168h
H6	5	4.0	终止	—	—	—	—	—
	6	3.6	终止	—	—	—	—	—
	7	0.0	2.0	3.1	3.9	终止	—	—
H7	1	0.0	0.5	1.8	2.9	3.5	终止	—
	2	3.8	终止	—	—	—	—	—
	3	0.0	0.3	1.3	2.4	3.0	3.6	终止
H9	1	6.0	终止	—	—	—	—	—
	2	5.0	终止	—	—	—	—	—
	3	0.0	终止	—	—	—	—	—
	4	0.0	终止	—	—	—	—	—
	5	2.0	终止	—	—	—	—	—
	6	0.0	终止	—	—	—	—	—
	7	0.0	终止	—	—	—	—	—
	8	0.0	终止	—	—	—	—	—
	9	0.0	终止	—	—	—	—	—
	10	1.0	终止	—	—	—	—	—
	11	0.0	终止	—	—	—	—	—
	12	0.0	终止	—	—	—	—	—
	13	0.0	终止	—	—	—	—	—
	14	0.0	终止	—	—	—	—	—
	15	0.0	终止	—	—	—	—	—
C1	1	0.0	0.0	0.5	1.1	1.9	2.7	3.3
	2	0.0	0.0	0.2	1.1	1.8	2.8	3.1
	3	0.0	0.0	0.9	1.8	2.9	4.2	5.4
	4	0.0	0.0	0.0	0.5	1.1	1.6	2.1
	5	2.1	5.3	终止	—	—	—	—
	6	4.0	终止	—	—	—	—	—
	7	0.0	0.0	0.6	1.2	1.9	3.8	5.2
	8	0.0	0.0	0.0	0.5	1.7	2.2	3.1
	9	0.0	1.8	3.3	终止	—	—	—
	10	0.0	0.0	0.2	0.6	1.1	1.7	1.9

续表

试片编号		24h	48h	72h	96h	120h	144h	168h
C2	1	0.0	终止	—	—	—	—	—
	2	1.0	终止	—	—	—	—	—
	3	1.0	终止	—	—	—	—	—
	4	1.0	终止	—	—	—	—	—
	5	1.0	终止	—	—	—	—	—
	6	3.0	终止	—	—	—	—	—
	7	9.5	终止	—	—	—	—	—

参 考 文 献

[1] William F. Smith, Javad Hashemi. Foundations of Materials Science and Engineering [M]. McGraw-Hill Higher Education Co., 1990: 718.

[2] 周益春, 郑学军. 材料的宏微观力学性能 [M]. 北京: 高等教育出版社, 2009: 236-269.

[3] http://www.aloha.net/~icarus/

[4] 李金桂. 腐蚀控制系统工程学概论 [M]. 北京: 化学工业出版社, 2009: 3.

[5] 柯伟. 中国腐蚀调查报告 [M]. 北京: 化学工业出版社, 2003: 3-6, 112-118.

[6] Uhlig H H. The Cost of Corrosion of the United States [J]. Corrosion, 1950, 6 (1): 29-33.

[7] Payer J H, Boyd W K, Dippold D G, et al. NBS-Battelle cost of corrosion study (70 billion!), Part1-7. Material Performance, 1980, 19 (5): 34; (6): 17-18; (8): 40-41; (9): 51-53; (10): 27-28; (11): 32-34.

[8] Pierre. R. Roberge. Handbook of Corrosion Engineering [M]. Mcgraw-Hill. 2000, New York.

[9] Report FHWA-RD-01-156. http://www.Corrosioncost.com/home/Html

[10] Version W H J. Metalliccorrosion and conservation. Expert form the conservation of natural resource. Institute of Civil Engineers, London, 1957. p105

[11] Department of Trade and Industry (T.P. Hoar). Report of the Committee on Corrosion and Protection. London. Ref. Magesty's Stationery Office, 1971.

[12] 日本腐蚀损失调查委员会. 日本腐蚀损失调查报告 [J]. 防食技术, 1977, 26 (7): 401-428.

[13] 日本腐蚀损失调查委员会. 日本的腐蚀损失 [J]. 材料与环境, 2011, 50 (11): 490-512.

[14] Protection of metal from corrosion-one of the most importanteconomic problem [M]. Zashch, Met 1977, 8 (6): 645 (俄文).

[15] Ya. M. Kolotyrkin. Metal and Corrosion [M]. Met Press, 1985.9 (俄文).

[16] Behrens D. Research and development programme on corrosion and corrosion protection in the German Federal Republic [J]. Br. Corro. J. 1975, 10 (3): 122

[17] B. 伊尔施内尔著. 材料科学、性能、过程、工艺 [M]. 吴维, 吴荫顺译. 北京: 化学工业出版社, 1987: 131.

[18] 瑞典国际新闻公报.1986,No.6.摘自:密封与防腐,1986,(4):37.

[19] Rajagopolan K S. Analysis of cost of corrosion in industry and saving dueto adoption of corrosion control measures [C]. 10th ICMC, 1987, Oxford IBH. 1765.

[20] Revie R, Uhlig H. J. Inst, Engrs (Australia), 1974, 46 (3-4): 3.

[21] Cherry B W, Skerry B S. Corrosion in Australia, 1983, March.

[22] Svoboda M. The Institute Named After G. V. Akimova. Zashch. Met. 1986, 22 (6): 859.

[23] Juchniewecz R. The corrosion prevention strategy in the polish economy [J]. Corrosion Review, 1988, 16 (3): 286.

[24] 国务院发展研究中心产业经济研究部、中国汽车工程学会、大众汽车集团(中国)编著.中国汽车产业发展报告(2014).北京:社会科学文献出版社,2014.

[25] Sang C, Wang Y B, Chu W Y, et al. Stress corrosion cracking of alpha+ beta brass in ammonia solution under compressive stress [J]. Scripta Metallurgica et Materialia, 1991, 25 (12): 2751-2756.

[26] Chen H N, Chen L S, Lin Q H, et al. Stress corrosion test for clad plate weldments with compressive stress treatment using the anti-welding-heating method [J]. Corrosion, 1999, 55 (6): 626-630.

[27] Liu X D, Frankel G S. Effect of compressive stress on localized corrosion in AA2024-T3 [J]. Corrosion Science, 2006, 48 (10): 3309-3329.

[28] Miuta K, Ishigami I, Usui T. Effect of compressive stress on corrosion-protective quality and its maintenance under a corrosiveenvironment for TiN film deposited by reactive HCD iron plating [J]. Materials Transactions, 2004, 45 (1): 102-111.

[29] Ming F. Shi. Advanced High Strength Steels, Properties, Performances and Applications, in China-America Automotive Materials Semina, Detroit, MI, March, 8, 2003.

[30] 马鸣图,Ming F. Shi.先进高强度钢及其在汽车工业中的应用.钢铁,2004,(7):68-72.

[31] 黄建中.汽车及其用材腐蚀与对策——中瑞合作研究论文集[M].北京:冶金工业出版社,1998.

[32] Zhang L W. Application and Future Trend of Coated Sheet Steel for Automobile. Detroit: Seminar on the Chinese and American Automotive Material, 2003, Mar. 25.

[33] 第六届海峡两岸工程材料研讨会论文集[C].南京:南京工业大学,2011.

[34] 马鸣图,李志刚.重庆市汽车腐蚀调查[C].柯伟主编,中国腐蚀调查报告,北京:化学工业出版社,2003:113-118.

[35] 马鸣图,李志刚.重庆市公共汽车的腐蚀现状[J].汽车工艺与材料,2002,Z1:108-115.

[36] 车辆材料在潮湿和酸雨环境中腐蚀规律的研究项目验收资料.重庆:中国汽车工程研究院股份有限公司,2009.

[37] 兵器工业五九研究所,重庆汽车研究所.自然曝露试验与加速腐蚀试验的相关性及防蚀设计研究国家科技部鉴定资料,2005年.

[38] C.E.Jaske等著.海洋工程中金属腐蚀的疲劳[M].吴荫顺,杨德钧译.北京:冶金工业出版社,1989.

[39] 牟献良,田月娥,汪学华.碳钢和低合金钢模拟加速试验与大气腐蚀试验的相关性[J].环境技术,2001(4):14-17.

[40] 李志刚,李晓东,马鸣图,等.14.9、12.9级高强度螺栓延迟断裂性能的研究[J].材料导报,2004,18 (18A):184-186.

[41] 加藤下正义等著.金属防腐蚀技术[M].伍学高译.成都:四川科学技术出版社,1985:37.

[42] 冶金工业部钢铁研究院等编.金断口分析金相图谱 [M].北京：科学出版社，1979：148.
[43] 上海交通大学.金属断口分析 [M].北京：国防工业出版社，1979：243.
[44] 瓦西连科等著.钢的应力腐蚀开裂 [M].陈石卿等译.北京：国防工业出版社，1983：96-125.
[45] 马鸣图，沙维.材料科学和工程研究进展 [M].北京：机械工业出版社，2000：586-628.
[46] 阿基莫夫.金属的腐蚀与保护学基础 [M].北京：高等教育出版社，1995：226.

第3章
涂镀层钢板在汽车中的应用

3.1 概述

减重、节能、降低排放和提高安全性是现代汽车结构、性能和技术的重要发展方向;从商业角度来看,人们不仅要求汽车的高性能,同时还要求汽车的耐用和使用中保持美观漂亮,而保持汽车车身的耐用、美观和漂亮则和车身用钢板的耐蚀性、制造工艺和涂层技术密切相关。

早在1984年,美国Chrysler公司就提出小汽车(如Plymouth Voyage)5年5万公里无锈斑[1],随后,美国、日本等相继提出,汽车车身面板和车身结构件5年无穿孔腐蚀,从2003年起,这一标准已提升为12年,才允许产生穿孔腐蚀;欧洲从2003年起,已将未来生产车辆的耐蚀性提升到与汽车同寿命;这些要求在北欧、北美寒冷地区,用撒盐来解决路面积雪和结冰的国家和受海风影响的岛国及大气中工业污染严重而形成酸雨的国家,显然这些指标是极具挑战性的[1]。因此世界各国都十分重视汽车的防腐问题,一是可以尽量减少和降低腐蚀造成的巨大损失;二是可以延长汽车的使用寿命;三是可以维持或提高汽车在使用期的漂亮外观,从而增加汽车的亮点,提高汽车生产企业的竞争力。

提高汽车车辆耐蚀的方法主要有两个方面:其一是采用镀层板,目前用于提高汽车车辆耐蚀性的镀层板多为镀锌板和合金镀层板,并要求这类镀层板具有良好的镀层结合力、成型性、焊接性能以及涂漆相容性;其二是油漆涂层工艺,目前欧洲、美国等大的汽车公司镀层板的用量已超过90%[2],从而极大地提高了汽车车辆的耐蚀性。

有关汽车镀层板研究进展情况在文献[3]中已有叙述,因此本章将重点论述镀层板的应用、效果和相关的工艺技术,从应用的角度提出对镀层板性能的要求。

3.2 镀层板的种类和特点

锌基镀层板分为热镀锌板和电镀锌板,其基板有多种强度级别,目前包括普通高强度钢(IF钢、高强度IF钢、各向同性钢、烘烤硬化钢、固溶强化钢、高强度低合金钢)、第一代先进高强度钢（双相钢、复相钢、相变诱发塑性钢、马氏体钢、热冲压成形钢）、第二代先进高强度钢 TWIP 钢或高温钢、第三代先进高强度钢（Q-P 淬火-配分处理马氏体基 TRIP 钢、Q-P-T 淬火-配分-回火处理的马氏体基 TRIP 钢、纳米贝氏体基 TRIP 钢、δ-铁素体 TRIP 钢、中锰系 BCC＋FCC 的 TRIP 钢等），其中普通高强度钢应用镀层板较多，它们大部分是冲压用钢，多用于汽车覆盖件，对防腐性能具有较高的要求，第一代先进高强钢主要用于汽车车身结构件，随着汽车对防腐抗力要求的提升，特别是防止冬季撒盐的盐雾腐蚀，很多欧美国家冬季撒盐融雪，对底盘结构件耐氯离子腐蚀性提出更高要求。这类高强度钢或者镀锌线生产中取得组织强化的强度和延性的匹配，同时进行了镀层处理；还有一些冷轧板为保证高强度、高成型性和防腐性能，在连续退火线上进行镀层处理，随后用于车身结构件，也是目前应用较多的；第二代和第三代高强度钢基本处于研发阶段或试用阶段，镀层板应用较少。

热镀锌基镀层板包括热镀锌板（GI）、热镀锌合金板（GA）。热镀锌板（GI）是在热镀锌生产线上生产的镀层由纯锌组成的镀层板（液体槽中的锌含量≥97％），热镀锌合金板（GA）是热镀锌生产线上镀层后并通过合金化处理，在整个镀层上所形成的锌铁合金层，镀层中的铁含量为 7％～15％；从形式上，镀层板可分为等厚镀层板、差厚镀层板。等厚镀层板是指钢板上表面和下表面镀层的厚度、重量相等，差厚镀层板是指钢板的上表面和下表面的镀层厚度、重量不等；根据表面镀层结构，热镀锌板又可分为正常锌花、光整锌花、小锌花、光整小锌花和锌铁合金等；从镀层后的表面处理工艺来看，又可分为铬酸钝化、涂油和铬酸钝化＋涂油。

热镀锌板锌镀层的硬度低，摩擦系数大，冲压时锌层容易擦伤，锌层易于黏附在模具上，同时脱落的锌层又会压入冲压件表面，影响表面质量，也影响了钢板的冲压成形性，由于这些因素，镀锌板冲压稳定性较差，因此通过表面处理方式来提高钢板的表面润滑性能，并提高镀锌板冲压性能稳定性。降低热镀锌 GA 板冲压粉化程度的技术路线：一是双层镀层板（GA＋Fe-Zn 合金或 Fe-P 合金层），二是在表面形成金属氧化物层，通过电解浸渍、涂覆氧化物、加热处理等方式提高钢板的润滑性能。目前，日系产品应用无机润滑处理的有新日铁采用 L 处理 GA 钢板、NKK 采用 N 处理 GA 钢板、JFE 采用 N 处理的钢板和 JAZ 钢板。针对 GI 钢板的固体润滑处理方式：通过 CGL 在线表面化学处理，在镀锌层表面形成固体润滑膜层，改善 GI 板的摩擦特性，这些润滑膜对随后的涂装和焊接等工序没有不良影响。

最近发展的表面处理技术有无机涂层和类金属涂层。热镀锌板平整前后镀层表面形貌见图 3-1，镀锌层的 GDS 曲线见图 3-2，GA 热镀锌合金板镀层表面和断面形貌见图 3-3。镀层板的一个重要发展趋势是在镀层后进行表面无机膜或类金属膜润滑处理，GI 板、GA 板经无机润滑涂层润滑后摩擦特性见图 3-4，宝钢所做的有无润滑处理热镀锌 GI 板磷化后形貌见图 3-5[4]。GA 板无机和类金属润滑处理后表面组织形貌如图 3-6 所示,可以看出,无机润滑处理后的表面组织形貌与 GA 板的基本类同,类金属处理是一个密集磷酸盐形态,由于类金属涂层不溶于磷酸盐溶液,而无机润滑涂层在磷化处理前可以通过脱脂过程中被清除,类金属涂层经过最终涂层处理后具有更好的腐蚀抗力,这与类金属样品形成密集的磷酸盐的纤维组织有关;不同类型涂层润滑处理的样品经 480h 盐雾试验(SST)后的腐蚀抗力如图 3-7(a) 所示[5],经无机和类金属涂层润滑处理后,最大压边力降低,摩擦系数减小,模具的磨损减少,点焊时电动机寿命提升,分别如图 3-7(b)～(d)。为了进一步改善热镀锌板的腐蚀抗力,对热镀锌后板材采用无铬钝化处理,所形成的无铬钝化膜对氯、氧、水等腐蚀介质具有屏蔽效果,这类保护膜具有自我修复作用,同时它是不采用铬酸盐的环保产品,可以满足欧盟 ROSS 指令,而又保证耐蚀性的要求,钝化膜的示意如图 3-8。

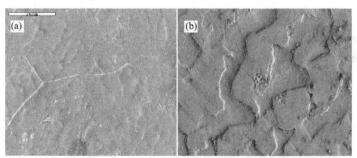

图 3-1　热镀锌板(a)平整前(b)平整后镀层表面形貌

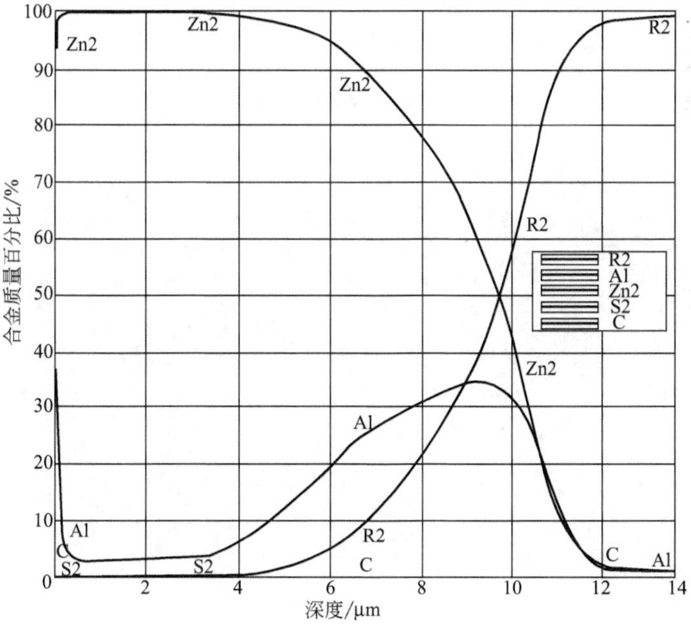

图 3-2　热镀纯锌镀层合金成分的深度分布(GDS)曲线

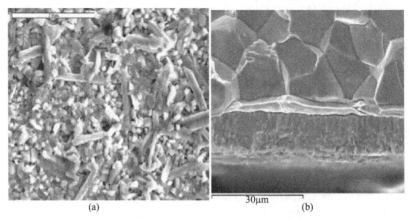

图 3-3 GA 热镀锌合金板镀层（a）表面和（b）断面的 SEM 形貌

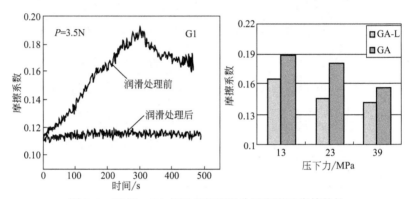

图 3-4 GI 板、GA 板经无机润滑涂层润滑后摩擦特性

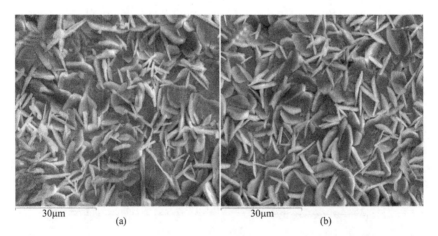

图 3-5 （a）无润滑处理（b）无机膜润滑处理 GI 钢板磷化形貌

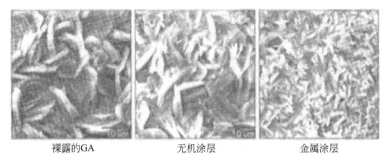

图 3-6　GA 板无机和类金属润滑处理后表面组织形貌

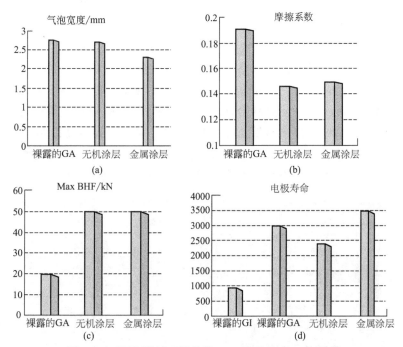

图 3-7　不同润滑处理样品的（a）腐蚀抗力（b）摩擦
系数（c）最大压边力（d）点焊电机寿命对比

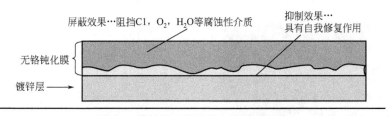

图 3-8　热镀锌无铬钝化钢板镀膜示意

另一类锌基镀层板为电镀锌（EG）板，它是连续电镀锌生产线通过电镀法生产的由纯锌组成镀层的钢板，在镀层中不含任何对黏结剂结合力或者涂漆性能有害的微量元素。电镀锌镍板是在连续电镀锌生产线上通过电镀法生产的锌镍合金组成的镀层钢板，镀层中镍含量为 8%～15%，其他为锌。电镀锌和电镀锌镍板按表面质量可分为较高级精整表面、高级精整表面和超高级精整表面；钢板按镀层形式可分为单面镀层、双面镀层和差厚镀层，镀层重量单位为 g/m^2。电镀锌表面处理有铬酸钝化处理、铬酸钝化＋涂油、磷化处理（不含封闭处理）、磷化处理（含封闭处理）、磷化处理（含封闭处理）＋涂油、磷化处理（不含封闭处理）＋涂油、涂油处理、无表面处理，特殊的表面处理还有耐指纹处理；进行表面处理主要是减少产品表面运输和储存期间产生白锈，有时还能有一定的润滑作用，并改善钢板的成形性能，也避免冲压过程中镀锌层的磨损，从而影响涂漆后的防腐抗力。电镀锌板不同表面级别的特征：较高级精整表面，不得有漏镀、镀层脱落、裂纹等缺陷，但不影响成型性即涂漆附着力的轻微缺陷，如小划痕、小辊印、轻微的刮伤即轻微氧化色等缺陷则允许存在；高级精整表面，产品两面中较好的一面必须对轻微划痕、辊印等缺陷进一步限制，另一面必须至少达到较高级精整表面的要求；超高级精整表面，产品两面中较好的一面必须对缺陷进一步限制，即不能影响涂漆后的外观质量，另一面必须至少到达高级精整表面的要求。电镀锌板和电镀锌镍板表面组织形貌见图 3-9，电镀锌预磷化电镀锌钢板表面形貌见图 3-10，预磷化膜对钢板表面摩擦系数的影响见图 3-11。

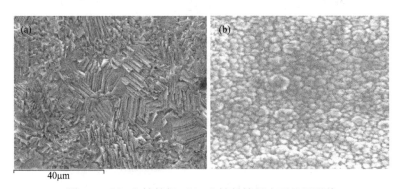

图 3-9 （a）电镀锌板 （b）电镀锌镍板表面组织形貌

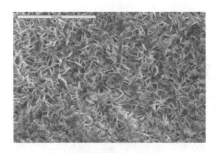

图 3-10 电镀锌预磷化电镀锌钢板表面形貌

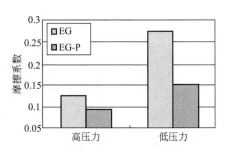

图 3-11 预磷化膜对钢板表面摩擦系数的影响

3.3 镀层板的基本性能

3.3.1 镀层与基体的结合力

镀层与基体钢板的结合力是镀层板的基本性能，结合力高，则随后的冷弯、翻边等成形加工时就不会发生剥落。结合力高的镀层，在油漆后亦有较高的腐蚀抗力。涂层与基体结合力的高低或涂层脱落的形式有两种：粉状剥落（或粉化）和层状剥落，前者系镀层内部失效而形状的细小颗粒或片状物，这类剥落的颗粒大小和片层大小均低于涂层厚度；而后者则是涂层与基体之间界面分离而形成的片状物。片状物厚度通常等于涂层厚度；涂层的结合强度可采用网格法和拉伸法测定[6]。由于用于汽车工业的涂层板，均是经过成形、焊接等工艺的，因此其涂层板的成形性更为重要，涂层的结合力也常通过在成形性试验中进行评定。粉状剥落和片状剥落示意示于图 3-12[3,7]。仅从应力状态考证，粉状剥落是由于压缩应力而产生，而层状剥落则系由于剪应力而产生；从内在原因看，则与涂层的成分、结构、性能、厚度以及涂层板的生产工艺等因素有关，亦与基板的表层质量和基体的力学性能、变形能力以及成形方法等因素有关。

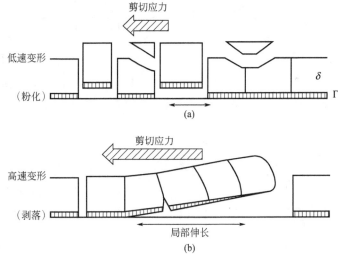

图 3-12 涂层的粉状剥落与层片状剥落示意

结合力的实验方法还有：拉伸试验，将原料作成给定尺寸的拉伸试样，进行单向拉伸至给定变形量，观察镀层表面的开裂和脱落情况，并分析脱落料的成分及涂层的质量损失；V 形弯曲试验，在给定的弯曲角度下，测量经弯曲变形后的涂层质量损失，分析脱落料的化学成分，并观察脱落及涂层的表面形貌；拉拔试验，使带材在给定的拉延力作用下，通过给定压边力的一对模具，测量镀层的质量损失和落料情况。

经上述试验后,涂层的黏附性可用其剥落情况进行确定,其测量方法可用以下几种。

① 质量损失法:测量试验前后单位面积上的涂层质量损失情况。
② X 射线荧光分析法,测量涂层金属的剥落量和成分。
③ 图像分析仪方法,测量涂层的剥落量和观察形貌。
④ 直观法,按预先制定的图谱,剥落涂层的剥落的级别。

3.3.2 涂层板的成形性

一系列的研究报道了涂层板的成形性[3,8~10]。在这些研究中选择了 14 种不同的商品材料:5 种热镀锌板（HDG）（纯 Zn、ZnFe、ZnAl），7 种电镀锌板（EG），包括纯 Zn（预磷化）、ZnNi 和 ZnFe，在 ZnFe 和 ZnNi 顶部涂有薄 Fe 层的二层涂层板和含有 Zn、Cr 和 Cr-氧化物的三层涂层板,2 种富 Zn 涂层板,其中一种为在富 Zn 涂层下的具有 ZnNi 层的双涂层,各涂层板的特性和代号列于表 3-1,涂层的厚度、表面形貌和合金成分,列于表 3-2,涂层板的力学性能和硬度列于表 3-3,全部涂层板的基板都是低碳软钢板,厚度为 0.8~0.82mm。

表 3-1 实验所用的 Zn 涂层

涂层的描述	涂层重量/(g/m^2)	涂层厚度/μm	以下设定的代号
热涂锌层			
纯 Zn	62	9	HDG-Zn9μm
纯 Zn	132	19	HDG-Zn19μm
Zn-Fe 合金(Fe 11%)	60	8	DDG-ZnFe
Zn-Al 合金(Al 5%)	86	12	HDG-Zn5%Al
Zn-Al 合金(Al 55%)	103	27	HDG-Zn55%Al
电镀锌层			
纯 Zn+磷化	55	8	EG-Zn/Phos
Zn-Fe 合金(12%Fe)	26	4	EG-ZnFe4μm
Zn-Fe 合金(12%Fe)	68	9	EG-ZnFe9μm
Zn-Ni 合金(9%Ni)	51	7	EG-ZnNi
Zn-Fe 合金+带 Fe 薄层	26	4(3.2+0.5)	EG-ZnFe/Fe
Zn-Ni 合金+靠基体的 Fe 薄层	23	3(2.9+0.3)	EG-Zn-Ni/Fe
纯 Zn+薄的纯 Cr 层+薄的 Cr 的氧化物层	76	11(10.5+<0.2)	EG-ZnCr-CrO
高 Zn 涂层	—	13	ZRP
Zn 与 Ni 合金化(电镀层)+富 Zn 涂层	—	8(2.0+6.0)	EG-ZnNi/ZRP
参考对比材料			
冷轧钢板	—	—	CR

表 3-2 涂层类型和特点

涂层类型	涂层重量 /(g/m²)	涂层厚度	表面形貌		合金成分/%（质量）			
					Al	Fe	Ni	Pb
HDG-Zn9μm	62	8.7	1.3	7.1	0.24	3.0	<0.01	<0.01
HDG-Zn19μm	136	19.1	1.2	6.3	0.22	2.3	<0.01	<0.01
HDG-ZnFe	60	8.4	0.9	5.6	0.17	10.8	<0.01	0.12
HDG-Zn5%Al	86	12.1	0.6	3.3	5.2	4.2	<0.01	<0.01
HDG-Zn55%Al	103	27.4	2.2	11.4	53.1	4.1	<0.01	<0.01
EG-Zn/phos	55	7.7	2.4	12.5	—	—	—	<0.01
EG-ZnFe4μm	26	3.7	1.9	11.3		11.8	—	<0.01
EG-ZnFe9μm	68	9.5	1.3	7.4		11.8	—	<0.01
EG-ZnNi	51	7.1	1.2	6.3	—	—	9.0	<0.01
EG-ZnFe/Fe	26	3.2+0.5	1.3	7.1	未测			
EG-ZnNi/Fe	23	2.9+0.3	1.2	6.1	未测			
EG-Zn/Cr/Fe	76	10.5+<0.2	1.6	8.7	未测			
ZRP	—	13.0	2.7	15.6	未测			
EG-ZnNi/ZRP	—	2.0+6.0	3.2	20.3	未测			
CR	—	—	1.8	9.2	未测			

注：1. HDG-Zn5%Al 包含有少量稀土金属元素（REM）。
2. HDG-Zn55% 包含有 1.6%Si。

表 3-3 各板材的拉伸力学性能

涂层类型	板材厚/μm	$R_{p0.2}$/MPa	R_m/MPa	A80/%	n	$\bar{r}$	HV(15g)
HDG-Zn9μm	0.82	169	306	44	0.21	1.60	67
HDG-Zn19μm	0.70	178	307	43	0.21	1.55	55
HDG-ZnFe	0.66	169	289	39	0.19	1.44	284
HDG-Zn5%Al	0.68	176	300	39	0.21	1.55	97
HDG-Zn55Al	0.68	183	318	36	0.20	1.35	88
EG-Zn/phos	0.81	172	304	42	0.21	1.72	66
EG-ZnFe4μm	0.71	173	312	42	0.22	1.56	190
EG-ZnFe9μm	0.81	145	289	45	0.23	1.86	169
EG-ZnNi	0.74	183	322	39	0.21	1.76	307
EG-ZnFe/Fe	0.72	156	294	38	0.22	1.85	224
EG-ZnNi/Fe	0.70	162	312	41	0.21	1.60	199
EG-ZnCr/CrO	0.72	171	305	42	0.21	1.85	49
ZRP	0.70	184	320	40	0.19	1.73	—
EG-Zn-Ni/ZRP	0.71	167	311	41	0.22	1.69	—
CR	0.68	179	319	38	0.20	1.78	118

注：1. n 值为应变 10%～20% 时的测量值。
2. $\bar{r}$ 为 $1/4(r_0+2r_{45}+r_{90})$ 测量计算值。

涂层板的成形性试验有以下三种：深冲试验（用于评价涂层的脆性和失效前的最大深冲深度）；延展成形试验（用于评价涂层脆性）；对称拉延压边圈试验-Symmetric draw bead test（评价系数）。

涂层钢板的裂纹密度受涂层的化学成分、涂层厚度、涂层工艺等因素所影响；涂层硬度对最大冲压深度有重要影响，表面形貌则影响甚微；在这类试验中涂层表面形貌已严重变形，这就预示了 R_a 没有影响或仅有很小影响，替代深冲深度的是来自于涂层的剪应力产生的摩擦力，而这些剪应力是正比于涂层的硬度。拉延压边圈试验则表明：硬度对摩擦性能没有影响，R_a 是有条件地产生影响，金属间化物层可降低摩擦系数，此外多层涂层中在复杂的冲压成形试验中，不同的成形条件会有不同的摩擦机理同时存在，不同的实验方法、不同的接触压力、不同的变形模式、工模具材料以及润滑油都是影响涂层板成形的重要因素。由于试验条件不同，造成了不同作者试验结果的不同，难以进行比较。对这些影响因素也有进一步系统研究的必要，以弄清各种因素以及它们的复合对成形性的影响。

作为涂层黏附力的试验还有 60°V 形弯曲试验和双 Olsen 试验，以测量涂层板的抗剥落性能和成形性能，图 3-13 示出了 V 形弯曲试验时 GA 涂层板的重量损失和双 Olsen 试验时涂层重量损失之间的关系，两种实验结果具有良好的线性关系。

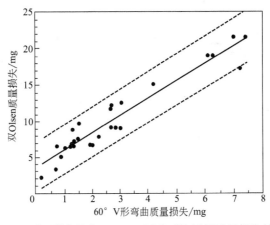

图 3-13　60°V 形弯曲和双 Olsen 试验时涂层板重量损失的比较

3.3.3　涂层板的耐蚀性

汽车涂层板必须具有良好的抗腐蚀性能。涂层板的耐蚀性与镀层成分、工艺、镀层结构、性能以及镀层厚度均密切相关；如果进行汽车零件腐蚀，则还和涂层板的成形性密切相关，和成形后最终涂层前的预处理等工艺密切相关。评价涂层板的耐蚀性通常采用实验室快速腐蚀和大气环境曝露腐蚀试验来确定，前者时间短，速度快；后者更接近于汽车的使用条件，更能表征涂层板的实际使用性能，但实验周期长。如何用实验室内实验代替室外环境曝露实验，以期在短期内求得实验结果，为涂层板设计、工艺改进、质量提高提供依据，一直是各国研究者关注的问题。瑞典 Volvo 公司实验室在这方面作了有益的探讨[11~13]，设计了专用的实验装备和实验方法，通过大量的实验数据对比和回归分析与处理，比较了不同涂层板的实验结果，提出了加速腐蚀的实验方法，评价了不同涂层板的耐蚀性，得出了一些有益的结果。例如：在文献[12]中曾用新开发的多因素室内腐蚀实验装置，对表 3-1 中所列的各类涂层板的耐蚀特性进行了试验比较；所用设备是一个特殊要求的"房间"，其内有 ppm 级的腐蚀立体组分，该房子被命名为"都市-Urban"，其瞄准目标城市的环境条件；然后选定相应的腐蚀立体参数和温度及湿度条件，以期得到与该城市中运输与行驶车辆的使用环境很好的相关性；在收集了大量的该城市环境数据与环境暴露腐蚀结果及室内腐蚀结果相关参量进行了各种数据相关性分析，从而建立了加速腐蚀方法，相关参量和结果可以十分近似地反映车辆在该城市中运行的腐蚀情况，以此方法对不同镀层板的腐蚀性能进行了对比试验，其试验气氛为：$0.5ppmSO_2+1.0ppmNO_2$，流动速度为：1mm/s，湿度为 90%；25℃ 4 周+35℃ 9 周，样品预处理：浸入 1%NaCl 溶液中，pH 值 4.0，24h，其他环境因子为：

① 浸入 1%NaCl，pH=4.0，1h，只是初始浸入；

② 冷冻/解冻，-33℃，不冷冻；

③ 干燥加热，70℃ 2h，室温 2h。

按②→①→③顺序，每周完成一个影响因子，经过 13 周的实验，检查相应结果，对于涂锌钢板（HDG-Zn9μm，HDG-Zn19μm，EG-Zn8μm，EG-Zn/phos，HGD-Zn5%Al，EG-Zn/Cr/CrO）具有良好的抗蚀性，在划线区也很少看到红锈，而 HDG-Zn19μm 其抗蚀性较好，比 9μm 有较大改进；纯 Zn 涂层的主要不足是具有作为阴极保护的过反应倾向，使得这类涂层表现出对涂层破坏暴露的相邻的钢基体损伤区的敏感性，从而使这种情况下的宏观锌腐蚀有很高驱动力；从纯腐蚀抗力角度，HDG-Zn5%Al 和 EG-Zn/Cr/CrO 比 HDG-Zn 并没有表现出有更高的优点，对于涂 ZnFe 的涂层板（HDG-ZnFe，EG-ZnFe4μm，EG-ZnFe9μm，EG-ZnFe/Fe）一个共同的特点是对涂层损伤相邻区域钢基体的涂层膜下腐蚀相当不敏感，阳极活性适度是开发这类材料主要目的之一。另一目的是希望在预处理过程中，在表面上产生一种具有更高碱性腐蚀抗力的 Fe-Zn-磷化物。涂层 EG-ZnFe/Fe 中的 Fe 涂层中更明显的意图也是促进这种化合物的生成，但这类涂层的水的阳极活性，可能会增长有害的侧边效应，会有少量的红锈生成在划线网格区，涂层越薄，则红锈形成的越多，但不同实验者和不同条件，其结果亦有区别，不尽然和这一规则相同；但 HDG-ZnFe 涂层对于宏观锌腐蚀的很低的阳极化作用是其他涂层所不具有的突出优点，这一优点也得到美国汽车制造者的青睐，另一个特点是这类涂层对于腐蚀条件变化所得结果的变化不敏感性。

Zn-Ni 涂层（EG-Zn-Ni）、EG-Zn-Ni/Fe 和 EG-Zn-Ni/ZRP，主要是为了降低该涂层钢的总体腐蚀，但并不必然会改进涂漆性能，部分特性和 Zn-Fe 涂层类似，并且仅从环境腐蚀角度 Zn-Ni 涂层的优点并不十分突出。

考虑到汽车零件制造时的加工工艺，如卷边、翻边和点焊等，文献[13]中提出了两种模拟试验，检测几种涂层板的穿孔腐蚀抗力，所得结果对于涂层板零件的加工工艺的制定和提高零件的抗穿孔腐蚀能力具有参考价值。

对不同涂层板的成形前后进行周期腐蚀试验（CCT），然后检测其腐蚀产物；其周期腐蚀试验（CCT）循环参量为：SST 5h→干燥 2.5h→HCT 2.5 为一周期，在塑性变形前电镀锌板的红锈区较高，ZRP（15μm）次之，表面涂有有机膜 Zn-Ni 镀层板最好（Zn-11-13%Ni，20~30g/m^2），200h 周期试验后，也无红锈出现；但在塑性成形后，ZRP 和 EG 表层白锈和红锈量相近；EG-ZnNi＋塑料膜（20g/m^2）基本无红锈生成，白锈仅为 25%；对各种合金镀层板（Zn-Al、Zn-Cr、Zn-Mg、Zn-Ni、Zn-Ti 等涂层板）的耐蚀试验表明：合金涂层板的耐蚀性高于纯 Zn 涂层板，这与合金涂层后的镀层电位更趋向正值有关，使得腐蚀速度下降。

美国 SAE 提出了涂层板的腐蚀抗力的评价方法 SAEJ2334：腐蚀抗力的 CCT 试验如图 3-14 所示，按这种方法评价结果与汽车试验具有良好的对应关系；这种方法所评价的锌基涂层板的腐蚀抗力结果示于图 3-15，最大腐蚀深度主要取决于总的涂层重，即涂层厚度增加，腐蚀抗力增强，显然，这是在保证涂层结合力的前提下。

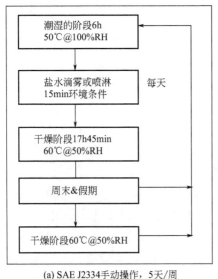
(a) SAE J2334 手动操作，5天/周

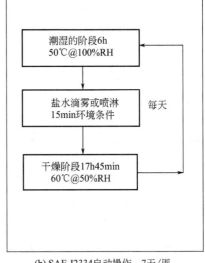
(b) SAE J2334 自动操作，7天/周

图 3-14 SAE J2334 的腐蚀抗力的 CCT 试验

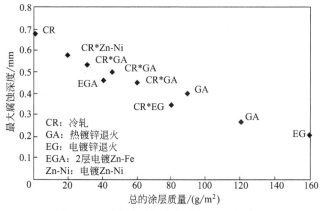

图 3-15 最大腐蚀深度与涂层重量的关系

3.3.4 涂层板的点焊性能

点焊性是汽车钢板的基本性能之一，作为汽车内外板和车身骨架，在冲压成形之后，其基本的制造和装配的连接方式就是电阻点焊，一个车身平均有 3000~6000 个焊点，因此要求汽车镀层板应具有良好的点焊性，包括点焊后的连接强度、疲劳强度以及对点焊电极的磨损等。目前，镀层板的应用已经较多，今后为改善汽车覆盖件的形貌和腐蚀抗力，其用量会进一步增多，了解涂层板的点焊特性将尤为重要。

冷轧裸板的点焊参数是车身制造商大量经验积累后制定的，对于镀层板，则由于电阻的变化，这些参数必须进行改变，其次是由于 Zn 层存在，产生的问题是降低了电极寿命。

(1) 点焊工艺确定和影响因素

在确定点焊工艺时，一方面优化焊接参数，另一方面减少电极寿命损失。文献[14] 中曾研究了焊接参数：焊接电流密度（I）、两电极之间的压力（F）以及焊接时间（t）对焊接质量的影响，图 3-16 示出了焊接工艺参数与焊接质量的示意图（又称可焊接性肺叶图，图内的曲线形似肺叶），当设定焊接时间和电极压力，则焊接者所首要的预确定的参数——焊接电流的强度范围，就可由图 3-16 电流强度坐标给出［电流强度的下限（左边线）］，其选定依据为，金相观察时焊接核很小，在剥离试验或拉伸实验之后，点焊的"钮扣"很小；电流强度的上限可通过不同方式确定，或者根据液钢溢出的观察结果，也可根据由膨胀曲线所显示的上部电极的典型的崩溃来确定（见图 3-17），通常当电极为 6mm 时，其点焊"钮扣"为 4mm，确定其电流下限，而上限电流则依据所测定的膨胀曲线来确定。

镀 Zn 板组合装配情况也对点焊性能产生影响，图 3-18 示出了交界面一个 Zn

层和二个锌层的点焊性"肺叶"图；可以看出，在这两种情况，由于 Zn 层的存在，产生电流密度下降，而导致一个较高的电流水平，但电流升高值不超过 10%。

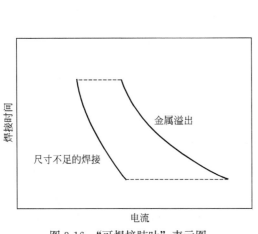

图 3-16 "可焊接肺叶"表示图

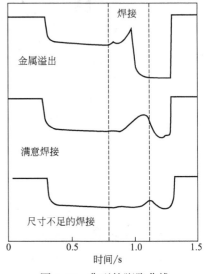

图 3-17 典型的膨胀曲线

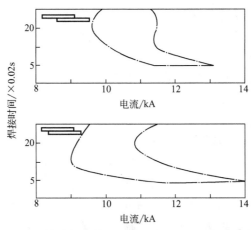

图 3-18 MONOGAl 镀层板可焊性"肺叶"图（$F=2.5kN$，板厚 0.9mm）

压制质量对点焊焊接工艺参数也有明显影响，在电极压力的通常应用的范围内，随电极压力增加，而点焊电流的范围增加；相反，如果电极力量不足，则电流范围将变得太窄。在板材装配时，可能有两种情况，使电极力变得太低；一是达到给定压力需要时间，如时间不足，点焊时将是在压力增加的过程中进行；二是在零件冲压成形时会发生回弹现象，这会在零件组装成部件时产生不良的调校组合，并产生降低电极压力的附加应力，这些均需提高附加的电极压力和增加压制时间。

点焊裸钢板时,为了得到大量的点焊点而不需调整电流强度,希望存在一个很宽的可焊性"肺叶";而电极磨损会诱发电流密度下降。在涂锌板焊接时,涂层厚度的波动也会影响点焊质量。一般涂层厚度波动可达 10%~15%,在电极压力为 3kN 的情况下,两种不同 Zn 层厚度的点焊性"肺叶"图示于图 3-19,图中画出了两个极端情况,处于中间 Zn 层厚的点焊性"肺叶"图没有示出;从该图可以看出,涂 Zn 层厚度增加导致点焊电流水平增加;但电流范围呈非对称的降低;实验表明,对于单边 Zn 层厚度 $10\mu m$/边,焊接时间 $12/60=1/5s$,则电流对 Zn 层厚的回归斜率分别为 $90A/\mu m$(对于下限电流)和 $40A/\mu m$(对于上限电流),即对于下限电流,每增加 $1\mu m$ 锌层厚其增加值为 90A,而对于上限电流则为 40A;对参照的电流范围为 1500A 时,这种变化是很小的,甚至可以忽略。

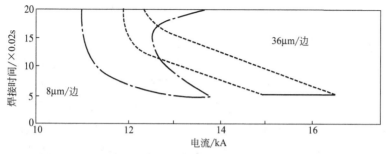

图 3-19 不同 Zn 层厚的涂锌板可焊性"肺叶图"($F=3kN$)

(2) 点焊电极的磨损和延寿

点焊时磨损是通过 Zn 扩散进入到铜电极中,通常会在电极顶部形成黄铜;焊接点越多,电极也越倾向于破断,并趋向蘑菇形,增加了电极端部的直径,降低焊核大小,最终降低其使用寿命。图 3-20 给出了电极表面的各元素含量(Zn、Fe、Al、Cu)和焊点数之间的关系,焊点在 300~500 个时,各元素含量达到稳定和平衡。

在文献[15]中曾详细研究了热浸涂锌板焊接时的电极磨损机理,仔细观察得到如下情况:在一次点焊后,锌即黏附到电极表面;Zn 广泛地渗入 Cu 电极中,从而形成了一系列不同含锌量的黄铜;电极截面化学成分分布的不一致性,同一电极,部分面积完全没有锌渗透,仅有非常少的外来材料黏附到自由表面,而另一部分面积则在表面上形成大量 Zn-Fe 合金的大量集合;且 Zn 大量渗入到电极中;Cu 沉积到点焊的焊点上,即 Cu 从电极表面失去而黏附到焊点上。基于这些观察到的事实,提出了涂 Zn 板点焊时电极磨损的机理可以描述如下:①Zn 粘附到电极表面,甚至在第一个点焊点或单个焊点后就黏附上去;②黄铜化或电极表面焊到工件上。当作一个指定的点焊时,电极将局部地束缚到工件上,这种情况或者是通过利用低熔点的锌作为黄铜材料,或者通过直接的电极表面与钢板基底的压制焊接。在

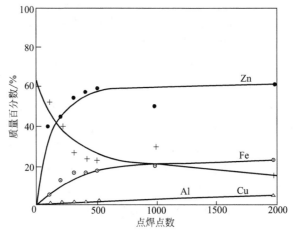

图 3-20 在电极表面 Zn、Fe、Cu、Al 的含量和焊点数之间的关系

电极高度磨损或非常低的磨损时会观察到这一现象,并称为电极"烧结"。③在电极尖部"回缩"❶时,Cu 和 Cu-Zn 合金被机械去除。如果在焊接中电极表面出现"烧结",则电极尖部的"回缩"将导致电极表面材料的去除,这种现象正如在镀 Zn 板焊接时,焊点表面常出现一些 Cu 即是最好的证据。④电极表面的边部和表面中心。电极表面的边部是电流和应力集中的面积,这很显然,在临近边部的电极磨损远快于中心,电极表面上的不连续性,如剥落、裂纹将使磨损加剧,SEM 观察结果证实了这种不同的磨损情况和上述的机械的去除部分相吻合,即一些部分严重的锌渗入,另一部分没有锌渗入,而有锌渗入材料先易去除剥落,而电极的纯铜部分并不易去除,从而导致不同的剥落磨损。⑤电流水平的影响。对于镀锌板点焊时往往要求较高的电流水平,这也会影响电极磨损的速率,较多的电流密度会在电极表面产生更高的热,从而加速表面的磨损和剥落。

如果镀层板的热浸镀锌板+预铁磷化,那么就可以降低点焊时的电极磨损,这时焊接电流可以下降,在电极表面会建立 Fe-P/Fe-Zn 层,被涂上铁-P 的电极表面会降低对 Zn 的润湿性,从而使 Zn 在电极表面上黏附困难,这些均有利于降低电极的表面磨损[16~19]。

福特公司在选定合适的焊接工艺后,曾对涂锌板进行了 2000 个焊点的工业性试验,在 20 个/min 的最小焊接速率下,2000 个焊点中焊接参数不发生改变,电流强度和焊点大小和电流波动基本不发生改变(在 2000 个焊点内)。

电极温度是点焊的重要参数,它会影响 Zn 在 Cu 中的扩散速率,因此影响

---

❶ "回缩"一词的英文原文为 retraction,即电极尖部因点焊粘附到工件,产生电极磨损或加工而使尖部缩短的现象。

电极寿命。在上电极中钻一个孔，插入一套管热电偶即可测量电极温度；测量结果表明，点焊裸板的发热比涂锌板大，这与 Cu 和钢之间的电阻大于 Cu 和 Zn 之间的电阻有关；在相同的电流水平下，电极加热将随锌层的厚度增加而降低，通过增加电极顶部直径，可能降低电极发热。

综上所述可以得出：焊接涂锌板的焊接电流必须提高，在交界面为单层镀锌板进行焊接装配时，其焊接电流水平最高；一般焊涂锌板时，电流范围应大于 1500A；电极压紧力要大些，压紧时间应更长些，涂层厚度波动对可焊性"肺叶"形态几乎没有影响，在合理的工艺条件下，电极寿命可大于 2000 焊点，为提高电极温度，可适当增加电极尖部直径。

文献[3] 中指出：GA 板的点焊性类同于 Zn-Ni 镀层板，而优于 GI 板和 EG 板；而 EG 板和 GI 板的点焊性均随涂层厚度增加而变差，GA 板的点焊性随涂层中 Fe 含量增加而改善。

美国福特汽车公司对涂 Zn 板的焊接规定列于表 3-4，供参考。

表 3-4 美国福特汽车公司对涂 Zn 板的焊接规定

压紧时间/s	1
焊接时间/s	1/5
保持时间/s	1/12
电极夹紧力/kN	2.67
冷却水流速度/(L/min)	3.78
冷却水流温度/℃	21
焊接速度/(焊点/min)	17

对包含有不同 Fe 含量的 GA 涂锌板的点焊性进行了研究，涂层及基板的相关参量列于表 3-5，点焊工艺（电流、电极寿命等参数）见图 3-21。

表 3-5 具有各种铁含量的涂锌板的点焊性

钢板代号	A	B	C	D	E	F
基体钢板类型	IF	IF	IF	IF	IF	AKDQ①
钢板厚度/mm	0.69	0.68	0.78	0.85	0.77	0.80
涂层类型	HDGA	HDGA	HDGA	EGA②	HDGA	HDGA
涂层重量/(g/m²)	40.9	44.2	46.5	41.9	52.6	43.9
C(钢基体板中)	0.0026	0.0025	0.0022	0.0046	0.0027	0.04
Ti(基体钢板中)/%(质量)	0.019	0.019	0.015	0.056	0.029	—
Nb(基体钢板中)/%(质量)	0.018	0.019	0.016	—	0.019	—
Fe(涂层中)/%(质量)	7.60	10.40	11.00	11.95	8.3	15.2

① 铝脱氧质量钢。
② 电镀锌板（电镀 Zn+退火）。

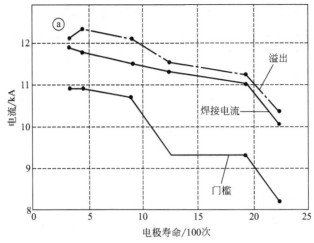

图 3-21　具有不同铁含量的 GA 板的点焊性（具有较高铁含量的涂层有更好的点焊性）

(3) 点焊焊点的失效模式

点焊的失效模式有纽扣拔出（Button Pull-out——BP）、部分界面开裂（Partial Interfacial Fracture——PIF）、焊核部分厚度断裂（Partial Thickness Fracture——PTF）、全部界面断裂（Full Interfacial Fracture——FIF），失效模式示意见图 3-22，界面断裂和纽扣拔出模式见图 3-23。

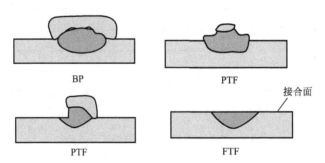

图 3-22　点焊失效模式示意

点焊冲击试验中也有不同的断裂模式，相对应的断裂性能有极大的差别，点焊冲击试验在双摆锤试验机上进行，冲击试验机与试验样品见图 3-24，点焊冲击断裂模式与冲击吸收能的关系见表 3-6 和图 3-25 所示。

表 3-6　点焊冲击断裂模式与冲击吸收能的关系

试样编号	被动角/(°)	主动角/(°)	能量（读取值）/J	能量（计算值）/J	失效模式
1	75.5	48.5	7.1	7.7	交界面分离
2	76.0	47.5	9.9	12.2	纽扣拔出
3	48.5	36.0	107.6	111.2	基体撕裂

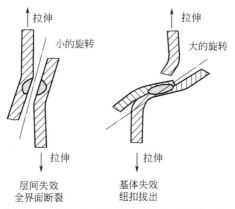

图 3-23 全交界面断裂和纽扣拔出模式示意

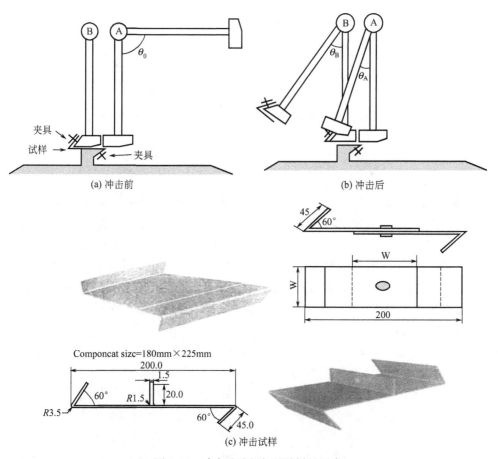

图 3-24 冲击试验机与试验样品示意

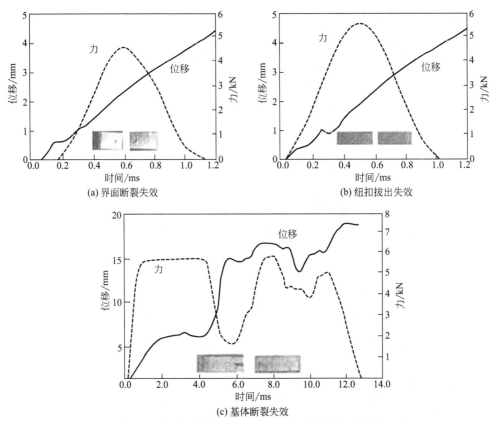

图 3-25 点焊冲击断裂模式与冲击吸收能之间的关系

电阻点焊的缺陷有焊核空洞、焊核收缩和焊核的凝固裂纹,它们的形成原因为保持时间较短,特别是板材较厚时更易出现;还有一种缺陷是液体金属脆性(Liquid Metal Embrittlement——LME),这类缺陷多出现在镀层板中,主要是由于不正确的焊接工艺设定和操作,例如过热或端部错排,图 3-26 为两种类型钢 HSLA 和 DP600 的 GI 板的液体金属脆性裂纹。电阻点焊各类失效模式可通过剥离试验、拉伸剪切、十字拉伸、凿剪试验、冲击试验、疲劳试验、撕裂试验来进行检测和评价。

焊核尺寸是引起全交界面断裂失效最重要的因素;如果焊核尺寸大于或等于给定材料的最小纽扣尺寸,且焊接点为固态,不论基体金属的强度为多大(例如 MS1300),我们可用任一点焊试验方法(部分厚度断裂 PTF 和保持时间敏感性除外)都可得到纽扣拔出失效模式。当点焊的焊点为固态且无保持时间敏感性时,焊核尺寸则是引起部分界面断裂失效的最重要因素;如果材料具有保持时间敏感性,则液体金属脆性(Liquid Metal Embrittlement——LME)会加速部分界面断裂失效[25]。不同方法计算的临界焊核直径与板材厚度的关系如图 3-27 所示[26]。

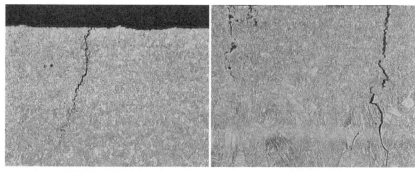

图 3-26 两种类型钢 HSLA 和 DP600 的 GI 板的液体金属脆性裂纹

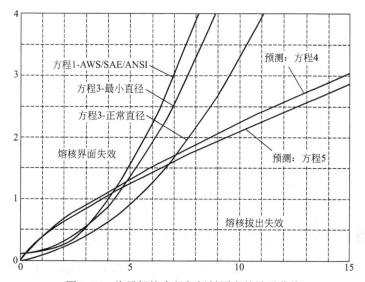

图 3-27 临界焊核直径与板材厚度的关系曲线

方程 1：$d=4\sqrt{t}$；方程 2：$d=0.69(1.65t-0.007)^{1/2}$；方程 3：$d=0.86(1.65t-0.007^{1/2})$；方程 4：$d_{cr}=3.14t^{4/3}$；方程 5：$d_{cr}=3.65t^{4/3}$

不同钢种部分厚度断裂宏观断口形貌见图 3-28；DP600 部分厚度断裂的断口表面见图 3-29；DP600 部分交界面断裂的焊核剥离后的断口形貌见图 3-30；点焊后液体金属脆性宏观断口形貌见图 3-31。

对各类高强度钢和先进高强度钢点焊试验及其结果分析可得出以下结论。

① 普通钢板的典型焊接工艺可用于先进高强度钢。
② 一般来说，先进高强度钢的工艺窗口比普通高强度钢较窄。
③ 普通高强度钢中出现的点焊缺陷，在先进高强度钢点焊后也同样存在。
④ 先进高强度钢焊接时，不同焊接工艺需采用更低的热输入。

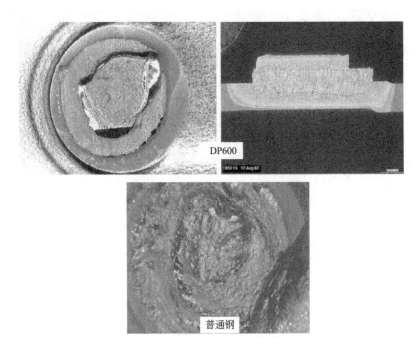

图 3-28 不同钢种部分厚度断裂断口形貌

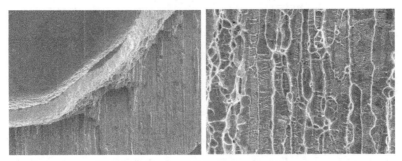

图 3-29 DP600 部分厚度断裂的断口表面

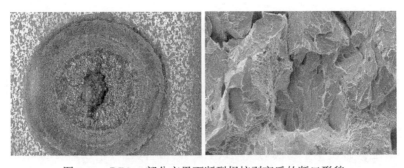

图 3-30 DP600 部分交界面断裂焊核剥离后的断口形貌

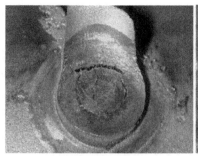
HSLA-GI剥离试验

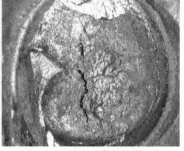
HSLA-GI实际汽车构件撕裂试验

图 3-31 点焊后液体金属脆性宏观断口形貌

⑤ 由于先进高强度钢与普通高强度钢的化学成分、材料性能和工艺有所不同，所以普通高强度钢的焊接工艺用于先进高强度钢焊接时应做适当的调整。

⑥ 先进高强度钢点焊的静态和冲击性能优于普通高强度钢，见图 3-32。

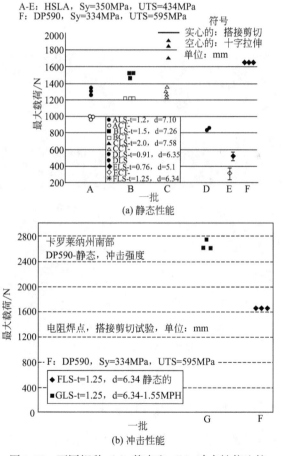

图 3-32 不同钢种（a）静态和（b）冲击性能比较

⑦ 只要焊接工艺恰当，先进高强度钢点焊的疲劳性能与普通高强度钢相当（如在低应力区或在疲劳极限处），甚至更好（高应力区），见图 3-33[27]，图中所示的三种高强度钢为 VAN-QN（80）、V-N HSLA 和 SAE 1008，点焊的疲劳强度分别为 2.99MPa、2.59MPa 和 2.59MPa；DP600 GA 板疲劳试验断口形貌见图 3-34，也表明了先进高强度钢点焊后的良好的疲劳性能。

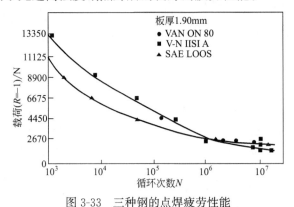

图 3-33　三种钢的点焊疲劳性能

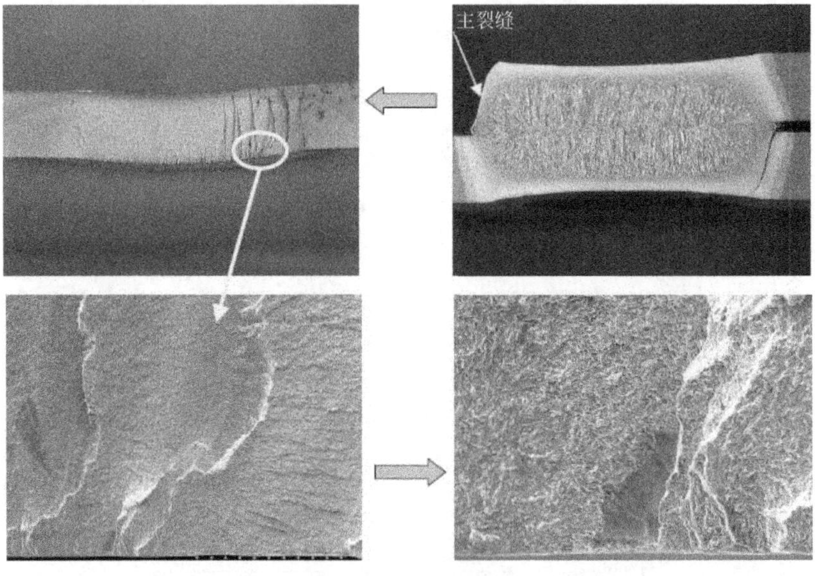

图 3-34　DP600 GA 板疲劳试验断口形貌

[最大载荷 1047.61 lbs（1 lbs＝0.4532kg），最小载荷 251.43 lbs，循环次数 2271000 次]

3.3.5　涂层板的表面处理与油漆特性

涂层钢板的表面处理特性和油漆性能既影响到涂层板的表面耐蚀性，也影响到表面的外观，磷化是涂漆前的重要工序，磷化处理是重要的表面处理，并可用涂层重量及表层所形成的磷化物的晶体的形状、大小、进行表征，文献[11] 中用两种方法进行表面处理：喷淋和浸入，这两种方法在汽车生产线中都存在，对阳极磷化（EC-coat）和全部的涂层系（4 层涂层）的涂层板进行了环境腐蚀检测，结果表明，不同涂层板的锈蚀抗力无明显区别，石头碎片抗力亦无明显不同，但腐蚀抗力随涂 Zn 合金层和涂 Zn 层的厚度增加而增加；实验所用的各种涂层板表面处理首先进行碱水洗去油，然后进行阳极磷化（喷淋和浸入）。各涂层的厚度为：EC-coat 涂层为 $18\mu m$，表面涂层为 $43\mu m$，封闭涂层为 $20\mu m$，顶部涂层为 $37\mu m$，总的涂层厚度为 $120\mu m$。

经磷化表面的 SEM 照片示于图 3-35～图 3-37；以磷化表面的晶体大小和覆盖范围作为磷化层的粗略的表征，试验有关数据列于表 3-7。

表 3-7　不同类型涂层板磷化层的特征参量

涂锌板的名称	晶体大小/μm		覆盖情况	备注
	浸泡	喷淋		
HDG-Zn9μm	20	50	中等覆盖	
HDG-Zn19μm	20 平滑表面	90	全部覆盖	
HDG-ZnFe	15	20 粗糙表面小块状晶体	全部覆盖	
HDG-Zn5％Al	20	20 磷化物晶体平行表面取向	低部覆盖	
HDG0Zn554％Al	几个晶体	无晶体	—	
EG-Zn/phos	5	5	全覆盖	
EG-ZnFe4μm	20	50	全覆盖	
EG-ZnFe9μm	20	50	全覆盖	
EG-ZnNi	30	20	全覆盖	
EG-ZnNi/Fe	15	15	全覆盖	明显块状晶体
EG-ZnNi/Fe	15	15	全覆盖	明显块状晶体
EG-Zn/Cr/CrO	无晶体	无晶体可见		
ZRP	在裸露的 Zn 粒子上只有几个磷化物晶体			
EG-ZnNi/ZRP	在裸露的 Zn 粒子上只有几个磷化物晶体			
CR	30	40	全覆盖	

对涂层油漆后的石头碎片冲击试验和环境腐蚀试验结果表明，所比较的不同镀锌层和不同表面处理其石击和环境腐蚀性能无明显差别，尽管这些涂层的合金成分和表面形貌不同，但性能区别不大。HDG-Zn-Fe 则比热镀 Zn 和电镀 Zn 性能更好，但应解决 HDG-Zn-Fe 材料在 EC-涂层工艺中产生的个别表面缺陷。环境腐蚀实验结果还表明，划线腐蚀变宽的量与 Zn 层或 Zn 合金层的厚度呈线性关系，即随层厚增加而腐蚀宽度变小，这给出了根据不同板材承受的腐蚀载荷和环境条件进行调整材料抗蚀能力的方法。

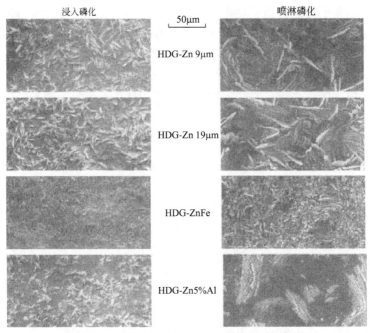

图 3-35 不同类型涂 Zn 后钢板磷化的表面形态

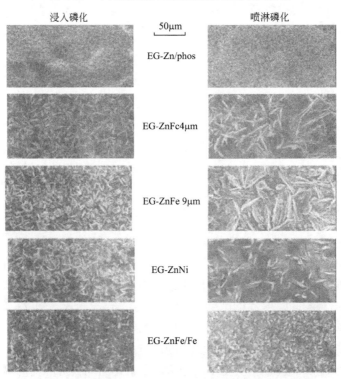

图 3-36 不同类型涂 Zn 后钢板磷化处理后的表面形态

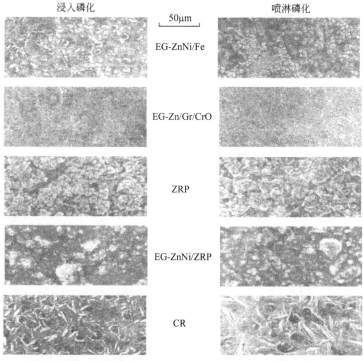

图 3-37 不同类型涂 Zn 后钢板的磷化处理的表面形态

文献[3] 研究得出：磷化物晶体形状、大小以及 P/H 比值 (P-Phosphophyllite，H-Hopeite) 均会影响涂层的黏结力，EG，GI 涂层板比 GA 板有更高的碎片冲击抗力，EC-coat 的液槽温度，溶剂的体积电压均会影响到 GA 板表面处理时的针孔形成；小的磷酸盐晶体、高的 P/H 比，均有利于改进镀层板的涂层后的划线腐蚀抗力和碎片击抗力；GA 板上的不规则表面可能导致局部高的电流密度，从而导致 EC-coat 后表面的针孔形成。

对于汽车外板应用的表面必须是高质量的，不允许存在任何表面缺陷，如褪色或颜色不均、杂质或渣子、裂片、斑状鳞片、合金变异等；这些缺陷不仅影响到车身外板制件的腐蚀性能[20~23]，还会影响到涂层的美观和亮丽，作为汽车外板，不仅要求无缺陷，同时还要求表面形貌，即德国标准中"05"板，冷轧辊表面经过毛化处理，其毛化方法有喷丸毛化、电火花毛化、激光毛化、电子束毛化，用可见形貌指数评价板材涂漆质量：

$$AI = 0.15 \times R20^0 + 0.35 \times DOI + 0.25 \times NSIC^* + 0.25 \times NSIC \quad (3-1)$$

式中，$R20^0$ 为镜面反射强度，表征漆面光泽性；DOI 为镜面反射宽度，表征漆面鲜映性；NSIC 为图像畸变，表征漆面鲜映性；$NSIC^*$ 为图像反差损失。对于汽车板涂漆 AI 值要求大于 80。

对经不同表面毛化方法（喷丸、电火花、电子束）的 CR、EG、GI、GA 板的涂漆后的形貌指数 AI 与钢板毛化方法、表面形貌和结构的统计分析表明，AI 与板材表面波纹度 WCA 相关，波纹度小的油漆表面质量好，经喷丸和电火花毛化的钢板 AI 与表面粗糙度相关，粗糙度在一定范围内则油漆质量较好，但电子束毛化板，其 AI 与粗糙度无关，仅与波纹度相关。对于不同的汽车外板的表面粗糙度 R_a 和波纹度 WCA 以及单位长度峰值数均应提出具体要求，由于表面形貌还会影响到成形性，在确定这些具体要求时应考虑零件对板成形性的要求。

3.4 涂层板在汽车工业中的应用

随着汽车工业的发展，汽车防腐性能要求的提高，镀层板用量越来越大。目前 C 级车几乎全用镀层板，而 A 级和 B 级车其外板也大部分开始用镀层板；当前全世界镀层板生产线已达 400 多条，而一半以上是在 20 世纪 80 年代后期建设的；这与汽车厂家对汽车板耐蚀性能要求是密切相关的，如加拿大 80 年代提出涂装防腐期要求为 1.5 年，穿透性腐蚀为 5 年，车身结构件腐蚀穿孔为 6 年。目前北欧和美国提出 10 年无穿孔腐蚀，5 年车身内板无穿孔腐蚀；日本则为涂装腐蚀和穿孔腐蚀期分别为 6 年和 10 年。而达到这一目标的有效手段是采用镀层板，如奥迪几乎采用 100% 的镀层板，大部分 C 级车用镀层板量高达 70%～80%；工业发达国家用镀层板的量达到钢铁总产量的 10%～15%，占冷轧板量的 70%～80%。

美国于 1975 年将批量生产的热镀锌板用于汽车制造，1985 年用量逐步加大；据防腐性能要求，先后又开发和生产了双面差厚镀锌板和厚层镀锌板，为提高其镀层板的结合力、耐蚀性及焊接性能与涂装性能，在镀层线上增加扩散退火线，形成 Fe-Zn 合金镀层；并可减薄镀层厚度，达到同样防腐性能；近年来还开发了富碳镀锌板，以进一步改善冲压成形性和可焊性。欧洲白车身用镀层板构成和用量增长情况见图 3-38。欧洲、美国、日本白车身的结构件和覆盖件应用镀层板均超过 90%，美国镀层板应用的类型有 GI、GA、EG、EGA、Zn-Ni 和其他

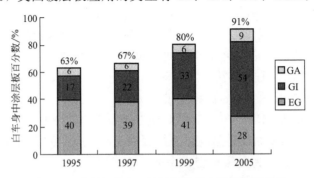

图 3-38 欧洲白车身用镀层板构成和用量增长情况

预处理涂层板；日本有 GA、EG、EGA、Zn-Ni、Fe 或 Fe-P 闪光涂层 GA 和其他预处理涂层板；欧洲有 GI、GA、EG 和其他预处理涂层板。

为提高其耐蚀性，20 世纪 70 年起，各国先后研发了合金镀层板。美国伯利恒钢公司的 Al(55%)-Zn(43.5%)-Si(1.6%) 的合金镀锌板，腐蚀性能较普通镀锌板提高 2~6 倍，而且还耐高温腐蚀；为解决油箱用耐蚀板，开发了热镀铝和热镀铝合金板，再经铬酸盐纯化处理，最后再涂覆有机复合树脂，复合镀层板大大提高了油箱寿命；为解决汽车消声器用的耐热耐蚀板，开发了热镀铝及热镀铝合金板，大大改善了消声器的耐蚀性和寿命。

20 世纪 70 年代后期，电镀锌板逐步大量被汽车制造业采用，和热镀锌板相比，电镀锌板的镀层厚度更易控制，且镀层更均匀，表面质量更好，更适合于作汽车外板，在镀层工艺过程中，对基板组织不发生影响，因此不改变和影响钢板的成形性，并具有良好的点焊性；为适应汽车制造业的需求，先后出现了单面电镀锌板、双面差厚电镀锌板等，为了改善电镀锌层的结合力和耐蚀性，以及减薄镀锌层的厚度，开发了合金电镀锌板，如电镀 Zn-Ni 和 Zn-Fe 板，亦有 Zn-Ni 打底，表层为电镀 Zn-Fe 的复合镀层；还有采用两次电镀 Zn-Ni 的镀层方法，即第一次电镀 Zn-Ni 后，进行碾压、氧化，然后再电镀 Zn-Ni，其镀层性能更好。镀层减薄，可以减少镀锌层时间，并可减少冲焊车间的焊接时的锌蒸气对环境的污染，同时亦可改善冲压性能和成形性，是现代汽车镀层板的发展方向。

作为汽车外板，电镀锌层具有比热镀锌更好的外观，光洁度也优于热镀锌层，油漆后的镜面也优于热镀锌层；但也有研究者认为，由于电镀锌板的表面光洁度好，因此与油漆的结合力将逊于热镀锌板；也有研究者建议，用热镀锌板打底，再用电镀锌表层，以吸收两者的优点。

据不完全统计，世界上当前镀层板的产量已超过 1 亿吨，且还有增长趋势；我国武钢、宝钢、鞍钢与蒂森克虏伯公司合资的 Tagol 大连工厂、本钢、攀钢等都建了镀层板生产线，其设备大多引进国外知名公司，广东也与日本 JFE 公司新建有镀层生产线，并已投产。对于热镀 Zn-Fe，电镀 Zn-Ni 等高档次合金镀层板，大部分仍在进口。浦项公司在广东顺德建有年产近 50 万吨的镀层板生产线，已于 2013 年 4 月正式投产。为适应中国汽车工业发展需要，宝钢镀层板发展很快，建有热镀锌板生产线 6 条，可以生产 1550、1800、1730 和 2030 等各种规格的热镀锌板，电镀锌板生产 2 条，可以生产 1550 和 2030 两种规格的电镀锌板，1420 电镀锡板生产线 1 条，热镀铝锌、热镀铬铁生产线各 1 条，彩涂线 2 条。目前可以生产热镀锌产品（热镀纯锌 GI、热镀锌铁合金化 GA、热镀铝锌 AZ），电镀锌产品（电镀纯锌 EG、电镀锌镍合金化 Zn-Ni），电镀锡产品（电镀锡 ETP、电镀铬铁 TFS），彩涂产品（普通聚酯、硅改性聚酯、高耐蚀聚酯、氟碳），预处理产品（钝化、无铬钝化、磷化、耐指纹、自润滑)。宝钢近年来生产表面处理钢板的情况见图 3-39，各类镀层板产能见表 3-8，宝钢镀锌板种类和强度级别见表 3-9，目前宝钢镀层板的品种和质量已基本满足汽车工业要求，宝钢镀层板的迅速发展从一个侧面反映了中国汽车工业对镀层板的需求。

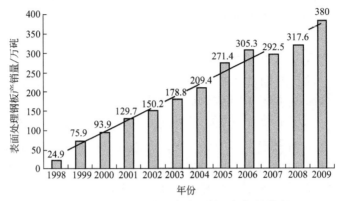

图 3-39 宝钢近年来生产表面处理钢板的情况

表 3-8 宝钢各类镀层板的产能

机组类别	热镀锌	热镀铝锌	电镀锌	电镀锡	TFS	彩涂	共计
数量	10	2	3	5	1	3	24
产能	295	50	85	90	20	55	595

表 3-9 宝钢镀锌板种类和强度级别

类型	涂层	级别	TS/MPa							
			270	340	370	390	440	590	780	980
Mild	GI/GA/EG/AZ	CQ	○							
	GI/GA/EG/AZ	DQ	○							
	GI/GA/EG/AZ	DDQ	○							
	GI/GA/EG	EDDQ	○							
	GI/GA/EG	SEDDQ	○							
HSS	GI/GA/EG/AZ	CQ		○	○	○	○	○		
	GI/GA	DQ		○	○	○	○			
	GI/GA/EG	DDQ		○	○	○				
	GI/GA/EG	BH		○	○	○				
AHSS	GI/GA	DP						○	○	○
	GI/GA	TRIP						○	○	

注：○表示可供产品。

目前热冲压成形的镀铝硅合金板和纳米镀锌板在中国尚属空白，这类产品主要从法国阿赛洛米塔尔和韩国浦项进口，汽车安全件和高防腐性的超高强度热冲压成形件的发展很快，据不完全统计，中国热冲压成形生产线超过 50 条，按每条生产线年产 60 万～80 万件计算，每件平均重量为 3.5kg，材料利用率为 60%，需要热冲压成形钢板 19 万～24 万吨，实际用量远大于这一数字，正是看中这一商机，阿赛洛米塔尔和华菱钢铁合作在娄底建设热冲压成形钢板生产线，以满足中国热冲压成形对镀层板的需求。

3.5 不同镀层板的性能和未来的发展趋势

电镀 Zn-Ni 合金板比电镀 Zn 板具有更高的耐蚀性，尤其是 Ni 含量 10%～15% 的合金镀层（通常为 Zn-13%Ni 防腐效果最佳），较纯 Zn 镀层其对道路防冻盐的耐蚀性高 6～10 倍；中国汽车工业正在走向世界，出口量日趋增多，这类合金板也将会大量应用。Zn-Ni 合金板的高耐蚀性与合金镀层的电极电位与铁的电位差缩小，腐蚀减缓；同时，也与 Zn-Ni 合金镀层为单一稳定的 γ 相时容易纯化等因素有关。

热镀 Zn-Fe 是另一种较好的合金镀层，由于一般大锌花的镀层板对油漆的附着力较差，目前已生产的镀锌板系无锌花和小锌花热镀锌板；大大提高镀锌板的油漆附着力，而热镀 Zn-Fe 板（镀锌板加退火处理生产）则对油漆附着力更好，且镀层和基体的结合力也更好，在汽车上的应用也越来越多，甚至成为代替电镀 Zn 板的主导产品。热镀 Zn-Fe 板的涂装后的耐蚀性、可焊性及涂漆附着力、切边部位的耐蚀性、加工性等均较优良。

为进一步改善镀层板的抗蚀性和油漆附着性，在涂漆前，对镀层板进行铬酸盐纯化处理，纯化膜不仅具有物理阻隔作用，同时膜中六价铬还有缓蚀作用；尤其是在潮湿环境下，六价铬会缓缓渗出，对破损镀层提供自愈合的防护作用[23,24]。由于六价铬为有毒化学成分，而研发了一种有机聚合物-硅酸盐组成的汽车专用薄膜预涂层钢板，这种涂层与六价铬性能相当，通过有机树脂的阻隔作用和无机化合物的自愈合作用达到提高耐蚀的目的。

图 3-40 和图 3-41 示出了的镀层板的工艺流程，包括了以上处理的一些工序和相关技术[3]，这种合金镀层板外加有机薄膜涂层的钢板，已在美国和日本及韩国 POSCO 钢公司生产。日本钢公司开发的一些产品有：日本钢公司 Zinkote-Zi（EG），日本钢管公司（CEO-FRONTIER Coat（EG. G1），川崎制钢公司 Riv-erzicfc（EG, G1），佳友金属工业公司 Sumi Zinc neo coat（EG）,神户钢公司 Kobe zic greencoat GXCEG G1），新日铁公司 Moonstar zinc ZC CEG）等。

为解决汽车工业发展中所遇到了一些问题如油耗、排放和安全等，汽车轻量化是各国汽车工业研发的重要课题，其中有效解决轻量化而又保证汽车安全碰撞

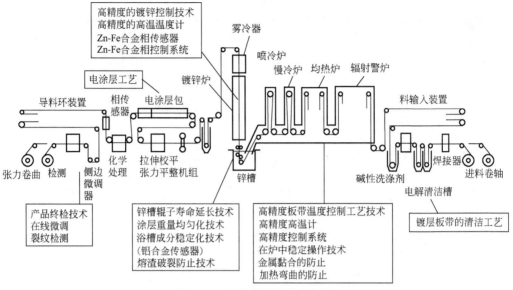

图 3-40 连续热镀锌板生产线

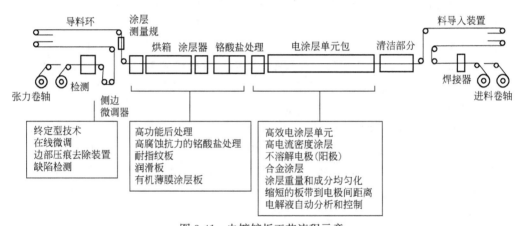

图 3-41 电镀锌板工艺流程示意

法规的重要材料或者首选材料就是高强度钢板和先进高强度钢板,而热处理双相钢、TRIP 钢和复相钢等,可以在热镀锌上完成,因此,在合金镀锌板中,除了 IF 钢、CS 钢、DS 钢、DDS 钢、EDDS、BH 钢、增磷钢、HSLA 钢、C-Mn 钢,还有新近开发的 GA/GI 先进高强度钢(AHSS)DP 钢、预处理的预磷化的镀层板、无掩蔽的 GI 板、低 Zeta-GA 板以及夹层阻尼钢板等;特别是低 Zeta-GA 板,其冲压成形性超过一般 GA 板,具有好的可焊性和涂装性能,可在常规的 CGL 线上,以特殊的 GA 循环工艺生产低 Zeta GA 板。这类板可以应用于车身外板、车身内板、门内板、门外板、后举升门等构件;预磷化的 GA 板,比低

Zet-GA 板具有更好成形性，具有很好的可焊性和涂装性能，这类镀层板广泛用于车身内、外板、门内外板和后举升门等构件，预处理镀层板，这种板材先进行预处理＋Bona Zine 处理，经这种处理的涂层板具有更好的腐蚀抗力，成形性改进，消除了蜡状物和封闭层（wax and sealant）等特点，这类镀层板可用于门内外板、车底零件、车顶盖内、外板、车体的内外板、后举升门内外板等；阻尼夹层板，可在所希望的工作温度下，优化振动阻尼，阻尼层具有传导性，从而具有优良点焊性，和良好的冲压成形性，并可用 EG、GI 和 GA 板制造；可用在汽车的仪表板、车辆罩、油底壳、车顶背板、车底板、发动机罩板等。

未来镀层板的发展趋势是与汽车轻量化、镀层成本降低以及环境友好相关，其选择的判据为：

① 腐蚀抗力（12 年无穿孔腐蚀）；
② 轻量化钢板（AHSS、液压成形件、TWB、黏着连接）；
③ 低成本改进性能（预磷化，低 Zeta GA 板，预处理，少用蜡状物和封闭层）；
④ 环境友好（预处理和少用蜡状物和封闭层）；
⑤ 世界上的通用性（只用很少几个涂层系）。

热镀锌板制造技术的发展方向为：

① 高效退火技术的发展——垂直加热炉和感应加热技术；
② 高速涂层技术的发展——闭环涂层重量控制，灵敏振动控制，锌锅废渣管理；
③ 高效的镀锌退火技术——气体感应加热、双波长高温计、合金层在线检测；
④ 先进的表面在线检测系统。

电镀锌板制造技术的发展方向为：

① 开发高效的电涂层技术——高电流密度的涂层、非溶解电极的开发；
② 先进的电镀锌板表面在线检测技术。

3.6 提升汽车零件防腐抗力的设计方法

为使汽车构件抗腐蚀功能的提升，不仅要用高性能的镀层板，而且还要有合理的防腐结构设计考虑，汽车防腐结构设计示意如图 3-42，该图表明镀层板防腐抗力的提升和设计方法关系密切，在进行汽车防腐设计时，必须避免任何滞留区的存在，任何液体必须有排出的畅通通道，如国内某自主品牌汽车设计的门槛梁冲压时没有预留出排液通道孔，导致在油漆前的酸洗磷化液无法排出，滞留在门槛梁内部，导致门槛梁的迅速腐蚀，被召回数量达 11 万辆，召回、维护更换零件经济损失高达 11 亿元；在各种连接处应尽可能地使阳极区金属面积，缩小阴极区金属面积，在其连接方式上，如果一种连接材料与另一种材料的电极电位相差较大，应采用绝缘措施，避免两种金属直接接触造成电位腐蚀；在加工制造中，特别是翻边时，应尽可能避免翻边对镀层板的损伤。图中所列举的零件加工过程中易损伤的表面应该采取专用的强化防腐措施，以避免腐蚀区的扩大；外部零件承受风吹、飞石打击的部位应避免尖角，以免砂石打击时造成防腐蚀层脱落；油漆工艺和前处理应采取阴极电泳作前处理，这样防腐效果更好；在汽车制造中还应该注意翻边结合部位对镀层板的损伤，重叠面应该避免尖角、液体滞留及端部腐蚀的可能。

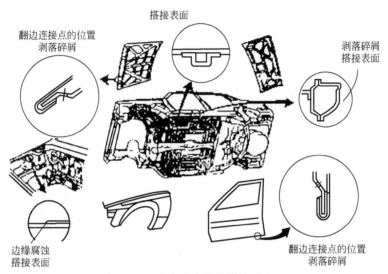

图 3-42 汽车防腐结构设计示意

3.7 小结

汽车工业的发展，用户对汽车使用性要求的提高，尤其是防腐抗力的提高，导致防腐能力高的镀层板的开发和应用，且今后的应用将越来越多。汽车用镀层板其镀层和基板应具有良好的结合力、良好的成形性、可焊性、点焊疲劳性能、良好的涂层附着力和可观性以及良好的耐蚀性。

许多锌基镀层板已经开发并在汽车上大量应用；早期镀层板多为纯锌镀层，近期开发了电镀 Zn-Ni、热镀 Zn-Fe 等合金镀层，使镀层的结合力提高、镀层减薄、防腐性能改善、成形性更好。

为了满足汽车厂对镀层板防腐性能的更高要求，在镀层板工艺中增加了铬合物处理和复塑层处理，后者既可保护镀层，又可作为润滑层，有利于改善成形性，而钢材制造厂也一直在改进涂层板的质量，以满足汽车工业对更韧涂层的要求。

为了提高镀层板的抗蚀性，可以增加镀锌层的厚度，但镀锌层厚度增加后，会使镀层变脆、结合力下降，影响冲压成形性和由于 Zn 层渗入点焊电极而影响电极寿命，同时在冲压件点焊时，还会产生大量锌蒸气而污染环境。太厚的镀层还会影响镀层板的生产效率。

围绕着汽车轻量化，降低价格和成本及影响环境因素，新的镀层钢板正在开发和研制中；尤其是围绕汽车轻量化应用的 AHSS 和热镀锌板的工艺中的退火工艺相结合，使 AHSS 的镀层板的生产与镀层工艺相结合，取得双重效果。

近年来，宝钢、大连 Tagol、本钢、攀钢等公司的镀层板发展很快，不仅开发了各类镀层板的工艺和装备，而且对润滑和预处理技术进行了开发和生产应用，因此产品的品种和应用基本满足了中国汽车工业发展的需要。

汽车构件高性能的防腐抗力需要合理选择镀层板，采用先进的防腐制造技术，同时还应该采用优化的防腐设计技术，这些技术的综合才能取得高性价比的防腐效果。

参 考 文 献

[1] 马鸣图，沙维. 材料科学和工程研究进展 [M]. 北京：机械工业出版社，2000：586-628.
[2] Zhang L W. Application and Future Trend of Coated Sheet Steel for Automobile. Detroit：Seminar on the Chinese and American Automotive Material，2003，Mar. 25
[3] 马鸣图. 先进汽车用钢 [M]. 北京：化学工业出版社，2007：136-175.
[4] 郑建平. 宝钢表面处理钢板产品及技术的发展 [R]. 大连：鞍山钢铁集团，2009.
[5] POSCO. Automotive Steel Data Book 2011. Korea：POSCO Technical Research Lab，2012：89.
[6] GB/T 9793—1997（或 ISO 2063，1991），金属和其它无机覆盖层热喷涂锌、铝及其合金. 中国国家标准，1997-07. 25 标准.
[7] 康永林. 现代汽车板的质量控制与成形性 [M]. 北京：冶金工业出版社，1999：97-114.
[8] Otterbrg R. Volvo laboratory Study of Zinc-Coated Steel Sheet-Formability Properties [C]. SAE paper，890702，1989.
[9] Meuleman D J，Siles J L，Zoldak J J. The Cimiting Dome Height Test for Assessing the formability of Sheet Steel [C]. SAE paper，850005，1985，Feb25-March1.
[10] Opbroek E G，Granzow W G. A Deep-Drawing, Hot-Dipped Galvanijed Steel for Difficult Forming Application [C]. SAE paper，1985，Feb25-March1.
[11] Gunnar Strom，Volvo laboratory Study of Zinc-Coated Steel Surface treatment Properties and Outdoor Behavior [C]. SAE paper 89704，1989. Feb27-March3，p1-16.
[12] Mass Strom. Volvo Laboratory Studied by a Newly Developed Multifactor Indoor Corrosion Test [C]. SAE paper 890705，1989，Feb27-March3，p1-19.
[13] Shigeru Wakano，Minoru Nishihara. Perforation Corrosion Resistance of Several Coated Steels in Two

Simulated Motel Tests [C]. SAE paper, 890706, 1989, Feb27-March3, p1-6.

[14] Mathieu S, Patou P. Zinc Coating Infuence on Spot-Weldability of Hot-Dip Galvanized Steel Sheets [C]. SAE paper, 50273, 1985, Feb25-March1, p1-7.

[15] Gould J E, Kimchi M, Campbell D H. Weldability and Electrode Wear Characteristics of Hot-Dip Galvanized Steel with and Without a Ferrophos Containing Primer [C]. SAE paper, 8803070, 1988, Feb29-Marc4, p1-21.

[16] Natale T V. Environmental Durability of Epoxy Adhesive/Galvanized Steel Tensile Shear Joints [C]. SAE paper, 880532, 1984, Feb29-March4, p1-7.

[17] Thornton P H, Energy Absorption by the Structural Collapse of Spot-welded sheet Metal Sections [C]. SAE paper 800372, 1980, Feb25-29, p1-12.

[18] Frytag N A. A Comprehensive Study of Spot Welding galvanized Steel [J]. Welding Journal Research/Supplement, 1965 (4): 145-156.

[19] Sarage W F, Nippes E F, Wassell F A. Dynamic Contact Resistance of Series Spot Welds [J]. Welding Journal Research Supplement, 1978, 57 (2): 43-50.

[20] 马鸣图, 李志刚. 重庆市公共汽车的腐蚀现状 [J]. 汽车工艺与材料, 2002, Z1: 108-115.

[21] 黄建中. 汽车腐蚀及其表面涂镀防护技术的现状与进展 [J]. 汽车工艺与材料, 2006 (8): 1-7.

[22] 马鸣图, 李志刚. 重庆市汽车腐蚀调查 [C]. 柯伟主编, 中国腐蚀调查报告, 北京: 化学工业出版社, 2003: 139-148.

[23] 马鸣图. 我国汽车钢板研究与应用进展 [J]. 钢铁, 2001, 36 (8): 64-69.

[24] Abe H, Satoh T. Symposium of Fatigue Strength and life Estimation on Spot-Welded Structure for Autobodies [J]. JSAE, 1985: 27-32.

[25] Jiang C H. Welding of Advanced High Strength Steels in Automotive Applications. Detroit: Seminar on the Chinese and American Automotive Material, 2003, Mar. 25.

[26] Zhao Y J. Failure mode of spot welds: interfacial versus pullout, Science Technology of Welding and Joining, 2003, Vol. 8, 133-137.

[27] 马鸣图, 吴宝榕著. 双相钢物理和力学冶金. 第2版. 北京: 冶金工业出版社, 2009: 388.

第4章
汽车排气系统腐蚀分析与选材

4.1 概述

汽车排气系统位于车辆底部,连接发动机出气端与大气,主要作用是排放发动机产生的废气、净化废气、降低噪声。图 4-1 所示为汽车排气系统结构示意。排气系统关系到整车的动力、排放、振动噪声、舒适度等性能。汽车排气系统从靠近发动机的方向开始,由汽缸盖垫片、排气歧管、前管、挠性管、催化转换器、中心管、主消声器和末端管等 8 个零部件构成。通常,汽缸盖垫片不计入排气系统。根据车种的不同,有的安装了数个催化转换器,有的安装了副消声器。汽车排气系统主要是排放发动机工作所排出的废气,同时使排出的废气污染减小,噪声减小。

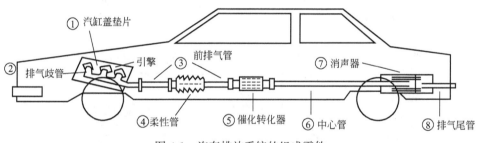

图 4-1 汽车排放系统的组成零件

汽车排气系统工作条件恶劣,既受大气环境腐蚀、车底的泥沙冲击,又受排气系统的尾气排放污染。排气歧管受腐蚀、高温和振动的复合作用,在我国,由于汽油中的硫含量偏高,其尾端受到尾气的腐蚀和冷凝腐蚀,因此其防腐性要求较高。从前端的奥氏体不锈钢到尾端的铁素体不锈钢,都是为了保证其排气系统的腐蚀抗力的提升和使用要求。排气系统的尾端裸露于汽车的外部,直接影响汽车的表观性能和美观;排气系统的抗腐蚀性又直接影响尾气排放的顺畅,从而影响发动机的工况和噪声,因此整个排气系统既是功能件,又是影响汽车美观的装饰件。各国对这一部分的防腐,都特别注意,以保证其防腐抗力满足汽车使用的功能要求。

4.2 排气系统的零件构成和用材演变

在 20 世纪 80 年代以前，汽车排气系统的歧管使用的是 Si-Mo 球墨铸铁，消声器和管件用碳钢镀铝钢板制作。但随着发动机性能的提高，排气温度上升，且由于对减轻零部件重量的需要，这些材料已无法适应日益提高的尾气温度要求。因此薄规格不锈钢铸件或不锈钢板材开始普遍应用于汽车排气系统中。在采用不锈钢材料的初期，已有用一些常规钢种制作汽车排气系统零件。随着用户的使用需求越来越严格，陆续开发了一些新的耐高温钢种[1]。

在过去的 30 年中，欧洲和日本大量开发并广泛应用于汽车尾气排放系统的低铬和中高铬系列铁素体不锈钢。主要生产厂有 JFE、NSS、NSSC、ARCELOR、POSCO 及日本钢铁等。低铬系列铁素体不锈钢主要是 SUH409L，中铬系列则有 SUS429、SUS432L、SUS439L、SUS436L、SUS441 等。按照使用环境温度，低温-中温部位用不锈钢产品有 SUH409L、SUS439L、SUS432L、SUS436L 等，用于中高温的钢种主要有 SUS436L、SUS429、SUS441、SUS434 等。兼具经济性和实用性的 409 系列的低铬铁素体不锈钢使用最为广泛，约占整个汽车排气系统的 50%～60%；SUS436L 等中铬铁素体不锈钢系列，在添加了合金元素 Mo 后，耐蚀性得到进一步提高。中铬的 SUS439 因为具有比 409L 更好的耐腐蚀性能及比 436L 更低的制造成本，受到汽车厂商青睐，各国排气系统用不锈钢分别见本章附录表 4-1、附录表 4-2。

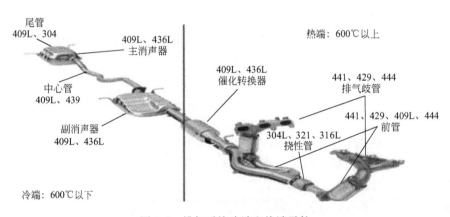

图 4-2 排气系统冷端和热端零件

由于排气系统各个部件所处环境温度和性能要求的不同（图 4-2），各个部件的材料演变过程也存在差异。

(1) 汽缸盖垫片

起初汽缸盖垫片主要是石棉材质，后来由于石棉中含有毒有害物质且排气系统密封性要求提高，逐渐被石墨取代。但是对于柴油车主要采用金属垫片。用于制造金属垫片的不锈钢主要是 SUS301L。相比于其他材料，SUS301L 在耐热性、热传导性能、韧性、可加工性、维护性等方面均有较大优势。同时由于 SUS301L 碳含量较低，能较好抵抗焊缝处的晶间腐蚀。

(2) 排气歧管

排气歧管（排气总管）是与发动机汽缸体相连的，将各缸的排气集中起来导入排气总管的，带有分歧的管路。发动机排气过分集中时，各缸之间会产生相互干扰，也就是某缸排气时，正好碰到别的缸窜来的没有排净的废气，这样就会增加排气的阻力，进而降低发动机的输出功率。解决的办法是：采用排气歧管使各缸的排气尽量分开，每缸一个分支，从而减少排气阻力，并避免各缸之间相互干扰。

不锈钢制作的排气歧管根据其构造的不同，可以分为两类。一类是将钢板冲压后焊接而成，另一类是将钢管弯曲后焊接而成，对于后者，还有的使用双重管构造的钢管。

排气歧管是靠近发动机的部分，由于排出气体的温度高达 900℃，因此要求材料具有良好的抗氧化性、高温强度和热疲劳特性。而且，为能进行复杂的形状加工，还要求材料应具有良好的成形性。以前，排气歧管材料主要是铸铁（蠕墨铸铁和球墨铸铁），如 FCD41。为适应减重和排气温度上升的要求，不锈钢逐渐应用于排气歧管上。排气总管中所使用的不锈钢有奥氏体系不锈钢和铁素体系不锈钢两种。奥氏体不锈钢在高温强度方面具有优势，但容易产生氧化皮剥落，所以在抗氧化性方面比铁素体系不锈钢差。正在使用的奥氏体不锈钢种有 SUS304(18Cr-8Ni) 以及 SUSXM15J1(1½Cr-13Ni-4Si)。铁素体系不锈钢在抗氧化性方面具有优势，但在高温强度方面比不上奥氏体系不锈钢；铁素体不锈钢，由于热膨胀系数低，所以在热疲劳性能方面有优势。现在 SUH409L (11Cr-Ti-LC) 和 SUS430J1I(18Cr-0.5Cu-Nb-LC，N)、SUS444(19Cr-2Mo) 和低成本的 SUS429(15Cr) 逐渐成为生产中使用的不锈钢钢种。部分厂商使用了双层管类型的排气歧管时，较多的是内管使用奥氏体系不锈钢，外管则使用铁素体系不锈钢。

在 20 世纪 80 年代，日本开始将 YUS409D 和 YUS180 铁素体不锈钢用作排气歧管材料。由于不锈钢优良的抗氧化性和抗热疲劳性，铸铁的使用量逐渐减少。但是随着真空铸造技术的发展，铸铁材料的排气歧管在一些乘用车上仍被采用。在 90 年代中期，美国和欧洲的尾气排放规定逐渐强化，排气温度变得更高，添加了钼和铌微合金元素的铁素体不锈钢在汽车排气系统中受到了重视。美国主要采用了 409 和 439 等铁素体不锈钢用于排气歧管，欧洲则主要应用了镍基合金和奥氏体不锈钢来适应排气歧管的高温环境。原料成本和制造成本的上升是不锈钢替代铸铁最大的制约因素。

(3) 前导管

前导管位于排气歧管和挠性管之间，为了不降低后段的催化净化器的催化功能，要求尽可能减少散热量，前导管具有防止排放废气温度降低的功能；同时，还要求具有防止噪声的效果。近些年，在日本和美国，前导管多采用中空套管结构以防止温度降低和减少噪声。考虑到高温、氧化、腐蚀的工作环境，日本采用的不锈钢种仍为 YUS409D、YUS436S 和 YUS180，在美国前导管一般采用 409 不锈钢。对于套管结构的内管由于加工性能的限制多采用氩弧焊的奥氏体不锈钢。在欧洲作为前导管的传统材料为 321 奥氏体不锈钢，但是这正面临着 YUS180 和其他铁素体不锈钢在低成本和低热膨胀系数方面的挑战。

前导管常用的材料有 SUH409L、SUS436L(17Cr-1Mo-LC，N)、SUS430J1L 等铁素体系列不锈钢。在中空的复合管结构中，有时内管采用奥氏体系不锈钢。作为今后的动向，低成本并且在抗氧化性能和热疲劳性能方面具有优势的铁素体系不锈钢将成为主流。而且，由于追求废气排放温度的提高以及钢管的薄壁化，应使用高温性能更为优良的钢种，例如 SUS429 级别的钢种。

(4) 挠性管

近些年来，汽车功率输出越来越大，排气系统所受到的振动输入也越来越大，如何解决由此而产生的排气系统噪声问题，是设计部门在汽车设计中考虑的重点之一。挠性管作为降低排气系统噪声振动、增强排气系统强度的部件，越来越受到重视，被广泛应用于汽车排气系统。

挠性管由蛇腹状的双重管和用不锈钢钢丝网将其包裹起来的外编带构成。挠性管主要有以下几方面的作用。

① 减少噪声　通过采用挠性管降低发动机的振动和排气系统的振动加速度，以降低排气系统带来的振动和噪声。通过降低排气系统的振动加速度以降低排气系统隔热板等部件的辐射噪声。

② 提升排气系统的耐久性　在横置发动机车辆上，排气系统随着发动机的旋转而受到弯曲力的作用。由于受到弯曲运动的影响，此应力集中于前级排气管和其他部件上，某些情况下导致其断裂。通过采用挠性管，来自发动机的弯曲运动被衰减，排气系统所受到的应力大为降低。为了改善振动噪声效果，需加大发动机的旋转角；为提升发动机输出功率，需加大排气系统的管路直径，因此须采用挠性管以增强排气系统的强度。而且采用挠性管后，排气系统振动加速度降低了，并且其焊接和其他部位的应力大幅减小，提升了耐久性。

从使用性能来看，要求该零件具有高温疲劳性，为了做成蛇腹形状，还要求它具有加工性。尤其是，在寒冷地区为防止道路冻结使用了化雪盐，因此要求管的外侧还应具有耐高温盐害腐蚀性。

挠性管还应具有高温疲劳性；为了做成蛇腹形状，还要求它具有加工性。对于挠性管，奥氏体不锈钢由于良好的加工性能而被广泛使用。在日本，挠性管材料主要是 SUS304。但是，由于在寒冷地区为防止道路冻结使用了化雪盐，要求管的外侧还应具有耐高温盐害腐蚀性，因此应用了添加 Si、增加 Ni 含量的耐高温盐害腐蚀性能更好的 SUSXM15J1。最近，开始已使用 SUS316L（18Cr-12Ni-2.5No-LC），其价格比 SUSXM15J1 更便宜，抗晶界腐蚀性比 SUS304 更高。在北美地区，由于高温盐腐蚀较为严重，与 SUSXM15J1 性能对应不锈钢难以满足至少 10 年使用年限或者 100000km 里程的使用要求，挠性管的使用性能仍需从结构和制造材料上得到提高。

(5) 催化转换器（催化载体和催化转换器外壳）

随着环境保护要求的日益苛刻，越来越多的汽车安装了废气催化转换器以及氧传感器装置。汽车催化转化器是一种发动机机外净化装置，它能净化汽车排出的一氧化碳（CO）、碳氢化合物（HC）和氮氧化物（NO）。仅能净化 CO 和 HC 的催化转化器为氧化型催化转化器；能净化 CO、HC 和 NO 对环境污染的催化转化器为三元催化转化器。催化转化器的最外部为不锈钢壳体，其内部为催化剂载体。催化剂载体可分为由堇青石制成蜂窝状载体、金属载体或颗粒型载体。载体外面涂有催化剂。三元催化转化器所使用的催化剂一般为金属铂（Pt）、钯（Pd）、铑（Rh），并添加碱金属的氧化物作为助剂，为了提高催化剂的稳定性，又添加稀土氧化物镧（La）、铈（Ce）等。

催化转化器利用排气中残余的氧和排气温度，在催化剂表面进行氧化还原反应，使有害物质 CO、HC 和 NO 变成无害物质，从而减少对环境的污染，改善大气质量。

对于汽油车一般是用三元催化，其基本原理是当高温的汽车尾气通过净化装置时，三元催化器中的净化剂将增强 CO、碳氢化合物和 NO_x 三种气体的活性，促使其进行一定的氧化-还原化学反应，其中 CO 在高温下氧化成为无色、无毒的二氧化碳气体；碳氢化合物在高温下氧化成水（H_2O）和二氧化碳；NO_x 还原成氮气和氧气。三种有害气体变成无害气体，使汽车尾气得以净化。

对于柴油车现在主要采用选择性催化还原 SCR，柴油发动机的排放控制主要是对排放中的 PM 和 NO_x，SCR 系统的作用是去除柴油发动机排气中的 NO_x。系统采用尿素作还原剂（又名添蓝），在选择性催化剂的还原作用下，NO_x 被还原成氮气和水。SCR 系统包括：尿素水溶液储罐、输送装置、计量装置、喷射装置、催化器以及温度和排气传感器等。

催化转换器安装在排气歧管下面或底盘下面等,因此要能够经受住高温和振动等苛刻条件的考验。起初是使用单块的堇青石($2MgO \cdot 2Al_2O_3 \cdot 5SiO_2$)作为催化载体,近年来由于铁素体不锈钢优异的耐热冲击性能和低的热容量开始逐渐替代堇青石。催化载体由采用不锈钢钢箔制作的蜂窝状型芯和采用不锈钢钢板制作的外壳构成。蜂巢上的型芯是把平箔材和波浪状箔材卷起后通过钎焊等焊接结合而成的,具有较好的抗热疲劳性能。

由于要求箔材具备优良的抗氧化性能,所以采用具有低的热膨胀率和优良的抗高温氧化性能的 Fe-Cr-Al 系铁素体不锈钢。其代表性的钢种为 Fe-20Cr-5Al 合金。少量 Hf、Sc、Y、Ce 等稀土类金属元素(REM)的加入,均能提高氧化皮膜的密封性;合理加入 La 能够增加 Al_2O_3 氧化膜的稳定性,降低氧的扩散速率。

催化净化器壳体大多采用 SUS 430(17Cr)系材料。随着排放废气温度的升高,将会陆续采用高温性能更为优越的 SUS430J1L 以及 SUS429 系列铁素体系不锈钢。研究表明,20Cr-5Al-0.05Ti-0.08Ln-C(YUS205M1)是理想的金属催化载体。虽然目前全世界只有 4% 的催化转化器采用这种材料,但是随着对尾气排放的限制性要求越来越高,20Cr-5Al-REM 拥有广阔的应用前景。

(6) 中心管

中心管是连接催化净化器与主消声器的管子,大多数在其间还设有辅助消声器。在这个位置,排放废气的温度比较低,所以对于高温性能的要求不严格;与此相反,对耐腐蚀性能的要求却非常严格。也就是说,在管的内壁,会由于排放废气中的水蒸气结露而产生冷凝水,从而产生冷凝水腐蚀;而在管子的外面会由于融雪盐而产生氯腐蚀。因而要求管子的内壁能抵抗冷凝水腐蚀,管子的外壁具有抗氯离子腐蚀性能。

中心管所用的材料,以前是采用热浸镀铝钢板,由于对管的内外面采取了防湿气腐蚀的措施,因此不锈钢的使用量剧增,主要是使用 SUS410(13Cr)系不锈钢、SHU409L 和 SUS430 系不锈钢。

(7) 消声器

消声器的主要作用是将尾气排放产生的噪声降低,减少汽车的噪声污染。主消声器起着吸收和降低废气排放噪声的作用,由外壳、内板、内管、端板等部件所构成。主消声器在长距离运行的情况下由于排放废气最高可被加热到 400℃ 左右,所以水分不发生冷凝,但在短距离运行的情况下,废气排放温度不升高,在消声器内部生成废气冷凝液。在这种冷凝液中,含有 NH_4^+、CO_3^{2-}、SO_4^{2-}、Cl^- 以及有机酸等,通过反复的"运转-停车"过程,上述这些化学物质的离子逐渐浓缩起来。

由于使用温度较低,冷凝液极易在消声器中凝结,对消声器产生腐蚀作用。

作为内外面都处于严酷腐蚀环境下的主消声器用材料，以往使用的是热浸镀铝钢板、高 Cr、耐蚀性好的 YUS180 和减少 Si 含量、提高加工性的 YUS180S 以及 SUS410L 和 YUS409D。从 1989 年 10 月开始，汽车消声器系统被要求满足如下条件：服役年限为 3 年或者行驶公里数达到 60000km。人们开发出了具有更优异工作性能的 YUS436S 不锈钢。相比于 YUS180，YUS436S 有如下优点：

① 添加合适数量的铬和钼元素，阻止点蚀的发生和扩展；
② 通过用钛元素取代镍，其生产效益更高；
③ 具有更好的可加工性能。

目前 YUS436S 是消声器的主要组成材料，由于降低成本的需要，正重新看待实际消声器的腐蚀环境，YUS432（17Cr-0.5Mo-Ti）和减少 Mo 的 SUS432 系不锈钢（17Cr-0.5Mo-Ti）的使用量正在增加。

(8) 尾管

尾管（或末端管）位于废气出口处的消声器后部，为了美观不仅要求耐腐蚀性，而且还要求具有良好的加工成型性能。

由于尾管的使用温度低，因此从材料的性能来看，使用镀铝钢板就可以了，但从良好的加工成型观点出发，有时也采用 SUS409L、SUS430 系、SUS436 系的高纯铁素体系列不锈钢，以及奥氏体系的 SUS304 不锈钢。特别是在要求造型美观的情况下，也可采用镀 Cr 的装饰用不锈钢管以及热镀铝的不锈钢管[2]。

4.3　不锈钢在汽车排气系统中的应用

由于不锈钢在耐腐性、耐热性、加工成型性能方面具有优良的特性，所以灵活有效地利用其各个特征制造汽车构件。目前，每台汽车大约使用 20～30kg 不锈钢。不锈钢的应用，最初是从利用其优良的可加工成型性能作为装饰用的贴面材料之类开始的，而现在已大量应用于除此之外的许多零部件。其中，应用于汽车排气系统构件的使用量显著增加了，现在其用量已经超过汽车用不锈钢的一半以上。

汽车废气排放标准的日益严格以及通过减轻自身重量来降低燃料费用已经成为社会性的需求。汽车制造厂家为了适应这方面的需求，要求排气系统构件必须采用耐热性能和耐腐蚀性能更为优良的材料。为此，对于排气系统的构件，正在用不锈钢取代到目前为止尚在应用的铸件以及镀铝钢板，而且所使用的材料正在从通用的不锈钢向更高性能的不锈钢转变。

在过去的 30 年中，欧洲和日本大量开发铁素体不锈钢并广泛应用于汽车尾气排放系统中，使汽车排气系统用不锈钢达到 100%（表 4-1）。目前，在日本和欧洲已经形成了低铬和中高铬系列的汽车排气系统用铁素体不锈钢。汽车排放系统用铁素体不锈钢主要生产厂以 JFE、NSS、NSSC、POSCO 及 ARCELOR 等为代表。钢种包括两类，一类是低铬系列如 SUH409L 等；还有一类是中铬系列如 SUS429、SUS432L、SUS439L、SUS436L、SUS441 等。按照使用环境温度来说，其中用于低温-中温用不锈钢主要产品如 SUH409L、SUS439L、SUS432L、SUS436L 等，用于中高温的钢种主要有 SUS436L、SUS429、SUS441、SUS434 等。其中 40 系列的低铬铁素体不锈钢因为兼具经济性和实用性的优点，使用最为广泛，低铬的 409 铁素体不锈钢使用量约占到全部汽车排气系统使用量的 50%～60%。中铬的铁素体不锈钢系列特别是添加了耐腐蚀合金 Mo 的 SUS436L 等不锈钢耐蚀性进一步提高。中铬的 SUS439 不锈钢因为具有比 409L 更好的耐腐蚀性能及比 436L 更低的制造成本，更受到主机厂青睐。

表 4-1　汽车排气系统不同部位性能要求及推荐钢种

零部件	歧管	前管	挠性管	催化转换器		中性管	消音器	尾管
				壳体	支撑件			
使用温度/℃	950～750	800～600		1000～1200		600～400	400～100	
特性要求	高温强度 热疲劳 高温氧化 成型性	高温强度 热疲劳 高温盐蚀 成型性	高温强度 高温盐损	高温氧化 热冲击		高温盐损	凝结液腐蚀 晶间腐蚀	
主要钢种	SUS429 SUS441 SUS434	SUS304 SUS321 SUSXM15J1	SUH409L SUS429 SUS432L	SUH21 20Cr-5Al Ceramics		SUH409L SUS439L SUS432L SUS436L	SUH409L SUS439L SUS432L SUS436L	

4.4　排气系统热端和冷端的常见失效模式

排气系统热端是指使用温度高于 600℃ 的排气系统部件，包括排气歧管（850～950℃）、前导管（600～800℃）、挠性管（＜650℃）和催化转换器（600～900℃）。

由于使用温度高（1000～600℃）及腐蚀性气氛，热端容易出现由高温氧化、热疲劳、高温持久、蠕变造成的材料失效。

(1) 高温氧化和热疲劳

排气系统在汽车的行驶与熄火过程中，经历反复的升温和降温，所以排气系统，主要是热端经常因为高温氧化和高温热疲劳而失效。高温氧化和热疲劳失效是指在高温下材料表面氧化并形成微裂纹，裂纹尖端继续氧化甚至局部脱落，从而导致零部件的加速破坏。循环氧化后不锈钢表面的 SEM 形貌见图 4-3。热疲劳开裂与循环温差、零件表面缺陷状态以及材料有关。循环温差越大、表面缺口越尖锐，越容易发生热疲劳。表面氧化、热疲劳开裂及剥落现象随循环上限温度的增高而加剧。低温下表面氧化物主要开裂成微细裂纹,随着循环上限温度的提高(如超过 600℃),裂纹明显加长形成细长直至粗长的主裂纹,热疲劳抗力较差。在冷热交变循环中所产生的交变应力可能并不大,但材料处于高温-低温交变状态下交变应力就会比较大。在高温时,材料在热应力作用下处于塑变状态,因此热疲劳属于应变疲劳。影响热疲劳性能的其他因素有材料的热膨胀系数、热导率和材料抗交变应变的能力。材料的热膨胀系数小、热导率高、抗交变应变的能力强时,有利于提高材料的热疲劳性能[3]。

 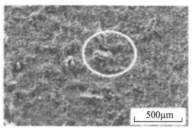

(a) SUH 409L (b) SUS 429

图 4-3 循环氧化后不锈钢表面的 SEM 形貌

(2) 蠕变断裂

高温下金属力学行为的一个重要特点就是发生蠕变,即金属在恒定负荷作用下,随时间的增长形变不断增加,形变的结果最终可能导致金属的断裂。衡量金属在高温下蠕变性能的指标主要有两个:一个是蠕变极限,即在一定温度下对应于某一给定最低蠕变速率的应力;另一个是持久强度,即在一定温度下对应于某一给定的断裂寿命材料所能承受的最大应力。蠕变有两种类型:其一是纯瞬态蠕变,这时蠕变只出现一个阶段;其二为连续性蠕变,这时蠕变可出现 3 个阶段。蠕变表现出何种类型,取决于蠕变期间的应力和温度。通常在低温和低应力下,蠕变曲线只有一个瞬态蠕变,具有这种性质的蠕变叫做 α 蠕变或对数蠕变,该蠕变可以用式(4-1) 描述[4]:

$$\varepsilon = \alpha \lg t \tag{4-1}$$

式中,ε 为应变;t 为时间;α 为常数。

在高温和高应力下,经历蠕变过程的样品首先表现出一个迅速的流变阶段,然后下降至一个线性的稳态阶段,最后进入蠕变的第三阶段而发生断裂。在这种情况下所观察到的瞬态蠕变,并不遵照对数规律,可用式(4-2) 来描述。

$$\varepsilon = \beta t^{1/3} \tag{4-2}$$

式中,β 为常数。

这种类型的蠕变叫做 Andrade 蠕变。

蠕变的线性阶段通常叫做稳态蠕变或叫做似黏型蠕变,可用线性公式来描述，k 为常数。

在高温蠕变期间，通常瞬态蠕变和稳态蠕变一起出现，因此蠕变的第一和第二阶段的完整曲线可表示为：

$$\varepsilon = \beta t^{1/3} + kt \tag{4-4}$$

稳态蠕变随温度和应力明显增加，在恒定应力下，稳态蠕变和温度的关系可写为：

$$\dot{\varepsilon} = \frac{d\varepsilon}{dt} = C \cdot \exp\left(-\frac{Q}{kT}\right) \tag{4-5}$$

式中，C 为常数；Q 为蠕变的激活能；k 为玻尔兹曼常数；T 为温度。

在恒定温度下，稳态蠕变与应力的关系

$$\frac{d\varepsilon}{dt} = B \cdot \exp\left(-F\frac{\sigma}{kT}\right) \tag{4-6}$$

式中，B、F 为常数，σ 为应力。

在一些汽车零件中，特别是排气系统的热端零件，不仅承受恒定应力下的蠕变，而且还有交变应力的作用，即蠕变和疲劳的交互作用，同时还有冷热环境的变化，实际这类零件承受的是蠕变、疲劳和环境的交互作用。

日本的 A. Narumoto 研究了四种低合金钢的蠕变、疲劳和环境的交互作用，提出了环境加速疲劳及蠕变损伤两种模型[5]，前者为：

$$\varphi_e = 1/N_f - 1/N_o \tag{4-7}$$

式中，φ_e 为每一次循环的环境损伤；N_f 为给定应变速率和温度下的疲劳寿命；N_o 为室温下没有环境损伤的疲劳寿命。

而蠕变损伤的模型为：

$$P_{LM} = T[20 + \lg N_f (\tau_t - \tau_c)/3600] \tag{4-8}$$

式中，P_{LM} 为 Larson-Miller 参数；τ_t 为拉伸时间；τ_c 为压缩时间。

(3) 高温盐蚀

汽车排气系统的高温盐蚀主要是在沿海地区大气中盐分较高，或者在寒冷地区因为道路除雪的融雪盐作用于高温零部件导致的一种表面腐蚀失效。高温盐蚀主要是高温氧化引起的，由于钢的晶界成了氧的扩散通道，高温盐蚀呈现为晶界氧化的形态。腐蚀环境中 Na^+ 的存在，会显著促进铁素体不锈钢的高温盐蚀腐蚀，导致排气系统高温端零部件失效。汽车排气系统前管高温盐蚀表面形貌见图 4-4。其腐蚀失效是高温氧化在不锈钢表面及晶界附近生成的 Cr_2O_3 与 Na^+ 反应，变成水溶性的 Na_2CrO_4。当其在常温下溶于水时，在钢的氧化皮附近的脱 Cr 层就会暴露出来并再次氧化[6]。如此反复，导致了零部件的腐蚀失效。其失效反应如下：

$$3O_2 + 4Cr \longrightarrow 2Cr_2O_3 \tag{1}$$

$$Cr_2O_3 + NaCl + H_2O + O_2 \longrightarrow Na_2CrO_4 + 8HCl \tag{2}$$

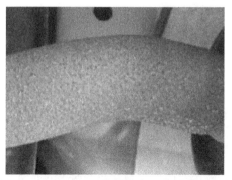

图 4-4 汽车排气系统前管高温盐蚀表面形貌

由于发动机反复加热和冷却的工作方式,对于热端材料而言,最主要的是要具备优良的耐热疲劳性能。除此之外,在高温使用环境下还需要良好的耐高温疲劳性能以应对发动机的振动,同时,为避免催化转化器受到破坏,氧化皮要具备一定的附着性。为满足冲压成形和焊接加工需要,材料还需要良好的焊接性能和成形性能。

(4) 腐蚀

腐蚀也是排气系统一种常见的失效模式,由于使用条件的恶劣,腐蚀在冷端和热端都有发生。根据腐蚀的形貌,腐蚀分为均匀腐蚀、晶间腐蚀、孔蚀和缝隙腐蚀、应力腐蚀、点蚀。热端、冷端不同的腐蚀环境、不同的用材,其腐蚀失效的模式和形貌都不相同。下节将结合用材情况分别进行叙述。

(5) 冷凝液腐蚀——排气系统冷端的主要失效模式

排气系统的冷端使用温度低于 600℃,主要包括中心管(400~600℃)、消音器和尾管(100~400℃)。由于排气系统冷端大量使用铁素体不锈钢,如 409,且经过板材转换成不锈钢管,故在焊接过程中如果焊接工艺不当,就会导致焊缝中产生敏化,析出 Cr 的碳化物,导致耐腐蚀性下降,产生焊缝腐蚀。由于汽油中含有 S,燃烧后形成含有 SO_4^{2-} 的气体,在排气系统的冷端,形成了冷凝液,具有酸性的液体导致冷端产生腐蚀。典型的 409 铁素体不锈钢的冷凝腐蚀后的形貌见图 4-5。

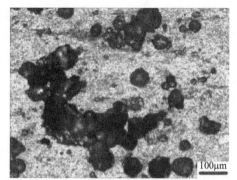

图 4-5 典型 409 铁素体不锈钢冷凝液腐蚀微观图

4.5 排气系统热端材料的性能特点和失效

(1) 用于排气歧管的铸造材料

在铁碳二元系中，铸铁是碳含量高于 2.11% 的铁碳合金，一般可分为灰铸铁、可锻铸铁、球墨铸铁、耐蚀铸铁、耐热铸铁、耐磨铸铁等类型。汽车排气歧管早期主要使用的是耐热铸铁[7]。铸铁具有较低的熔点、优良的铸造性能（易于铸造形状复杂、难以用其他方法制造的零件）、高的减摩性和耐磨性、良好的消振性和低的缺口敏感性，生产工艺简单，成本低廉，而且在经过适当合金化以后，如加入镍、铬、铝、铜等，还可以具有良好的耐热性或者耐蚀性[8]。

在高温下铸铁会发生氧化和由此引起的体积膨胀。氧化是指铸铁在高温下受氧化性气氛的侵蚀，在铸铁表面产生氧化皮；体积膨胀是指铸铁在高温下产生不可逆的体积长大的现象，其原因是氧气通过石墨片的边界及裂纹间隙渗入铸铁内部，生成密度较小的氧化物，加上高温下渗碳体分解形成比体积较大的石墨，使铸铁的体积不断胀大。

为防止由氧化而产生的体积膨胀，耐热铸铁采用球墨铸铁较好。目前耐热铸铁中主要采用加入 Si、Al、Cr 等合金元素，它们在铸铁表面形成一层致密的稳定性好的氧化膜（SiO_2、Al_2O_3、Cr_2O_3），保护内部金属不被继续氧化。同时，这些元素能提高固态相变临界点，使铸铁在使用范围内不致发生相变，以减少由此而造成的体积胀大和显微裂纹等。常用的耐热铸铁有中硅铸铁、高铬铸铁、镍铬硅铸铁、镍铬球墨铸铁等，用来代替耐热钢制造耐热零件。但是铸铁的强度、塑性和韧性均较差，不能进行锻造。随着市场竞争的加剧，铸铁材料在轻量化和耐热性方面竞争不过不锈钢材料，已经逐渐被具有优异性能的不锈钢取代。

(2) 用于排气歧管的奥氏体不锈钢

奥氏体不锈钢是指钢中含 Cr 约 18%、Ni 约 8%~10%、C 约 0.1%，且常温具有稳定的奥氏体组织的不锈钢。18-8 型铬镍钢是典型的奥氏体不锈钢。这种钢原子排列紧密，电极电位高，能在氧化性酸中维持稳定钝化，并且具有优良的高温、低温力学性能及良好的焊接性和加工性能。

18-8 钢的基本型为 1Cr18Ni9，其含碳量为 0.1% 左右，以 18-8 型钢为基础加入钼、铜、氮、钛、铌、稀土等元素，可以得到各种特性的不锈钢。表 4-2 所示为 18-8 奥氏体不锈钢的物理性能。

表 4-2 18-8 奥氏体不锈钢的物理性能

密度 /(kg/m³)	热导率 /[W/(m·K)]	比热容 /[J/(g·K)]	电阻 /μΩ·cm	热膨胀系数 /[μm/(m·℃)]	弹性模量 /[10^4MPa]	熔点 /℃
8000	13.86	0.354	70	18.2	20.0	1398~1454

奥氏体不锈钢的导热性较差，热导率约相当于碳钢的 1/3。奥氏体无铁磁性，这是它区别于其他钢种的重要特征之一。

奥氏体不锈钢一般在固溶处理（1050℃）后使用，由于碳含量低及 γ 相晶格容易滑移变形，奥氏体不锈钢屈服强度 σ_s 较低。奥氏体不锈钢在室温以上不发生相变，但其抗拉强度与屈服强度之比 σ_b/σ_s 较高，延伸率较高，故可通过冷加工变形来强化。

奥氏体不锈钢的晶格组织及晶界原子排列致密，原子扩散慢，高温下仍能保持较高强度，同时因 Cr 含量高，在高温下表面形成致密的三氧化二铬氧化膜，有良好的抗氧化性，因此奥氏体不锈钢在受力不大的条件下可在 600~800℃ 下长期使用。在受力较大的高温环境中，奥氏体不锈钢会产生蠕变，碳含量高的钢种及含 Ti、Nb、N 等元素的钢种抗高温蠕变性能较强。

奥氏体不锈钢具有较好的韧性和塑性，但是切削性能稍差，切削不易断裂，容易粘刀具，需要用锋利刀具低速切削。提高 Ni 含量或者加入 Mn、N 可稳定奥氏体组织，Cu 能改善加工性能。

奥氏体不锈钢的耐蚀性能如下。

① 均匀腐蚀　普通 18-8 钢能耐浓度≤65%、沸点以下的硝酸，在更高浓度的硝酸中会发生过钝化腐蚀。00Cr25Ni20Nb 钢能耐浓度≤85% 的硝酸，高硅不锈钢 0Cr20Ni24Si4Ti 能耐所有浓度硝酸。普通 18-8 钢只耐很稀或很浓的硫酸，高 Ni 及含 Mo、Cu 的奥氏体不锈钢耐硫酸腐蚀性能提高。18-8 钢可用于室温下各种溶度的磷酸中，腐蚀速率随磷酸浓度和温度升高而升高，磷酸中含有 SO_4^-、F^-、Cl^-、Si^{4+}、Al^{3+}、Mg^{2+} 等杂质时，会大大加速腐蚀。奥氏体不锈钢不耐盐酸腐蚀。奥氏体不锈钢可耐室温下各种浓度的乙酸、甲酸、草酸、柠檬酸、乳酸等有机酸及各种有机试剂，但在沸腾有机酸中腐蚀速率显著增大。奥氏体不锈钢有优良的耐碱性，耐碱腐蚀性能随 Ni 含量提高而提高，可用于沸点以下所有浓度的碱液，但是沸腾碱液中有应力腐蚀倾向。

② 晶间腐蚀　固溶态奥氏体不锈钢一般不会发生晶间腐蚀，敏化处理后晶间出现腐蚀倾向。碳含量对不锈钢的晶间腐蚀倾向有决定性影响，随碳含量降低，晶间腐蚀敏感性降低。防止晶间腐蚀的方法有以下几种。a.降低钢中碳含量。低碳不锈钢（C≤0.07%）有较强的抗晶间腐蚀能力，而超低碳不锈钢（C≤0.03%）在通常的腐蚀环境下不会发生晶间腐蚀。b.加入 Ti 或者 Nb。钛和铌与碳的结合能力更强，因此 C 析出时首先与钛或铌形成化合物，不会导致晶间贫铬。c.重新固溶处理。固溶处理时铬的碳化物重新分解进入奥氏体，以后不再敏化处理则不会发生晶间腐蚀。d.冷加工变形。适度的冷加工可以使奥氏体中位错密度增大，一部分碳化物会沿位错线析出，晶界的贫铬敏感性降低。

③ 孔蚀和缝隙腐蚀　表面夹杂物、表面划伤、碰撞处、σ 相及 δ-铁素体析出

处、晶界露头等，均容易诱发孔蚀。在中性和弱酸性水溶液中，随 Cl⁻ 浓度升高，孔蚀的孕育期缩短，孔蚀电位降低，孔蚀速度增快。合金元素铬、钼、氮、镍、硅、钒等能够改善奥氏体不锈钢耐孔蚀性能，碳、钛和铌则促进孔蚀[9]。

由于在变形时，奥氏体不锈钢容易发生位错的平移，因此在含有 Cl⁻ 的环境中，容易发生应力腐蚀开裂。

奥氏体的高温强度高，但是容易发生氧化皮剥落，因此抗氧化性能方面不如铁素体不锈钢，同时在热疲劳性能方面也略逊于铁素体不锈钢，另外由于奥氏体不锈钢中加入了较多的锰、镍等元素，成本也相对较高。

(3) 用于排气系统热端的铁素体不锈钢

铁素体不锈钢是指铬含量在 11%～30% 之间且具有体心立方晶体结构的不锈钢。这类钢含碳量较低（一般小于 0.15%），铬含量较高（13%～28%），一般不含镍，有时含有少量 Mo、Ti、Nb 等元素，高温及室温下均为单相铁素体。铁素体组织与奥氏体组织相比难于发生塑性变形，因此铁素体钢的塑性、韧性低于奥氏体钢。

铬是铁素体形成元素，低碳铁素体不锈钢中铬含量超过 14% 以后，加热冷却时不再发生相变，因此不能淬火强化。在热端则需要使用高 Cr 铁素体不锈钢 SUS430 系，以满足其高温耐氧化的特征。

铁素体的腐蚀性能如下。

① 均匀腐蚀　按铬含量的多少，铁素体不锈钢可分为：低 Cr 钢（11%～14%）、中 Cr 钢（14%～19%）、高 Cr 钢（19%～30%）。钢的耐腐蚀性能随 Cr 含量增加而增强。低 Cr 钢主用用于大气、淡水、过热蒸汽、稀硝酸及其他腐蚀性不太强的介质；中 Cr 钢在中性或弱酸性溶液中耐蚀性较好，在非氧化性酸中耐蚀性不良；高 Cr 钢在氧化性介质耐腐蚀能力较强，但与奥氏体比较，耐还原性介质和耐碱性均较差。

② 晶间腐蚀　传统铁素体不锈钢（含铬 16%～28%）经焊接后会产生晶间腐蚀，主要在大于 925℃ 区间，即在靠近熔合线处会引起刀口腐蚀，这是由于晶界沉淀富铬碳化物，使其临近贫铬，而造成晶间腐蚀，但若经 650～815℃ 短时热处理，就易恢复抗晶间腐蚀能力。而现代铁素体不锈钢由于碳氮含量降到了 0.010%～0.025%，又加入了 Ti 和 Nb 进行稳定化，焊缝晶间腐蚀基本可解决。

③ 应力腐蚀开裂（SCC）　铁素体相在发生滑移变形时容易形成网状位错结构而不易发生位错的平面滑移，因此在氯化物介质中 SCC 极不敏感，这是铁素体不锈钢与奥氏体不锈钢相比最大的优点。但由于 Ni 和 Mo 等元素的添加及其他杂质（如 C 和 S 的存在），在氯化物含量高的溶液中也可能发生 SCC。此外若存在降低铁素体不锈钢韧性的组织结构，如晶间沉淀、σ 相的析出，也会促进氯脆。

④ 点状腐蚀　评价不锈钢抗点蚀性能可从 PRE＝％Cr＋3.3％Mo＋16％N 这一公式得到，PRE 表示抗点蚀当量。不同的不锈钢可按各自的化学组成的质量分数来计算 PRE，如钢的 PRE 越高，则表示其抗 Cl^- 点蚀性能较高，奥氏体不锈钢中镍对抗 Cl^- 点蚀几乎无作用，而铁素体不锈钢主要靠铬与钼起作用，且它的 PRE 值仍较高。如 S44400 为 25，S44627 为 29，S44635 为 38，S44660 为 40 和 S44800 为 42。

传统铁素体不锈钢韧性有限，脆性转变温度较高，加工性能不足，严重影响了其应用范围。在冶炼过程中严格控制 C、N 等元素含量，可以得到现代铁素体不锈钢。现代铁素体不锈钢因具备较低的热膨胀系数，在抗热疲劳和抗循环氧化性能方面比奥氏体不锈钢更具优势。同时由于镍资源紧缺且镍价格较高，少镍或无镍的铁素体不锈钢具有较大的经济效益[10]。

4.6　排气系统的冷端材料性能和失效

（1）铁素体不锈钢的性能

早期排气系统冷端的许多部件，特别是商用车多用镀铝板，以提高其耐热性和抗腐蚀性。近年来，由于汽车发动机性能的提升、排气温度的增高以及对排气系统冷端抗蚀性和美观的要求的提高，逐步用铁素体不锈钢来代替镀铝板。

汽车排气系统对材料具有特殊的要求。汽车排气系统主要由管件连接起来，连接的管件经过 UOE 和焊接的加工工艺过程，其具体工序为弯成 U 形，压成 O 形，焊接和扩管整形，故要求汽车排气系统用钢具有良好的成形性。由于废气温度较高（100～900℃），排气系统材料要求具有一定的抗高温氧化性和耐高温疲劳性。消声器在短程行驶中有冷凝液析出，对其内壁造成点蚀，故应选用耐蚀性好的材料。

铁素体不锈钢除具有不锈性和耐一般腐蚀性能外，强度也较高，冷加工硬化倾向较低，线膨胀系数小，热导率大，价格有优势。铁素体的这些性能可以很好地满足汽车排气系统用钢的要求，成为汽车排气系统用钢的首选材料。

但是铁素体不锈钢存在一些缺点和不足，突出地表现在它们的室温、低温韧性差，缺口敏感性高，对晶间腐蚀比较敏感，易出现 475℃ 脆性，而且这些缺点随铁素体不锈钢截面尺寸的增加、冷却速度的变慢和焊接热影响而更加强烈地反映出来，限制了铁素体钢的发展。

国际上现代轿车排气系统都采用不锈钢制造，80％ 以上为铁素体不锈钢。由于排气系统的使用部位和所受的热负荷不同，虽然都是使用铁素体不锈钢为原料，但使用的钢号也不相同。在排气系统冷端，使用低 Cr 铁素体不锈钢即可以满足要求。在欧美地区，含 Nb 铁素体不锈钢的使用增长极快，特别是用于汽车排气系统的 T409 型铁素体不锈钢更是如此。

我国排气系统的冷端也多用铁素体不锈钢,但在 2007~2008 年,不少品牌汽车消声器的冷端发生严重锈蚀,其锈蚀的典型外观见图 4-6,我国汽车行业保修规定为 2 年或 6 万公里,但是消声器冷端的腐蚀失效时间平均为 2 年左右或行驶里程 2.5 万~3 万公里,其腐蚀模式有均匀腐蚀、点蚀和晶间腐蚀,其中点蚀是失效的主要原因。经初步分析,锈蚀的原因为:一是所选用的铁素体不锈钢整体耐蚀性不足,通过化学成分检测,其铬含量低于 409 不锈钢中规定的铬含量标准,导致耐蚀性不足;二是焊接部位腐蚀严重,这与焊接部位产生铬的贫化有密切关系;三是腐蚀产物属于硫酸腐蚀,国产汽油中硫含量远高于国外,对排气系统的冷凝液中硫酸根离子浓度平均为 898.4ppm,日本的调查报告中冷凝液中硫酸根离子浓度平均为 300ppm,仅为我国的 1/3,冷凝液 pH 值为 1.4,呈弱酸性,铁素体不锈钢 436 的点蚀电位为 280mV,铁素体不锈钢 409 的点蚀电位为 50mV,腐蚀电位最低是 409 不锈钢腐蚀的内在原因。基于这些初步的分析,对消声器用不锈钢性能改进和焊接工艺进行进一步研究,并提出为保证消声器的耐腐蚀性必须对 409 不锈钢的基本性能进行改进:首先希望能得到一种不锈钢,其点蚀的电极电位能够介于 409 不锈钢和 436 不锈钢之间,即耐点蚀性介于 409 不锈钢和 436 不锈钢之间,以适应我国燃油中硫含量较高的现状,其次要改进消声器冷端用管材的焊接工艺和性能,避免焊接时焊缝的贫铬现象,以保证焊缝的耐蚀性。针对以上目标,开展了新型排气系统冷端用不锈钢的研发,考虑到消声器用不锈钢的成形性,其成形性以 409 不锈钢作为参照。

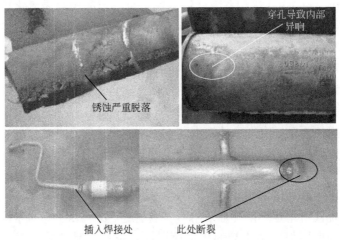

图 4-6 某品牌汽车消声器冷端锈蚀外观

(2) 铁素体不锈钢的成形性及 Nb、Ti 双稳定

由于汽车排气系统主要由管件连接起来,且连接部位的形状不尽相同,需要对管件弯曲、缩径和扩管等加工，所以要求汽车排气系统用钢具有良好的成形性。相对于类似304那样的奥氏体不锈钢，传统铁素体不锈钢的成形性还是要差一些的。因此，在铁素体不锈钢的成形性方面，尤其是深冲性能，进行了许多研究。通过研究铌可以有效地改善铁素体不锈钢成形性能。铁素体不锈钢的r值对成分的依赖性远比n值大得多，因此铁素不锈钢的冲压性能主要取决于r值，铁素体不锈钢内的固溶的C、N含量越低，r值越大，不锈钢的冲压性能越好。适量的铌可以使铁素体不锈钢具有良好的平均r值，具有很好的冲压性能。实验证明单Ti稳定的439M铁素体不锈钢在同样条件下的冷凝液腐蚀实验中要比Nb-Ti双稳定的439M铁素体不锈钢的耐点蚀性差[11]。

众所周知，Ti稳定化的不锈钢，由于TiN的大块夹杂物污染钢水，使钢中夹杂存在大的夹杂从而影响不锈钢的质量。所以传统单稳定的铁素不锈钢的性能和表面质量达不到要求，10余年的研究表明，当Nb+Ti复合使用稳定碳和氮时，就能获得一些重要的优点。稳定化的主要优点包括：改善表面质量；改善成形性能；焊接性能好；更高的高温强度（更好的抗蠕变性能）；优越的抗热疲劳性能；更好的抗高温氧化和水溶液腐蚀性能。

Nb稳定化技术随脱C、N技术在不锈钢中的应用而得到发展。由于NbC的稳定性高于TiC，所以Nb稳定化温度区间比Ti要宽得多，如409Ti在马弗炉300～550℃的应用温度区间长期使用时效后产生严重晶间腐蚀，而Nb或Nb+Ti双稳定化改善了这种腐蚀。近年来，N在奥氏体不锈钢中的应用得到推广，Nb、N复合应用既提高了强度又改善了抗晶间腐蚀性能。Nb、N复合应用的机理是在高温退火状态下形成CrNbN（Z相），Z相在晶内析出，而后在较低但高于敏化温度下形成的$Cr_{23}C_6$就在Z相上附生，改善了晶界耐蚀性。

Nb（C，N）沉淀在耐热不锈钢中的应用技术和耐蚀性不锈钢不同，最主要的差别是耐热钢中有足够的C、N含量，C、N是沉淀强化资源。Nb（C，N）、$Cr_{23}C_6$、VC等的碳化物沉淀强化是必需的。随着在工作温度下的时效中析出的沉淀相，在蠕变过程中起钉扎位错阻止滑移的作用。

(3) 凝结液腐蚀特点及机理

排气系统冷端在长距离运行的情况下由于排放废气最高可被加热到400℃左右，所以水分不发生冷凝，但在短距离运行的情况下，废气排放温度不升高，在消声器内部生成废气冷凝液。排气系统内侧的腐蚀主要是由冷却时燃烧气体的冷凝水引起。排气系统冷端的运行温度在100～400℃范围之间，冷凝水容易在消声器底部聚集，同时冷凝水中含有大量腐蚀性阴离子（见表4-3)[12]，pH值为8～9[11]。在汽车频繁的短时驾驶时腐蚀性冷凝液不能排出，排气系统被浓缩的腐蚀性溶液严重破坏。汽车消声排气系统是发生腐蚀较严重的部件之一，早期汽车往往在1～2年服役期内更换[13]。

表 4-3　JFE 汽车消声器主要腐蚀性离子浓度　　　　　单位：ppm

离子	Cl^-	SO_3^{2-}	SO_4^{2-}	CO_3^{2-}	NO_3^-	NO_2^-	CH_3COO^-	$HCOO^-$
含量	50	250	1250	2000	100	20	400	100

汽车消声器冷凝水中包括：Cl^-、SO_3^{2-}、SO_4^{2-}、CO_3^{2-}、NO_2^-、NO_3^-、CH_4COO^-、$HCOO^-$ 等腐蚀性的阴离子。随着冷凝溶液挥发，离子浓度不断增大，冷凝溶液的 pH 值也就随之变化为酸性，形成强的腐蚀性浓缩液。浓缩液会对排气系统材料形成点蚀和晶间腐蚀，对于耐腐蚀性较差的材料可形成全面腐蚀，最终材料被减薄直至穿孔。Ujiro T 等对冷凝液中 Cl^- 的研究表明冷凝液中 Cl^- 浓度随着冷凝液挥发将会升高，冷凝液 pH 值下降，这是点蚀的最主要形成原因[14]。

汽车冷凝液是一种非常复杂的多离子混合溶液，每种离子对材料的腐蚀影响不同，同时不同离子之间对材料的腐蚀性能也会发生相互影响。

(4) 冷凝液加速腐蚀试验及耐蚀性评价

汽车排气系统冷端使用温度较低，从发动机排出的腐蚀性热蒸汽会在汽车消声器和尾管中凝结。随着冷凝液挥发，其 pH 值也逐渐下降，腐蚀性能增强，对汽车排气系统造成晶间腐蚀和穿孔腐蚀。

图 4-7 为日本 JFE 冷凝液腐蚀试验过程及方法，样品的尺寸为 50mm×100mm。样品在空气中 400℃加热 5h 后浸入装有模拟冷凝液的烧杯中，烧杯在恒温水浴箱中加热，温度保持为 80℃。调整试验装置，保证烧杯内冷凝液在 24h 左右蒸干，此时用软刷清理样品表面，测量腐蚀深度和测量样品重量，并同时清洗烧杯，完成一个周期的试验。重复添加冷凝液和放置样品，继续下一周期的实验。当完成 5 周期、10 周期、20 周期后，分别测量样品的失重和最大腐蚀深度。通过蚀孔深度和失重对材料的耐腐蚀性能进行评价[14]。

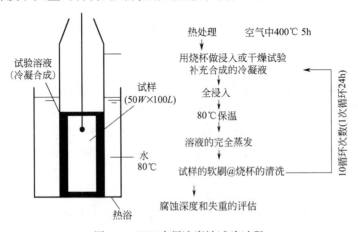

图 4-7　JFE 冷凝液腐蚀试验过程

(5) 汽车排气系统用不锈钢的寿命预测

新型耐蚀不锈钢从设计开发到在实际中得到应用是一个漫长的过程，需要进行大量的性能评价和预测工作。寿命预测工作能够为新型钢种在实际腐蚀环境中的使用周期进行一个初步的估计，为新钢种的实际应用提供可靠的试验依据。

寿命预测首先需要对实际研究对象进行合理分析，得到符合一定数学关系的模型，在依据建立的模型求解得到对未知事件的预测或解释结果。极值统计分布是研究随机变量局部特征值（最大值和最小值）的分布规律。这种方法无需知道随机量整体分布特征，因此使用极其方便。极值分布有如下三种基本类型（表4-4）。

表 4-4 极值分布的基本类型

项目	最大值分布	最小值分布
第一类 （二重指数分布）	$F_{\text{I}}(x)=\exp\left[-\exp\left(-\dfrac{x-\lambda}{\alpha}\right)\right]$ $-\infty<x<\infty;-\infty<\lambda<\infty,\alpha>0$	$F_{-\text{I}}(x)=1-\exp\left[-\exp\left(\dfrac{x-\lambda}{\alpha}\right)\right]$ $-\infty<x<\infty;-\infty<\lambda<\infty,\alpha>0$
第二类	$F_{\text{II}}(x)=\exp\left[-\left(-\dfrac{x-\gamma}{\eta}\right)^{-m}\right]$ $-\infty<\gamma\leqslant x<\infty;\eta>\infty,m>0$	$F_{-\text{II}}(x)=1-\exp\left[-\left(\dfrac{\gamma-x}{\eta}\right)^{-m}\right]$ $-\infty<x\leqslant\gamma<\infty;\eta>\infty,m>0$
第三类	$F_{\text{III}}(x)=\exp\left[-\left(\dfrac{\gamma-x}{\eta}\right)^{m}\right]$ $-\infty<x\leqslant\gamma<\infty;\eta>\infty,m>0$	$F_{-\text{III}}(x)=1-\exp\left[-\left(\dfrac{x-\gamma}{\eta}\right)^{m}\right]$ $-\infty<\gamma\leqslant x<\infty;\eta>\infty,m>0$

二重指数分布主要应用在最大孔蚀深度，不锈钢的点蚀坑深度的最大值和最小值符合第一类极值分布。

试样点蚀最大腐蚀深度数值服从极值分布的 Gumble 分布，函数为：

$$S(x)=\exp\{-\exp[(x-U)/B]\} \qquad -\infty<x<\infty \qquad (4\text{-}9)$$

式中 $S(x)$——最大点蚀深度分布函数；

x——最大点蚀深度自变量；

U——分布的位置参数，概率密度最大的点蚀深度；

B——形状参数，物理意义为点蚀深度的平均值。

如果积累了相当数量小面积试片腐蚀孔深数据或者有限次试验得到的腐蚀孔深数据，可通过极值统计预测大面积试样或更多试验次数下可能出现的最大腐蚀孔深，方法如下。

其数据绘在 Gumbel 概率纸上，注意其纵坐标代表回归期 T，T 定义为测定值 x 所对应观察样本的平均数 $\overline{N}$。也就是说，如果进行 $\overline{N}$ 次测定，其中出现一测定值等于 x 的机会至少有一次。用公式表示为：

$$T=\overline{N}=1/[1-F(x)] \qquad (4\text{-}10)$$

当数据分布在 Gumble 概率纸上成直线，表明变量 x 符合 Gumble 最大值分布，可按 Gumble 分布规律预测在更大 T（或 $\overline{N}$）条件下的 x 值。

工程中将 T 近似看作预测的放大倍率，即从小试片腐蚀预测大面积样品腐蚀时的面积增大比，或从有限次数的腐蚀预测更多次腐蚀时的次数增大比[15]。

陈超等通过冷凝液腐蚀实验，利用 Gumble 分布预测了 SUH409L、T439M、B439M 和 B436L 的使用寿命[11]。通过预测得到 SUH409L 的使用寿命最短，然后是 439M，寿命最长的是 B436L。439M 的使用寿命大约是 SUH409L 的 1.7 倍，而 B436L 达到了 SUH409L 的 2.6 倍。

4.7 腐蚀失效评价标准与方法

4.7.1 高温氧化试验

高温氧化试验（oxidation tests at high temperature）是在气体成分、压力等固定的高温条件下，测定金属材料抗氧化性能的金属腐蚀试验。高温氧化试验有称量法、容量法、压力计法和电阻法等。

(1) 称量法

测定样品在高温氧化条件下的增重与时间的关系。称量法又分为连续称量法和间断称量法。连续称量法采用可连续称量或连续指示质量变化的装置记录质量与时间的变化。这些装置由称量系统和高温炉两大部分组成，常用的称量系统有电子热天平、石英弹簧、钼丝弹簧和真空钨丝扭力微天平等。间断称量法是将称量后的试样放入马弗炉高温区氧化，以一定的时间间隔取出冷却后称量。由于氧化膜与基体金属具有不同的体膨胀系数，采用间断称量法时，易引起氧化膜的开裂和剥落。工业氧化试验一般采用间断称量法。

(2) 容量法

测量在恒定压力下高温氧化所消耗氧的体积。此方法在低压力下特别灵敏，可由一个试样获得完整的氧化动力学曲线，主要误差来源于温度的变化。

(3) 压力计法

测量在恒定体积下氧化过程反应室内压力的下降程度。此法适合于单一组分气体的氧化试验。

(4) 电阻法

测量金属丝由于高温氧化引起金属截面积减小而造成的电阻变化，计算氧化动力学曲线。这种方法只适用于电阻的增加完全是由于截面的减小而引起的情况。

高温氧化试验主要参照国标（GB/T 13303—91）钢材的抗氧化性测试方法以确定钢材的氧化速度 $[g/(m^2 \cdot h)]$ 及由于氧化造成的质量增加量。不锈钢的加热时间为 200h。只有在所实验的材料满足一级标准，即试验材料的氧化增益小于 $0.1g/(m^2 \cdot h)$ 时，才能认为适用于排气系统。高温氧化试验还可以参照日本（JIS Z2282—1993）金属材料在高温下循环氧化试验方法。

4.7.2 持久强度试验

持久强度（又叫持久强度极限）指在给定的温度下和规定时间内，试样刚好发生断裂的应力值，用符号 $\sigma(T, t)$ 表示，是蠕变断裂抗力的判据。

金属材料、机械零件和构件抗高温断裂的能力，常以持久极限表示。试样在一定温度和规定的持续时间下，引起断裂的应力称为持久极限。金属材料的持久极限根据高温持久试验来测定。飞机发动机和机组的设计寿命一般是数百至数千小时，材料的持久极限可以直接用相同时间的试验确定。在锅炉、燃气轮机和其他透平机械制造中，机组的设计寿命一般为数万小时以上，它们的持久极限可用短时间的试验数据直线外推以得到数万小时以上的持久极限。经验表明，蠕变速度小的零件，达到持久极限的时间较长。锅炉管道对蠕变要求不严，但必须保证使用时不破坏，需要用持久强度作为设计的主要依据。持久强度设计的判据是：工作应力小于或等于其许用应力，而许用应力等于持久极限除以相应的安全系数。

持久强度试验同蠕变试验相似，但在试验过程中只确定试样的断裂时间。持久强度试验的方法是：保持某一恒定温度，对一组试样分别选取不同的应力进行试验直到断裂为止，得出一组试验持续时间，然后在双对数坐标纸上画出应力与持续时间的关系曲线，由此求出规定时间下的应力，即持久强度。试样断口形貌依试验条件而异，在高温和低应力下多为沿晶界断裂。持久试验时间的长短根据产品对象而定，例如对喷气发动机零件，一般提供数百到数千小时的持久强度数据；而电站动力设备用材料则要求提供十万到二十万小时的持久强度数据。根据一般经验公式认为，当温度不变时，断裂时间与应力两者的对数呈线性关系。因此在实际试验中，常用较短时间的试验结果来外推长时间的性能。外推的方法已有很多，但外推时间一般应不大于实际最长试验时间的 10 倍。

持久塑性可以用试验断裂后的伸长率和断面收缩率来表征。它表示材料在温度、应力共同作用下在规定的持续时间内的塑性性能。它与材料的缺口敏感性、低周疲劳性能和抗裂纹发展能力等有关。若持久塑性过低，材料在使用过程中会发生脆断。持久强度缺口敏感性是用在相同断裂条件下缺口试样与光滑试样两者的持久强度极限的比值表示。缺口敏感性过高时，金属材料在使用过程中往往过早脆断。

持久塑性和持久强度缺口敏感性均为高温金属材料的重要性能判据。持久强度试验通常在恒定的温度和载荷下进行。近年来各国一些实验室发展出变温变载的持久强度试验方法，为接近使用条件下构件持久强度性能测试开拓出新途径。

为了使试验结果具有可比性，自 20 世纪 50～60 年代，国内外就制定金属材料高温蠕变及持久试验标准和规范，此后又多次修改更新。目前国内广泛参考的金属材料蠕变及持久试验标准有：国家标准（GB/T 2039）、美国标准

(ASTM E139)、欧洲标准（EN 10291）、日本工业标准（JIS Z 2271）、国际标准（ISO 204）等。经过修订后的国内外标准更加合理，标准中的许多规定都趋于一致，但是相互之间仍存在一些差异（表4-5）。

表 4-5 各标准之间的差异

标准	应变测量方式	应变测量方法	引伸计检定要求	引伸计等级或精度	应变测量允许偏差
GB/T 2039	双面变形测量	引伸计	—	最小分度<1μm	≤总蠕变伸长的±1%
ASTM E 139	双面变形测量	引伸计	ASTM E 83 标准规定	适当	—
EN 10291	单面变形测量 双面变形测量	引伸计	EN 10002-4 标准规定,3年检定一次,若试验时间超过3年则实验前检定	1级或更好（EN 10002-4）	—
JIS Z 2271	—	引伸计	JIS B 7741 标准规定	1级或更好	—
ISO 204	双面变形测量	引伸计	ISO 9513 标准规定	1级或更好	—
ECCC	双面变形测量	—	—	—	±max(0.01总伸长,3μm)

4.7.3 凝结液腐蚀试验

凝结液腐蚀主要是针对排气系统的冷端，如消声器、尾管。凝结液腐蚀试验方法基本上都是在一种把样品浸入模拟凝结液溶液中，模拟排气系统的环境进行浸泡-干燥、高温-低温的周期腐蚀过程。应用比较多的是JFE和JASO的凝结液循环腐蚀试验。

(1) 凝结液周期腐蚀试验

日本JFE公司的凝结液周期腐蚀试验是应用比较多的，试验的主要方法是试验溶液根据测定的汽车尾气冷凝液成分设计，设计成分如表4-5所示。溶液用去离子水配置，离子用胺盐，其中硝酸铵和亚硝酸铵可以用硝酸钠和亚硝酸钠代替，然后pH值用氨水调节为9.0。试件需要加热到400℃并保持5h，测得样品的厚度后将试样悬挂在装有溶液的烧杯中，并保证钢片全部浸入所配置的冷凝液中。烧杯放置在恒温水浴箱中加热到80℃，保温24h，烧杯口盖上玻璃片，确保一周期（24h）后烧杯中的浓缩液恰好蒸干，然后用软刷轻刷样品表面，清洗烧杯，完成一个周期的试验。重复添加冷凝液，继续进行下一个周期的试验。试验周期选择5个周期、10个周期和20个周期后。表4-6给出了冷凝水的成分。钢材的抗冷凝水腐蚀性可以通过测量周期腐蚀后损失的重量和腐蚀凹坑的最大深度来确定。通过从不同测试周期获得数据利用Gumble函数进行数据统计对钢的使用寿命进行预测。

表 4-6　冷凝液离子成分设定　　　　　　　　　单位：ppm

Cl^-	NO_2^-	NO_3^-	CO_3^{2-}	SO_4^{2-}	SO_3^{2-}	HCHO	CH_4COO^-	$HCOO^-$	活性炭/(g/L)
50	20	100	2000	1250	250	250	400	100	50

(2) 消声器内部腐蚀试验

日本汽车标准组织（Japan Automobile Standards Organization）的 JASO M611-92 汽车消声器内部腐蚀试验方法也是应用较多的一种评价方法。标准中有周期腐蚀试验和半浸入试验两种试验方法（表 4-7）。

表 4-7　M611-92 试验方法

试验方法	试验溶液		pH 值	试验温度和试验时间
	离子成分			
A 方法半浸入试验	Cl^- NO_2^-	100ppm 20ppm	4.0±0.2	持续保持(80±2)℃
B 方法周期试验	SO_3^{2-} SO_4^{2-} CH_3COO^-	600ppm 600ppm 800ppm	8.0±0.2	1 周期 (80±2)℃×(24±2)h×5 (250±10)℃×(24±2)h×1

A 方法是在一个封闭的环境中进行的，样品放入一个有冷凝回流装置的瓶子中，样品成 45°角斜靠在瓶壁上，一半浸入溶液中，见图 4-8。将整个装置放在恒温水浴箱中进行持续的 80℃保温。试样时间可以设为 500h，也可以经过双方协商设定试验时间。

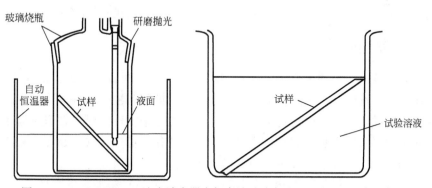

图 4-8　JASO M611-92 汽车消声器内部腐蚀试验方法 A（左）B（右）方法

B 方法是在一个开放的环境中进行，将试样按照标准处理后全部浸入烧杯的冷凝液里进行腐蚀试验，前面的 5 个 24h 中，每 24h 使溶液恰好蒸发干净，然后重新放入溶液再次进行下一个 24h 试验。5 个 24h 试验结束后，样品和烧杯在 250℃中保温 24h。这样完成 6 个步骤为一个周期，见图 4-9。

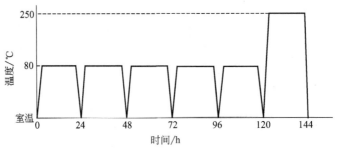

图 4-9 B方法试验步骤示意

实验结束后对样品按标准进行腐蚀产物去除，然后测量失重和点蚀坑深度进行统计。

(3) NSC腐蚀试验

NSC（Nippon Steel Corporation）腐蚀实验基本原理和上面两实验方法是一样的（表4-8），配置与消声器凝结液成分相似的腐蚀溶液，利用烘干箱，形成浸泡-干燥、高温-低温的周期腐蚀过程。NSC腐蚀试验具体步骤如下。

表 4-8 NSC试验溶液成分

Cl^-/ppm	CO_3^{2-}/ppm	SO_4^{2-}/ppm	NH_4^+/ppm	pH
50	500	100	220	8.5

将样品在空气中进行300℃的敏化处理，保温1h。将敏化后样品成45°角倾斜放入装有模拟腐蚀溶液的封闭容器中，溶液恰好浸没样品一半。将容器置于烘干箱中，进行130℃保温4h然后冷却到室温保温30min的循环腐蚀。

4.7.4 晶间腐蚀评价

晶间腐蚀试验主要考察不锈钢母材和焊缝的抗晶间腐蚀能力。从原理上看，晶间腐蚀的各种试验方法都是通过选择适当的浸蚀剂和浸蚀条件对晶界区进行加速选择性腐蚀，通常可以用化学浸蚀和电化学方法来实现。而后在显微镜下观察沿晶腐蚀的网状组织和晶间裂纹并进行评定，或作弯曲（90°或180°），检验表面状态，如光泽、发纹痕迹和裂缝等并进行评定。

化学浸蚀法是最早用于检测不锈钢或镍基合金晶间腐蚀敏感性的实验方法，现已比较成熟，许多国家都已标准化，如美国的ASTM A262、日本的JIS G0571—0575、我国的GB 4334.1-5等。上述标准对晶间腐蚀试验的具体方法作了详细地论述，主要方法有：硫酸-硫酸铜-铜屑法、沸腾硝酸法、硝酸-氟化物法、硫酸-硫酸铁法等，表4-9为上述标准中各化学浸蚀法的试验溶液、试验条件及评价指标对照表[16,17]，可以看出各国标准中上述方法除个别参数稍有差别外，操作过程及评价指标基本相当。

表 4-9 国内外不锈钢晶间腐蚀测试标准试验方法及评价指标对照

测试方法名称	标准	试样尺寸 长×宽/mm	试样尺寸 厚/mm	溶液配方	侵蚀参数	评价指标
硫酸-硫酸铜-铜屑法	ASTM A262-E	76×(10~25)	5~13 ($\delta \geq 5$)	100mL H_2SO_4+100g $CuSO_4 \cdot 5H_2O$+蒸馏水稀释至 1000mL+铜屑	沸腾 24h	弯曲参数:$\delta \geq 5, d=4\delta, \alpha=180$
硫酸-硫酸铜-铜屑法	JIS G0575	(30~70)×25	$s \leq 5$		沸腾 16h	弯曲参数:$d=4s, \alpha=180$
硫酸-硫酸铜-铜屑法	GB 4334.5	(80~100)×20	s 3~4			弯曲参数:$s \leq 1, d=1, s>1, d=5, \alpha=180$
沸腾硝酸法	ASTM A262-C	试样最大合适重量 100g,对比样保证表面与横截面比一致。				腐蚀速率/(in/月)
沸腾硝酸法	JIS G0573	总面积 1000~3000mm²,表面积占有比率>1/2		(65±0.2%) HNO_3	沸腾 48h×5	腐蚀速率/[g/(m²·h)]
沸腾硝酸法	GB 4334.3	30×20(焊条 10)	3~4			腐蚀速率/(mm/月)
硝酸-氟化物法	ASTM A262-D	总面积 500~2000mm²				
硝酸-氟化物法	JIS G0574	总面积 1000~3000mm²,表面积占有比率>1/2		10%HNO_3+3%HF	(70±0.5)℃ 2h×2	腐蚀速率比值
硝酸-氟化物法	GB 4334.4	30×20(焊条 10)	3~4			
硝酸-氟化物法	ASTM A262-B	总面积 500~2000mm²				腐蚀速率/(in/月)
硫酸-硫酸铁法	JIS G0572	总面积 1000~3000mm²,表面积占有比率>1/2		400mL 蒸馏水+236mL H_2SO_4+25g $Fe_2(SO_4)_3$	沸腾 120h	腐蚀速率/[g/(m²·h)]
硫酸-硫酸铁法	GB 4334.2	30×20(小尺寸≤20)	3~4			腐蚀速率/[g/(m²·h)]

硫酸-硫酸铜-铜屑法是在酸性硫酸铜溶液试验基础上发展而来的，也是应用最广泛的实验方法。试验溶液中 $CuSO_4$ 为钝化剂，H_2SO_4 为腐蚀剂，铜屑则起了"化学恒电位器"的作用，让试样和试验溶液的氧化电位很快达到平衡状态使之在晶间腐蚀领域内保持自然电位，从而缩短试验时间。该方法适于检验奥氏体不锈钢和双相不锈钢中贫铬区引起的晶间腐蚀。试验周期为 16～24h，试验结果用弯曲法进行评定（晶间腐蚀试验后弯曲试样，观察试样弯曲部分的表面是否有晶间腐蚀裂纹，以评定晶间腐蚀倾向），其主要是利用了不锈钢晶间腐蚀后外观变化不大，而力学性能明显下降的特点。金相法为其补充评定方法，是一种定性破坏性试验方法，故要求试验者有一定的熟练程度。

沸腾硝酸法由 Hueg 于 1930 年首先提出，用来做全腐蚀试验而开始采用，后因对晶间腐蚀测定也有效，因此，被 ASTM 采用后一直延续至今。Delnog 和 Streicher 等详细地研究了试验条件变化的影响[18]。沸腾硝酸试验条件苛刻，试验溶液不仅浸蚀贫铬区、σ相、TiC、Cr23C6 等碳化物，甚至非金属夹杂物等在上述溶液中亦有选择性腐蚀倾向。这种方法对于检验在硝酸或其他强氧化性酸溶液中使用的合金晶间腐蚀倾向是一种较好的试验方法。试验周期为 48h×5，为缩短试验时间，在工业应用时，根据供需双方协议，也可把周期缩短为 48h×3，试验结果由失重法评定，是一种破坏性的定量方法。试验评定指标——腐蚀速率与溶液中 Fe^{3+} 浓度有较大的关系，故对于同一容器内有一个以上的试样未能通过检测，所有的试样就必须分散在各个单独容器内重新试验，因为一个试样的过度腐蚀可能会导致其他试样腐蚀的加速。

硝酸-氟化物法原来用于检定焊接试样热影响区的晶间腐蚀，后提出测定敏化材料和固溶处理材料的腐蚀化，以此为基础，于 1958 年建议采用 $10\%HNO_3 + 3\%HF$ 溶液作为评定含钼奥氏体不锈钢晶间腐蚀敏感性的定量试验方法。我国 1984 年正式将 HNO_3+HF 法定为国家标准。该方法适用于检验含钼奥氏体不锈钢由于晶界贫铬引起的晶间腐蚀倾向。试验周期 2h×2，试验结果由失重法评定，由于总腐蚀量多，故评价指标用腐蚀速率比。

$H_2SO_4+Fe_2(SO_4)_3$ 是 Streicher 于 1958 年首先提出的[18]。$Fe_2(SO_4)_3$ 为缓蚀剂，H_2SO_4 为腐蚀剂，试验溶液的 Fe^{3+} 可以抑制不锈钢在硫酸中的全面腐蚀速度。通过调整 $Fe_2(SO_4)_3$ 和 H_2SO_4 的配比，可以抑制酸对晶粒表面的腐蚀，而仅仅浸蚀由于碳化铬沉淀形成的晶界贫铬区。为此，标准中规定，在试验过程中试样腐蚀严重（根据溶液颜色来判断），可以适当补充 $Fe_2(SO_4)_3$。敏化材料在此溶液中发生强烈的晶粒表面腐蚀和晶粒脱落。该方法主要适用于奥氏体不锈钢或双相不锈钢由于贫铬引起的晶间腐蚀倾向。试验周期为 120h。试验结果由失重法评定。这也是一种破坏性的定量评定方法。由于其腐蚀时间较沸腾硝酸法短，故在试验中，也可以用做沸腾硝酸法的替代方法。

由于电化学方法所特有的优点：简单、快速、无损、易适用于现场，因而在现代的材料腐蚀监测、检测中扮演了举足轻重的作用。近年来，采用电化学方法检测晶间腐蚀倾向的研究工作，取得了很大的进展。目前用于检测不锈钢晶间腐蚀倾向的电化学试验方法主要有以下几种：草酸电解浸蚀法，阳极极化曲线二次活化峰法，扫描参比电极技术（SRET），电化学阻抗谱法（EIS）以及电化学动电位再活化法（EPR）。

草酸电解浸蚀方法于 1953 年由 Streicher 发展[18]，是检测晶间腐蚀方法中最敏感的一种，试样在 10%（质量浓度）草酸溶液中电解浸蚀后，在显微镜下观察浸蚀表面的金相组织，根据浸蚀金相组织情况来判断金属及合金是否存在晶间腐蚀倾向，再确定下一步是否进行化学浸蚀试验。

20 世纪 70 年代初，美国的 Isaacs 首先建立了扫描参比电极技术（SRET），并应用 SRET 成功地研究了不锈钢的晶间腐蚀行为[19]。这种技术被用来确定晶间腐蚀发生的位置及敏感电位区间。还有的作者将 SRET 技术同 EPR 方法进行了比较，得出了晶间腐蚀条件下腐蚀电流和在此电解质溶液中形成的电位分布之间的半定量关系。

电化学阻抗谱方法用于检测不锈钢的晶间腐蚀是随着电化学阻抗谱（EIS）在腐蚀现象研究越来越广泛地应用发展起来的，研究不锈钢晶间腐蚀的阻抗谱特征，进而摸索晶间腐蚀检测电化学新方法。Huang 等[20] 首先应用 EIS 方法研究了不锈钢在过钝化区的晶间腐蚀特征并提出了检测过钝化区晶间腐蚀的新方法。秦丽雁等用电化学阻抗谱（EIS）方法研究了固溶态、敏化态 304 不锈钢在不同极化电位下（在再活化区）的阻抗谱特征，为应用电化学阻抗谱方法检测不锈钢的晶间腐蚀提供了必要的依据。

目前，用阳极极化曲线二次活化峰法、扫描参比电极技术（SRET）、电化学阻抗谱法（EIS）来评定不锈钢晶间腐蚀敏感性尚未在学术界取得共识。

电化学动电位再活化（Electrochemical Poten-tiokinetic Reactivation，简称 EPR 法）技术是目前公认的快速、无损、定量检测不锈钢敏化的电化学测试方法[21~23]，可用于工业现场检验材料的晶间腐蚀敏感性。EPR 法是利用不锈钢的钝化再活化特性与钝化膜中主体合金元素的含量及膜的特性有关这一特点，测量并分析试样在特定电解液中（如 $0.5mol/L\ H_2SO_4 + 0.01mol/L\ KSCN$）的再活化极化曲线来研究不锈钢的晶间腐蚀敏感性的。所谓再活化是指控制研究电极的电位从钝化区以某一恒定速度（比较合适的扫描速度为 100mV/min）回扫至活化区的过程。经过敏化处理的不锈钢，晶界附近因碳化铬的析出而形成贫铬区，贫铬区的铬含量常低于 13%（质量），它形成的钝化膜并不完整，而且再钝化能力很差。在再活化过程和去极化剂（如 KSCN）的联合作用下，贫铬区钝化膜遭到破坏，失去保护作用，从而导致贫铬区的溶解。Cihal.V 首先用 EPR 测量了镍基合金的晶间腐蚀敏感性[24]，随后 Cihal、Pavel Novak、Clarke、Umemura、Majidi 等的大量工作，使 EPR 技术得到迅速发展，目前，已被广泛地用于研究奥氏体、马氏体、铁素体、双相钢等不锈钢的晶间腐蚀敏感性。O. Greven 等在 EPR 基础上发展了恒电位再活化法（ERT），研究指出，ERT 检测由贫铬引起的晶间腐蚀比 EPR 更灵敏；周纯青等在 EPR 技术上运用了交流方波技术和恒电位阳极浸蚀技术，其操作过程、实验装置结构图与 EPR 技术有很大相似之处。目前，ERP 技术在美国和日本等国家已经标准化，分别为 ASTM G108—92 及 JIS G0580—86。为此，EPR 法将可能成为将来应用于不锈钢晶间腐蚀敏感性测试非常有希望的手段之一。

4.7.5 盐雾腐蚀试验

(1) 高温盐腐蚀试验

高温盐腐蚀试验主要是针对排气系统的热端，是在高温下将不锈钢样品浸入氯化钠溶液进行盐腐蚀的一种试验方法。进行高温盐腐蚀试验一般有两种方式：一是按照 NSSC 标准，该方法要求把试验材料加热到 600~750℃，自然冷却 5min，然后浸入饱和的 NaCl 溶液 5min 为一个周期。一般情况要进行 40 次后才能通过比较试件的原始重量和盐腐蚀后的重量来确定其抗盐腐蚀性；另一种方法是部分汽车制造商采用的，方法是先把试件浸入饱和 NaCl 溶液 3min，然后加在室外环境下热到 700~750℃并持续 2h，然后自然冷却 5min 为一个周期，最后重复 20 次后通过比较试件的原始重量和盐腐蚀后的重量来确定其抗盐腐蚀性。

(2) 盐雾循环腐蚀试验（CCT）

循环腐蚀试验是常用的判定材料腐蚀性能的方法。在汽车排气系统用不锈钢领域，主要是模拟外部实际使用环境，不同厂家采用不同的试验过程和腐蚀环境。目前国内合资汽车主机厂的循环腐蚀试验仍然是材料腐蚀性能认证的试验方法之一（表 4-10），国产主机厂还没有这方面的标准[25]。

表 4-10 美系和日系汽车用不锈钢循环腐蚀试验流程

美系汽车		日系汽车	
节点/min	过程	节点/min	过程
90	环境条件[25℃,30%~50%(RH,相对湿度)]	10	35℃盐雾处理
	盐雾处理	155	60℃干燥处理
90	环境条件(25℃,30%~50%RH)	75	60℃,95%RH 加湿
	盐雾处理	160	60℃干燥处理

续表

美系汽车		日系汽车	
节点/min	过程	节点/min	过程
90	环境条件(25℃,30%~50%RH)	80	60℃,95%RH 加湿
	盐雾处理	160	60℃干燥处理
210	环境条件(25℃,30%~50%RH)	80	60℃,95%RH 加湿
480	加湿(60℃,95%~100%RH)	160	60℃干燥处理
480	干燥(60℃,<30%RH)	80	60℃,85%RH 加湿
		160	60℃干燥处理
		80	60℃,85%RH 加湿
		160	60℃干燥处理
		80	60℃,85%RH 加湿
重复进行		重复进行	
—溶液:0.9%NaCl,0.1%CaCl$_2$ 及 0.25%NaHCO$_3$;		—溶液:5%NaCl	
—溶液酸度:pH 值 6.0~8.0;		—溶液酸度:无	
试验周期:80 循环(1920h)		试验周期:50 循环(1200h)	

4.8 小结

汽车的排气系统主要有热端（包括排气歧管、前管等）、冷端（主要是消声器）和中间的连接部分（主要是三元催化剂等）组成。排气系统的前端如排气歧管多用奥氏体不锈钢制成，这类不锈钢成形性较好，以适应排气歧管成形性的要求。前端的失效模式主要是高温氧化和热疲劳。提高其抗氧化性能和热疲劳性能是使这类构件避免失效和延寿的有效方法。消声器的冷端主要用铁素体不锈钢，以保证一定的强度，其失效模式主要是耐蚀性不足，特别是焊缝的耐冷凝腐蚀性能差，常用材料为 409 不锈钢。通过对冷凝腐蚀机理的研究，采用 Nb-Ti 双稳定可以有效改善 409 不锈钢的耐冷凝腐蚀性能，有效地避免焊缝中 Cr 的贫化，有效改善焊接结构的排气系统冷端的耐腐蚀性能，特别是耐冷凝腐蚀性能。随着汽车工业的发展，对消声器的耐腐蚀性越来越高，过去一些商用车都是用碳钢热涂锌制造消声器各种部件，由于耐腐蚀性不足，会在使用期间内产生严重的锈蚀，严重影响车子的外观。目前已开始使用耐蚀性较好的 Nb-Ti 双稳定的不锈钢，今后随着我国油品质量的改进，汽油中的硫含量下降，冷凝液的腐蚀能力的下降，铁素体不锈钢冶金质量的改善、焊接工艺的改进，也可望用普通的 409 铁素体不锈钢制造消声器，以满足消声器的使用要求。

4.9 附录

附录表 4-1 国内外常用不锈钢牌号对照表

序号	中国	日本	美国	英国	德国
1	1Cr18Mn8Ni5N	SUS202	202,S20200	284S16	X12CrNi177
2	1Cr17Ni7	SUS301	301,S30100	301S21	X12CrNi188
3	1Cr18Ni9	SUS302	302,S30200	302S25	X5CrNi189
4	0Cr18Ni9	SUS304	304,S30300	304S15	X2CrNi189
5	00Cr19Ni10	SUS304L	304L,S30403	304S12	
6	0Cr19Ni9N	SUS304N1	—	304N,S30451	X2CrNiN1810
7	00Cr18Ni10N	SUS304LN	—	—	X5CrNi1911
8	1Cr18Ni12	SUS305	305,S30500	305S19	—
9	0Cr23Ni13	SUS309S	309S,S30908	—	—
10	0Cr25Ni20	SUS310S	310S,S31008	—	X5CrNiMo1812
11	0Cr17Ni12Mo2	SUS316	316,S3160	316S16	X2CrNiMo1812
12	00Cr17Ni14Mo2	SUS316L	316L,S31603	316S12	—
13	0Cr17Ni12Mo2N	SUS316N	316N,S31651	—	—
14	00Cr18Ni14Mo2Cu2	SUS316J1L	—	—	—
15	0Cr19Ni13Mo3	SUS317	317,S31700	317S16	X2CrNiMo1816
16	00Cr19Ni13Mo3	SUS317L	317L,S31703	317S12	X10CrNiTi189
17	1Cr18Ni9Ti	—	—	—	—
18	0Cr19Ni10Ti	SUS321	321,S32100	321S12,321S20	X10CrTi189
19	0Cr18Ni11Nb	SUS347	347,S34700	347S17	X10CrNiNb189
20	0Cr13Al	SUS405	405,S40500	405S17	X71CrAl13
21	1Cr17	SUS430	430,S43000	430S15	X8Cr17
22	00Cr27Mo	SUSXM27	XM27,S44625	—	—
23	1Cr12	SUS403	403,S40300	403S17	—
24	1Cr13	SUS410	410,S41000	410S21	X10Cr13
25	0Cr13	SUS410S	410S	403S17	X7Cr13
26	1Cr13Mo	SUS410J1	—	—	—
27	2Cr13	SUS420J1	420,S42000	420S37	X20Cr13
28	3Cr13	SUS420J2	—	420S45	—
29	1Cr17Ni2	SUS431	431,S43100	431S29	X22CrNi17
30	7Cr17	SUS440A	440,S44002	—	—
31	8Cr17	SUS440B	440,S44003	—	—
32	9Cr18	SUS440C	440C	—	X105CrMo17

附录表 4-2 国内外常用不锈钢牌号对照表

序号	中国 GB 旧牌号	中国 GB 新牌号(07.10)	日本 JIS	美国 ASTM	美国 UNS	韩国 KS	欧盟 BS EN	印度 IS	澳大利亚 AS	中国台湾 CNS
				奥氏体不锈钢						
1	1Cr17Mn6Ni5N	12Cr17Mn6Ni5N	SUS201	201	S20100	STS201	1.4372	10Cr17Mn6Ni4N[20]	201-2	201
2	1Cr18Mn8Ni5N	12Cr18Mn9Ni5N	SUS202	202	S20200	STS202	1.4373	—	—	202
3	1Cr17Ni7	12Cr17Ni7	SUS301	301	S30100	STS301	1.4319	10Cr17Ni7	301	301
4	0Cr18Ni9	06Cr19Ni10	SUS304	304	S30400	STS304	1.4301	07Cr18Ni9	304	304
5	00Cr19Ni10	022Cr19Ni10	SUS304L	304L	S30403	STS304L	1.4306	02Cr18Ni11	304L	304L
6	0Cr19Ni9N	06Cr19Ni10N	SUS304N1	304N	S30451	STS304N1	1.4315	—	304N1	304N1
7	0Cr19Ni10NbN	06Cr19Ni9NbN	SUS304N2	XM21	S30452	STS304N2	—	—	304N2	304N2
8	00Cr18Ni10N	022Cr19Ni10N	SUS304LN	304LN	S30453	STS304LN	—	—	304LN	304LN
9	1Cr18Ni12	10Cr18Ni12	SUS305	305	S30500	STS305	1.4303	—	305	305
10	0Cr23Ni13	06Cr23Ni13	SUS309S	309S	S30908	STS309S	1.4833	—	309S	309S
11	0Cr25Ni20	06Cr25Ni20	SUS310S	310S	S31008	STS310S	1.4845	—	310S	310S
12	0Cr17Ni12Mo2	06Cr17Ni12Mo2	SUS316	316	S31600	STS316	1.4401	04Cr17Ni12Mo2	316	316
13	0Cr18Ni12Mo3Ti	06Cr17Ni12Mo2Ti	SUS316Ti	316Ti	S31635	—	1.4571	04Cr17Ni12MoTi[20]	316Ti	316Ti
14	00Cr17Ni14Mo2	022Cr17Ni12Mo2	SUS316L	316L	S31603	STS316L	1.4404	~02Cr17Ni12Mo2	316L	316L
15	0Cr17Ni12Mo2N	06Cr17Ni12Mo2N	SUS316N	316N	S31651	STS316N	—	—	316N	316N
16	00Cr17Ni13Mo2N	022Cr17Ni13Mo2N	SUS316LN	316LN	S31653	STS316LN	1.4429	—	316LN	316LN
17	0Cr18Ni12Mo2Cu2	06Cr18Ni12Mo2Cu2	SUS316J1	—	—	STS316J1	—	—	316J1	316J1
18	00Cr18Ni14Mo2Cu2	022Cr18Ni14Mo2Cu2	SUS316J1L	—	—	STS316J1L	—	—	—	316J1L
19	0Cr19Ni13Mo3	06Cr19Ni13Mo3	SUS317	317	S31700	STS317	—	—	317	317

续表

序号	中国 GB		日本 JIS	美国		韩国 KS	欧盟 BS EN	印度 IS	澳大利亚 AS	中国台湾 CNS
	旧牌号	新牌号(07.10)		ASTM	UNS					
20	0Cr19Ni13Mo3	022Cr19Ni13Mo3	SUS317L	317L	S31703	STS317L	1.4438	—	317L	317L
21	0Cr18Ni10Ti	06Cr18Ni11Ti	SUS321	321	S32100	STS321	1.4541	04Cr18Ni10Ti[20]	321	321
22	0Cr18Ni11Nb	06Cr18Ni11Nb	SUS347	347	S34700	STS347	1.4550	04Cr18Ni10Nb[40]	347	347

奥氏体-铁素体型不锈钢(双相不锈钢)

| 23 | 0Cr26Ni5Mo2 | — | SUS329J1 | 329 | S32900 | STS329J1 | 1.4477 | — | 329J1 | 329J1 |
| 24 | 00Cr18Ni5Mo3Si2 | 022Cr19Ni5Mo3Si2N | SUS329J3L | — | S31803 | STS329J3L | 1.4462 | — | 329J3L | 329J3L |

铁素体型不锈钢

25	0Cr13Al	06Cr13Al	SUS405	405	S40500	STS405	1.4002	04Cr13	405	405
26	—	022Cr11Ti	SUH409	409	S40900	STS409	1.4512	—	409L	409L
27	00Cr12	022Cr12	SUS410L	—	—	STS410L	—	—	410L	410L
28	1Cr17	10Cr17	SUS430	430	S43000	STS430	1.4016	05Cr17	430	430
29	1Cr17Mo	10Cr17Mo	SUS434	434	S43400	STS434	1.4113	—	434	434
30	—	022Cr18Nb5Ti	—	—	S43940	—	1.4509	—	439	439
31	00Cr18Mo2	019Cr19Mo2NbTi	SUS444	444	S44400	STS444	1.4521	—	444	444

马氏体型不锈钢

32	1Cr12	12Cr12	SUS403	403	S40300	STS403	—	—	403	403
33	1Cr13	12Cr13	SUS410	410	S41000	STS410	1.4006	12Cr13	410	410
34	2Cr13	20Cr13	SUS420J1	420	S42000	STS420J1	1.4021	20Cr13	420	420J1
35	3Cr13	30Cr13	SUS420J2	—	—	STS420J2	1.4028	30Cr13	420J2	420J2
36	7Cr17	68Cr17	SUS440A	440A	S44002	STS440A	—	—	440A	440A

参 考 文 献

[1] Manabu Oku, 李鑫. 日新制钢汽车排气系统用耐热铁素体不锈钢的开发 [J]. 世界钢铁, 2011, 11 (5): 33-38.
[2] 石永泉, 李健医, 熊远梅. 汽车排气管用不锈钢及发展趋势 [C]. 河南省汽车工程学会第五届科研学术研讨会, 2008.
[3] 张栋, 钟培道, 陶春虎等. 失效分析 [M]. 北京: 国防工业出版社, 2004.
[4] R. E. Smallman 著. 现代物理冶金学 [M]. 张人佶译. 北京: 冶金工业出版社, 1980.
[5] A. Narumoto, Interaction of Fatigue With Creep for Low Alloy Steel [C], Mechanical Behaviour of Materials Ⅳ, Vol 1 P345-351, proceedings of the fourth international conference 15-19 Aug. 1983.
[6] Kato Yasushi, Hirano llasahiro, Ujiro Takumi. Effects of Alloying Elements 0.11 Ia Cl-induced Hot Corrosion Resistance of Stainless Steels [J]. JFE Technical Report, 2008, 20: 33-37.
[7] 毕洪运, 潘国强, 李鑫. 宝钢汽车排气系统用铁素体不锈钢产品开发 [J]. 宝钢技术, 2011, (2): 12.
[8] 宋维锡. 金属学 [M]. 北京: 冶金工业出版社, 1980.
[9] 左禹, 熊金平. 工程材料及其耐蚀性 [M]. 北京: 中国石化出版社, 2008.
[10] 王莉, 毕宏云, 吴用等. 铁素体不锈钢在汽车排气系统中的应用——兼谈缺陷评估 [J]. 包头职业技术学院学报, 2010, (2): 10-16.
[11] 陈超. 合金化和纳米化对钝化材料耐腐蚀性能的影响 [D]. 北京: 北京科技大学材料学院, 2009.
[12] 陈超. 新型汽车排气系统用铁素体不锈钢的冷凝液腐蚀 [J]. 钢铁, 2009, 44 (10): 78-81.
[13] 柯伟, 杨武. 腐蚀科学技术的应用和失效案例 [M]. 北京: 化学工业出版社, 2006.
[14] T Ujiro, M Kitazawa, F Togashi. Corrosion of muffler materials in automotive exhaust gas condensates [J]. Materials Performance, 1994, 33 (12): 49-53.
[15] 翁永基, 李相怡. 腐蚀预测和计量学基础 [M]. 北京: 石油工业出版社, 2011.
[16] ASTM A262-02a, Standard practices for detecting susceptibility to intergranular attack in austenitic stainless steels [s], 1998.
[17] JIS G0572-0575-2000, [S]. [5] GB4334.2-5-2008, 金属与合金的腐蚀不锈钢晶间腐蚀试验方法 [s].
[18] Streieher M A. Screening stainless steels from the 240h nitric acid test by electrolytic etching in oxalic Acid [C]. ASTM Bulletin, 1958, 229: 77-86.
[19] Streieher M A. Screening stainless steels from the 240h nitric acid test by electrolytic etching in oxalic Acid [C]. ASTM Bulletin, 1958, 188: 35-38.
[20] Huang C A, Chang Y Z, Chen S C. The electrochemical behavior of austenitic stainless steel with different degree of sensitization in the transpassive potential region in 1mol/L H_2SO_4 containing chloride [J]. Corms. Sci., 2004, 46: 1501-1513.
[21] 方智, 张玉林, 吴荫顺. 电化学动电位再活化法评价３０８L不锈钢的晶间腐蚀敏感性 [J]. 腐蚀科学与防护技术, 1996, 8: 87-93.
[22] Fang Z, Wu Y S, Zhang L, et al. Appheation of the modified electrochemical poteniodynamic reacfivation method to evaluate interfranular corrosion SUS- susceptibility of stainless steels [J]. corrosion,

1998, 54: 339-346.
- [23] Matnla M, Hyspecka L, Svoboda M, et al. Intergranular corrosion of AISI 316L steel [J]. Master Charact, 2011, 46: 203-210.
- [24] Cihal V, Desestret A, Froment M, et al. Test for evaluation of sensibility of stainless steels to intergranular corrosion [J]. Proc 5th European Corrosion. Cong (Paris, France: European Federation on Corrosion, 1973: 249-253.
- [25] Gerhard Pausch Haan. Introduction to cyclic corrosion testing [J]. Laekiertecnnik, 2004 (9): 2236-2241.

第5章
汽车金属材料疲劳失效

5.1 概述

疲劳是指材料或零件在交变应力作用下发生的内部损伤，其表现为微裂纹的萌生[1]。在文献《材料力学行为》和《Foundations of Materials Science and Engineering》[2,3]中这样来定义疲劳，即承受低于屈服强度或拉伸失稳的循环应力作用下，材料或构件的时间延迟断裂过程；疲劳失效的产生必须有交变拉应力的存在，如果最大主应力总是代数上负值（也就是压缩应力）的应力状态时，就不可能引起疲劳断裂。在美国试验与材料学会（ASTM）在"疲劳试验及数据统计分析之有关术语的标准定义"（ASTM E1150—87）中所作的定义[4]：在某点或某些点承受扰动应力，且在足够多的循环扰动作用之后形成裂纹或完全断裂的材料中所发生的局部的、永久结构变化的发展过程称为疲劳。在《工程材料力学性能》中这样定义[5]：金属材料或构件在交变应力或应变长期作用下，由于累计损伤而引起的断裂现象称为疲劳。ISO 在 1964 年发表的报告《金属疲劳试验的一般原理》中对疲劳所做的定义是："金属材料在应力或应变的反复作用下所发生的性能变化叫做疲劳；但通常这个术语特指那些导致开裂或破坏的性能变化。"

可以看出：在各种经典文献中，对疲劳的定义在表达上有所差异，但是本质基本相同，疲劳必须有交变的拉应力作用，也就是作用于疲劳的复合应力的代数和必须是正值，同时是多次应力或应变作用的结果；由疲劳引起的失效称为疲劳失效或疲劳断裂。金属的疲劳失效是经历了疲劳裂纹的萌生、扩展和聚合导致材料或构件失效或断裂的过程。

疲劳断裂是许多机械构件失效破坏的主要模式。20 世纪 80 年代美国国家标准局进行了一次断裂所造成损失的大型综合调研，1983 年在《国际断裂》杂志上发表了该调查委员会给国会的报告。报告指出，当时美国一年断裂损失是 1190 亿美元，占 1982 年美国国家生产总值的 4%。断裂损失最严重的三个行业：汽车业每年 125 亿美元，建筑业每年 100 亿美元，航空业每年 67 亿美元。报告还强调指出，向工程技术人员普及断裂和疲劳的基本概念和知识，可减少损失29%（每年345亿美元），应用现有的成果，可再减少24%（每年285亿美元）。在各种工程实际中，发生的疲劳破坏占全部力学破坏的50%～90%，而航空零件的疲劳失效的比例较高。1984年国际疲劳杂志发表国际民航组织涉及金属疲劳断裂的重大飞机事故调查指出，20世纪80年代以来，由于金属疲劳断裂引起的机毁人亡事故平均每年100次，20世纪的最后10年，尽管安全水平有了进一步的提升，但世界民航每年发生重大死亡的飞行事故次数仍在48～57次之间。1999年，发生飞行死亡事故48起，事故死亡人数达730人。

疲劳失效是机械失效最常见的形式，汽车是运动机械，汽车中有大量的承受多次循环应力的零件，因此疲劳破坏是汽车许多结构件失效基本模式。研究汽车材料和零件的疲劳，就必须理解疲劳的特点，根据这些特点提出材料和零件延寿的方法和措施，达到提升材料与零件的寿命、零件安全性的目的，减少疲劳断裂造成的损失，提升构件的抗疲劳能力。

一百多年来，人们对材料或构件的疲劳失效予以极大的关注，汽车中许多构件是在承受动载荷作用下服役或工作的，因此汽车构件多数破坏或失效是由于疲劳失效引起的。

5.2 疲劳的循环应力

零件使用中承受疲劳载荷的情况与疲劳试验中疲劳应力会有很大差别。疲劳试验中施加的载荷有轴向、扭转、弯曲应力及这些应力的复合。

图5-1是典型疲劳应力循环图，其中图5-1(a)为正弦波交变对称循环应力的加载模式，这种加载模式是由R. R. Moore[6]设计的反向弯曲疲劳试验机所实现的，试验的夹持试验旋转柄上施加载荷，通过旋转柄设有过载和恒速运动，将正弦波的循环应力加载到试样上，如图5-2所示；图5-1(b)所示为重复循环应力的加载模式，这种加载模式最大、最小应力均为拉应力，而且最大与最小应力幅相同。图5-1(c)所示为随机应力循环加载模式，这种加载模式下可能会有不同形式的循环应力载荷谱。

疲劳试验中循环应力可以利用下述参量来表征。

① 平均应力 σ_m 定义为：$\sigma_m = \dfrac{\sigma_{max} + \sigma_{min}}{2}$

② 应力全幅 σ_r 定义为：$\sigma_r = \sigma_{max} - \sigma_{min}$

③ 应力幅 σ_a 定义为：$\sigma_a = \dfrac{\sigma_r}{2} = \dfrac{\sigma_{max} - \sigma_{min}}{2}$

④ 应力比 R 定义为：$R = \dfrac{\sigma_{max}}{\sigma_{min}}$

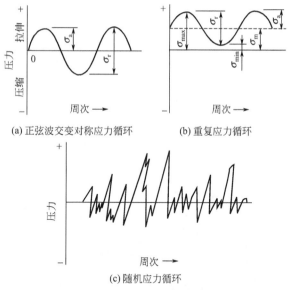

图 5-1 典型疲劳应力循环图

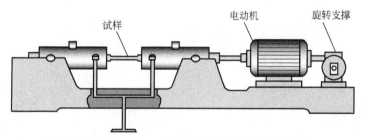

图 5-2 R. R. Moore 设计的反向弯曲疲劳试验机

上述参量中,只需已知其中任意两个,即可确定循环应力水平。在疲劳试验方案设计时,一般采用最大应力 σ_{max} 和最小应力 σ_{min};在疲劳试验时,一般用平均应力 σ_m 和应力幅 σ_a;在疲劳数据处理时,一般用应力幅 σ_a 和应力比 R。

疲劳的施加载荷除了正弦波外,还有矩形波和三角波,如图 5-3 所示[7],这些波形只是应用于个别特殊构件,大部分构件全都使用正弦波加载。

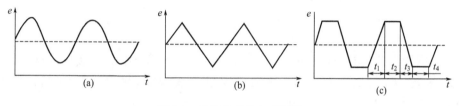

图 5-3 几种常见的加载波形

根据以上所述疲劳的内涵和循环应力的定义，可以得出疲劳具有以下特点。

① 材料和构件只有在承受多次循环应力作用的条件下，才会发生疲劳，因此疲劳破坏是在循环应力作用下的时间延迟效应。

② 疲劳破坏是裂纹的萌生、扩展、失稳扩展、直到断裂的动态过程，在多次循环载荷作用后，材料和构件的高应力和高应变处萌生疲劳裂纹，在循环载荷的作用下，裂纹进一步扩展，当裂纹的大小达到临界尺寸时，发生失稳扩展导致完全断裂。

③ 疲劳破坏起源于高应力和高应变的局部区域，材料在疲劳应力的反复作用下，随着疲劳损伤的不断累积，在应力与应变集中的区域或材料的弱区开始萌生裂纹，疲劳起源的局部性是疲劳破坏的另一特点，因此材料和构件的疲劳寿命由两部分组成，一是疲劳裂纹的萌生寿命，二是疲劳裂纹的扩展寿命。

5.3 疲劳的加载模式和宏观断口

疲劳试验有多种多样的加载模式，有拉压、平面弯曲、旋转弯曲、四点加载弯曲、扭转、弯扭复合等，其加载模式如图 5-4 所示[8]。

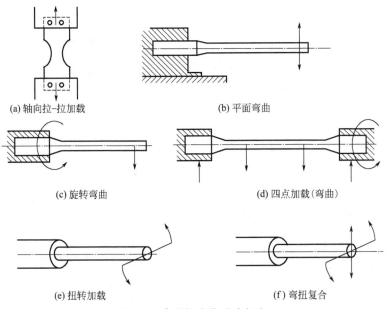

图 5-4 典型的疲劳试验方法

不同受力模式的失效模式也不相同，但是作为疲劳的任意受力模式都有起裂源、裂纹扩展区和最后断裂区，见图 5-5，根据受力模式不同，其断裂表面的瞬断区和扩展区的大小比例不相同。

图 5-5 带键槽轴类零件的疲劳断裂表面

对弯曲疲劳的载荷模式、试样的几何形状（无缺口、中等缺口、尖缺口）相应的疲劳断面的各种形态如图 5-6 所示[9,10]。

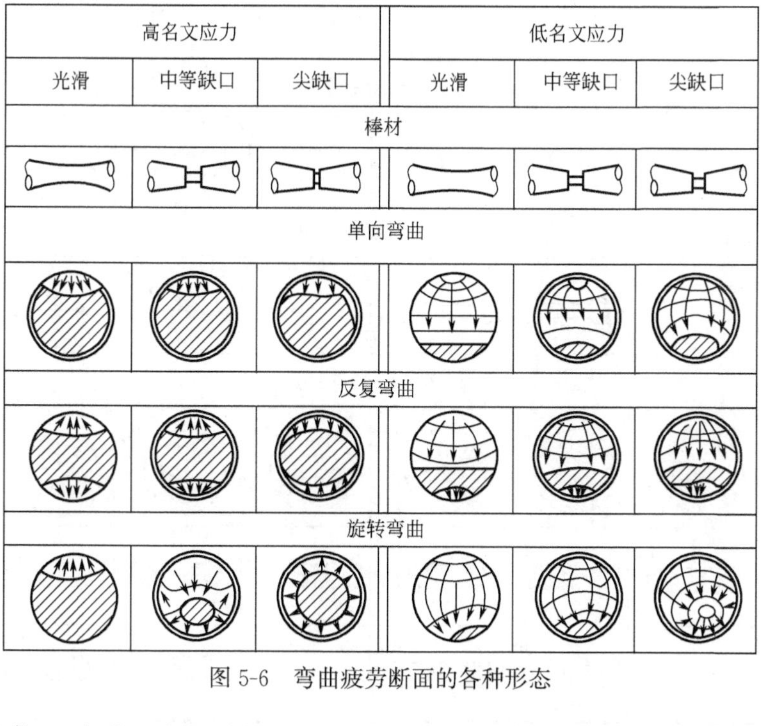

图 5-6 弯曲疲劳断面的各种形态

轴向拉压疲劳不同试样、不同缺口、不同载荷的断口形貌如图 5-7 所示[9,10]，其中对高轴向应力、光滑试样，由于没有应力集中，裂纹从裂纹源向四周扩展的速度基本相同，此时由于应力高，疲劳破断区小，瞬时破断区大，见

图 5-7(a); 若有缺口, 由于缺口根部有应力集中, 故两侧裂纹扩展较快, 裂纹形貌见图 5-7(b)、(c); 对于板状试验, 疲劳的起裂源发生在应力集中的较大棱角处, 如图 5-7(g); 若两侧有缺口, 裂纹核心在缺口的根部向中心扩展, 见图 5-7(h)、(i), 如板状试验内部有缺陷, 疲劳源将发生在缺陷处, 见图 5-7(m)、(n)。对于低应力的拉压轴向疲劳断口, 此时疲劳的试验应力低于或接近于疲劳极限, 断口的特点是疲劳裂纹扩展充分, 疲劳区大, 瞬时断裂区小, 疲劳寿命长, 实际零件常有贝壳纹的推进线, 和高应力疲劳的主要区别是疲劳扩展区和瞬断区的大小不同, 其断口形貌见图 5-7(d)~(p)。

扭转疲劳断口与前述的弯曲、轴向疲劳断口相似, 即当疲劳核心一旦形成, 裂纹一般沿着最大正应力相垂直的方向扩展, 但是, 对于扭转疲劳, 除了与上述

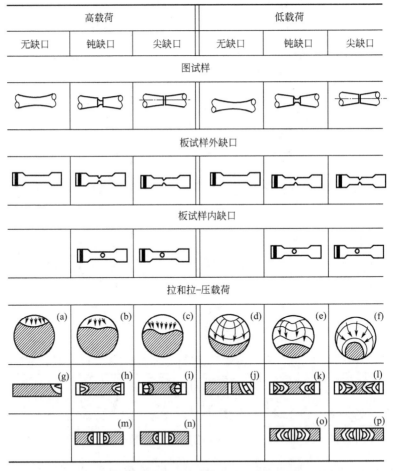

图 5-7 轴向疲劳应力作用下的断口形态
(图中的阴影区为瞬时断裂区, 箭头为疲劳裂纹扩展方向, 弧线为
疲劳裂纹前沿推进线, 它与实际断口的贝纹线相一致)

情况相同的类型外,还存在另外一种断口,即沿着最大切应力方向扩展的断口,通常扭转疲劳断口分为两类,一类为正断型,其常见的有锯齿状断口和星型断口;另一类为切断型。脆性材料常呈正断型断裂,延性材料常呈切断型断裂。有时也存在第三类断裂,称为复合型断裂,即开始为切断型,随后转变为正断型,扭转疲劳断口的各种形貌见图 5-8 所示[8]。

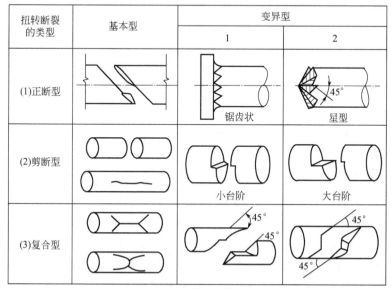

图 5-8 扭转疲劳断口的各种形态

5.4 疲劳断口的微观特征

疲劳断口的宏观特征表明,疲劳断口分为三个区域,疲劳起裂区、疲劳裂纹扩展区和疲劳瞬断区。非调质钢连杆和球铁 QT600 疲劳断口形貌的三个区域分别如图 5-9 与图 5-10 所示。

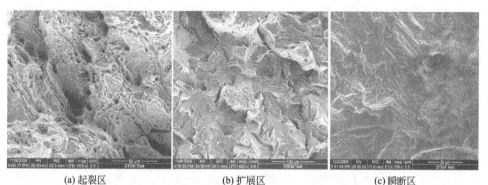

(a) 起裂区　　　　　　(b) 扩展区　　　　　　(c) 瞬断区

图 5-9 连杆疲劳试样的断口形貌

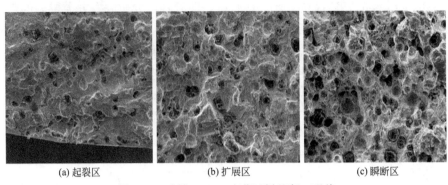

(a) 起裂区　　　　　　　(b) 扩展区　　　　　　　(c) 瞬断区

图 5-10　球铁 QT600 疲劳试样的断口形貌

(1) 疲劳起裂区

几乎所有疲劳裂纹形成过程的试验研究都表明，在低于屈服应力下，疲劳试样的表面都有滑移带出现，在某些滑移带变形非常强烈，疲劳裂纹就在该处产生，疲劳应力越高，强烈的滑移带越多，疲劳裂纹的形成越早。在金相形态，疲劳引起的滑移带与静拉伸造成的滑移带不同，其常在表面呈挤出的小峰状，不同材料滑移带的挤出峰形态也不相同。

图 5-11 为不同滑移带的挤出峰，图中的滑移带是一种波形滑移带，图 5-11 (a) 为铜合金的斜截面挤出峰；图 5-11(b) 示出了铜孪晶界的挤出峰，而这些挤出峰是一种表面缺陷，它们是疲劳裂纹容易出现的地方；图 5-11(c) 示出了硅铁合金的挤出峰吞并而引起的裂纹，在峰边的"下凹"处也能发展成裂纹[9]。显然零件在疲劳载荷作用下，因为位错运动而造成的滑移带是产生疲劳裂纹的根本原因，而材料表面和内部的缺陷起着缺口和应力集中的作用，促使疲劳裂纹的形成，疲劳的分析和疲劳裂纹萌生源的研究，主要是寻找促进疲劳裂纹形成的缺陷，并提出消除这些缺陷的途径。疲劳断口起裂区的扫描电镜照片通常为韧窝，但有些材料也会出现疲劳条带，根据材料的韧性不同，起裂区的韧性的形态不同，韧性区的宽窄不同，但从任何断裂都是起源于塑性变形开始，一般材料起裂源断口的扫描电镜的形貌都会有一些韧性的断裂特征。

(2) 疲劳裂纹扩展区

疲劳裂纹扩展区的微观组织特征是具有明显的疲劳条带，不同的服役条件下，不同材料疲劳条带的形貌是不同，断口上的疲劳条带有时呈连续状分布，在铝合金、钛合金、奥氏体钢中比较常见，有时也可能呈断续状分布，例如结构钢和高强度钢，见图 5-12[7]；在旋转弯曲疲劳试样的断口中，也会出现鱼骨状疲劳条纹花样，见图 5-13(a)[11]，有时在疲劳源附近，也会出现轮胎状花样，这可能是疲劳断口上两个匹配断裂面之间重复冲击和相互运动所造成的机械损伤，也可能是由于机械硬质点在断裂面上作用的结果，见图 5-13(b)[11]。

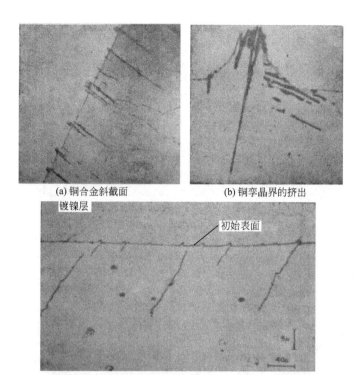

(a) 铜合金斜截面　　(b) 铜孪晶界的挤出

(c) 铁硅合金(Si-2.9%)挤出峰吞并引起的裂纹以及挤出峰"下凹"处的裂纹

图 5-11　铜、铁硅合金的挤出峰的金相照片

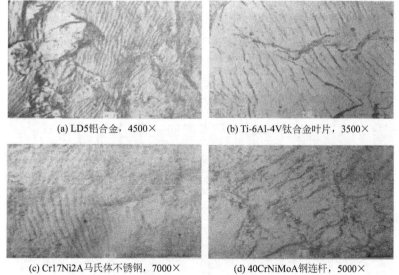

(a) LD5铝合金，4500×　　(b) Ti-6Al-4V钛合金叶片，3500×

(c) Cr17Ni2A马氏体不锈钢，7000×　　(d) 40CrNiMoA钢连杆，5000×

图 5-12　几种金属材料的疲劳扩展区的微观形貌

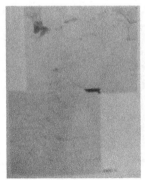 

(a) 鱼骨状条纹　　　　　　(b) 轮胎状条纹

图 5-13　18CrNiW 旋转弯曲疲劳断口形貌

疲劳条纹的间距随裂纹扩展长度的增长而逐渐加宽，同时也随循环应力的增高而增大；每一次应力循环形成一条疲劳条带，而每一条带又由一次循环中晶体中大量滑移而形成的许多疲劳条纹所组成，因此不应把条纹视为疲劳条带；疲劳条带可分为塑性和脆性两种，被大量疲劳台阶多分割的称为脆性疲劳条带，反之称为塑性疲劳条带。

依据疲劳条带的存在与否，就可以判定断裂的模式，凡有疲劳条带的皆为疲劳断裂，但是如在断口中显示不出疲劳条带的，不能认为其不属于疲劳失效。通常面心立方的材料比体心立方的材料更容易形成连续清晰的疲劳条带，材料的静强度越高，越不容易出现疲劳条带，尤其是在高应力振幅的情况下，取而代之的是沿晶、解理和韧窝断裂的形貌；高温和腐蚀环境会使断口产生氧化和腐蚀，会使疲劳条带造成破坏；疲劳条带的清晰与否还与断口观察的方法和所用的设备有关系。

图 5-14(a) 示出了 30CrMnSiA 低周疲劳断口扩展区上的轮胎痕形貌，图 5-14(b) 示出了 AISI4340 钢低周疲劳断裂后轮胎痕迹形貌的二次复型电镜照片；可以看

 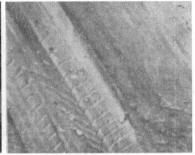

(a) 30CrMnSiA 钢的光学照片　　　(b) AISI4340 钢的二次复型电镜照片

图 5-14　低周疲劳断口扩展区上的轮胎痕形貌

出，低周疲劳断口中存在多个疲劳源，整个断口粗糙不平，与拉伸断口有类似之处，部分断口会出现轮胎状或鱼骨状的花样。图 5-15(a)、(b) 分别示出了 Arcelor DP590 低倍断口和高倍下的轮胎痕形貌的扫描电镜照片。

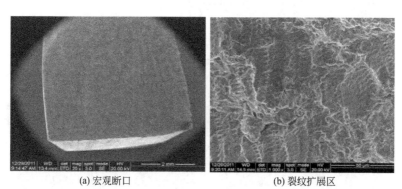

(a) 宏观断口　　　　　　　　　　　(b) 裂纹扩展区

图 5-15　Arcelor DP590 低周疲劳断口扩展区上的轮胎痕形貌

(3) 疲劳瞬断区

疲劳断口的最后一个区域是瞬断区，其大小与材料的性能、加载模式、加载应力幅、应力集中和环境等都有关系，加载应力幅越高，瞬断区所占比例越高，应力幅越低，瞬断区的宽度越小。通常疲劳的瞬断区接近于静态力学性能的拉伸断口，一般会比裂纹扩展区表现的韧性略高一些。对塑性材料，当疲劳裂纹扩展至净断面应力达到材料的断裂应力时，就会发生瞬时的塑性断裂；对于脆性材料，当裂纹扩展至临界裂纹长度时，便发生瞬时脆性断裂。瞬时断裂是一种静态断裂，所以它具有静态断裂的断口形貌。靠近零件表面的瞬断区是斜断口，而处于断口中部的瞬断区往往是平断口，与其他两个区域相比，瞬断区断口比较粗糙。

图 5-16 分别示出了灰铁、蠕铁和球铁试样热疲劳后表面龟裂形貌的金相照片；图 5-17 为齿轮钢经渗碳处理，不同加载试验后的表面接触疲劳失效的表面

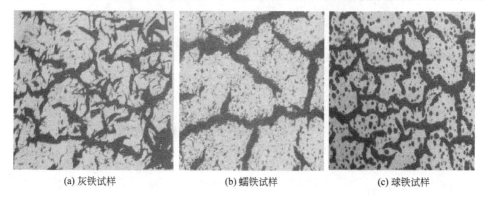

(a) 灰铁试样　　　　　　(b) 蠕铁试样　　　　　　(c) 球铁试样

图 5-16　灰铁、蠕铁和球铁试样经 10^3 次热循环后的热疲劳龟裂形貌 700℃↔150℃

损伤形貌；图 5-18 示出 AZ81A-T4 镁合金飞机机轮的腐蚀疲劳断口，其中箭头所指处为"脆性"疲劳条带。

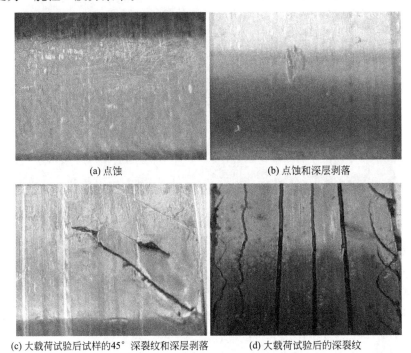

(a) 点蚀　　　　　　　　　　(b) 点蚀和深层剥落

(c) 大载荷试验后试样的45°深裂纹和深层剥落　　(d) 大载荷试验后的深裂纹

图 5-17　接触疲劳试验后的试样表面的损伤情况

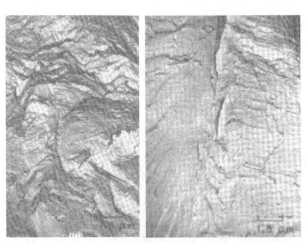

图 5-18　AZ81A-T4 镁合金飞机机轮的腐蚀疲劳断口

微动疲劳将表面压力、接触摩擦力和构件体内应力结合起来，使构件接触表面及表层产生微裂纹，如图 5-19 所示。典型的微动疲劳是桥梁的钢丝绳，每根钢丝之间有表面压力、摩擦力，整个钢丝绳在桥梁承受不同负载的时候，又有随机的疲劳应力。

图 5-20 所示为某强度很低的低碳钢管的疲劳辉纹形态。但这种典型的疲劳辉纹模式及其属性，通常只有在软钢零件中才能看到，其与材料的致密度或连续性、塑性变形能力和适当的应力幅值有关。但即使在这种情况下，疲劳辉纹大多仍然表现出裂纹前沿横向的不连续性，就是说前沿的裂纹扩展具有不均衡性质，分段互动式前行。而随着裂纹的加深、有限面积的减小，应力水平在提高，裂纹的跨度会逐步增大。

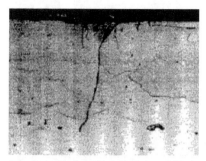

图 5-19　铝合金微动疲劳表面微裂纹

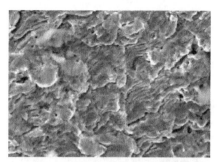

图 5-20　低强钢中的疲劳辉纹

在高强度材料的疲劳断口中，这种典型的疲劳辉纹通常是很难被观测到的，此时疲劳裂纹的扩展可以是近于解理或沿晶形式进行的。图 5-21 和图 5-22 所示的为调质状态下强度较高的零件的疲劳断口，表现出的是一种细碎且具有撕裂性质的断口。图 5-23 和图 5-24 所示分别为齿轮钢疲劳试验中疲劳断口扩展区域中的沿晶形态和解理性质疲劳辉纹的形态。

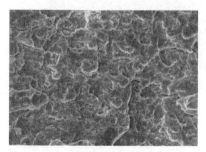

图 5-21　调质状态的疲劳断口

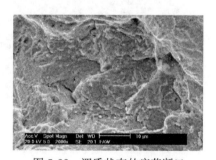

图 5-22　调质状态的疲劳断口

在高应力的疲劳试验时临近终断区域的高应力疲劳区或冲击载荷的状态下疲劳断口，可以看到很宽的辉纹。带有各种明显的撕裂性质或是二次裂纹。图 5-25 为某螺栓高应力疲劳开裂的疲劳辉纹。图 5-26 为轴承的高应力疲劳辉纹。图 5-27

为球头销冲击载荷下的疲劳开裂的疲劳辉纹。在高应力或冲击载荷下，有时可以产生近似于失稳扩展的疲劳断口形貌。

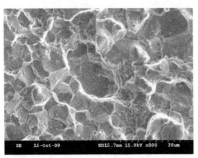

图 5-23　沿晶形态疲劳断口

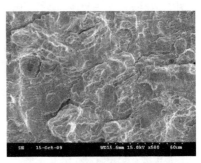

图 5-24　解理性质的疲劳辉纹

图 5-25　高应力疲劳辉纹

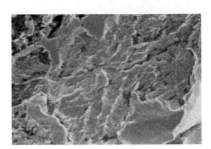

图 5-26　高应力疲劳辉纹

图 5-27　冲击载荷下的疲劳辉纹

一些强韧性较好的材料，在较强的剪切应力场中会产生各种的剪切疲劳。产生的条件包括两种力学的状态，其一是高的应力或应变条件；其二是较软的应力状态（如扭转加载方式）和大的剪矩作用。

图 5-28 所示为钢板弹簧中高疲劳应力条件下剪切性质的疲劳断口，图 5-29 为高应力剪切性质并带有二次裂纹的疲劳辉纹，图 5-30 为带有剪切台阶的剪切

疲劳断口，图 5-31 为高应力剪切疲劳辉纹。

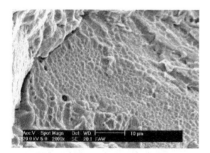

图 5-28　高应力剪切疲劳辉纹

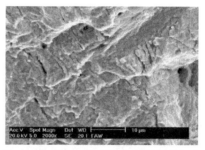

图 5-29　带有二次裂纹的剪切疲劳辉纹

图 5-30　带有台阶的剪切疲劳断口

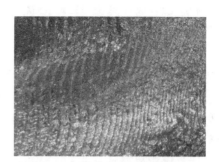

图 5-31　粗大的剪切疲劳辉纹

5.5　疲劳的分类及表征参量

5.5.1　疲劳的分类

疲劳可以按照不同方式进行分类：按照循环应力状态不同，可分为弯曲疲劳、扭转疲劳、拉压疲劳和复合疲劳；按照断裂寿命和应力高低不同，可分为高周疲劳和低周疲劳；按照环境和表面接触情况不同，可分为腐蚀疲劳、高温疲劳、热疲劳和接触疲劳；按疲劳试验时的控制参量不同，可分为应力疲劳和应变疲劳。

（1）高周疲劳

材料和零件承受的循环应力远低于材料的屈服应力，加载频率比较高，一般大于 $10^3/min$，发生断裂时的疲劳寿命都高于 10^5，在这种模式下产生的失效称为高周疲劳失效，高周疲劳的断裂表面大部分为疲劳裂纹的扩展区。

（2）低周疲劳

材料和零件承受的循环应力水平超过材料的屈服应力，即循环应变进入塑性应变范围，加载频率一般比较低，断裂寿命低于 10^5，承受这种载荷下产生失效称为低周疲劳失效。

(3) 腐蚀疲劳

材料和零件在其敏感的腐蚀环境中承受循环载荷可能发生腐蚀疲劳失效，沿海地区的盐雾气候、冬季除雪后的汽车的使用环境、化工机械零件的工作环境，都可能发生腐蚀失效，一般说来，腐蚀介质对零件低周疲劳性能的影响，一般要大于对高周疲劳寿命的影响，与中性环境的疲劳特性不同，加载疲劳频率对腐蚀疲劳性能有显著的影响，在相同的循环应力下，腐蚀疲劳寿命随加载频率的降低而缩短，裂纹扩展速率随加载频率的降低而增高。腐蚀介质会使零件表面产生腐蚀，在应力作用下的腐蚀往往是不均匀的，会使光滑的零件表面出现晶间腐蚀、点蚀和腐蚀裂纹，这些腐蚀缺陷就是疲劳裂纹的萌生地。在腐蚀疲劳的情况下，一条主裂纹附近往往会出现多条次生裂纹，它们会出现在靠近主裂纹的不同截面上，这些次生裂纹大体相互平行地向内扩展，达到一定长度后停止扩展，主裂纹继续扩展并导致断裂，主裂纹附近出现多条次生裂纹是腐蚀疲劳失效的表面特征之一，腐蚀疲劳断口上会有腐蚀产物出现，对断口表面的腐蚀产物进行分析，就可以得到腐蚀疲劳的相关信息，但是断口的严重腐蚀会给腐蚀断口的观察带来困难，将腐蚀产物清洗之后，才可以再现疲劳断口的特征。

(4) 微振疲劳

材料和零件在微振磨损条件下所发生的疲劳称为微振疲劳。一些钢缆，如吊桥的钢缆、汽车越野车中的牵引钢缆等都承受微振疲劳，微振疲劳包括了微振磨损，因此微振疲劳实际是疲劳与磨损的交互作用，汽车的铆接螺栓、花键键槽、万向接头、齿轮和轴的配合件、钢板弹簧以及钢丝绳等都承受微振疲劳。由于微动磨损会引起大量的表面微裂纹，在循环载荷作用下，这些微裂纹就是疲劳裂纹的萌生源，微动疲劳裂纹的表面上会出现与表面相垂直的微裂纹。

(5) 热疲劳

在无外加应力作用下，只是由于外部温度的涨落使零件内部产生循环应力或循环应变引起的疲劳称为热疲劳，由此导致的裂纹和断裂称为热疲劳失效。在热疲劳条件下，有两种模式会使零件产生循环应变，一是受热循环的零件因相邻零件的约束不能自由膨胀或收缩，二是零件在厚度或长度方向因快速加热而产生温差，高温区的膨胀受到低温区的约束，反之亦然，这种热循环引起的循环应变均为非弹性应变。热循环疲劳也可分为低循环热疲劳和高循环热疲劳，承受热循环的典型零件有轧机的热轧辊、热锻模、钢锭模、燃气轮机的热锻零件、内燃机的缸体的薄壁铸件等，承受热疲劳的零件表面首先产生裂纹，许多情况下，零件由热疲劳引发的微裂纹在外加的机械载荷循环下，使裂纹扩展直到断裂。热疲劳裂纹的形状一般不规则，常常是弯弯曲曲，热疲劳断口与低周机械疲劳很相近，都是高应变循环下的断裂,断口扩展区上也有疲劳条带。

(6) 接触疲劳

材料和零件表面受法向载荷和(或)切向载荷重复作用产生的疲劳,称为接触疲劳,材料和零件承受上述载荷作用而产生的破坏称为接触疲劳失效。接触疲劳的断裂形貌有表面裂纹、点蚀剥落和亚硬化层下的开裂等,接触疲劳破坏常发生在汽车传动齿轮、轴承等,汽车齿轮的滑差大于 10%,有的为 15%,而滚动轴承的滑差多为 5%。

5.5.2 高周疲劳的表征

(1) 疲劳寿命

对于高周疲劳,通常用疲劳寿命或疲劳极限来表征。所谓疲劳寿命是指在一定应力幅或加载模式下,材料和零件承受疲劳应力或疲劳载荷的循环次数。在通常情况下,疲劳极限是指在规定的疲劳循环次数下(一般次数≥10^7 次),材料所能承受的最大应力(σ_{-1})或零件可以承受的最大载荷(P_{-1})。金属材料的疲劳特性分为两类。一种为疲劳曲线在高寿命区存在平台,这意味着存在一个极限应力 σ_{-1},当循环应力幅值低于极限应力、即 $\sigma < \sigma_{-1}$ 时,材料的疲劳寿命无穷,不再发生疲劳断裂,见图 5-32、图 5-33 所示。一般钢铁材料都具有一个高寿命区的平台即疲劳极限。

长期以来都认为,如果材料和零件承受扰动应力或扰动载荷的次数大于 10^7 次而不发生破坏,材料和零件将永远不发生疲劳破坏。近年来,随着冶金质量的提升和材料性能的改进,材料的疲劳极限已有很大提升,但同时也发现材料的疲劳极限在高于 10^7 次后,仍有下降的可能,因此材料疲劳极限的概念也在拓展。

另一种的疲劳曲线上没有上述的平台,材料的疲劳寿命随着应力幅值的降低而增大,但却始终不能避免疲劳破坏,如图 5-32 所示。有色金属和置于腐蚀介质中的钢铁材料表现出这种疲劳行为。这种情况下为了比较不同材料的疲劳抗力,通常认定给定疲劳寿命下(如 5×10^7 次)的循环应力幅值为条件疲劳极限[12]。

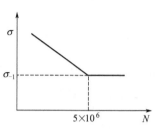

图 5-32 有平台的疲劳曲线

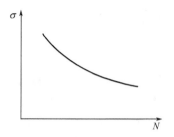

图 5-33 无平台的疲劳曲线

(2) 疲劳数据的分散性和统计处理

材料和零件的疲劳极限由于受到各种因素的影响，因此疲劳试验数据有很大的分散性，只有利用统计分析方法处理这些数据，才能对材料和零件的疲劳性能有准确和清晰的理解。疲劳寿命的分散性如图 5-34 所示，从图 5-34 看出，在单对数坐标（疲劳寿命用对数坐标，同一疲劳应力试样的数量用普通坐标）中，给定应力下的疲劳寿命分布符合正态分布。

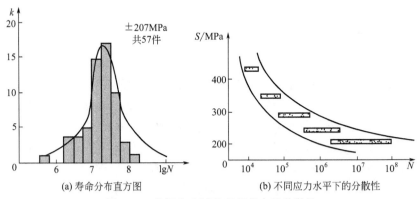

图 5-34 某铝合金试验疲劳寿命的分散性

正态分布又称高斯分布，假定变量，则可以用正态分布理论对疲劳寿命的对数进行统计分析，假定随机变量 X 符合正态分布，则频率函数可以表示为：

$$f(x)=\frac{1}{\sigma\sqrt{2\pi}}\exp\left[-\frac{(x-u)^2}{2\sigma}\right], \quad -\infty<x<+\infty \tag{5-1}$$

式中，μ 为母体均值；σ 为母体标准差。

正态分布函数的曲线是关于 $x=\mu$ 的对称曲线，并在 $x=\mu$ 处取得最大值，且 $f(u)=\dfrac{1}{\sigma\sqrt{2\pi}}$，概率密度函数具有如下特点：

① $f(x)\geqslant 0$

② 即曲线 $f(x)$ 下方的总面积为 1。

正态概率分布函数为：

$$F(x)=Pr(X\leqslant x)=\int_{-\infty}^{x}f(x)\mathrm{d}x=\int_{-\infty}^{x}\frac{1}{\sigma\sqrt{2\pi}}\exp\left[-\frac{(x-u)^2}{2\sigma}\right]\mathrm{d}x \tag{5-2}$$

分布函数 $F(x)$ 给出了随机变量 X 取值小于等于 x 的概率。如图 5-35 所示，是图形在 $X=x$ 以左的面积。随机变量 X 取值大于 x 的概率为 $1-F(x)$。

如果令 $u=(x-\mu)/\sigma$，即有：

$$x=\mu+u\sigma \tag{5-3}$$

注意到 $\mathrm{d}x=\sigma\mathrm{d}u$，由密度函数变换公式可得到 u 的密度函数为

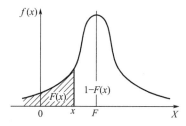

图 5-35　正态概率密度曲线

$$\phi(u)=f(x)\frac{\mathrm{d}x}{\mathrm{d}u}=\frac{1}{\sqrt{2\pi}}\exp\left(-\frac{u^2}{2}\right),\quad -\infty<x<+\infty \tag{5-4}$$

u 服从均值 $\mu=0$、标准差 $\sigma=1$ 的正态分布，它是关于纵轴对称的，参照式(5-2)就可以得到标准正态分布函数：

$$\phi(u)=\int_{-\infty}^{x}\frac{1}{\sqrt{2\pi}}\exp\left(-\frac{u^2}{2}\right)\mathrm{d}u=\phi\left(\frac{x-u}{\sigma}\right) \tag{5-5}$$

随机变量 $X\leqslant x$ 的概率等于随机变量 $U\leqslant u$ 的概率，故有：

$$F(x)=Pr(X\leqslant x)=Pr(U\leqslant u)=\Phi(u) \tag{5-6}$$

标准正态分布函数 $\Phi(u)$ 与 u 之间的关系可以查阅标准正态分布函数表 5-1 求得。利用上述有关概念的相关表格，就可以计算出给定一定应力水平下一组疲劳寿命试验后给定存活率的安全寿命 N 值。

表 5-1　若干常用正态分布函数数值

u	$\Phi(u)\times 100$	u	$\Phi(u)\times 100$	u	$\Phi(u)\times 100$	u	$\Phi(u)\times 100$
−3.719	0.01	−1.282	10.00	0.253	60.00	2.000	97.72
−3.090	0.10	−1.000	15.87	0.524	70.00	2.326	99.00
−3.000	0.13	−0.842	20.00	0.842	80.00	3.000	99.87
−2.326	1.00	−0.524	30.00	1.000	84.13	3.090	99.90
−2.000	2.28	−0.253	40.00	1.282	90.00	3.719	99.99
−1.645	5.00	0	50.00	1.645	95.00	0	0

疲劳试验时，在给定的应力水平下，疲劳寿命对数值符合正态分布，由此所求出的疲劳寿命统计值 N 不发生破坏的概率称为存活率。现举例说明，一组试验由若干试样构成子样的试验数据，其子样的均值：

$$\bar{x}=\frac{1}{n}\sum_{i=1}^{n}x_i \quad (x=1,2,\cdots,n) \tag{5-7}$$

式中，x_i 为第 i 的疲劳试样的对数寿命，即 $x_i=\lg N_i$，n 为子样的个数或称为样本的大小。

子样的方差 s^2 为：

$$s^2 = \frac{1}{n-1}\sum_1^n (x_i - \overline{x})^2 = \frac{1}{n-1}\sum_1^n (x_i^2 - n\overline{x}^2) \tag{5-8}$$

方差 s^2 的平方根为子样的标准差，是偏差 ($x_i - \overline{x}$) 的度量，反映了分散性的大小。子样大小 n 越大，子样均值 $\overline{x}$ 和标准差 s 越接近于母体均值 μ 和标准差 σ。方差大小对正态分布曲线具有明显的影响，方差越小，则曲线也接近于母体的均值，表明母体的各试验子样分散性越小，见图 5-36[13]。

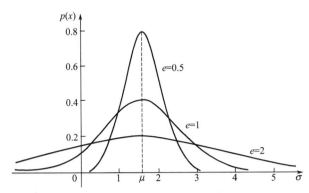

图 5-36 同一平均数 μ 和标准差 σ 的正态分布曲线

将所计算的均值和标准差 s 分别作为均值 μ 和标准差 σ 的估计量，即可得到某个给定失效（或存活）概率下的寿命或某给定寿命所对应的破坏（或存活）概率。

由式(5-3)可知，疲劳破坏概率为 p 的对数疲劳寿命 x_p

$$x_p = \mu + u_p \sigma \rightarrow x_p = \overline{x} + u_p s \tag{5-9}$$

式中，$\mu + u_p \sigma$ 为 x_p 的真值，$\overline{x} + u_p s$ 为其估计量；u_p 为与破坏概率对应的标准正态疲劳偏量；又由式(5-6)知，破坏概率 $p = Pr(X \leqslant x) = \phi(u_p)$，则 u_p 可由 p 确定。存活率则为 $p_s = 1 - p$。

正如前述，目前所求的给定应力水平下的试验样品存活率的寿命是建立在子样参数 ($\overline{x}$, s) 替代母体参数 (μ, σ) 基础上的，而事实上，这样估计的对数寿命，可能比母体对数寿命的真值小，也可能比母体真值大。若估计量大于真值，则意味着对寿命作出了偏于危险的估计。因此，需要研究估计量是否小于真值？或估计量小于真值的概率有多大？由此将引入置信度的概念。

如果由子样计算的破坏概率为 p 的对数寿命小于真值的概率为 γ，则称 γ 为这一估计值的置信度。置信度通常取为 90% 或 95%，考虑置信度之后，将破坏概率为 p，置信度 γ 的对数疲劳寿命写为：

$$x_p(\gamma) = \overline{x} + ks \tag{5-10}$$

式中，k 为单侧容限系数。

$$k=\frac{u_{\mathrm{p}}-u_{\mathrm{r}}\left\{\dfrac{1}{n}\left[1-\dfrac{u_{\gamma}^2}{2(n-1)}\right]+\dfrac{u_{\mathrm{p}}^2}{2(n-1)}\right\}}{1-\dfrac{u_{\mathrm{r}}^2}{2(n-1)}} \qquad (5\text{-}11)$$

式中，u_{p} 为破坏概率 p 相关的标准正态偏量，u_{γ} 为 u 置信度 γ 相关的标准正态偏量，可分别由正态分布函数表查得；n 为样本大小，表 5-2 中给出了若干常用单侧容限系数 k 值。

表 5-2 若干常用单侧容限系数 k 值

子样大小 n	破坏率 P（或存活率 $p_{\mathrm{s}}=1-p$）					
	$P=0.1$		$P=0.01$		$P=0.001$	
	置信度 γ		置信度 γ		置信度 γ	
	90%	95%	90%	95%	90%	95%
5	−2.585	−3.382	−4.400	−5.750	−5.763	−7.532
6	−2.379	−2.964	−4.048	−5.025	−5.301	−6.579
7	−2.244	−2.712	−3.822	−4.595	−5.005	−6.012
8	−2.145	−2.542	−3.658	−4.307	−4.793	−5.635
9	−2.071	−2.417	−3.537	−4.098	−4.635	−5.363
10	−2.012	−2.322	−3.422	−3.940	−4.511	−5.156
12	−1.925	−2.183	−3.301	−3.712	−4.330	−4.859
14	−1.862	−2.086	−3.201	−3.554	−4.200	−4.655
16	−1.814	−2.013	−3.124	−3.437	−4.102	−4.504
18	−1.776	−1.957	−3.064	−3.347	−4.025	−4.387
20	−1.754	−1.911	−3.035	−3.274	−3.990	−4.293

由此对于疲劳极限和疲劳寿命作如下定义，通常是在置信度为 90%、95%，存活率为 50%、95%、99% 时，疲劳寿命为 10^7 次以上的疲劳应力值称为疲劳极限；而在规定应力下、相同置信度与存活率条件下的疲劳次数称为疲劳寿命。

(3) 高周疲劳的 P-S-N 曲线

高周疲劳的另一种表征方法是 P-S-N 曲线，即概率-试验应力-疲劳次数曲线，这种曲线就考虑到疲劳试验数据的概率统计分布特性，该曲线如图 5-37 所示，由图可以看出疲劳数据的分散带，两种材料的 P-S-N 曲线有明显不同，一种材料有拐点，另一种铝合金材料没有明显的拐点，有拐点的材料在拐点之后循环次数增加，循环应力幅几乎没有变化，我们定义这时的应力为材料的疲劳极限；而没有拐点材料的疲劳极限只能用一定循环周次后所对应的应力值来确定，但随着循环次数增加，这类材料的疲劳极限仍会降低，测定这类曲线方法通常用成组法,即在每一个应力下,都要进行多个试样的试验,而试验数量必须是已达到符合概率统计的要求为原则,因此完成一个 P-S-N 曲线的测试往往需要进行大量的试验,然后根据每个点的试验数据进行统计分析,才能绘制出 P-S-N 曲线。

通常应力幅与断裂时的全循环次数 $2N_f$ 之间遵循下列关系:

$$\sigma_a = \sigma_f'(2N_f)^b \tag{5-12}$$

式中,σ_f' 为疲劳强度系数,等于 $2N_f=1$ 时的断裂应力;b 是疲劳强度指数,等于双对数坐标上的直线的斜率,对于大多数材料,$b=-0.05\sim0.15$。

如果对方程取半对数坐标,则 σ_a 与断裂循环数 N_f 之间遵从下列关系:

$$\sigma_a = \sigma_f' - m\lg N_f \tag{5-13}$$

式中,m 为与材料有关的常数(半对数坐标上直线的斜率)。

材料的疲劳断裂寿命有一定的分散性,在同一交变应力下的 N 个试样的疲劳断裂寿命 N_f,它的对数寿命即 $\lg N_f$ 与试样断裂数目间服从正态分布。因此,同一种材料的 S-N 曲线不只一条,实际上是存在一组 S-N 曲线,每一条代表一定的破坏概率 P。对一定破坏概率 P 的 S-N 曲线,叫 P-S-N 曲线,如图 5-38 所示。工程上通常以概率 $P=50\%$ 的 P-S-N 曲线来表征材料或零件的疲劳特性,以判断材料和工艺性能的优劣,这一曲线就叫中值疲劳曲线。当进行疲劳设计时,则需要根据零件在结构和整机中所处地位的重要性,选择可用的 P-S-N 曲线,对重要的零件,应采用破坏概率 P 低,或者存活率 P_s($P_s=1-P$)高的 P-S-N 曲线进行疲劳设计,以保证零件具有足够的高的可靠性。

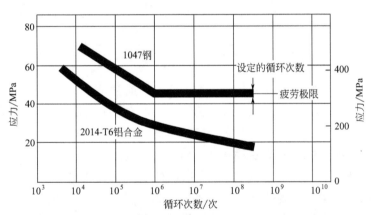

图 5-37 两种材料的高周疲劳 P-S-N 曲线

作为疲劳极限有时利用升降法进行测试,根据经验选取接近疲劳极限的应力水平,在这一水平下进行疲劳试验,如果达到 10^7 次仍不发生断裂就停止试验,下一个试样就提高应力,当疲劳试验次数小于 10^7 次时,下一个试样根据经验选

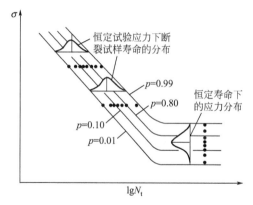

图 5-38 具有不同破坏概率的 P-S-N 曲线

取低于这一应力值再进行试验,直到在某一应力下,疲劳次数接近或等于 10^7 次为止,根据升降法所得的试验结果再用概率统计方法进行处理,求出大于等于 10^7 次所对应的应力值,即所需的疲劳极限。

5.5.3 影响高周疲劳的应力因素

(1) 平均应力

在疲劳应力振幅 σ_a 保持不变的情况下,高周疲劳曲线受平均应力的影响,其影响的示意图如图 5-39 所示。

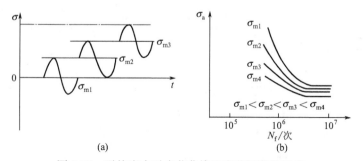

图 5-39 平均应力对疲劳曲线和疲劳极限的影响

有些零件在服役中承受的是非对称循环载荷,即平均应力 σ_m 不等于 0,为满足这类零件的疲劳设计和疲劳失效分析的需求,需要提供在不同的平均应力条件下的 S-N 曲线。为此,首先要测出各种平均应力条件下的 S-N 曲线,再由这些 S-N 曲线计算所获得的各种寿命,各种寿命条件下的应力幅和平均应力曲线,根据不同的平均应力的一系列 S-N 曲线,就可以绘制出疲劳的寿命图。显然,绘制这种图工作量十分之大,而且比较复杂。在目前情况下还查不到各种材料的疲劳寿命图,好哉 Goodman 已经总结了平均应力疲劳强度、抗拉强度之间的经验关系：

$$\frac{\sigma_a}{\sigma_N}+\frac{\sigma_m}{\sigma_b}=1 \quad (5\text{-}14)$$

式中，σ_a 为许用应力幅，σ_N 为平均应力为零时的许用应力幅（抗拉强度为 σ_b 的材料在平均应力为零的条件下经 N 次循环发生断裂的疲劳强度）；σ_m 为平均应力幅，σ_b 为抗拉强度。

式(5-14)称为 Goodman 线性方程，应用这一方程就可以预测材料在一定的循环次数下的疲劳强度。

(2) 平均应力幅

显然，随着平均应力幅的增加，疲劳极限下降。根据方程近似呈反比关系方程(5-14)，可用图 5-40 进行描述[2]。

这一关系表明，许用应力幅和平均应力呈线性关系，即许用应力幅随着平均应力的增加而线性下降，该图中只需两个材料数据，一是平均应力为零时的疲劳极限，二是材料的抗拉强度。将方程(5-14)变形可得到：

$$\sigma_a=\sigma_N\left(1-\frac{\sigma_m}{\sigma_b}\right) \quad (5\text{-}15)$$

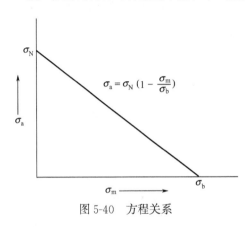

图 5-40　方程关系

(3) 应力幅和应力比

如果保持最大应力不变，以提高最小应力值来减小应力幅值，即应力比值（$R=\dfrac{\sigma_{\min}}{\sigma_{\max}}$）增大，则金属的疲劳寿命提高。这种变化的极限情况是材料承受一个等于最大应力的恒定应力，而应力值低于屈服强度或者抗拉强度，一次循环不会发生破坏。图 5-41 给出了这种应力变化形式下对金属材料疲劳曲线的影响。

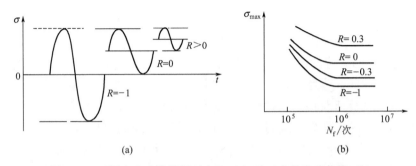

图 5-41　不同应力比值的循环应力（a）及对应的疲劳曲线（b）

(4) Goodman 疲劳图

图 5-42(a) 示出了 Goodman 疲劳图，它给出了屈服强度 σ_S、抗拉强度 σ_b，与对称循环应力条件下确定的疲劳极限 σ_{-1} 的关系。图中示出了人为假设的金属材料划定的疲劳安全区，即疲劳寿命趋于无穷大的应力区域。该图也表达了等寿命条件下疲劳极限与平均应力的关系，利用该图可减少或避免进行大量各种循环应力条件下的疲劳试验，而粗略估算出对应的疲劳极限值。图 5-42(b) 则表达了其他形式的疲劳关系图，了解材料的疲劳强度、抗拉强度之后，就有三种模式来对应于不同的疲劳极限图。曲线 1 是屈服强度为设计准则的，曲线 2 是以抗拉强度为设计准则的，类似于图 5-40 的疲劳图，曲线 3 是考虑到材料性能的提升和组织的改进对 Goodman 图做的抛物线的修正的疲劳图。

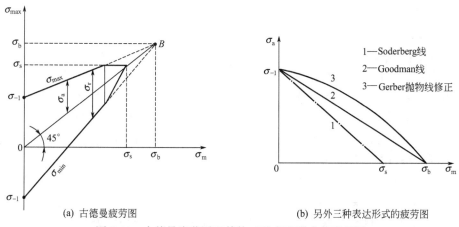

(a) 古德曼疲劳图　　　　　　　(b) 另外三种表达形式的疲劳图

图 5-42　古德曼疲劳图和其他三种表达形式的疲劳图

大量的试验数据表明，在不同应力状态下金属材料的疲劳极限之间存在着比例关系。比如在对称循环应力条件下旋转弯曲疲劳极限 σ_{-1} 与拉压疲劳极限 σ_{-1P} 之间的关系为：

$$\sigma_{-1P}=0.85\sigma_{-1}（钢材） \tag{5-16}$$

$$\sigma_{-1P}=0.68\sigma_{-1}（铸铁） \tag{5-17}$$

关于剪切应力疲劳极限，也有资料给出旋转弯曲疲劳正应力疲劳极限与剪切应力疲劳极限之间的关系为 $\tau_{-1}=0.80\sigma_{-1}$（钢铁），并给出的疲劳强度估算方法，见表 5-3。

表 5-3　疲劳强度估算参数

弯曲		拉压	扭转
$\sigma_{-1}\approx 0.4\sigma_b$	$\sigma_0\approx 1.7\sigma_{-1}$	$\sigma_{-1}\approx 0.28\sigma_b$	$\tau_{-1}\approx 0.23\sigma_b$

对非对称条件下的疲劳破坏的预测方程如下：

$$\sigma_{\max}-2\sigma_{m}\geqslant 2\sigma_{s} \tag{5-18}$$

适用范围　$\sigma_{s}\leqslant\sigma_{m}\leqslant(\sigma_{N}-\sigma_{s})$

$$\sigma_{\max}-\sigma_{m}\geqslant\sigma_{N} \tag{5-19}$$

适用范围　$(\sigma_{N}-\sigma_{s})\leqslant\sigma_{m}\leqslant 0$

$$\sigma_{\max}-(1-\tau)\sigma_{m}\geqslant\sigma_{N} \tag{5-20}$$

适用范围　$0\leqslant\sigma_{m}\leqslant(\sigma_{s}-\sigma_{N})/(1-\tau)$

$$\sigma_{\max}\geqslant\sigma_{s} \tag{5-21}$$

适用范围　$(\sigma_{s}-\sigma_{N})/(1-\tau)\leqslant\sigma_{m}\leqslant\sigma_{s}$

(5) 应力集中

一个含有应力集中的试样或零件，当对其施加静载，使得光滑表面处的截面处于弹性应力状态时，则缺口处的平行于外力的最大应力 $\sigma_{\max}$ 与净截面的应力 σ_{cr} 有以下关系：

$$\sigma_{\max}=K_{t}\times\sigma_{cr}$$

式中，K_{t} 为弹性应力集中系数，$K_{t}=$ 实际的最大应力/名义应力。

当有缺口的材料和零件承受交变载荷时，也会产生疲劳应力集中，其疲劳应力集中系数 K_{f} 为有效疲劳应力与名义疲劳应力之比。通常与静载下的弹性应力集中系数不同，疲劳应力集中系数不仅是几何形状的函数，还是材料和加载方式的函数。为了考虑材料特性的影响，引进一个缺口敏感指数 q，用来评价弹性应力范围内缺口对材料疲劳强度的影响，在高周和疲劳条件下，q 值被定义为：

$$q=\frac{K_{f}-1}{K_{t}-1} \tag{5-22}$$

q 不仅是材料的函数，也是缺口半径的函数，K_{f} 可表述为：

$$K_{f}=1+\frac{K_{t}-1}{1+\sqrt{\rho'/r}} \tag{5-23}$$

式中，ρ' 为与材料晶粒尺寸有关的常数；r 是缺口半径，$\sqrt{\rho'}$ 可查表求出。

由此可计算出 q 值，然后求出 K_{f} 值。

也有将 K_{f} 定义为光滑试样疲劳极限与缺口试样疲劳极限之比，但这一定义，只适用于长寿命（$N_{f}>10^{5}$）的情况。

5.6　影响疲劳性能的因素

影响材料疲劳性能或 S-N 曲线的因素很多，可大体分为三大类：物理因素或者材料的组织结构因素、几何因素（包括应力状态）、外界因素（包括温度、环境和腐蚀）。各类因素的具体内容示于图 5-43。

了解这些因素对探讨材料失效的机理和预防都有参考价值。现分别讨论一些主要因素。

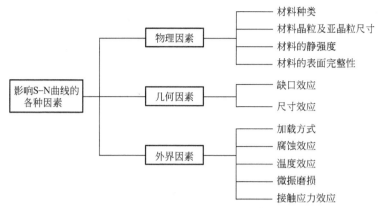

图 5-43 影响疲劳性能的因素

5.6.1 材料的种类和抗拉强度

对大部分结构钢，随着抗拉强度的升高，疲劳强度增加。图 5-44 为归纳总结了大量的碳钢和合金结构钢的相关金属材料疲劳试验数据，可以看到疲劳极限与抗拉强度之间存在着大体的比例关系，$\sigma_{-1} \approx 0.5\sigma_b$。但当材料的抗拉强度升高到 1250MPa 以上时这种关系会出现偏差，这种现象总体讲与疲劳开裂的机理，即疲劳源产生在表面或表面下的夹杂物处有关。当裂纹产生在夹杂处时，材料的疲劳强度与硬度无关，而与其固有的非均质点的性质、大小、形状和位置有关。其他的钢铁材料及各种冶金状态下的材料疲劳强度与静强度之间的关系见表 5-4。

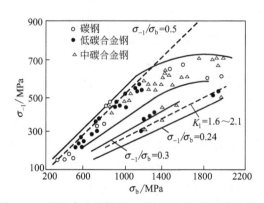

图 5-44 碳及合金结构钢疲劳极限与抗拉强度的关系

当钢的抗拉强度低于 1100MPa 时，无论其是靠组织强化或是加工硬化的机理，S-N 曲线上一般呈现明显的疲劳极限，疲劳极限随抗拉强度的提高而提高。而且指出当组织中的马氏体比率小于 85% 时，不管微观组织结构如何，具有一定硬度或抗拉强度的钢的疲劳极限不会相差很大。

表 5-4　钢铁材料的 σ_{-1}/σ_b 比例关系

材料	组织	σ_{-1}/σ_b
锻造碳钢	铁素体	0.6
	珠光体	0.4
	马氏体	0.25
	索氏体	0.55
锻造合金钢	奥氏体	0.4
	马氏体	0.35
	索氏体	0.55
$\sigma_b<1250$MPa 锻钢		0.5
铸造碳钢		0.4~0.45
铸造合金钢		0.4~0.5
灰铁、球铁、可锻铸铁		0.4

具有不同的组织结构和静强度钢铁材料，其疲劳强度也不相同。一般情况下，静强度越高，其疲劳强度越高，同时静强度还会影响疲劳曲线的形状，以钢为例，当钢的抗拉强度低于 1100MPa 时，S-N 曲线上一般呈现明显的疲劳极限，其值随抗拉强度的提高而提高，当抗拉强度高于 1250MPa 时，疲劳极限一般不随强度增加而增加。材料的疲劳强度随显微组织内的非金属夹杂物即弥散强化相的数量和分布状态而变化。高纯净度和低氧含量的双真空冶炼的 GC4 钢的疲劳强度比真空电渣重熔的 GC4 钢的疲劳强度要高。对高强度钢，夹杂物是疲劳源，随夹杂物尺寸的降低而疲劳强度上升；夹杂物对材料的断面收缩率有明显的影响，因此高强度钢的疲劳强度和抗拉强度与断面收缩率的乘积呈正比关系。夹杂物大小对疲劳强度的影响和材料的强度级别有关，譬如直径 0.06mm 的夹杂物对 930MPa 的疲劳极限无影响，而平均直径小于 0.006mm 的夹杂物则可以使 1300MPa 的高强度钢的疲劳强度下降，也就是说随着强度的升高，夹杂物对疲劳强度的影响越发显著。夹杂物对疲劳强度的影响还和夹杂物的性质有关系，一般脆性的夹杂物对疲劳强度的影响应大于塑性的夹杂物，铸钢的轴向拉压疲劳强度（0.2%碳、0.5%硅、0.7%锰）为抗拉强度的 0.4~0.45 倍，即 190MPa，该钢的抗拉强度为 450MPa，此时缺陷平均直径为 0.2~0.5mm，但同样的钢种，当其缺陷直径为 3~8mm 时，疲劳极限为 140MPa。

不同材料的静强度与疲劳强度之间的关系也不相同。图 5-45 示出了碳钢、合金钢、铝合金和铜合金的疲劳极限与抗拉强度之间的关系[14]。

从图可以看出，当抗拉强度低于某一定值时，旋转弯曲疲劳极限 σ_w 与抗拉强度 σ_b 存在一定的线性关系；当抗拉强度高于某一定值时，则这一关系会偏离

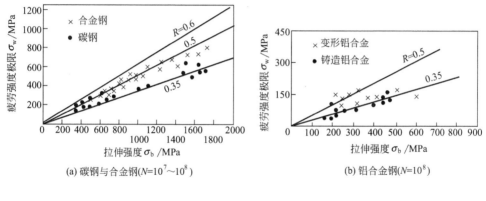

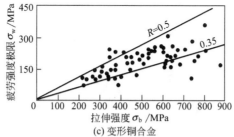

图 5-45 不同材料疲劳极限与抗拉强度之间的关系

直线，向下弯曲，对于碳钢和合金钢，旋转弯曲疲劳极限与抗拉强度有如下关系：

当 $\sigma_b < 1400\text{MPa}$，$\sigma_w \approx 0.5\sigma_b$；

当 $\sigma_b > 1400\text{MPa}$，$\sigma_w = 700 \sim 800\text{MPa}$。

显然这一偏离与高强度材料具有高的缺口敏感性有关。从图 5-45（a）还可以看出，合金结构钢的疲劳强度与抗拉强度的比值要大于碳钢，图 5-45（b）显示变形铝合金疲劳强度与抗拉强度的比值要大于铸造铝合金，对铜合金也有类似的趋势。

5.6.2 材料种类和屈服强度

材料的疲劳裂纹萌生和扩展，还取决于晶体滑移的难易程度。材料的屈服强度是衡量晶体滑移难易程度的重要的力学性能指标，因此材料的屈服强度也应和旋转弯曲疲劳强度之间存在有比抗拉强度更为密切的关系。假定一个光滑试样的表面存在一个长度为 a 的疲劳微裂纹，在外力作用下，裂纹尖端的张开位移为 δ，见图 5-46。在小范围屈服条件下，裂纹尖端的 δ 与应力强度因子 K_1 有下列关系[15]：

$$\delta = \frac{K_1^2}{\dot{E}\sigma_s} \tag{5-24}$$

如果外加的应力范围为 $\Delta\sigma$,则有:

$$\delta = \frac{\Delta K_1^2}{E2\sigma_s} \tag{5-25}$$

式中,E 为杨氏弹性模量。

当裂尖的张开位移小至一个临界值 δ_c 时,裂纹就不再扩展,这里 $\Delta\sigma = \sigma_w$,即:

$$\delta_c = \frac{\Delta K_1^2}{E2\sigma_s} \tag{5-26}$$

而 $\Delta K_1 = \Delta\sigma\sqrt{\pi a}Y$

式中,Y 为形状因子。

所以

$$\sigma_w = \Delta\sigma = \sqrt{\frac{2E\sigma_s\delta_c}{\pi a_c Y^2}} = M\sqrt{E\sigma_s} \tag{5-27}$$

式中 a_c——临界裂纹长度;

M——常数,M。

式(5-27)说明:材料的疲劳强度极限与屈服强度成正比,材料屈服强度越高,其疲劳强度也越高。实测的材料的旋转弯曲疲劳极限与屈服强度的关系示于图 5-47。

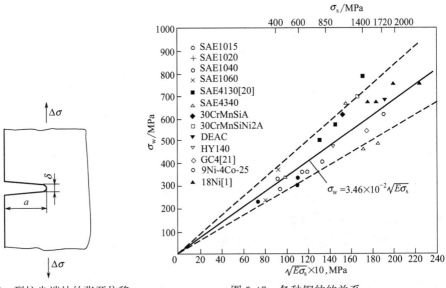

图 5-46 裂纹尖端处的张开位移

图 5-47 各种钢的的关系

可以看出,高强度钢和超高强度钢的的关系,所有实验数据均落在一个通过原点的分散带内。但是对疲劳的研究也表明，旋转弯曲疲劳试验时材料承受的应力状态是较为复杂的，很难进行数学描述，因此只是把旋转弯曲疲劳作为一种评价疲劳寿命高低的比较参考，作为一个材料性能初步的选定依据，实际应用时，应用较多的是拉压疲劳。

5.6.3 材料的晶粒度和亚晶尺寸

高强度材料的疲劳性能是和材料的屈服和抗拉强度密切相关，强度较低的材料其疲劳强度更多地受晶粒和亚晶尺寸的影响。一个承受应力范围为 $\Delta\sigma$ 的光滑试样，在表面层切应力范围的作用下，疲劳裂纹由表面萌生，将表面裂纹看做一个 F-R 位错元，在外力作用下，沿滑移面发生位错，并形成驻留滑移带，发射的位错在晶界处受阻而产生塞积。与这一塞积相邻的晶粒内的某一定的距离处达到临界切应力时，相邻晶粒的新的位错源便开始开动。因此对光滑表面，疲劳裂纹通常产生于驻留滑移带上，驻留滑移带的长度即为晶粒尺寸。假定第一阶段裂纹扩展的长度 a 相当于晶粒尺寸 d，基于以上模型和假定，再考虑材料的屈服强度与晶粒尺寸的 d 的关系的 Hall-Petch 方程，就可以导出材料的旋转弯曲疲劳强度，即：

$$\sigma_w = \sigma_i + kd^{-\frac{1}{2}} \tag{5-28}$$

式中，$\sigma_i = 2\tau_i$，τ_i 为晶格阻力；k 为与材料有关的常数

即晶粒越细，材料的疲劳强度越高。晶粒细化是既可以提高强度，又可以提高延性的一个有效方法，因此细晶粒的疲劳强度高正是这种综合性能提高的结果。正是因为晶粒大小对疲劳强度的这种影响，显然晶粒取向也会影响疲劳性能。晶粒取向与试样长轴方向一致的疲劳强度最高，与试样长轴方向垂直的疲劳强度最低。

如果控制光滑表面疲劳裂纹萌生和初始扩展的不是晶界，而是亚晶界或板条马氏体束界，那么方程(5-28) 的 d 就代表亚晶的尺寸或马氏体束的尺寸。如以 D 表示亚晶的尺寸，则方程(5-28) 就可写为：

$$\sigma_w = \sigma_i + kD^{-\frac{1}{2}} \tag{5-29}$$

方程(5-28) 和方程(5-29) 的导出，有兴趣的读者可参阅文献 [10]。

5.6.4 材料的表面完整性

材料的表面完整性包括表面粗糙度、表面残留应力、表面的显微组织以及表面裂纹（机械划伤，电弧烧伤，锻、铸、焊接裂纹，热处理裂纹等）。

(1) 表面粗糙度

材料的疲劳强度随表面粗糙度的改进而增高，在相同的粗糙度的情况下，材

料的强度越高,表面粗糙度对疲劳强度的影响就越大。许多构件特别是汽车的动荷零件,常会由于表面粗糙度低而导致早期失效。

(2) 表面残留应力

表面残留应力是影响疲劳性能最显著的因素之一。在所有情况下,表面的残留拉压应力都降低材料的疲劳强度,而残留压应力都提高材料的疲劳强度,因此用机械的方法引进材料和零件表面的压应力是有效提升材料和零件疲劳强度的重要方法。钢板弹簧的喷丸强化、曲轴的辊压强化都是改进材料和零件疲劳寿命的重要方法。由于表面压应力的引入,还可以有效改进材料因表层的合金元素贫化、表面氧化皮的嵌入、表面的锻造裂纹、表面的脱碳等对零件疲劳寿命的不良影响[16]。未经喷丸、喷丸处理的渗碳层的残留应力的变化见图 5-48,渗碳、渗碳+喷丸以及碳氮共渗+喷丸的试样的旋转弯曲疲劳强度见图 5-49。这些结果表明,喷丸造成的残留压应力可以有效地提高疲劳强度。图 5-50 示出了经不同工艺处理后的 35MnV7 钢制曲轴的疲劳强度及其增加值,可以看出合理的强化工艺可使曲轴的疲劳寿命提升将近 1 倍。

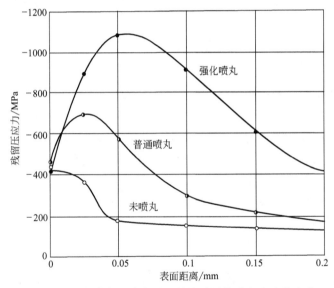

图 5-48 未经喷丸、喷丸处理的渗碳层的残留应力的变化

(3) 表层显微组织

材料的表层晶粒大小、亚晶尺寸、位错密度、相结构、脱碳及元素贫化都会影响材料的疲劳强度。疲劳源通常优先产生于疲劳表面,特别是受弯曲应力时,表面应力最高,因此改善材料表层的组织结构就可以明显改善其疲劳性能。对一些高温合金,如 Cr17Ni2A 通过喷丸强化,可以使表层的亚晶尺寸从 0.018~

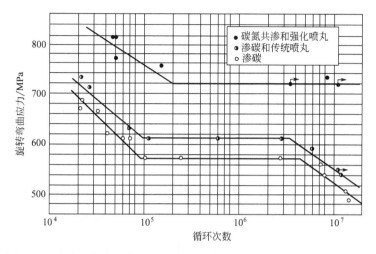

图 5-49 渗碳、渗碳＋喷丸以及碳氮共渗＋喷丸的试样的旋转弯曲疲劳

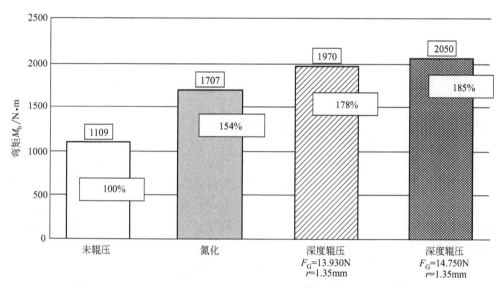

图 5-50 经不同工艺处理后的 35MnV7 钢制曲轴的疲劳强度及其增加值

$0.025\mu m$，降低到 $0.018\mu m$，在疲劳应力幅 700MPa 的试验条件下，断裂寿命从 5.7×10^5 到大于 10^7 循环周次。弹簧钢的表面脱碳会明显降低弹簧钢的疲劳寿命，因此通过喷丸强化使弹簧钢表面的晶粒细化、亚晶细化来减低表面脱碳对疲劳寿命的不良影响。

由于表面的状态还会影响疲劳强度的分散性，要得出疲劳强度的合理值，就得扩大试验的数量。

（4）表面类裂纹

机械零件的表面不可避免地存在各种裂纹，这些裂纹的存在，都会明显降低材料的疲劳强度。当非金属夹杂物或其他脆性相处于材料表面时，它们与基体相交的界面往往起到类裂纹的作用，会明显降低材料的疲劳寿命。降低钢种非金属夹杂物的含量、改善第二相的分布，是现代冶炼技术上改善疲劳寿命的重要方法。表面类裂纹如机械划伤和表面强化对 4340（HRC51）疲劳极限的影响示于图 5-51。

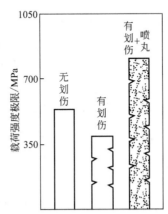

图 5-51　机械划伤和表面强化对 4340（HRC51）疲劳极限的影响

5.6.5　影响疲劳的其他因素

（1）尺寸效应和缺口效应

对绝大多数材料，试样和零件的尺寸大小影响疲劳强度的高低。尺寸效应对疲劳性能影响的主要原因有：尺寸越大，外表面积越大，表面上形成疲劳裂纹源的概率也越高，所以疲劳性能下降；另一原因是在相同的循环应力水平下，试样的尺寸越大，表层所承受的平均应力越高，并且试样的表层在高应力水平下的体积越大，出现疲劳源的概率也越大，所以疲劳寿命降低。

对缺口试样，由于缺口根部应力集中，而使表层的应力分布趋向缓和，不同尺寸的表层的平均应力值不像光滑试样那样显著，故尺寸效应对缺口试样疲劳寿命影响较小，尺寸效应对表层平均应力的影响示于图 5-52。

对绝大多数材料，缺口的存在都会使缺口根部的局部应力提升，造成疲劳强度下降。缺口的这种影响可以由应力集中系数 K_f 来表示，通常材料的强度越高，则缺口敏感性越大。

（2）加载频率和波形

在疲劳试验时，加载方式（加载频率和加载波形）对疲劳寿命都会有一定的

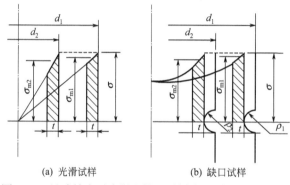

(a) 光滑试样　　　　(b) 缺口试样

图 5-52　尺寸效应对光滑和缺口试样表层平均应力的影响

影响。在通常情况下进行高周疲劳试验时，加载频率在 3～130Hz，它对材料的疲劳寿命基本没有影响。超出这一范围，增高或降低加载频率，均为影响材料的疲劳寿命。加载频率的影响与循环变形时的环境影响程度的变化以及循环变形时试样温度的变化，从而导致对疲劳强度的影响。

加载波形可分为正弦波、三角波和方波。以正弦波加载比较平滑，其次是三角波，方波带有一定的冲击。在同样大小的振幅下，正弦波的寿命最长，方波的寿命最短，三角波居中。在大振幅下，这种区别更为明显。

(3) 腐蚀效应

工业中使用的绝大多数金属材料，其疲劳性能会不同程度的受环境腐蚀的影响。一般情况下，加载频率越低，腐蚀环境对疲劳性能影响的程度越大，图 5-53 示出了合金结构钢腐蚀的 $S\text{-}N$ 曲线[17]。

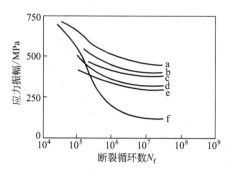

图 5-53　合金钢的旋转弯曲疲劳 $S\text{-}N$ 曲线

a—空气中；b—经过自来水浸泡 1 天；c—自来水中浸泡 2 天；d—自来水中浸泡 6 天；
e—自来水中浸泡 10 天；f—在自来水中进行弯曲疲劳试验

疲劳强度随钢在自来水中的浸泡时间的增长而逐渐下降；如直接在自来水中进行弯曲疲劳试验，则疲劳强度下降更为明显。在腐蚀环境中材料的疲劳极限改变也非常明显，许多材料在腐蚀环境中疲劳极限的水平段几乎都消失了。对某些抗蚀性能比较差的合金如镁合金，其疲劳强度在腐蚀介质中的下降更为明显。腐蚀介质对光滑试样和缺口试样表面的腐蚀性能影响也明显不同。譬如对某种铝合金，盐水只降低光滑试样的疲劳强度，但不影响缺口试样的疲劳强度。一般情况下，腐蚀环境对 S-N 曲线图上长寿命区的影响比短寿命区的影响要大。这很容易理解，因为环境腐蚀有时间累积效应，那些在低应力长寿命条件下发生疲劳破坏的零件，腐蚀环境往往表现出更强烈的影响。

(4) 温度效应

绝大多数金属材料疲劳强度在室温以下随温度的降低而逐渐升高，见表 5-5。在室温以上时，材料的疲劳强度随温度的升高变化比较复杂，总体有下降的趋势，但不同材料其变化规律都不相同，这和各种材料在加热过程中的组织性能变化密切相关，也与材料组织和性能对温度的敏感性密切相关。表 5-6 列出了几种典型材料在温度升高时，材料疲劳寿命的变化[18]。温度对疲劳性能的影响还与试样的几何形状因素有关。通常温度对光滑试样比对缺口试样会有更大的影响。显然，这与随着温度的上升，材料的缺口敏感度下降有关。

表 5-5 金属材料的低温疲劳性能

材料	比值		
	−40℃	−78℃	−188℃
碳钢	1.2	1.3	2.6
合金钢	1.05	1.1	1.6
不锈钢	1.15	1.2	1.5
铝合金	1.15	1.2	1.7
镁合金		1.1	1.4

表 5-6 高温旋转弯曲疲劳极限　　单位：MPa（$N=10^7$）

材料	试验温度/℃									
	20	100	200	300	400	500	550	650	700	750
灰口铸铁(3.2%C,1.1%Si)	90	90	90	105	110	95				
4.6%Ni-1.6%Cr 合金钢	535	500	—	485	420					
0.35%C 钢	298	—	310	330	—	275				
0.60%C 钢	370	355	395	505	425	185				
低合金钢(0.14%C,0.5%Mo)	315	—	—	400	370	275				
K6 铸造镍基合金	—	—	—	—	—	—	300	370		
GH33 镍基合金	—	—	—	—	—	—	280	—	360	320

5.7 应变疲劳（低周疲劳）及表征

材料在实际应用中，相对应的是循环应变状态，而不是循环应力，但是循环应变与循环应力有关，例如在高周疲劳（疲劳次数比较高）时，即典型循环次数大于 10^3，宏观应力水平与结构承受的弹性变形有关，在这种情况下，弹性应变幅可以通过公式计算，其中 E 为弹性模量；相反，在低周疲劳范围内，即疲劳循环次数小于 10^3，材料承受的宏观和微观塑性应变对应的循环次数相对低时，塑性应变幅要比弹性应变大得多，故可借助于材料的循环应变特性来求得。一般情况下，总应变幅等于弹性应变幅与塑性应变幅之和，在低周疲劳循环时，塑性应变幅是主导控制参量，而在高周应变疲劳循环时，弹性应变幅是主导控制参量。对金属材料，从低周疲劳循环向高周疲劳循环的转变一般发生在循环次数在 10^3 数量级，在这种情况下，应变控制疲劳试验结果通常用双坐标下的曲线绘制，曲线的纵坐标为应变幅对数，横坐标为循环次数的对数。目前已有一些应变幅和循环次数关系的经验公式，对于高周疲劳，弹性应变幅 $\Delta\varepsilon_{el}$ 与循环次数 N_f 之间的关系可以用式(5-30)来描述：

$$\frac{1}{2}\Delta\varepsilon_{el} = \frac{\sigma'_f}{E}(2N_f)^{-b} \tag{5-30}$$

式中，E 为弹性模量，σ'_f 和 b 由曲线拟合确定，参量 σ'_f 与材料的抗拉强度有关，这表明高强度材料在高周疲劳试验中性能良好，即在给定应变条件下，疲劳循环次数随着强度的增加而升高，疲劳裂纹萌生的循环次数要占材料高周疲劳寿命的相当大的一部分，因此工程设计已经意识到材料强度对高周疲劳影响。既然裂纹萌生是由材料表面的局部塑性变形引起，增加表面强度可以延缓裂纹形核，因此表面喷丸（冷加工）都会用于改善材料的高周疲劳性能，而特殊的表面化学处理和热处理工艺（如渗碳、渗氮和表面马氏体化）用来提高材料的表面屈服强度。

参数 b 与材料的循环加工硬化系数 n' 有关，n' 可以通过循环应力-应变经验关系 $\left(\dfrac{\Delta\sigma}{2}\right)=K'(\Delta\varepsilon/2)^{n'}$ 而求出，b 和 n' 之间的关系可以用 $b\approx = n'/(1+5n')$ 来计算，b 值越大，则在 $\Delta\varepsilon/2 - N_f$ 的关系图中，曲线具有较高的负斜率，很明显，具有较高循环加工硬化系数的材料对高周疲劳并不是有益的，相反，对较低的材料，有利于增加高周疲劳寿命，即 n' 与 σ'_f 相比，在决定材料高周疲劳寿命时占次要的地位。准确地应用 b 与 n' 的关系，需要有循环硬化特性方面的知识，在缺乏这种信息时，单轴拉伸硬化指数 n 在对比的估算中可以代替 n'，然而对这一近似的局限性必须有清晰的认识。

低周疲劳试验中塑性应变幅 $\Delta\varepsilon_{pl}$ 与循环次数 N_f 之间的关系已经建立，其表达式为：

$$\frac{1}{2}\Delta\varepsilon_{pl}=\varepsilon_f'(2N_f)^{-c} \tag{5-31}$$

式中，典型的 c 值为 $0.6\sim0.7$，c 值与 n' 的近似关系为 $c\approx1/(1+n')$，ε_f' 接近于拉伸延性，基于这些情况对低周疲劳设计，希望材料具有高的延性和高的加工硬化速率，这两种特性都会增加疲劳循环次数。

式(5-30) 与式(5-31) 分别表征了材料的高周疲劳和低周疲劳的极端情况下应变幅对材料失效的循环次数之间的关系，因此 $\Delta\varepsilon=(\Delta\varepsilon_{el}+\Delta\varepsilon_{pl})$ 和 N_f 的关系是它们的加和，其方程如下：

$$\frac{1}{2}\Delta\varepsilon=\frac{1}{2}\Delta\varepsilon_{el}+\frac{1}{2}\Delta\varepsilon_{pl}=\frac{\Delta\sigma_f'}{E}(2N_f)^{-b}+\varepsilon_f'(2N_f)^{-c} \tag{5-32}$$

这一关系的如图 5-54 所示，由图可知，正如所预测的，当 N_f 值低时，$\Delta\varepsilon\approx\Delta\varepsilon_{pl}$，式(5-32) 就变为式(5-31)；当 N_f 值低时，$\Delta\varepsilon\approx\Delta\varepsilon_{el}$，式(5-32) 就变为式(5-30)；式(5-32) 对工程材料已有成功的应用，典型合金事例如图 5-55 所示[19,20]。

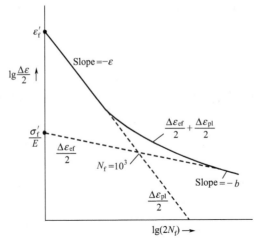

图 5-54　式(5-31) 给出的应变幅与应力（应变）循环次数的关系示意

我们可以看出，不同材料性能对于低周、高周疲劳试验的贡献是不一样的。低周疲劳需要高的延展性，因为疲劳裂纹的萌生发生在材料疲劳寿命的早期。既然材料的加工硬化和良好的延展性可以抑制缓慢的断裂，因此这些性能对低周疲劳是有益的。相比之下，低周疲劳时必须延缓裂纹萌生，以保证材料在承受较高应力或应变循环时具有安全的性能。通过高强度材料的疲劳试验，总结出高强度材料与延性材料的应变幅（$\Delta\varepsilon/2$）-应力循环（$2N_f$）曲线，如图 5-56 所示[20]。由上述讨论可知，高强度材料对高周疲劳寿命有益，而延性材料对低周疲劳寿命有益，即提高循环次数值。图中曲线的交点为典型的疲劳循环次数。使用强韧材

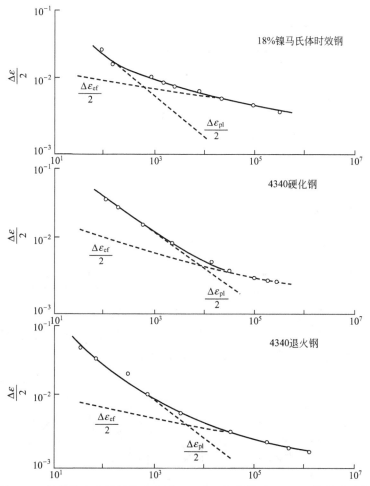

图 5-55 几种铁合金材料的应变幅（$\Delta\varepsilon/2$）-应力循环（$2N_f$）的关系示意

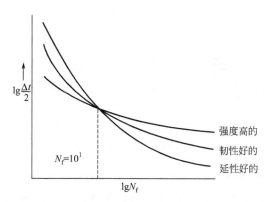

图 5-56 不同合金应变幅-循环失效关系示意

料可以在整个应变幅范围内获得最佳的材料性能，其性能表现在图 5-56 中得到预测。这种材料既可以通过增加高强度材料延展性（同时降低了材料的强度）来获得，也可以通过提高延性材料的强度（通常以损失延性为代价）来获得。很明显，这种理想的抗疲劳材料表现出高强度和高延展性。在此基础上，材料抗疲劳断裂性能的选择标准与材料抗拉伸断裂的选择标准是不同的。

值得注意的是，缓慢的疲劳扩展占据材料低周疲劳寿命的大部分。进一步讲，许多结构被认为预先存在裂纹。因为这些因素，人们已经开发出用于测定材料疲劳的第二阶段疲劳裂纹扩展速率的技术，这些测试也有助于阐明疲劳的第二阶段——裂纹扩展机制及其相关的材料性能的影响。

5.8 疲劳裂纹萌生

疲劳裂纹萌生模型的"侵入-挤出机制"认为，在交变应力作用下，金属的局部区域分别发生多系滑移和单系滑移，并在表面形成原子尺寸的微观"裂纹"。试验研究发现在循环应力下金属表面上发生的塑性变形的局部区域不只是简单地形成滑移台阶，而是形成一种称作驻留滑移带的缺陷。在这种驻留滑移带中各种晶体缺陷高度密集，从而使金属晶体原子之间的结合键遭到极大的破坏，成为产生疲劳裂纹源。图 5-57 中示意性给出了这种"裂纹"的萌生过程。

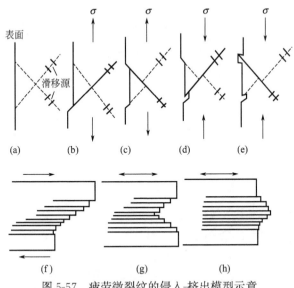

图 5-57　疲劳微裂纹的侵入-挤出模型示意

应该看到上述的"侵入-挤出机制"形成的微裂纹实际上是原子尺寸级别的。而实际上各种样品和工件上各种表面和内部的各种缺陷、夹杂等，尺寸远大于这种机制所产生的"微裂纹"。实际的疲劳实验研究发现在循环应力作用下，金属试样上发生的塑性变形的局部区域不只是简单地在表面生成滑移台阶，而是形成了一种称作为驻留滑移带的缺陷，这是一种带有疲劳载荷下塑性变形高度局部化特征的积累性缺陷。

多晶体的金属材料中，微观结构上会有种种的不均匀性，导致了交变应力最大值在低于屈服强度时，材料的局部也会率先发生塑性变形，这是疲劳形核的基本条件。而且晶粒的取向和性能差异也为低应力局部的塑性变形提供了条件。另外由于金属表层晶粒相互制约的能力较弱，易产生局部的塑性变形的现象，导致疲劳裂纹已在表层产生。

金属内部各种夹杂的性质与金属基体差异较大，在应力的作用下，变形能力与基体不协调，那些硬性的夹杂特别是带有尖角、尺寸较大的夹杂物成为容易萌生疲劳裂纹的地点。而各种结构和缺陷所带来的应力集中，也是导致低应力水平下局部进入不均匀的塑性变形状态，从而成为产生疲劳裂纹源的重要影响因素之一。另外也指出在高应力或者是应变疲劳的条件下，疲劳裂纹的萌生不符合驻留滑移带的模型。

关于疲劳裂纹的萌生的机理或是模型，表达了循环应力作用下的金属晶体结构微观物理或强度属性。而对于我们直接从事工程技术，研究具体材料和零部件疲劳断裂特性的人员很少会接触到这些微观的机理。这与我们的关注点，或者说那些实际影响疲劳开裂的各种因素有关。比如通常所涉及的零件基本是高强度的，塑性或滑移的抗力比较高；而且实际中我们更关注的是疲劳的寿命和裂纹源的部位以及裂纹源的萌生的敏感因素；再如金属及工件的结构和表面状态和损伤、或是某些内部组织或缺陷的属性，相当于裂纹或是准裂纹，其所能够产生的应力或应变的集中特性远远地高于微观滑移缺陷的作用。

5.9 疲劳裂纹扩展

5.9.1 疲劳裂纹扩展和扩展速率的表征

金属材料中通过局部塑性变形过程生成疲劳裂纹后，在循环应力作用下会发生扩展。这种扩展分成两个阶段，第Ⅰ阶段裂纹扩展的特征是裂纹扩展面平行于最大切应力方向扩展，与驻留滑移带萌生的过程非常相似，显示出位错滑移的主导地位。但试验表明第Ⅰ阶段裂纹扩展的距离仅限于表层的1～2个晶粒的尺寸，且随着应力幅的增大而减小。而在缺口试样中，则可能没有第Ⅰ阶段裂纹的扩展过程，之后，疲劳裂纹就改变其扩展面的方向，转到与最大拉应力垂直的方向上，进入第Ⅱ裂纹扩展过程，显示出典型的裂纹在正应力作用下长大的过程。

在实际的零部件疲劳开裂的过程中，因其表面的具有各种等效于疲劳裂纹源加工质量因素，疲劳裂纹失去了裂纹萌生和第Ⅰ阶段裂纹的扩展过程，应是直接进入第Ⅱ裂纹扩展过程的，这就是各种表面应力集中因素严重地影响着零件的疲劳寿命的原因。所谓第Ⅱ裂纹扩展过程可以理解为微裂纹的尺寸大于临界值时，疲劳裂纹在特定的循环应力的作用下将进入稳定的扩展时段。

每次循环载荷（应力），裂纹产生一个"步进"深度并留下的痕迹，被称为"疲劳辉纹"。疲劳辉纹的形成机理一般都用 Forsyth 和 Ryder 提出的模型来解释，当应力处于最小状态时，裂纹前端闭合，随着应力的增加，裂纹前沿由于应力集中而逐渐达到最大应力，致使裂纹向前扩展，并使裂纹前沿钝化，随着应力的消失（卸荷），裂纹又重新闭合锐化等待着下一次循环，如此周而复始，使裂纹不断向前推进。描述疲劳裂纹扩展工程的参量是疲劳裂纹扩展速率。

疲劳裂纹扩展速率的测定不仅有利于疲劳设计，还有助于我们理解疲劳过程。例如，疲劳的第二阶段裂纹扩展速率和材料的断裂韧性可以预测材料发生灾难性断裂前第二阶段的循环次数，因此，对于承受低周疲劳的材料，疲劳的第二阶段占据整个疲劳寿命的主要部分，其近似于材料断裂前所能承受的疲劳循环次数。许多结构预先存在表面或内部裂纹，这些裂纹成为疲劳断裂的前兆，是消除疲劳裂纹萌生的必要条件。对于预先存在裂纹的材料，利用这些缺陷的尺寸和几何形状的知识可以评价疲劳寿命。

为了测定疲劳第二阶段的裂纹扩展速率，对预先存在裂纹的试样施加以规定应力比的固定应力幅，通过显微镜或穿过破裂部分的电阻变化来表征裂纹长度，由此得出裂纹长度与循环次数之间的关系，如图 5-58 所示。由图可知，裂纹扩展速率（c-N 曲线的斜率）随着循环次数的增加而上升，更确切地说，裂纹扩展速率随着裂纹尺寸的增加而上升，这表明第二阶段疲劳裂纹的扩展与应力强度有关。图 5-58 还指出，对于固定应力范围，较高的应力比 R 值加速裂纹扩展，这表明平均应力和最大拉伸应力对疲劳裂纹扩展起着重要的作用。

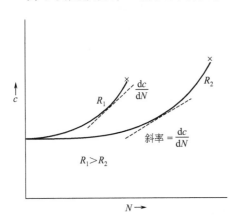

图 5-58　裂纹长度-疲劳循环次数关系示意

图 5-58 中曲线的斜率为疲劳裂纹扩展速率，在一些情况下，疲劳设计中的就如同抗蠕变断裂设计时的空穴扩张率。有研究表明第二阶段的裂纹扩展主要由引起拉伸断裂的相同类型的力所驱动。对于后者，这种"驱动力"就是应力强度因子，它是应力与裂纹长度平方根的乘积。当达到疲劳断裂时也可使用同样的方法，但必须考虑到例外情况，这体现在对疲劳循环应力规律的认识，即在应力强

度因子中,用应力范围替代 σ。大量研究表明,在给定材料和应力比时,第二阶段裂纹扩展速率为:

$$\frac{\mathrm{d}c}{\mathrm{d}N} = A(\Delta K)^m \tag{5-33}$$

式中,A 为常数,与材料及应力比有关;m 为经验常数。

虽然 $\mathrm{d}c/\mathrm{d}N$ 只与 ΔK 有关,但必须强调的是式(5-33)只应用在 $\mathrm{d}c/\mathrm{d}N$ — ΔK 曲线第二阶段区域。两条曲线示意图与一些工程金属材料的相关测量值如图 5-59a 和 b 所示[21];由图可知,当 ΔK 值较低时,裂纹扩展速率较低[图 5-59 (a) 中的第 I 阶段]。疲劳裂纹扩展曲线存在门槛值 ΔK_{th},当 $\Delta K < \Delta K_{th}$ 低于时疲劳裂纹不发生扩展。对于很多金属的 ΔK_{th} 低于其断裂韧性,以保证在使用限制条件下保证材料很低的裂纹扩展速率下应用。因此,这种情况下的零件设计允许疲劳裂纹的存在,假设其中的某些裂纹将扩展,但也要确保在零件整个寿命过程中,裂纹不发展成导致断裂的长度。许多陶瓷和高分子聚合物的 ΔK_{th} 接近它们的断裂韧性 K_{IC} 值,因此可以采用不同的疲劳设计方法。

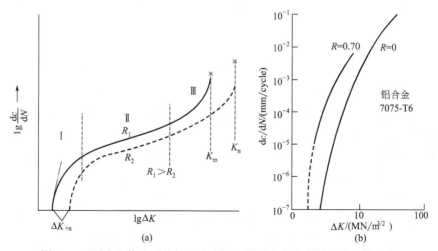

图 5-59 不同 R 值的裂纹扩展速率关于循环应力强度因子的函数示意

随着 ΔK 的增加,并近材料的临界断裂韧性,第二阶段疲劳裂纹以不断增加的速率扩展,如图 5-59(a) 中曲线的第Ⅲ阶段;在疲劳裂纹扩展的最后阶段,拉伸失效伴随着裂纹扩展而出现。

增加应力比将提高裂纹扩展速率,如图 5-59(a) 所示,无论值的高低,曲线的第Ⅰ、Ⅲ阶段都存在这种现象,而在疲劳的第Ⅱ阶段,应力比 R 值对裂纹扩展速率的影响较小。当应力循环的某一过程存在压应力时,应力比对裂纹扩展速率影响变小,见图 5-60[21]。

断裂形态的变化常与裂纹扩展速率的变化相似,正如所述,较高值时,裂

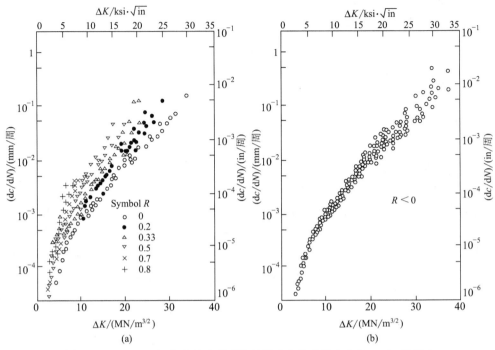

图 5-60 7075-T6 铝合金的疲劳裂纹扩展速率关系随应力比（R）的影响

纹扩展常以类似于拉伸模式完成，而且断裂条纹不明显。由于裂纹扩展机制在高值时的变化，关于塑性应变范围的裂纹扩展速率的想法和证明都以给出，这与低周疲劳与塑性应变范围的内在联系一致，即高 ΔK 值对应的高 dc/dN 值是低周疲劳的特征值。

当 ΔK 值较低时，断裂表面上特有的疲劳条纹常常不明显，即使存在也很模糊，某种程度上是细小条纹间距的原因。在疲劳的第Ⅱ阶段，疲劳条纹非常明显。实际上，测量裂纹条纹间距可以核对其他方法得到的 dc/dN 的准确性。一些描述特有疲劳条纹形貌的机制已经提出，其中物理和概念上合理的机制如图 5-61 所示[22]。图 5-61(a) 为一条特有条纹间距为 x 的裂纹在应力循环阶段 $\sigma=0$ 时的结构图；在拉伸加载过程中，裂纹张开、滑脱，并在裂纹末端聚合，见图 5-61(b)；随着载荷的增加，裂纹钝化并扩展，见图 5-61(c)；当反向加载时，裂纹滑脱方向也相反，而且裂纹开始闭合，新形成的裂纹表面折入裂纹末端，见图 5-61(d)；裂纹产生初始的"双凹槽口"形态 [图 5-61(e)]，随后此过程重复进行，见图 5-61(f)，循环使裂纹推进 x 距离，即条纹间距。这个模型明确地指出，x 会随着应力范围（更确切的是）的增加而增加。很明显，应力反转对改变裂纹末端的形状是非常必要的，即消除钝化并重塑裂纹形状以便完成裂纹扩展。

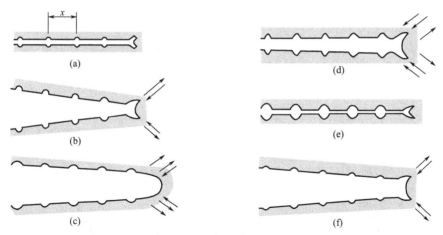

图 5-61 疲劳条纹形成机制及其与裂纹扩展关系的示意

5.9.2 Paris 方程和疲劳寿命的估算

已知关系可用于计算疲劳第Ⅱ阶段裂纹扩展的循环次数，这需要关于引起最后断裂的临界裂纹长度和预先存在（或萌生）的裂纹长度的知识。通常情况下，分析过程通过数值来表达，因为不能用于表征疲劳的第Ⅱ阶段裂纹扩展相关的所有值。第Ⅱ阶段的疲劳循环次数的一般表达式为：

$$N_{\text{Ⅱ}} = \int_{c_0}^{c_f} \frac{dc}{dc/dN} \tag{5-34}$$

根据式(5-33) 的形式，用 dc/dN 来评价 $N_{\text{Ⅱ}}$，其表达式为：

$$N_{\text{Ⅱ}} = \int_{c_0}^{c_f} \frac{dc}{A\alpha^m [\Delta\sigma(c)^{1/2}]^m} \tag{5-35}$$

式(5-35) 中，$\Delta K [=\alpha\Delta\sigma(c)^{1/2}]$ 随着裂纹的扩展和参数 α 而变化，其中参数 α 取决于由试样尺寸和相对应的裂纹深度。存在一些形状的裂纹其对应的参数 α 不发生变化，而其他的裂纹对应的参数 α 存在一个合理的平均值 $\bar{\alpha}$，通过式(5-35) 计算的积分值 $(m \neq 2)$

$$N_{\text{Ⅱ}} = \frac{A^{-1}(\bar{\alpha}\Delta\sigma)^{-m}}{(m/2)-1}[(c_0)^{1-(m/2)} - (c_f)^{1-(m-2)}] \tag{5-36}$$

通常情况下，$c_f \gg c_0$，式(5-36) 可以近似表达为

$$N_{\text{Ⅱ}} \approx \frac{A^{-1}(\bar{\alpha}\Delta\sigma)^{-m}}{(m/2)-1}(c_0)^{1-(m/2)} \tag{5-37}$$

$N_{\text{Ⅱ}}(\Delta\sigma)^m$ 是材料的特有常数。式(5-37) 在很多方面非常有用，例如评价预先存在已知尺寸裂纹材料的疲劳寿命；同样，当疲劳第Ⅱ阶段占据整个材料疲劳寿命的大部分时，它可以利用来修正。

微观组织对疲劳第Ⅱ阶段中疲劳裂纹扩展速率影响相对较小。另外，裂纹扩展速率与弹性模量的关系也是非组织敏感特性。图 5-62(a) 和图 5-62(b) 所示分别为几种不同金属的裂纹扩展速率 $dc/dN-\Delta K$ 和 $dc/dN-\Delta K/E$ 关系示意图，从中清楚地看出裂纹扩展速率与弹性模量之间的关系。

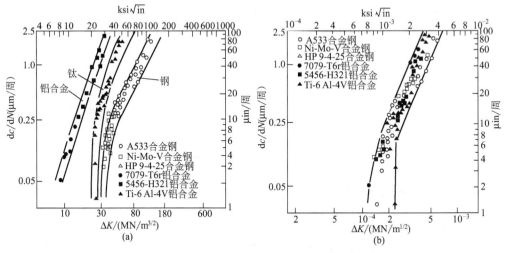

图 5-62　钛合金、铝合金和铁合金裂纹扩展速率与
(a) $dc/dN\sim\Delta K$、(b) $dc/dN\sim\Delta K/E$ 的关系图

高 ΔK 值时，微观组织与裂纹扩展速率的关系也会存在某些特例。这种情况下，K_{max} 如此接近 K_{IC}，以至微观组织特征提高了断裂韧性，同时减小了裂纹扩展速率，这与前面所述的塑韧性的材料适于低周疲劳循环的结论是一致的。我们也要注意到微观组织对高周疲劳循环裂纹扩展的影响很小，但这不意味着它对疲劳循环总数没有作用。对于高周疲劳，高强度材料可以延缓疲劳裂纹的萌生，裂纹一旦萌生，这些裂纹将以一定速率进行扩展，而裂纹扩展速率主要取决于 ΔK，且几乎与微观组织无关。

5.10　疲劳的试验方法和数据处理

目前广泛应用的疲劳试验方法是成组法和升降法，分别用于测量 P-S-N 曲线和疲劳极限，但这种方法所需时间长、工作量大、费用高，通常做一条 P-S-N 曲线或测量一种零件的疲劳极限需一个月以上。为了缩短试验时间和减少工作量，美国康明斯公司提出 SAFL 方法、法国 PSA 集团提出 Locati 方法。相比于成组法和升降法，虽然两者可使试验时间减少一半，但是所得结果的可信度和准确性有所下降。

5.10.1 成组法及其数据处理

成组试验法是在某指定应力（或应变）水平下，根据一组试样的试验结果测定 S-N 曲线或 P-S-N 曲线。假设试验试样的对数疲劳寿命 $x_i = \lg N_i$（$i = 1, 2, \cdots, n$）服从正态分布，子样平均值 $\bar{x}$ 和标准差 s 分别为：

$$\bar{x} = \frac{1}{n} \sum_{i=1}^{n} x_i \tag{5-38}$$

$$s = \sqrt{\left[\sum_{i=1}^{n}(x_i - \bar{x})^2\right]/(n-1)} \tag{5-39}$$

根据 t 分布理论，母体平均值 μ 的区间估计式为：

$$\bar{x} - t_r \frac{s}{\sqrt{n}} < \mu < \bar{x} + t_r \frac{s}{\sqrt{n}} \tag{5-40}$$

由此可知每一组试验的观测值个数应满足式(5-41)：

$$\delta_{\max} \sqrt{n} / t_r \geqslant s \sqrt{x} \tag{5-41}$$

当给定置信度 γ 时，t_γ 可查表得出。$\delta_{\max}$ 为误差限度，对于一般情况 $\delta_{\max} = 5\%$。此时由 $\bar{x}$ 可求得 N_{50}：

$$N_{50} = \lg^{-1} \bar{x} \tag{5-42}$$

式中，N_{50} 为具有置信度 γ 的中值疲劳寿命。

当给定置信度 γ 和可靠度 P 时，母体百分位值 x_P 区间估计式为：

$$\bar{x} + u_P \beta s - t_\gamma s \sqrt{\frac{1}{n} + u_P^2(\beta^2 - 1)} < x_P < \bar{x} + u_P \beta s - t_\gamma s \sqrt{\frac{1}{n} + u_P^2(\beta^2 - 1)} \tag{5-43}$$

式中，β 为标准差修正系数，$\beta = \dfrac{\sqrt{(n-1)} \Gamma(n-1)/2}{\Gamma(n-2)}$，$\Gamma$ 值可由 Γ 函数表中查得；u_P 为与可靠度 P 相关的标准正态偏量。

由式(5-42)可知测定安全疲劳寿命时每组观测值个数应满足式(5-44)：

$$\delta_{\max} / \left[t_\gamma \sqrt{\frac{1}{n} + u_P^2(\beta^2 - 1)} - \delta_{\max} u_P^2 \beta\right] \geqslant s \sqrt{x} \tag{5-44}$$

此时，母体百分位值数可写成：

$$x_P = \bar{x} + u_P \beta s \tag{5-45}$$

具有置信度 γ 和可靠度 P 的安全寿命：

$$N_P = \lg^{-1} x_p \tag{5-46}$$

这种试验法用于评估曲轴在过载情况下的疲劳强度。适用于中、短寿命区，即在指定的应力水平下，测得的一组试样的寿命大多数在 10^6 次循环以内。S-N 曲线可以很直观的确定一个疲劳极限值，但试样本身的疲劳试验结果变异性较大时，$S\text{-}N$ 曲线上形成"分散带"。尽管可以取一条由中值寿命构成的"中间线"，但该曲线不能作为安全寿命估算的依据。$P\text{-}S\text{-}N$ 曲线则可以提供特定置信度（99.87%）下疲劳极限的下限，因此用于安全寿命的估算相对合理。但 $P\text{-}S\text{-}N$ 曲线的获取依赖于大子样的疲劳试验，应用起来有一定的限制。

5.10.2　升降法及其数据处理

升降法用于在指定的"循环基数" N_0（如 $N_0 = 10^7$）下测定"疲劳极限"，或在任一指定的寿命下测定疲劳强度。

进行升降法试验，国家标准规定用于解释性的研究最少 15 个试样估计疲劳强度的平均值和标准偏差，对于可靠性数据要求至少 30 个试样。试验开始时选用较高的应力水平，随后试样的试验应力水平取决于前一试样的试验结果。凡是前一个时间未达到指定循环数时发生破坏，则随后的一次试验就在低一级的应力水平下进行。凡是前一个试样越出，则随后的一次试验就在高一级的应力水平下进行。直至完成全部试验为止。将试验记过绘制成升降图，根据升降图，将相邻应力级的各数据点配成对子。配对时，从第一次出现相反结果的两个数据点开始。对于第一次出现相反结果以前的数据，如在升降图的波动范围以内，则可作为有效数据加以利用。按照上述方法安排试验，当升降图"闭合"时，则各数据点均可配成对子，闭合的条件是：根据有效数据的终点为越出"○"抑或破坏"×"，可设想在某一应力水平还存在一数据点，若该点有效数据的起点位于同一应力水平上，则表示闭合。遇到有不闭合情况，则需舍弃 1~2 个数据点或补做试验，以满足闭合条件。在随机取样情况下，总可取得闭合式升降图。

5.10.3　疲劳极限的统计分析——SAFL 方法

SAFL 是英文 Statistical Analysis for Fatigue Limit 的缩写，即疲劳极限统计分析试验法。在运用 SAFL 法测定零件的疲劳极限时，一般需选取 4~5 级载荷，载荷的选取应使大多数试件在 $(2 \times 10^5) \sim 10^6$ 循环之间断裂，个别超越 10^7。根据上述假定，由一组试验数据可得到一组疲劳极限。在数据处理时，将它们作为从母体中抽取的一个子样来对待，然后运用统计的方法求出它的中值分位点和散差。试验所需的试件数取决于零件强度的分散性和预定的试验精度。例如，若取置信度 90% 和误差限度为 10%，则通常约需 15 个试件。

该方法的核心内容是首先判定试样疲劳强度分布情况，然后根据数理统计原理，由样件疲劳强度值推出总体疲劳强度分布区域。

确定 $S\text{-}N$ 线需要两点，而一个试样只能破坏一次，为了找到另一点，该方法引入一理论点——1/4 循环断裂点 QCI（Quarter Cycle Intercept），即在此负荷下，试样在 1/4 循环处就会断裂。

QCI 对每一样件都是相同的，它可以用以下方法确定：

（1）通过拉力试验

$$QCI = \frac{断裂时负荷}{断裂时截面积} \tag{5-47}$$

（2）比例关系

$$QCI = \frac{强度极限}{1-缩小量} = \frac{Qult}{1-Ra} \tag{5-48}$$

其中，

$$Qult = \frac{极限负荷}{原来面积} \tag{5-49}$$

$$Ra = \frac{原始截面积 - 断裂时截面积}{原始截面积} \tag{5-50}$$

（3）强度极限

上述计算的 QCI 是在平均负荷为零时的情况，如果平均负荷 LOAD 不为零，则 QCI=QCI（计算值）－LOAD（平均值）断裂时截面积，QCI 是理论上的近似值，它作为 S-N 线上的一点，S-N 线上的另一点由试验得到。

由

$$\frac{\lg(\sigma_t) - \lg(QCI)}{\lg(Nt) - \lg(1/4)} = \frac{\lg(\sigma) - \lg(QCI)}{\lg(SL) - \lg(1/4)} \tag{5-51}$$

可求得每一试样的疲劳极限 σ。如果试样在试验应力 ST 下循环 10^7 次后未断裂，则用试样应力 σ_t 来估计试样疲劳强度。Nt 为在应力 σ_t 下的循环次数。

5.10.4 疲劳损伤累积理论的试验和数据处理方法——LOCATI 法

Locati 方法是意大利学者 Locati 根据 Palmgren-Miner 疲劳损伤累积理论提出来的一种快速测定疲劳极限的方法。根据 Palmgren-Miner 理论。疲劳破坏是由变形功累积所致。同一种材料制造的试样，在不同应力水平下运转，发生破坏时的总变形功应为一定值。如一种材料制成的试件在应力 σ_1 下运转 N_1 次破坏。总变形功为 $W_总$，则每一循环周次的平均变形功 W_1 即为

$$W_1 = W_总 / N_1 \tag{5-52}$$

若此试样在任意应力水平 σ_i 下运转 N_i 次破坏，则每一循环周次的平均变形功 W_i 即为

$$W_i = W_总 / N_i \tag{5-53}$$

假设一试样在应力 σ_1 运转 n_1 次，在应力 σ_2 下运转 n_2 次，……在应力 σ_i 下运转 n_i 次累积之后破坏，总变形功仍为 $W_总$，故得：

$$W_1 n_1 + W_2 n_2 + \cdots + W_i n_i = W_总 \tag{5-54}$$

由式(5-51) 和式(5-52)，式(5-53) 可改写成：
$$(n_1/N_1)W_总+(n_2/N_2)W_总+\cdots+(n_i/N_i)W_总=W_总 \quad (5-55)$$

其中，$n_1/N_1+n_2/N_2+\cdots+n_i/N_i=1$ 即 $\sum_{i=1}^{K}\frac{n_i}{N_i}=\frac{n_1}{N_1}+\frac{n_2}{N_2}+\cdots+\frac{n_k}{N_k}=1$。

式中的 n_i 为试样在 i 级应力水平下的循环次数，N_i 为试样在应力水平下的循环寿命，K 为进行实验直至 i 级破坏的应力等级数。

根据上述理论，Locati 方法用一个试样，从某一应力开始，采用等量阶梯加载，并在每一应力水平下都运转相同的周次，最后直至破坏，及时记录下所采用的应力水平级数和运转总周次。另外，选用三条疲劳曲线作为参考曲线，将试验用的各级应力水平分别代入三条疲劳曲线方程，求出相应的 $\sum n_i/N_i$ 的值，将三个方程的 $\sum n_i/N_i$ 和 $\sigma_{\lim}$ 构成的坐标系内，并连成光滑曲线，最后用内插法找出 $\sum n_i/N_i=1$ 的 $\sigma_{\lim}$ 值，即为待测试样的疲劳极限。

虽然应用 Locati 方法测定疲劳极限，仅要求一个试样，测定的时间相对其他方法也大幅度的缩短，比常规方法效率高出 10 倍。但是，在应用 Locati 法处理试验数据时，需要事先知道与该试样材料的化学成分相似的材料的疲劳曲线作为试样数据处理的依据，并且为了尽量避免材料的"锻炼"效应，在试验时，必须选择正确的初始应力 σ_0、应力增量 $\Delta\sigma$、各级应力的循环周次 n_i 和平均应力增长速率 α，$\alpha=\Delta\sigma/n_i$。其中，初始应力 σ_0 的选择范围应是 $0.8\sigma_p<\sigma_0<1.2\sigma_p$，$\sigma_p$ 为试样疲劳极限的期望值。初始应力应尽量选择大一些，使其靠近疲劳极限。这样可以缩短总的试验试样。应力增量 $\Delta\sigma$ 的选择范围应是 $0.05\sigma_p<\Delta\sigma<0.15\sigma_p$。各级应力循环数 n_i（最后一级除外）由所选定的 $\Delta\sigma$ 值和平均应力增大速率的最佳值 α 确定。

可见，该方法的试验参数的选择要求较高，可操作性相对较差，对试验员的试验经验要求较高。并且，数据处理过程需要另外选用三条和试样材料类似的材料的疲劳曲线作为参考，而在实际情况下，找到类似材料的疲劳曲线较为困难。尤其是在测定零部件的疲劳极限的试验中，零部件的结构对其疲劳极限也有影响，因此，要找出合适的参考疲劳曲线，更为困难。综上所述，利用该方法测定材料或者零部件的疲劳极限的可操作性不高。但是，鉴于该方法所需的试样数量较少，大大缩减了试验周期。因此，可以考虑用于工艺方案的对比性试验。

Locati 曾在 1955 年提出一种单个试件测定疲劳极限的方法。Locati 法测定零件疲劳及吸纳的具体步骤为：对于待测试件，根据以往经验，预估出零件在某一循环基数 N_0 下的疲劳极限；确定载荷的步幅 ΔF（增量）和循环加载次数 n（分别用和 N_0 的相对数表示）；在大于 1 的相对载荷下运行第一个试样，若在 N_0 前断裂，则下一个试样的载荷下降一级，反之则升高一级；对于经历 N_0 而不发生断裂的试样，则按照每增加一级载荷（ΔF），运行 n 次的循环的方式进行阶梯试验，直至试件断裂为止。第 j 个试样的疲劳极限 F_{50j} 可按下述方法求得。

对于在 N_0 次循环前断裂的试件有：
$$F_{50j}=F_i/(1-b\lg n) \tag{5-56}$$

式中，F_i 为试验载荷；n 为相对运行次数；b 为零件-$\lg N$ 曲线的斜率。

若试件在阶梯运行中断裂，则按式(5-67) 用迭代法进行计算：
$$\sum n_i \times 10^{-1/b(1-F_i/F_{50j})}=1 \tag{5-57}$$

式中 F_i 为各大于疲劳极限的载荷水平，n_i 为该载荷水平下运行周次。于是，用一组试件进行试验，即可得到一组。求出其平均值和标准差后，若试验达到预定的精度则停止试验，并认为此时所得平均值就是母体疲劳极限（50%存活率）的估算值。

在利用 Locati 法测定零件疲劳极限时，为了缩短试验时间，通常选取 10^6 为循环基数，在测得零件在此循环基数下的条件疲劳极限后 F'_{50}，再按下式转换成循环基数为 10^7 时的疲劳极限：
$$F_{50}=\alpha \times F'_{50} \tag{5-58}$$

式中，α 为小于 1 的常数，其值与试件的材料和结构有关，具体数值可通过试验测定。

5.11 高周疲劳快速试验方法

S-N 曲线可用三参数幂函数表达式来拟合：
$$(S_{\max}-S_0)^m N=C \tag{5-59}$$

将上式两边取对数得：
$$\lg N+m\lg(S_{\max}-S_0)=\lg C \tag{5-60}$$

设 $Y=\lg(S_{\max}-S_0)$，$X=\lg N$，$A=\dfrac{1}{m}\lg C$，$B=-\dfrac{1}{m}$，则有：
$$Y=A+B \cdot X \tag{5-61}$$

可见，在应力-寿命的双对数坐标中，机械产品的过载疲劳特性呈线性关系，

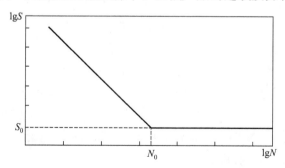

图 5-63 双对数坐标的 S-N 曲线

应力上升,寿命下降。如图 5-63 所示。

图中的 S_0 可为无限寿命下的疲劳极限。那么,如果试样经过 N_0 次的试验而没有失效,就认为它在 S_0 应力水平下永远不会失效。

由于任意两点就可以确定一条直线,因此对任何样品有两个不同的循环到失效的载荷点就可以作出这条双对数坐标下的 S-N 曲线的直线段。但是这通过疲劳试验是无法做到的,因为一个试件只能试验至失效一次。实际在做这条曲线时用到了一个理论点,称之为四分之一循环断裂点(Quarter Cycle Intercept),简称 QCI 点,即试样仅经过 1/4 次循环就发生断裂的载荷。

如图 5-64 所示,设在某一应力水平 S_i 下试验,得到的疲劳寿命为 N_i,在 lgS-lgN 图中表示为 B 点。图 5-64 中的点 A 为四分之一循环断裂点(QCI)。连接点 A 和点 B,确定一条直线 AB,直线 AB 与其余 $n-1$ 级应力水平线相交得到 $n-1$ 个交点,如图中的 C 点,这些点称之为虚拟试验点。在 P-S-N 曲线拟合中,虚拟试验点与实际试验点的数据同等对待。这种根据上述法则估计 P-S-N 曲线的方法称为虚拟子样法。

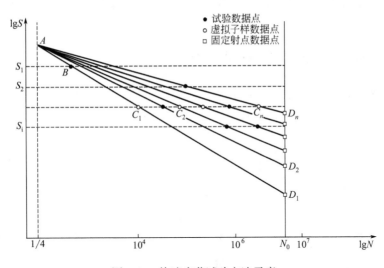

图 5-64 快速疲劳试验方法示意

类似地,如图 5-64 所示,直线 AB 与指定循环基数 N_0(如 6×10^6 次)垂直线相交于 D 点,D 点的纵坐标表示第 i 个试件估算出的疲劳极限。利用该方法得到一个大小为 n 的疲劳极限子样,作为母体的一组疲劳极限的观测值进行统计分析。子样的中值 S-N 曲线用常规方法进行拟合;特征循环数 N_0 则要根据该材料或者零件的具体要求确定。

四分之一循环点和虚拟子样坐标的确定是利用实际试验点进行确定的,具体方法如下：

首先，根据式(5-62)估计各级应力下试样的对数疲劳寿命平均值：

$$\overline{X_i} = \frac{1}{m_i}\sum_{j=1}^{m_i} \lg N_{ij} \tag{5-62}$$

式中　m_i——第 i 级应力的试样总数；

　　　N_{ij}——该级应力下第 j 个试样的疲劳寿命。

然后，在双对数坐标下，对已取得的 n 个 ($\overline{X_i}$, $\lg S_i$) 数据，利用最小二乘法拟合出子样的 S-N 曲线的表达式：

$$\lg S_i = \alpha + \beta \overline{X_i} \tag{5-63}$$

曲线的相关系数 R 应不小于要求的最小相关系数。如不满足则增加试验点数，直至满足要求。

将 $\overline{X_A} = \lg\frac{1}{4}$ 代入所得 S-N 曲线的表达式(5-63)，求出点 A 的纵坐标 $\lg S_A$。

$$\lg S_A = \alpha + \beta \lg\frac{1}{4} \tag{5-64}$$

对于 P-S-N 曲线的确定，根据几何关系，可以获得虚拟子样点 $D(S_D, \lg N_D)$，则该虚拟子样的对数疲劳寿命 $\lg N_D$ 为：

$$\lg N_D = \lg\frac{1}{4} + \frac{(\lg S_0 - \lg S_A)\left(\lg\frac{1}{4} - \lg N_c\right)}{\lg S_A - \lg S_c} \tag{5-65}$$

对于疲劳极限的确定，根据几个关系，可以确定疲劳极限 $\lg S_D$。

$$\lg S_D = \lg S_A + \frac{(\lg N_0 - \lg 1/4)(\lg S_A - \lg S_c)}{\lg 1/4 - \lg N_c} \tag{5-66}$$

与 SAFL 方法提出的通过拉伸试验方法确定四分之一循环的方法相比，该方法提出的方法更具有合理性和更广的适用性。一方面，高周疲劳试验是动态试验，而拉伸试验是准静态试验。众所周知，材料在动态情况下的力学性能明显不同于其在准静态下的力学性能，因此，四分之一循环点的值不能简单地用拉伸试验方法来确定。而该方法提出的利用试验点拟合确定四分之一循环点的方法更具有合理性。另一方面，由于确定四分之一循环点的方法的限制，SAFL 方法更多情况下适用于轴向控制力下的疲劳试验，而该方法能够适用于多种加载方式下的高周疲劳试验。

试验选用 4~7 级载荷水平下进行尝试性试验，根据试验结果选定 4~5 级应力水平，使大多数试样的疲劳寿命分布在 $5\times10^4 \sim 5\times10^6$ 之间。在选定的应力水平下进行试验时，每一级应力水平进行 3~5 个试样的试验，其中低载荷水平上的试验点数应占 1/2 以上。

为了更为准确地估计不同存活率下的 P-S-N 曲线和疲劳极限，需要对数据点的是否满足正态分布进行判断。与传统的成组法判断试验数据点分布情况的方法相同，采用作图法或者解析法对数据点的分布情况进行判断。

采用统计分析方法对不同存活率下的疲劳寿命下限和疲劳极限下限进行估计。首先分别利用下式估计子样的对数疲劳寿命或者疲劳极限的平均值 $\bar{x}$ 和标准差 σ_x。

$$\bar{x} = \frac{1}{T}\sum_{i=1}^{T} x_i \tag{5-67}$$

$$\sigma_x = \sqrt{\frac{1}{T-1}\sum_{i=1}^{T}(x_i - \bar{x})^2} \tag{5-68}$$

式中，T 为有效试样总数。

然后，估计疲劳寿命或者疲劳极限的变异系数 λ：

$$\lambda = \frac{\sigma_x}{\bar{x}} \tag{5-69}$$

指定误差限度 α，在一定的置信度 γ（一般取 95%）和自由度 $v=n-1$ 下，查 t 分布数值表获得 $t_{\alpha,v}$ 值，然后利用式(5-70)对所得疲劳寿命平均值的精度进行检查。

$$\delta_x = \frac{\lambda \cdot t_{\alpha,v}}{\sqrt{n}} \tag{5-70}$$

若实际误差限度不大于要求的误差限度 α，则说明试样数量满足要求；反之，则应增加试样数量，直至实际误差限度不大于要求的误差限度。

最后，利用下式估计存活率为 P 时的对数疲劳寿命下限或者疲劳极限下限 x_p：

$$x_p = \bar{x} - k_{(p,\gamma,v)}\sigma_x \tag{5-71}$$

式中，$k_{(p,\gamma,v)}$ 为正态分布的单边误差限，单边误差限查询不同概率下的正态分布单侧误差限系数 $k_{(p,\gamma,v)}$ 表获得。

5.12 疲劳试验设备

国内外目前普遍采用的疲劳试验装置主要有机械式的、液压式的和电液伺服式等几种类型。其中带计算机控制的电液伺服式装置其载荷控制精度和自动化程度都很高，是现代技术水平的最高的试验机。但这类试验机的加载频率较低，试验周期长、能耗高、设备投资大、试验费用昂贵。机械式和液压式疲劳试验机虽然价格低，但加载频率与自动化程度都较低，试验的准确性和可信度不高，远不能满足汽车工业发展对疲劳试验高效率和高精度的要求。典型的疲劳试验设备如下列图 5-65～图 5-74 所示。

图 5-65　电磁激振式疲劳试验机

图 5-66　电液伺服式拉-扭疲劳试验机

图 5-67　最新的 MTS 疲劳试验系统

图 5-68 曲轴的弯扭复合快速疲劳试验系统

图 5-69 半轴导管的扭转疲劳快速试验系统

图 5-70 气门弹簧的快速疲劳试验机

图 5-71 德国 Worlft 弯冲和数字冲击试验系统

 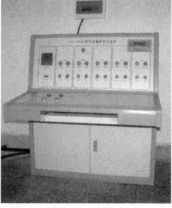

图 5-72　齿轮钢的接触疲劳试验装置

 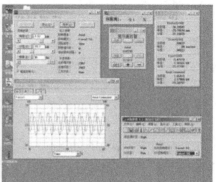

图 5-73　美国 MTS 单齿弯曲疲劳试验装置

 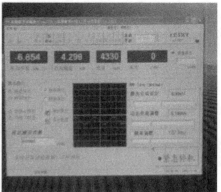

图 5-74　高频疲劳试验装置

5.13 提高疲劳强度的措施

对于在交变载荷下工作的机器零件，其服役寿命很大程度上取决于疲劳强度，而机械零件的疲劳强度主要取决于三个环节：疲劳设计、零件选材和制造工艺。只有通过对零件失效的分析，得出疲劳失效的原因，采取改进措施，才能逐渐使机械产品设计合理、选材恰当、制造工艺先进，使得机械零件具有较高的疲劳强度和服役寿命。

5.13.1 疲劳设计和零件选材

从零件的各种结构因素来看，对疲劳性能影响程度最大是结构布局引起的应力集中，疲劳应力集中系数（K_f）随着弹性应力集中系数（K_t）的增加而增大。所以零件的疲劳设计中，需要考虑最重要的问题之一就是尽量采用合理的结构设计以降低零件危险截面部位的应力（应变）集中。

当零件光滑表面处的应力水平为材料的屈服强度的 1/3 或 1/4 时，而应力集中部位的应力可能接近或超过屈服强度，应力集中能够提高缺口处的静强度，但是它使疲劳强度降低（除高塑性材料），由于机构布局的要求，零件上的内外圆角、截面过渡区、各种沟槽等是难以避免的，但是在满足结构需要的前提下，可以通过合理的结构布局来降低或改善上述部位的应力（应变）集中。

例如，对于中心带孔的宽板零件，在结构布局允许的情况下，在大中心孔的上下两侧开两个辅助的小孔，如图 5-75 所示，这样便可使原始大孔的应力集中得以降低；对于轴类零件，可采用各种缺口结构来降低轴肩圆角部位的应力集中，从而使轴类零件的旋转弯曲疲劳强度获得不同程度的提高（13%～16%），如图 5-76 所示；对于焊接件，焊缝余高和咬边都会由于应力集中而降低焊缝区的疲劳强度，由图 5-77 可知，随着焊缝余高与母材夹角（θ）的降低，横向对接焊缝在 2×10^6 次循环下的疲劳强度逐渐降低[23]。

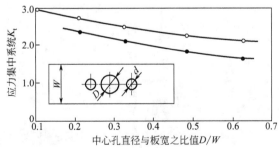

图 5-75 承受拉伸载荷的带中心孔宽板
在大中心孔的左右开辅助小孔前后 K_t 值随 D/W 比值的变化

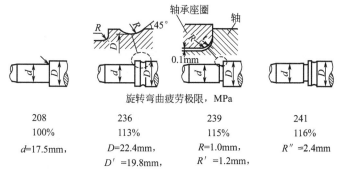

图 5-76　采用缺口结构提高轴类零件的疲劳强度

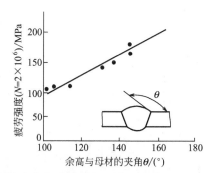

图 5-77　焊缝余高与母材夹角对横向对接焊缝疲劳强度的影响

由此可见，通过合理的结构设计，可使零件上某些部位的应力集中得到缓和，零件的疲劳破坏抗力得以提高，根据大量实践经验总结的改善零件疲劳强度的结构形式，归纳于图 5-78。

根据零件承受的循环加载方式、载荷水平、工作环境及服役寿命等来选择合适的材料，对于以疲劳失效为主的机械零件，在满足基本的静强度要求的前提下，主要应考虑材料的疲劳强度性能。

不同服役条件的零件要求具备不同性质的疲劳性能，而且材料在不同状态下也表现出不同的疲劳性能。例如，对于齿轮、油泵、柱塞件等零件，要求它们应具备一定的接触疲劳性能；对于各种传动轴、弹性轴、弹簧、连杆等受力不高但寿命长的零件，要求它们应具备一定的高周疲劳性能；对于受力较高、应力集中区域又出现循环塑性应变的零件，主要要求它们应具备一定的低周疲劳性能。

5.13.2　制造工艺

零件的制造工艺是决定其疲劳强度的另一个重要环节。一些使用广泛的通用零件，如齿轮、弹簧、紧固件、各类传动轴、纺织机械零件、内燃机发动机零

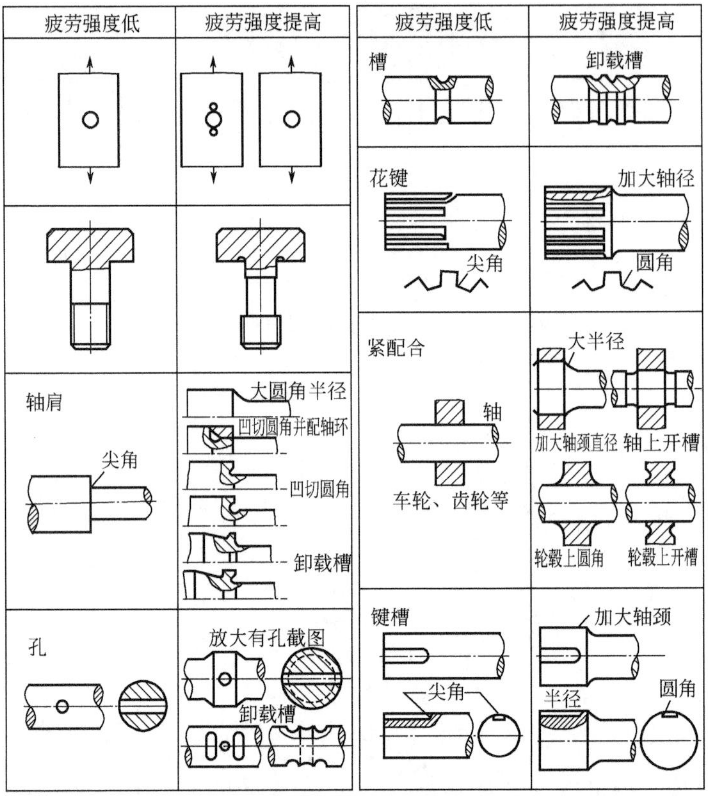

图 5-78 通过结构设计缓和内外圆角及缺口处的应力集中程度

件、机车轮轴以及飞机的重要承力件（起落架、发动机吊挂、机翼大梁）等，一直以来，这些零件所采用的材料和疲劳并没有太大的变化，但是它们的加工工艺（冷加工和热加工）尤其是表面处理工艺变化无穷、日新月异。

任何类型的疲劳破坏，绝大多数情况下起始于零件表面，所以零件的表面完整性对它的疲劳强度具有决定性影响。任何用来提高零件疲劳性能的加工工艺，都必须首先能改善表面完整性。目前工业生产中已被采用并行之有效的加工工艺有：表面化学热处理（渗碳、渗氮、碳氮共渗等）、表面薄壳淬火、表面形变强化（喷丸、滚压、锤击、内孔挤压等）、表面抛光、表面激光处理、各种表面复合强化等。任何一种表面强化工艺，都是通过改变零件表面的残余应力状态、组织结构和表面粗糙度而影响疲劳性能。

(1) 表面粗糙度

表面粗糙度越低，缺口效应越小，疲劳强度也就越高。图 5-79 所示为钢的疲劳强度与表面粗糙度的关系，在相同粗糙度下，材料的强度越高，表面粗糙度对疲劳强度的影响越大,且材料的疲劳强度一般随着表面粗糙度的改善而增高[24]。任何情况下,改善零件的表面粗糙度均有利于改善个疲劳性能,但是依靠改变表面粗糙度来改善疲劳性能的潜力不是很大,特别是当表面粗糙度降低到$R_a 0.4\mu m$后,在继续降低表面粗糙度不仅对疲劳强度没有明显增加,特别是高强度材料,而且不断改善表面粗糙度会造成产品成本的增高。

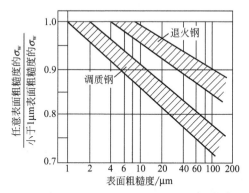

图 5-79　表面粗糙度对退火钢和调质钢疲劳强度的影响

(2) 表面薄壳淬火

表面薄壳淬火处理不仅可提高零件的表面硬度、耐磨性和接触疲劳,而且还可提高零件的高周疲劳性能,这是一种工业生产中经常使用的传统工艺。图 5-80 是高频淬火对棒材疲劳性能的影响,棒材的疲劳强度随着表层亚晶粒尺寸的减小和残余压应力的增大而增加[25]。许多零件,如齿轮、曲轴轴颈、板簧、坦克履带销等常常采用表面淬火强化以提高其疲劳强度。

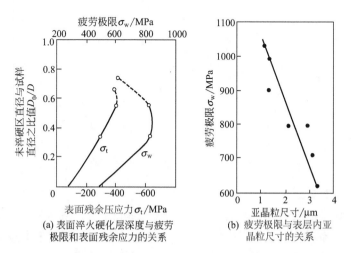

(a) 表面淬火硬化层深度与疲劳极限和表面残余应力的关系

(b) 疲劳极限与表层内亚晶粒尺寸的关系

图 5-80　高频淬火对棒材疲劳性能的影响

(3) 表面化学热处理

用于改善零件疲劳强度的表面热处理，如渗碳、渗氮、碳氮共渗等，是一种获得高度发展的表面强化工艺，在各种齿轮上得到了极为广泛的应用。图 5-81 为低碳钢的疲劳极限和表面残余压应力与有效渗碳层深度之间的关系，有效渗碳层深度约为 1mm 时的表面残余压应力最高，它所对应的疲劳极限也最高[26]。图 5-82 为表面渗氮对 S15C 碳钢的疲劳强度和表面残余应力的影响，由于渗氮能够增高表面残余压应力及其沿层深的分布，所以它比一般水中淬火具有更高的疲劳强度[27]。

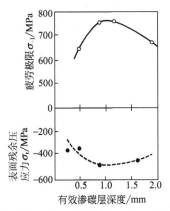

图 5-81 低碳钢的疲劳极限和表面残余压应力与有效渗碳层深度之间的关系

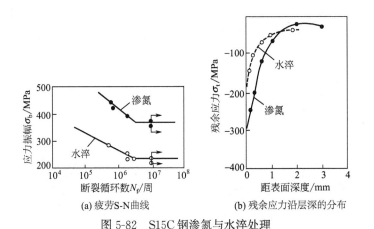

(a) 疲劳 S-N 曲线　　(b) 残余应力沿层深的分布

图 5-82 S15C 钢渗氮与水淬处理

(4) 表面形变强化

表面形变强化工艺包括表面喷丸、滚压、锤击、内孔挤压和盘件内孔超转速形变强化工艺等。喷丸强化最先应用与汽车工业中的各类卷簧和板簧，随后在航空工业中获得了广泛的应用，现在民用工业中的各种重要承重件也逐渐采用喷丸强化工艺[28]。

喷丸强化工艺具有成本低、能耗低、设备简单、操作简便、生产率高、适应性广、强化效果显著等优点,各种金属材料,如碳素钢、合金钢、铸铁、铝镁合金、高温合金、甚至粉末冶金零件,均可用喷丸强化来提高零件的高周疲劳强度、腐蚀疲劳强度、接触疲劳强度、微振疲劳强度和应力腐蚀断裂抗力。

通常情况下,钢的疲劳强度随其抗拉强度的增高而上升,但达到一定强度水平后,疲劳强度反而下降,图如 5-83 所示,但是喷丸强化避免高强度钢出现疲劳强度下降的倾向,其主要原因为喷丸强化后是材料表面获得最佳残余压应力场,从而大幅度提高零件的疲劳强度[29]。图 5-84 和图 5-85 为两种不同强度级别钢的光滑和缺口试样以及表面裂纹试样的疲劳强度受喷丸强化的影响,图 5-86 和图 5-87 为喷丸强化对表面脱碳、表面裂纹试样疲劳强度的影响,由此可知,喷丸强化对高周疲劳有如下特点:材料强度越高,强化效果越显著;与其他材料相比,钢的强化效果最高;缺口区域的强化效果高于光滑区域。此外,喷丸强化还可改善腐蚀疲劳性能、微振疲劳性能以及高温疲劳性能,见图 5-88~图 5-90[30]。

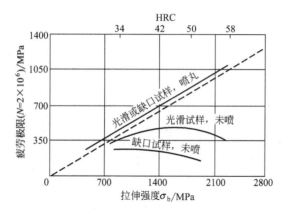

图 5-83 喷丸强化前后光滑与缺口钢铁试样的疲劳强度

($N=2\times10^6$)与抗拉强度(或硬度)之间的关系

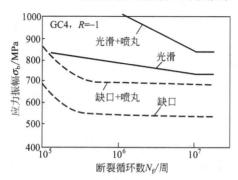

图 5-84 喷丸强化对 GC4 钢($\sigma_b=1950MPa$)旋转弯曲疲劳 S-N 曲线的影响

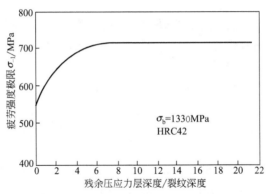

图 5-85　喷丸强化对 SAE4340 钢（$\sigma_b=1330$MPa）光滑和表面裂纹试样疲劳强度的影响

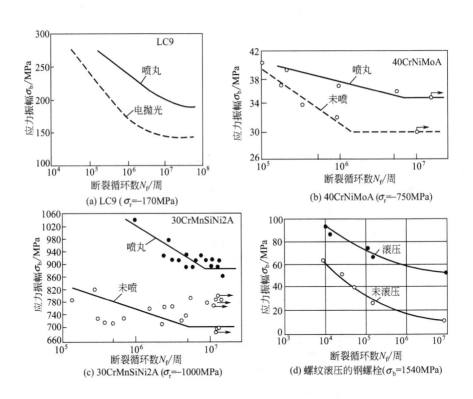

图 5-86　喷丸或滚压强化对材料 S-N 曲线的影响

特别要指出的是，喷丸能够显著提高钢的电镀零件的疲劳性能。有图 5-91 和表 5-7 可知，钢件结果镀铬（或镍）或镀镍镉后，疲劳强度极限通常降低 1/4～1/3，而喷丸后再电镀可避免电镀带来的疲劳强度的损失。

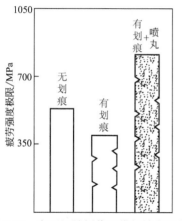
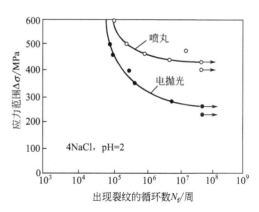

图 5-87　表面机械划伤和模板喷丸强化对 4340 钢（HRC51）疲劳极限的影响

图 5-88　喷丸工艺对 2664 钢腐蚀疲劳的影响

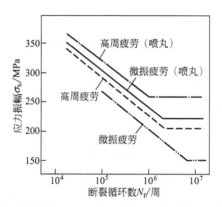

图 5-89　喷丸工艺对碳钢（0.2%C）微振（旋转弯曲）疲劳性能的影响

表 5-7　Cr17Ni2A 钢叶片振动弯曲疲劳极限

表面加工工艺	表面残余应力,σ_r/MPa		疲劳极限($N=10^7$)/MPa
	基体	镀层	
手工抛光	−490	—	510
镀镍镉后高温扩散处理	+850	+350	410
喷丸强化	−580	—	545
喷丸后电镀	+510	+100	510
喷丸后电镀,电镀后再喷丸	−890	−355	560

注：负号为压应力，正号为拉应力。

滚压强化工艺适用于轴类、圆形零件、各种沟槽和榫槽的根部，它不适合于

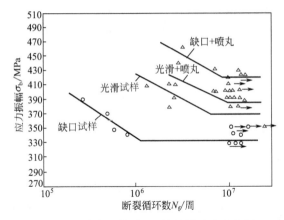

图 5-90 喷丸工艺对 K6 镍基铸造合金高温（650℃）旋转弯曲疲劳性能的影响

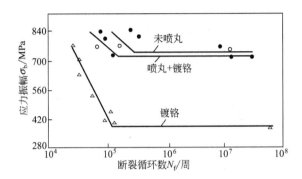

图 5-91 镀铬和喷丸对 SAE4340 钢（HRC52～53）疲劳性能的影响

形状复杂的零件，如铁路机车车轴轴颈、拖拉机与坦克上的扭力肘、弹簧轴、航空工业中的电机软轴都采用滚压强化工艺。与喷丸强化基本相同，材料的强度越高，滚压强化效果越显著，疲劳极限随着滚压力的增大而增高，但过高的滚压力会使材料表面产生裂纹，从而导致疲劳极限下降，因此合理控制滚压力才能获得最佳的强化效果。

表面锤击主要用于各种焊缝的强化。内孔挤压是某些重要的航空零件不可缺少的强化手段，如直升机旋翼大梁梳状接头内孔、飞机起落架作动筒内壁和整体壁板内孔等。超转速形变强化主要用于各种盘件的内孔强化，如汽轮机转子盘内孔，它利用盘件的超速旋转式内孔壁发生拉伸塑性变形，由此使内孔周围产生残余压应力，当盘在额定转速下服役，残余压应力则改善内孔区域的疲劳强度。

(5) 表面激光强化

表面激光处理能够极大低细化表层材料的晶粒（或亚晶粒），提高表面硬度，如果处理得当，还可使危险截面产生残余压应力，显著改善材料的疲劳强度。内燃机铸铁活塞环采用表面激光处理后，表面显微硬度可达 800HV，这种工艺不仅可提高活塞环的疲劳强度，同时也改善其耐磨性能。激光处理可以用于螺栓孔、铆钉孔、叶片燕尾槽等零件的表面强化，由于它的生产效率较高，所以适于零件的批量生产。

(6) 表面复合强化

所谓表面复合强化就是同时采用两种或两种以上的强化手段来提高零件的疲劳破坏抗力。例如，渗碳（或渗氮）与滚压强化、渗碳（或渗氮）与喷丸强化、表面淬火与喷丸（滚压）强化、表面激光处理与喷丸强化、高温等静压处理与喷丸强化等。图 5-92 为 40Cr 钢经表面高频淬火、离子氮化和离子氮化＋高频淬火＋喷丸复合强化三种工艺处理后表面硬度分布、残余应力分布和接触疲劳性能[31]，上述三种表面处理的疲劳极限（$N=10^7$ 次循环下不出现 2×2（mm^2）尺寸的剥落坑）分别为 2400MPa、2800MPa、2900MPa，因此氮化＋淬火＋喷丸复合强化工艺处理的接触疲劳极限比单一表面淬火强化处理的提高约 33%。

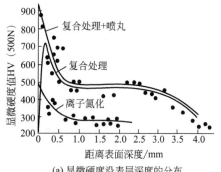

(a) 显微硬度沿表层深度的分布

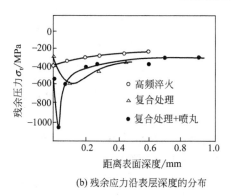

(b) 残余应力沿表层深度的分布

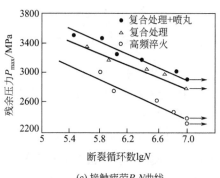

(c) 接触疲劳 P-N 曲线

图 5-92 表面强化工艺对 40Cr 钢力学性能的影响

5.14 疲劳失效分析

在对失效零件的工作情况、宏观和微观断口形貌等研究分析的基础上，初步确定零件属于疲劳性质的失效后，还需进一步判断零件属于哪种类型的疲劳失效，有时还要求指出零件的疲劳失效原因。为实现上述目的，可以采用的分析方法很多，目前应用较为广泛的为故障树分析方法。

(1) 疲劳失效类型的分析方法

经过初步分析确认零件属于疲劳失效后，可利用故障树的分析方法，进一步分析判断它属于哪种类型的疲劳失效，图 5-93 示出了疲劳试验时和零件使用时的疲劳失效的类型。

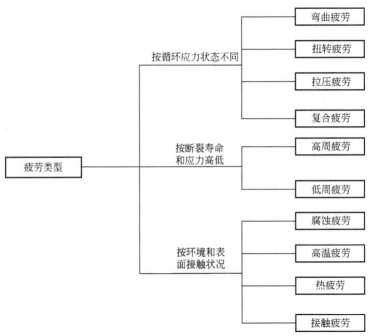

图 5-93 疲劳试验时和零件使用时的疲劳失效的类型

以旋转弯曲疲劳失效为例，简要说明疲劳分析方法和途径如下。

对零件断口表面进行观察和分析，可分为宏观断口和微观断口，断口的特征和类型见图 5-94。

对断口分析时，首先分析其有无锈蚀或腐蚀产物，如果断口的表面有氧化或腐蚀产物，按图 5-95 的路径进行分析，最终确定其疲劳类型。

如果断口表面没有腐蚀产物，且断口是平断口中的对称断口，则疲劳分析的方法和途径示于图 5-96。平断口中的不对称断口，疲劳分析的方法和途径示于图 5-94。

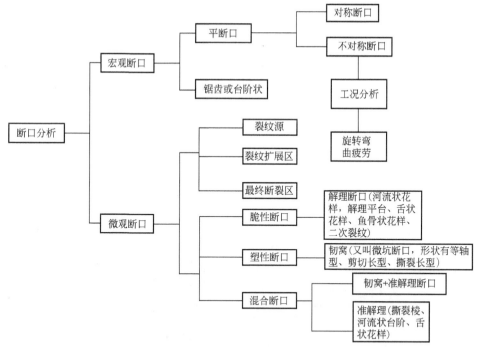

图 5-94 断口的特征和类型

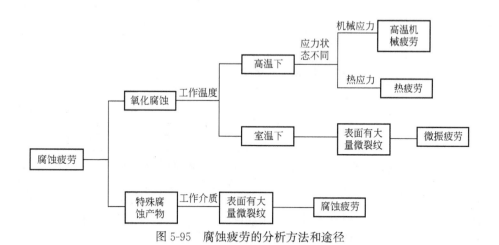

图 5-95 腐蚀疲劳的分析方法和途径

如果断口是锯齿状或台阶状断口，则疲劳分析的方法和途径示于图 5-97。

(2) 疲劳失效原因的分析途径

经过分析确认零件属于某种类型的疲劳失效后，为避免同类事件的重复发生，必须采取有效措施，因此需要查明引起零件疲劳失效的原因。一般地说，零件发生疲劳失效的原因有以下四个方面：结构设计（应力集中、循环载荷水平、

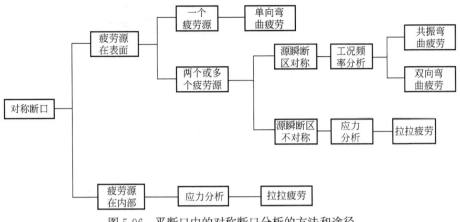

图 5-96 平断口中的对称断口分析的方法和途径

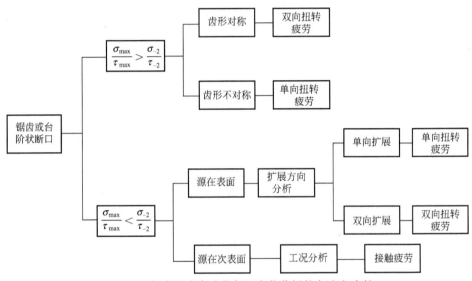

图 5-97 锯齿状或台阶状断口疲劳分析的方法和途径

尺寸等),零件材质(化学成分、组织结构、力学性能),制造工艺(表面完整性、装配、强化工艺)以及零件的使用和服役历史。因此对零件进行疲劳失效原因的分析是一种系统工程,是多学科的结合。

采用图 5-98 所示的零件和材料疲劳失效的影响因素,失效分析就是找出控制零件和材料失效的主要因素。其具体分析路径为:得到失效零件后,首先对零件的设计因素、冶金工艺、加工制造工艺、使用因素进行调研,同时对失效零件进行系统分析检验,包括零件的力学性能、宏观组织、微观组织,以判断零件的热处理工艺有无缺陷,同时根据所测得的力学性能数据,判断材料和零件的性能可否满足设计要求。根据断口情况，如起裂区的位置和周围的组织，判断零件的性能是否满足使用环境的要求，根据扩展区和最后断裂区的组织判断整个零件的疲劳过程和疲劳应力、失效模式是否正常。实际上断口分析是上述诸多疲劳失效因素的综合反映和旁证。

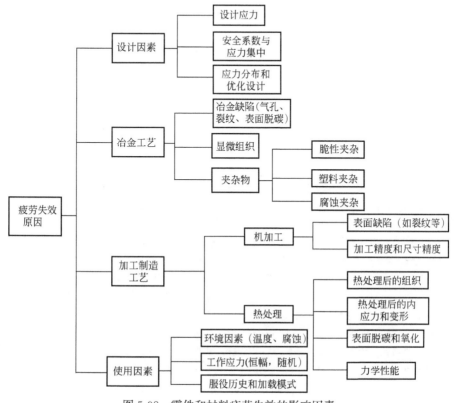

图 5-98 零件和材料疲劳失效的影响因素

5.15 小结

本章综述了有关疲劳的基本概念，包括疲劳失效的模式、疲劳的试验方法与评价方法、疲劳的评价参量、疲劳数据各种处理方法、提高材料与构件疲劳的途径以及疲劳失效的分析方法。特别引入了高周疲劳的快速疲劳试验方法，它将为疲劳数据的获取和测试提供了省时省力、节省费用的有效方法和途径。

本章论述试图给予读者关于疲劳的准确概念，将经典和现代概念融合在一起，在弄清基本概念的基础上，展示出如何应用这些概念去改善和提升材料、零件疲劳寿命的方法。对疲劳断裂后的失效分析的方法和流程提出了建议，旨在弄清疲劳失效的真正原因，提出预防疲劳失效的措施，改进零件疲劳功能的方法。

参 考 文 献

[1] 王仁智，傅耆寿，关成君，等. 金属材料词典 [M]. 北京：机械工业出版社，1997.
[2] Courtney T H. Mechanical Behavior of Materials [M]，McGraw-Hill Companies Inc. 2nd ed，2000.
[3] Smith W F. Javad Hashemi. Foundations of Materials Science and Engineering. McGraw-Hill Higher Education Co.，1990.
[4] ASTM. Definitions of Terms Relating to Fatigue Testing and the Statistical Analysis of Fatigue Data. ASTM，1993.
[5] 束德林，陈九磅，风仪. 工程材料力学性能 [M]. 北京：机械工业出版社，2003.
[6] Hayden H W，Moffatt W G，Wulff. J. The structure and Properties of Materials. Wiley，1965，3：15.
[7] 王仁智，吴培远. 疲劳失效分析 [M]. . 北京：机械工业出版社，1987：16-19
[8] Wright D H. Testing Automotive Materials and Components [M]. Society of Automotive Engineers，Inc.，1993.
[9] 上海交通大学《金属断口分析》编写组. 金属断口分析 [M]. 北京：国防工业出版社，1979.
[10] 王仁智、吴培远编著，疲劳失效分析 [M]. 北京：机械工业出版社，1987：120-125.
[11] 黄振东，马英亭，邓国滔. 钢铁金相图谱 [M]. 香港：中国科技文化出版社，2005.
[12] 杨王玥，强文江编. 材料力学行为 [M]. 北京：化学工业出版社，2009.
[13] 林少宫. 基础概率与数理统计 [M]. 北京：人民教育出版社，1963.
[14] P. G. Forrest，Fatigue of Metals，Pergamon Press. London，1962.
[15] D. 布洛克著. 工程断裂力学基础 [M]. 王克仁，何明元，高桦译. 北京：科学出版社，1980.
[16] 马鸣图，论材料性能和零部件功能之间的关系 [J]，热处理，2014 Vol. 29 No2. 1-12.
[17] Sors L. Fatigue Design of Machine Components [M]，Pergamon Press，New York，1971.
[18] Cazaud R. Fatigue of Metals [M]，Chapman and Hall，London，1953.
[19] Manson S S. Exp. Mech. [M]，p193，5，1965.
[20] Landgraf R W. Achievement of high fatigue resistance in metals and alloy. ASTM STP 467，Philadelphia，Pa.，p. 3，1970.
[21] Hudson C M. Effect of stress ratio on fatigue-crack growth in 7075-T6 and 2024-T3 aluminum-alloy specimens. NASA TN D5390，1969.
[22] Laird C M. Fatigue Crack Propagation. ASTM STP 415，Philadelphia，Pa.，p130，1966.
[23] Richards K G. Fatigue Strength of Welded Structure. The Welding Institute，Abington Hall，England，May，1969.
[24] 日本材料汇编. X 线材料强度学 [M]. 养贤堂，1973.
[25] 林建吉，夏目喜孝，高周波燒入材の疲勞強度向上に及ぼす要因ついて，材料，Vol. 19，No. 207，1970，p1081.
[26] 鮒谷清司，野田文好，浸炭燒入れした鋼材の疲勞強度と列留応力. 材料，Vol. 17，No. 183，1968，p1124.

[27] 寺沢正男，吉冈靖夫，浅兒克敏. 材料，Vol. 16，No. 171，1967，p71.
[28] 王仁智. 喷丸强化工艺及其在生产中的应用 [J]. 浙江机械，1983（5）：75.
[29] 邱琼. 关于超强度钢喷丸应变层弹性与疲劳性能关系的研究（硕士论文）. 北京航空材料研究所，1984.
[30] Yin Y F，Zhang X C，Song D Y，et al. First International Conference on Shot Peening [C]，Paris，1981，p395.
[31] Cohen B. Effect of Shot-Peening Prior to Chromium Plating on the Fatigue Strength of High Strength Steel [C]. Wright Air Development Center，Technical Note，1957：57-178.

第6章
汽车零部件疲劳失效与延寿

6.1 概述

汽车结构零件中很多都承受动载荷，在白车身结构件中，发动机的副车架、悬架支撑；汽车悬架系统中的弹簧、汽车传动系统的各种齿轮、传动轴；汽车发动机中的曲轴连杆；汽车转向系统中的转向齿轮、齿条、转向节等都承受动载荷。对承受动载荷的零件，其基本失效方式就是疲劳。因此了解汽车零部件的疲劳失效模式、疲劳失效原因的分析并提出相关的预防措施，对汽车零件的安全使用、零部件的延寿，整个汽车使用可靠性的提升都具有重要的意义。

由于汽车零件承受载荷模式的复杂性，如有些零件承受弯曲载荷、有些零件承受扭转载荷、有些零件承受弯扭复合载荷，汽车齿轮承受磨损和弯曲载荷，再加上汽车使用环境也十分复杂，如使用过程中有零件的高速运转、有时车辆还承受大的冲击，有工作在高温潮湿环境，也有工作在低温下，因此零件的疲劳失效模式就更为复杂。显然，分析疲劳失效模式并提出预防措施是涉及多个学科、多种因素、多种方法、多个专业的系统工程。

本章将重点对来自于零部件和总成台架强化试验、道路试验以及用户使用的质量反馈等各个方面汽车零件的疲劳失效案例进行分析，提出汽车零件疲劳失效的影响因素和预防措施。

6.2 汽车典型零件的疲劳失效模式

疲劳断裂的模式可以理解为有"疲劳断裂断口特征"和"疲劳断裂形态（结构力学概念）"两种表征形式，它们既是不同的表现形式，又有密不可分关联性。疲劳断裂的模式从不同的角度分别地表现出了机械系统、零部件的整体或局部结构及功能、载荷性质、应力状态及分布、材料属性等特性。因此对于疲劳断裂模式的观察分析对确认断裂的原因至关重要。疲劳模式规律性很强，但差异性有时也很大。而实际上错综复杂的疲劳断口模式是各种因素综合影响的结果，包括系统局部和整体、宏观和微观、零件结构和载荷形式、应力分布和应力状态等。典型的宏观疲劳断口通常可分为三个典型的特征区域,即疲劳源、疲劳裂纹扩展区和终断区[1,2]。这方面典型零件的疲劳断口和材料样件的疲劳试验断口类同[3]。图 6-1、图 6-2 为车轮螺栓的弯曲疲劳断口,疲劳源即疲劳裂纹的起点,但当内部有较大的夹杂、气孔等缺陷时,疲劳也可以先从内部开始,图 6-3 所示为某铸铁件疲劳源起始于内部夹渣缺陷部位。

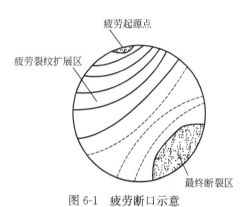

图 6-1 疲劳断口示意　　　　　图 6-2 某螺栓的疲劳断口

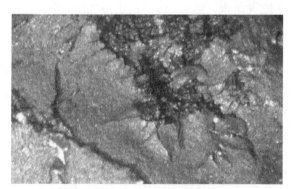

图 6-3 疲劳源起始于内部的缺陷处

疲劳断口中典型特征之一是疲劳扩展区中的海滩状花样或条带,也称贝纹线。它实际上是表达了脉动应力的加载线和停滞线;贝纹线与交变载荷的终断区对应示意图和贝纹线与交变载荷幅值变化的对应区域示意如图 6-4 和图 6-5。由图可以看出每一个贝纹区间是一个稳定的脉动载荷扩展区,区间内裂纹的扩展速度一致,如果因载荷或应力原因疲劳纹扩展速度有突变或是停止,将进入下一个贝纹区。

实际上汽车零部件的疲劳断口并不像疲劳试样的断口那么典型,这与汽车零部件的工作环境和加载模式的变化有关。如商用车的前轴、后轴、悬架弹簧以及

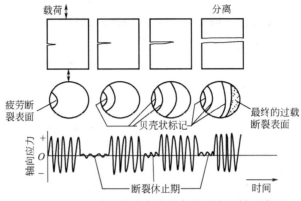

图 6-4　贝纹线与交变载荷终断的对应区域示意

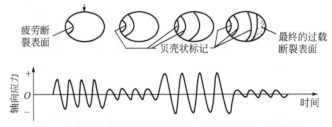

图 6-5　贝纹线与交变载荷幅值变化的对应区域示意

各种支架、转向系统、制动系统的零部件，所承受的载荷除一般动载荷外，还有不规则的冲击载荷，因此疲劳扩展区贝壳纹形貌并不典型。

图 6-6 和图 6-7 所示为转向节承受冲击性载荷的单项弯曲疲劳断口，在这类零件的疲劳扩展区，可能会有贝壳纹与疲劳辉纹混合的断口特征。图 6-8 和图 6-9 所示为某转向球头销的双向弯曲疲劳断口，这种条件下随着疲劳裂纹的扩展，零件横截面上的有效面积逐步减小，承受的疲劳应力在不断地提高，因此疲劳的贝纹的间距越来越大，并越来越明显。另外有些总成和零部件在台架强化试验中，零件承受的是恒幅载荷，零件起裂后只有一个稳定扩展区域，如图 6-10 所示。发动机凸轮轴的旋转弯曲疲劳断口也属这种情况，如图 6-11 所示。

一般汽车零件的疲劳寿命主要有零件在使用过程中疲劳裂纹起裂的寿命和疲劳裂纹扩展寿命。对于汽车零件，疲劳裂纹的起裂寿命会占整个寿命的较大比重，扩展区的形态更多地展现出零件所承受的载荷的性质。

当疲劳裂纹扩展到临界尺寸后，构件有效断面减少，到零件难以承受逐渐增大的应力时，零件就会产生破裂和失效。最后断裂区在断口中的大小与零件材料和尺寸有关。通常大断面零件和脆性材料，零件断口的最后断裂区容易产生脆性断口，而小断面构件和韧性材料则最后断裂区多为纤维状断口。最后断裂区的大小和位置,可以判定其应力状态和应力大小。一般说来,最后断裂区面积越大,则零件过载程度越大,最后断裂区的位置一般都在疲劳源的对面。

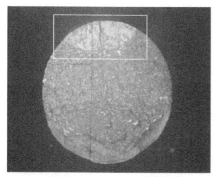

图 6-6　较小冲击载荷的疲劳断口

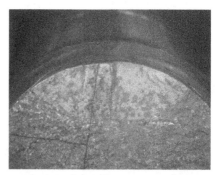

图 6-7　冲击载荷下的疲劳扩展区

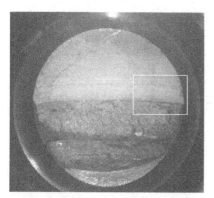

图 6-8　较大冲击载荷下的疲劳断口

图 6-9　冲击载荷下的贝纹和辉纹混合断口

图 6-10　恒定载荷的疲劳断口

图 6-11　恒定载荷的疲劳断口

6.2.1 轴类零件的失效断口特征

(1) 加载模式对轴类零件断口形貌的影响

图 6-12 给出了经典的轴类零件在不同应力状态下疲劳断口的形貌示意图[4]。形貌给出了不同名义应力、应力集中、材料结构、加载形式、应力幅的大小对疲劳断口形貌的影响。认识这些形貌和影响因素，将有利于对疲劳过程的分析和认识。在汽车零件中承受的载荷是以拉压、弯曲、扭转为主，但对于齿轮传动系统，则重点是承受表面接触载荷和轮齿弯曲疲劳载荷。对承受复杂载荷的零件，可以根据零件的工作情况和受载情况进行分解。因此基于疲劳断口形貌的观察，对疲劳进行分析时，首先应该分析零件的受力状态。

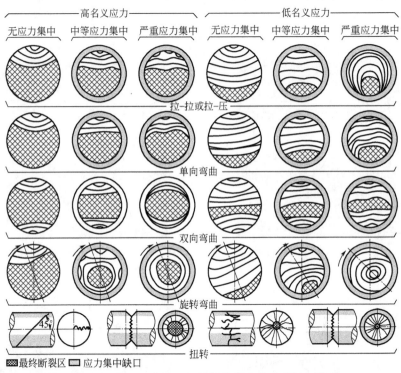

图 6-12 拉压、弯曲和扭转结构件疲劳开裂断口模式

(2) 轴类零件的弯曲疲劳断口

弯曲载荷是汽车零件最常见的一种载荷模式，其典型零件有各种前、后桥及悬架板簧、齿轮及轴、紧固件、支架类等。这些都是材料力学中典型的简支梁、悬臂梁结构，工作中承受着单、双向弯曲，旋转弯曲。图 6-13 为转向横栏杆接头双向弯曲疲劳断口，可以看到其最后断裂区从左至右逐步增加，显然这与不同载荷工况下使最后断裂区的大小发生变化有关；该种零件还承受来自地面对车轮

及转向系统的冲击载荷,这也是影响该零件最后断裂区的大小的因素。

图 6-14 与图 6-15 所示断口表明,该零件的双向弯曲疲劳扩展区域呈不对称分布,疲劳区域较大的一侧对应着内弯侧;在疲劳扩展区域内不同阶段的颜色有明显差异,这表明不同阶段裂纹扩展速度不同,也表明了该零件承受有随机性的冲击载荷。在断口中还显示出上下两侧扩展区贝纹线的形态差异明显,下端疲劳源区具有点源扩展性质,上部凸形的贝纹线则表明该零件对疲劳裂纹自身应力集中的敏感性。

图 6-13　转向横拉杆接头双向弯曲疲劳断口

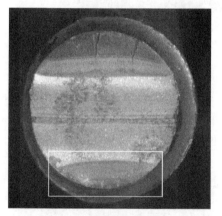

图 6-14　双向弯曲疲劳断口特征

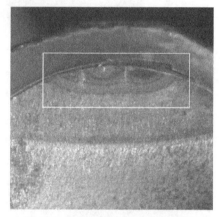

图 6-15　多疲劳源合并后扩展情况

图 6-16(a)、(b) 给出了较为典型的变速器输出轴旋转弯曲疲劳断口,其断口的特征为应力幅值较低、零件对台肩处圆角应力集中较为敏感,断口中清晰地疲劳贝纹表明零件在使用中承受的载荷变化情况。图 6-17 是发动机凸轮轴的旋转弯曲疲劳断口,断口中没有明显的贝壳纹,表明该零件承受的应力不高,载荷变化也不明显,这与该零件的工作载荷来自于气门弹簧的压缩高度恒定,没有变载条件有关。

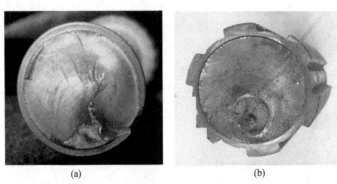

图 6-16 变速器输出轴旋转弯曲疲劳断口

图 6-17 发动机凸轮轴旋转弯曲疲劳断口

汽车半轴工作中主要承受扭转载荷，其断裂失效模式较为复杂，图 6-18(a)、(b) 所示与轮毂轴承间隙相关的法兰盘旋转弯曲疲劳失效断口，这是一种典型的"附加弯矩"导致的疲劳断裂。图 6-19 示出了由于法兰盘的双向结构而衍变为双向弯曲疲劳断口，它也是法兰轴圆角旋转弯曲疲劳开裂的一种。

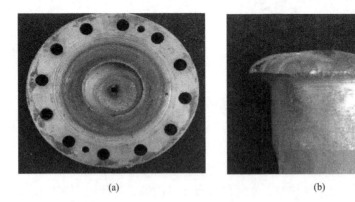

图 6-18 汽车半轴法兰盘圆角处旋转弯曲疲劳断裂

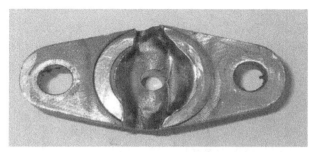

图 6-19　双向对称法兰的旋转弯曲疲劳断口

商用车悬架钢板弹簧是典型的承受单向弯曲载荷的零件，同时在车辆行驶过程中，也经常性地承受不规则的高能量冲击脉动载荷。在台架试验中只承受高应力的交变载荷，这种载荷性质的差异会导致疲劳开裂的形式或断口发生变化，显然这也是板簧疲劳失效形式多样化的主要影响因素之一。图 6-20 所示为在车辆使用过程中，因钢板弹簧某些表面损伤因素导致的多源性弯曲疲劳断裂断口；图 6-21 和图 6-22 所示为悬架板簧台架试验过程中的高应力弯曲疲劳的断口，接近于应变疲劳断口，主要是与台架试验时施加的载荷很高有关。

图 6-20　板簧多源性弯曲疲劳断口

图 6-21　板簧剪切疲劳断口

图 6-22　板簧波浪式剪切疲劳断口

图 6-23 所示为飞轮支撑盘疲劳开裂的样品，零件为钢板件，疲劳源分布在表面上的一个区域范围内。图 6-24 所示为发动机排气管的疲劳开裂样品，该类零件是由多层不锈钢薄板旋压而成的波纹管，系柔性零件，工作中承受轴向或侧向的拉伸应变，通过开裂的形态分析，确认为弯曲疲劳开裂。在使用中的开裂既与过量变形条件有关，也与特定的波纹结构有关，是一种结构局部应变集中的现象。

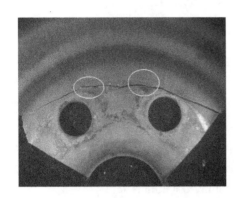 

图 6-23　飞轮盘正面的裂纹分布　　　　图 6-24　排气管的弯曲疲劳开裂

(3) 轴类零件的扭转疲劳断口

扭转疲劳的断裂模式见第 5 章图 5-8 或文献 [5]，这类开裂模式包含了正应力和剪应力的两种疲劳开裂形式。

扭转疲劳断裂主要发生在汽车的动力传动系统中的扭矩传递零件，其典型的零件包括半轴、扭杆弹簧、传动轴、曲轴、泵轴以及螺旋弹簧等。图 6-25 所示为螺旋弹簧横向和纵向同时剪切疲劳开裂的断口，由初始的切断型很快转换成正断型，疲劳裂纹源起源于表面的一个凹坑处；图 6-26 为半轴感应淬火层过渡区纵向剪切疲劳开裂，原因与感应淬火层深度不足和扭转应变过大有关；图 6-27 为气门弹簧扭转正断和切断的混合应力疲劳开裂，裂纹起源于表面的材料缺陷处；图 6-28 为半轴圆角处的多源性扭转正断型疲劳开裂，开裂原因与圆角处的应力集中和应力状态有关。当这类轴类零件在反复扭转应力作用下，轴颈尖角处将产生很多的疲劳核心，这些裂纹将同时向与最大拉伸正应力相垂直的方向，也即与轴线呈 45 交角的方向扩展，结果，当这些裂纹相交时，便形成锯齿状断口。图 6-29 示出了扭转疲劳断口（断口呈 45°的剪切断裂），图 6-30 示出了曲轴扭转剪切疲劳裂纹；图 6-31 示出了花键轴的扭转疲劳断口[6]。

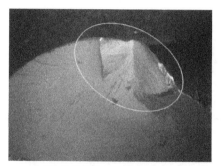
图 6-25　螺旋弹簧横向和纵向同时剪切疲劳开裂

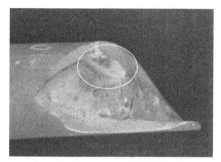
图 6-26　半轴扭转纵向剪切开裂

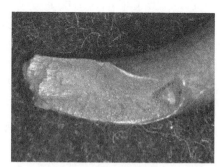
图 6-27　气门弹簧扭转正断和切断的混合应力开裂

图 6-28　半轴圆角扭转正断开裂

图 6-29　轴类扭转疲劳断口（断口呈 45°的剪切断裂）

图 6-30　曲轴扭转剪切疲劳断裂

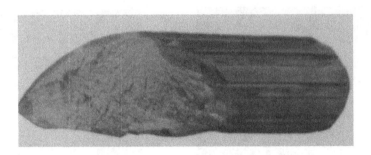

图 6-31　花键轴的纯扭转剪切疲劳断口

图 6-32 所示为某半轴花键部位一对多源性疲劳断口，断口呈现了与花键结构相关的星形状态，断面均为锥形，可见中间有碎裂性的缺失，两个断面分别为花键端头和半轴齿轮的配合端面处。这种断口产生和发展过程是首先在花间槽根部发生纵向的剪切开裂，是横截面变成了叶轮状，导致产生了局部的"簇形"的结构失稳，每一个叶片梁均在扭曲和弯曲合成正应力的作用下疲劳开裂。图 6-33 和图 6-34 分别为两种发动机泵体主轴的扭转正断锥形疲劳断口，这种形态断口的产生条件应该是与配合轴套的全约束有关，不具备随着裂纹扩展后的剪断性结构状态（如图 6-26）。

图 6-32　花键轴扭转疲劳断口形态（在扭杆处用）

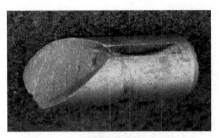

图 6-33　油泵轴的锥形疲劳断口

图 6-34　油泵轴的锥形疲劳断口

6.2.2 齿轮零件的失效的表面特征

齿轮为重要的传递动力的传动零件，汽车中齿轮-变速箱、发动机、车桥中各齿轮承受弯曲疲劳，接触疲劳摩擦磨损，失效模式为：齿根弯曲疲劳断裂、磨损、划痕擦伤，齿形剥落变形，硬化层下的剥落。齿轮的失效模式取决于设计参量、润滑特点、工作温度、使用材料、加工工艺和热处理工艺等多种因素。典型的失效模式为接触疲劳表面剥落和断齿（分别见图 6-35，图 6-36）[7,8]。图 6-37 示出了商用车变速箱 1、2 档齿轮档齿圈的接触疲劳剥落点蚀。齿轮的其他开裂方式为齿轮疲劳断裂、疲劳点蚀使齿轮外形发生变化、齿轮硬化层下的疲劳开裂见图 6-38[9]。其中 6-38 (a) 为齿根处的疲劳裂纹，(b) 为疲劳点蚀使齿轮外形发生变化的图片，(c) 为齿轮硬化层下的疲劳裂纹。齿轮的工作载荷和运转速度对齿轮的失效模式有明显的影响，其失效模式和载荷及运转速度之间的关系示于图 6-39[10]。

图 6-35　接触疲劳表面剥落

图 6-36　弯曲疲劳断齿

图 6-37　商用车变速箱 1、2 档齿轮档齿圈的接触疲劳剥落点蚀

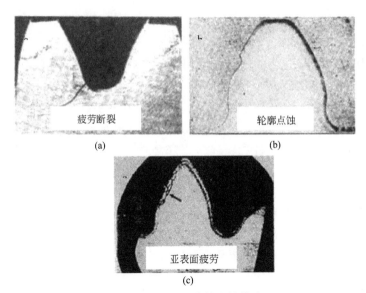

图 6-38 齿轮的其他失效模式

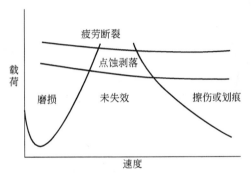

图 6-39 齿轮失效模式和载荷、速度之间的关系

6.2.3 在剪矩作用下的疲劳失效模式

在汽车结构中，按零件承受的应力状态可分为拉压、弯曲、扭转和剪切。但是有些零件（如短悬臂梁）在疲劳断裂过程中，会产生以"剪矩"为主体的疲劳失效。这里剪矩是由于剪切力所产生的力矩。图 6-40 示出了曲轴连杆颈的正应力疲劳断裂形式，其裂纹源起始于油孔处。传统观点将此类断口归结为扭转正应力疲劳断口，但考虑到该零件的结构，连杆颈整个偏离处于主轴颈以外时，连杆颈在曲轴的扭曲过程中，只承受到两侧曲柄的近于纯剪切的载荷作用（可能会有较小的弯矩），而且其断口的形态和扭转正应力开裂有明显的差异，故这种断口为剪切梁的正应力疲劳断裂，即"剪矩"为主体的疲劳失效。图 6-41(a)、(b)为齿轮轮齿的剪矩疲劳断口；图 6-42(a)为平衡悬架拉杆轴销的剪矩疲劳开裂断

口,图 6-42(b)为轴销断口局部放大图片,可见其断口的特征带有纵向近似撕裂棱的性质。图 6-43 为某螺栓的剪矩疲劳断口。这些断口的产生均与一种名义上的弯曲结构,但实际上属于短悬臂梁结构有关,工作中剪切载荷的作用明显地高于弯矩的作用,且承受着高载荷的工作条件下。

图 6-40　曲轴连杆轴颈的剪矩正应力疲劳断裂

图 6-41　齿轮轮齿的剪切疲劳撕裂断口

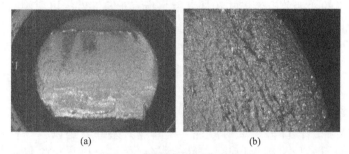

图 6-42　轴销的剪切疲劳断口

图 6-43　螺栓的剪切疲劳断口

6.3 疲劳失效模式的多样性和影响因素

正如前述疲劳失效模式具有多样性，但预测疲劳失效模式对于疲劳寿命和预测和认识疲劳断裂的特点都具有意义。

对于一个汽车（机械系统）或是一个零部件，所发生的疲劳失效或断裂具有多样性的特征，这种多样性是材料强度等固有特性和外加载荷即力学因素复合和变化的结果。外加载荷包含了载荷形式、载荷分量和组成、载荷分布等。每一种特定的载荷模式都会对应于一种零件工作的环境与状态，对疲劳模式的分析就是如何认识疲劳失效模式与各相关因素和状态之间的关系。

在产品的设计开发过程中，设计师对汽车中的机械系统、零部件结构和工况的设定是有一个较完整的技术预期，也就是说随后的对零件的失效过程的分析是在一个"设计合理"的假定前提下进行的。在这种假定条件下，来分析和确认"失效模式"的合理性，同时关注是否有异常的、不合理的失效模式，并探讨相关的影响因素。

所谓"合理的"疲劳断裂失效模式，是指可通过降低设计应力、或者提高材料强度、零件的结构强度可以预测的失效形式。失效模式的"合理性"也包括失效形式的稳定性、规律性以及与常规结构和应力分布的吻合性等。失效模式如不可预测或缺乏合理性，则表现出失效形式的离散性、不可预见性等，它也表达明了系统的因素出现了异常情况。

这里所说的"疲劳失效模式预期"就是指汽车零部件的可靠耐久性试验的过程中，除对其疲劳寿命有一个"要求"或是"预期"之外，还有一个疲劳失效模式的预期。失效模式是否在"预期"之内，其相关问题的解决方法有较大的区别，在预期之外的异常失效的原因可能会更复杂，认识预期之外的失效模式是否合理难度更大，需认真去甄别、比较和分析。影响失效模式的因素有以下几种。

（1）系统结构和加载应力状态

对一些特殊结构件做实验时发现，在高应力条件下是以某一种断裂形式为主，而在低应力条件下则是以另一种断裂形式为主。例如，将铆接薄板做实验时，铆钉的破坏与高应力（载荷）有关，而薄板破坏则与低应力（载荷）有关，如图6-44所示。这种断裂的形式对载荷的敏感与摩擦力和载荷之间的关系，载荷较小或摩擦力足够时，两薄板之间的摩擦力承受侧拉载荷，铆钉仅承担铆接锁紧的轴向力，不会发生失效，此时的疲劳性能应该是板材的疲劳性能；而侧向拉伸力大到足以克服摩擦力，或者说摩擦力不足的情况下，铆钉将会承受销钉一样的载荷而产生疲劳断裂失效，而且随载荷的超出多少，还会产生不同形式疲劳断裂，这种铆钉的疲劳断裂失效均属于异常失效。它表达了一个部件系统中载荷、或是其他条件发生变化时，该系统的环境和受力状态也会发生变化，并且是一个由量变到质变的过程。

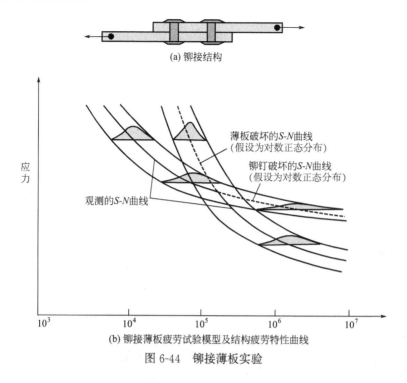

图 6-44　铆接薄板实验

(2) 零件的形状和结构因素

商用车驱动桥半轴是疲劳断裂多样性的一个典型的零件。半轴的结构主要有花键、轴杆和法兰盘组成，这种全悬浮式半轴的主要功能是传递扭矩，工作中会承受较大的冲击性载荷，属于易损件，失效的概率较高。图 6-45(a) 和图 6-45(b) 给出的是某公司半轴疲劳试验结果，图中以应变疲劳曲线形式的数据给出了半轴在扭转试验中结构、载荷及失效模式之间的关系，表达了其失效模式与零件结构和受力模式的相关性和规律性。

这两张图中的信息具有特定条件下的典型性，主要是指其失效形式发生的条件是合理的结构、合理的表面及内在质量条件下所发生的疲劳断裂。图中表现出了半轴零件在疲劳试验中有三条疲劳曲线并存，而且随着扭转应变或应力的不同，会在不同的结构部位产生不同形式的疲劳断裂。对应着最大应变条件的疲劳开裂发生在 1 区域，为纵向剪切应力疲劳开裂，属应变疲劳性质，表现出对高应变敏感性；随着扭转载荷或应变的降低，疲劳形式转变为法兰圆角处（部位 2）的正应力疲劳断裂，主要表现出的是对圆角处应力集中的敏感性，即来自于法兰盘的扭矩在此处具有极其不均匀的应力分布，它将在圆角处的变径和应力分布的不均匀性之间找到一个合适的位置而发生扭转正应力疲劳开裂，这种类型的断裂应该是多源性的；随着扭矩的进一步减小，疲劳开裂的部位转移到花键处（部位3），该部位的断裂实际上是花键的某种侧向弯曲疲劳，也具有与半轴齿轮啮合相关的应力集中的特点。

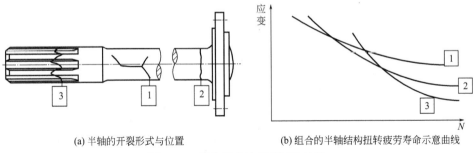

(a) 半轴的开裂形式与位置　　　　(b) 组合的半轴结构扭转疲劳寿命示意曲线

图 6-45　某公司半轴疲劳试验结果

上述情况可以认为是一个标准的半轴结构样品，该类半轴具有合理的材料和强化配置，随着载荷的变化所体现的是一系列理想的失效模式，也可以称为是"合理的失效模式预期模型"。实际上日常所接触到的半轴的疲劳断裂失效模式与其有相同之处，但也会有一些多变的、或者说是预期之外的失效模式，可以理解为"异常的失效模式"，这就需要关注和认识相关的因素影响。

图 6-46 示出半轴法兰盘的旋转弯曲疲劳断裂形貌，这类断裂与车轮轮毂轴承的装配间隙有关。图 6-47 示出了扭杆弹簧的花键疲劳开裂的图片，产生这一现象的原因是花键的受力不均即花键的根部弯曲疲劳问题。

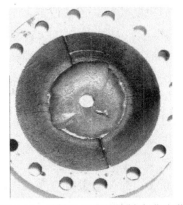

图 6-46　半轴法兰盘的旋转弯曲疲劳

图 6-47　扭杆弹簧的花键疲劳开裂

(3) 驱动桥结构和系统的变化问题

图 6-48 所示为主动锥齿轮表面疲劳和弯扭疲劳的载荷和循环次数曲线，从图可以看出高载荷区是疲劳断裂为主的失效模式，包括轴颈的扭转正断疲劳、旋转弯

曲疲劳和轮齿的弯曲疲劳,而在低载荷区间表现出的是表面疲劳剥落为主的接触疲劳失效模式,它包括了轮齿齿面和锥轴承的接触疲劳,其失效图片见图 6-49。

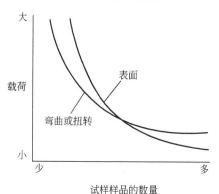

图 6-48　主、从齿疲劳特性曲线

图 6-49　齿面接触疲劳

其中关于疲劳断裂问题,其中轴颈的扭转正断疲劳和旋转弯曲疲劳并不多见,常见的是疲劳断齿问题。对于主动锥齿轮的疲劳断齿,同样存在这种断裂的合理性问题,图 6-50 和图 6-51 给出了两种典型的疲劳断齿现象,这属于正常的螺旋锥齿轮的轮齿弯曲疲劳断裂,也是预期的"失效模式",产生这种失效模式的原因是载荷过大或是齿根强度不足;而图 6-52 中的情况也属于疲劳断齿,类似的断齿形态较多,产生原因是由于发生了严重的齿轮偏载或啮合干涉等情况,这种情况是因为系统中的设计刚度不足、或是装配间隙调整不合理等问题而产生,此外严重超载所带来的系统内结构的错位或偏离现象也会产生上述问题;由于这些零件均是刚性设计的,加工和配合的精度要求均很高,任何异常的变化都会对系统的运行发生影响。

图 6-50　轮齿弯曲疲劳

图 6-51　轮齿弯曲疲劳

图 6-52　轮齿的疲劳打齿

(4) 零部件失效模式的一致性

失效模式的"一致性"是指零部件失效发展至某一阶段失效形态预期的吻合程度或者是同类型的零部件的失效的基本特征或特性相同。失效模式的一致性可以对设计结构进行验证,即良好的设计结构、制造工艺技术、良好的试验方法和技术,其零件应具有失效模式的一致性。

实际上在零部件或总成的台架试验中经常地遇到零部件失效模式一致性不良的问题。例如悬架弹簧可靠性台架试验通常是一组 3 架,图 6-53 给出了一组钢板弹簧疲劳断裂情况,可见该组样品疲劳断裂的特点表现了失效的不一致性,它包括了断裂板簧的片次、断裂的位置和断口的形态等的不一致特性。

这种失效模式不一致性的现象反映出几个问题,首先是不能够正确体现产品或结构设计的承载能力和意图;其次是说明制造质量的波动性较大,影响寿命的因素较多,工艺的稳定性没有得到足够的重视和体现等。这种失效模式的不一致反映了技术状态的不稳定,同时也说明零件制造可靠性技术中影响因素过多,包括设计到制造、过程控制、技术管理等。

图 6-53 钢板弹簧台架试验疲劳断裂样品组

6.4 汽车零件疲劳失效分析的思路及方法的思考

在第五章汽车金属材料疲劳失效、《疲劳失效分析》[10] 和《机械产品失效分析与质量管理》[11],已对材料和机械零件的疲劳失效分析的思路和程序提出了一些具体而由实用性的思路。随着科学技术的发展,制造业的技术进步,使用环境的变化以及对材料性能和零件功能认识的深化,尤其是汽车零部件作为大批量和产品质量一致性较高的零件,其失效分析的思路和方法也有些新的思考。本节就可靠性、可靠性的分析原理、材料性能和零件功能之间的关系、计算机技术在失效分析中的应用等方面提出一些思考和看法。

6.4.1 可靠性分析原理的应用

可靠性设计是以概率论和数理统计为理论基础,通过机械概率分布优化设计,起到降低重量、提高经济性等作用,并从各种相关因素的概率分布和控制方面预测机械产品的寿命和失效概率,"强度-应力干涉模型"则是机械产品可靠性分析最基本的原理之一。而在汽车零部件疲劳失效分析中,也可以利用"强度-应力干涉模型"的原理来对那些失效的影响因素的作用进行适当的评价。

(1) 强度-应力干涉模型

从机械产品可靠性设计原理的角度出发考虑零部件断裂问题,其影响汽车零部件断裂的各种因素最终均可概括为两大要素,即"应力"和"强度",也称为"强度-应力干涉模型"。因此在该"干涉模型"的范畴内,零部件疲劳断裂的唯一条件是零件所承受的"疲劳应力"大于零件的"疲劳强度"。在各种疲劳断裂失效分析之中所有的活动,包括信息收集、检验分析、评价都是围绕着这两个"因素"来进行的。

可靠性理论认为,在设计之初零件的应力(s)和强度(S)均为单值,如图6-54所示。这两个看似简单的技术"参量"在汽车零部件的疲劳断裂问题中具有广泛和复杂的外延性内涵,它几乎关联到从设计、生产制造到使用工况的各个技术环节。而且这两个参量以及那些直接或间接地影响这两个参数的技术条件,需要依据零件所承担的功能特性和制造技术水平而制定,在零件的技术图样上通常是表现为一个范围和区间,如材料的强度要求以及各种制造精度等,见图6-55所示。

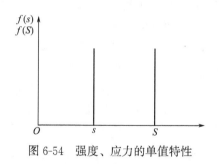

图 6-54 强度、应力的单值特性

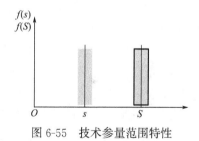

图 6-55 技术参量范围特性

在实际的生产制造和使用过程中,"应力"和"强度"因子作为随机变量均服从正态分布,且通常是受到控制或被限定在合理技术范围之内的,见图6-56所示。当它们各自或二者都失去了合理的控制的情况下,可能会发生两种波动或变化。其一是"应力"和"强度"因子的中值发生了偏移;其二是离散度的异常增加,结构会引发两个"因子"的分布曲线发生交叉、干涉的现象,位于交叉阴影区域内的个体将发生断裂失效,见图6-57。应力分布和强度分布的干涉部分(重叠部分)在性质上表示零件的失效概率或称不可靠度。

把可靠性原理中的"强度-应力干涉模型"理念用于汽车零部件的疲劳断裂失效分析过程中,使其成为一种概括性的分析、评价方法,也可以说是一种宏观或总体的分析思路。在零部件疲劳断裂分析过程中引导我们去寻找主要矛盾,起到指导我们在实际的分析过程中把复杂的问题简单化的作用。

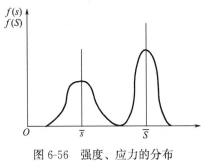
图 6-56　强度、应力的分布

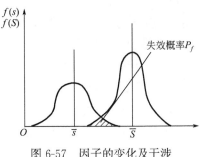
图 6-57　因子的变化及干涉

在实际的各种疲劳断裂的分析过程中，我们经常地在一些"定量"的数据和"定性"的信息之间进行各种分析判断。对材料的成分化验和强度性能检测得出来的数据是"定量"的，而零件应力范畴内的数据或信息大多是"定性"的。因此如何确认两者之间的关联性和因素影响更大的关键因素是问题分析的核心，也是"强度-应力干涉模型"原理的应用于汽车零部件疲劳断裂分析的核心的理念之一。

在"强度-应力干涉模型"中，导致异常干涉的原因可以是两个要素自身的"中值"的偏离或"离散度"的加大。在各相关要素中，那些更容易变化，它们变化的幅度和对于疲劳断裂的影响有多大，或者说那个要素最活跃，最具有不确定性，考虑、分析、评价这些要素的影响度，将有助于我们逐步地理清分析的思路；或者是在实际的零部件疲劳断裂分析中更应该关注什么因素，关注那些特征，需要获取什么信息。这是一种定性的分析判断过程，也可以称为"干涉模型"思路，或是"最活跃要素"分析思路。

"强度-应力干涉模型"给出了疲劳断裂分析的一个最基本的理念，引出了强度和应力两个最基本的要素。对汽车零部件这种因素归纳起来分为"载荷"和"结构"两大类，其中载荷又包括了载荷的形式和幅度等，结构则包括了零件的形状尺寸、系统的各种结构参数和运行状况等，载荷与结构两者又是相辅相成、不可分割和互相转化的。分析中需要提高对失效模式的鉴别分析能力，并能够进行各种类别的疲劳断裂模式和影响要素之间的比较、解析、归纳。

(2) 关于疲劳寿命要素

当将"强度-应力干涉模型"应用到大量的疲劳断裂分析中时，还需要关注金属材料疲劳性能特性曲线，同时引入"疲劳寿命"要素，建立一个对影响汽车零部件"疲劳寿命"因素活跃程度的评价体系，用于指导我们在分析中要更关注哪些要素。这种评价体系需要以金属材料的疲劳特性曲线为基础，对疲劳的强度、应力和寿命几个要素之间的关系进行分析和评价。

图 6-58 示出了零件的材料疲劳曲线即"$S\text{-}n$"曲线，其中疲劳强度和疲劳应

力共轴。从疲劳曲线可以看出，强度或应力数轴的变化是数学级数，寿命变化是几何级数。

某零件的材料疲劳性能曲线为"S-n"，预期寿命为 N_2，对应的正常工作应力为 σ_1'。如果发生早期的疲劳断裂，寿命为 N_1，其致裂的条件有两种情况，即材料疲劳强度的下降至"S-n'"或者是工作应力的提高至"σ_1"。

对于这类疲劳断裂问题的分析是考虑或评价究竟是工件的疲劳应力出现了异常，还是材料疲劳强度出现了变化。其中有一个重要的参数需要充分地评估，这个参数就是"零件疲劳寿命或续使里程"降低的幅度或折损率，因此引入了强度降低或使用应力提高的变化率、疲劳强度曲线的变化率的概念，分别见下面的式(6-1)到式(6-3)。

寿命降低的幅度或折损率

$$\Delta N = (N_2 - N_1)/N_2 \tag{6-1}$$

强度降低或使用应力的提高率

$$\Delta \sigma_1 = (\sigma_1 - \sigma_1')/\sigma_1' \tag{6-2}$$

疲劳强度曲线的变化率

$$\Delta S\text{-}n = \Delta' \sigma_1 / \Delta N \tag{6-3}$$

对于强度较高的钢材，$\Delta S\text{-}n$ 通常在 0.20~0.40 之间变动。假设 $\Delta S\text{-}n$ 取值为 0.35，则材料或零部件寿命每降低一个数量级，大约需要强度下降 30% 左右，或应力提高 30% 左右。这是在评价疲劳早期断裂时定性的参考数据。

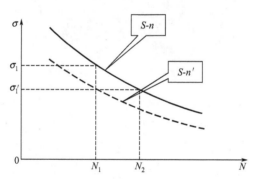

图 6-58 零件早期疲劳断裂异常因素分析

在进行汽车零件疲劳分析过程中，零件的"疲劳强度"、"疲劳应力"以及"疲劳寿命"等要素分别有各自的特点。

其中结构件材料的疲劳强度，通常属于"显性要素"，具有参数不变的特性，这种要素主要是以产品图样技术条件和实际检测的各种数据，包括硬度、金相组织检测分析等予以确认。实际上材料疲劳性能经常会表现出对表面状态和材料夹杂物的敏感性，可用工程技术的指标来评价或确认的。

疲劳应力一般则为可变化的"隐形要素"，其一是因为系统的实际工况难于确定，其二是系统自身运行的异常因素难于查找和评价。

"疲劳寿命"总体上属于显性要素，它可以用总成和整车的试验时间和行驶里程来确认。但也应该注意到一种较常见的情况，即机械系统运行过程中，某些技术状态会出现连续性或阶段性的变化，导致"应力要素"异常波动而引起零部件的疲劳开裂，这种情况下真实的疲劳寿命要低于、或远低于实际记录的寿命，使其带有隐形要素的特征，应该具体的讨论分析。例如某国产发动机曲轴因"烧瓦"而引起的曲轴的曲柄弯曲疲劳断裂（见图 6-59），该失效当时曾带有批量性质，大量反馈的车辆行驶里程大致在 1 万～2 万公里，但后来收集到的最典型的数据告知，从其更换润滑油到曲轴断裂的行驶里程仅为 500km；另有所掌握的一台韩国工程车的发动机曲轴发生同样的问题，更换润滑油后行驶的里程为 1000km 左右。因此认为更换劣质的润滑油导致烧轴是该种曲轴早期疲劳的原因，问题里程仅是车辆行驶里程的一部分。

图 6-59　曲轴烧瓦引起的曲柄疲劳断裂

在可靠性原理中的强度-应力干涉模型，用于失效分析的一个例子是 2000 年初的一段时间内，国内用于运煤的载重车驱动桥主减速器主动锥齿轮（见图 6-60）发生了大批量、持续性的早期疲劳打齿问题，损坏率几乎是 100%，见图 6-61 所示。这种锥齿轮损坏平均的寿命仅在数千至万余公里，而且频繁地更换并继续地损坏。这类情况如果用"强度-应力干涉模型"来评价，说明模型中"应力"或是"强度"因子的"中值"发生了明显的漂移，或者说强度和应力的分布曲线至少是已经完全重合。分析表明，如此广泛、严重和持续的致裂因素的波动、偏移，其产生的原因与材料和热处理质量关系不大，因为齿轮强度因素的变动不会如此广泛和持续，只能是匹配或系统上的原因导致了载荷超过了轮齿或系统的承载的能力。

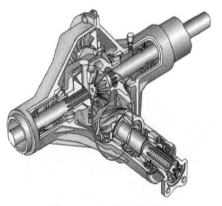

图 6-60　主减速器结构

图 6-61　主动锥齿轮疲劳打齿

实际上将通常遇到的汽车零部件疲劳失效寿命性质定义为"半显性、半隐性"的性质更为准确，显性的一面是它可以有一个具体的数值。而隐形性质的一面还有另外一个特性，那就是应该明确，通常的可靠性寿命与真实的疲劳断裂寿命预期并不是一回事。

(3) 关于疲劳寿命阶比系数

在进行疲劳寿命分析时，既关注各种相关金属材料的疲劳曲线，同时也要关注"疲劳曲线变化率"。通常这一参数可用"寿命阶比"系数来表征。在疲劳曲线上，当寿命提升一个数量级时原疲劳应力和寿命提升后的疲劳应力之比，基本为一个常数。这一常数定义为"寿命阶比"系数。对于汽车常用的、疲劳强度较高的结构钢来讲，"寿命阶比"系数大致在 1.25～1.40 之间。该系数表征了疲劳应力对疲劳寿命的影响程度。图 6-62 和图 6-63 为某公司的两种材料、不同热处

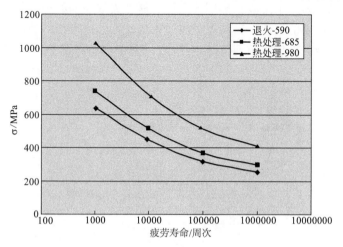

图 6-62　45 钢不同组织状态疲劳曲线

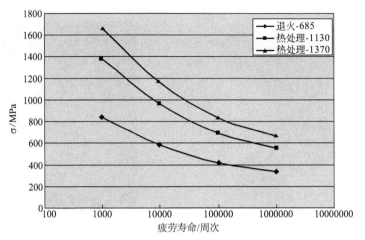

图 6-63　50CrV 不同组织状态疲劳曲线

理状态下（退火和调质）的反复弯曲条件下疲劳曲线，寿命阶比系数均为 1.26。

从汽车零部件疲劳断裂分析的角度来观察这些钢材的疲劳特性曲线，是从强度和应力两个方面来估价其与疲劳寿命的关系的，而且要特别地关注那些非常活跃的应力要素和对材料疲劳强度影响非常之大的各种表面因素。

汽车零部件疲劳数据可用"使用里程"、"工作小时"、"循环次数"或"工作频次"等参数来表达或评价。总体上属于可靠性寿命范畴。

(4) 关于产品失效率的浴盆曲线

通常取产品的失效率作为产品的可靠性特征值，以失效率为纵坐标、使用时间为横坐标所得出的像浴盆状的产品失效率曲线，又称为"浴盆曲线"，见图 6-64 所示[11]。失效率是产品在单位时间内失效件数与总件数的比，产品的失效率按使用时间变化分为三个阶段：早期失效期、偶然失效期和耗损失效期。早期失效期是产品使用初期的失效，其特点是失效率较高，但以很快的速度下降，这一时间的失效多为设计、工艺和使用不当所致。由于汽车产品设计和工艺技术的发

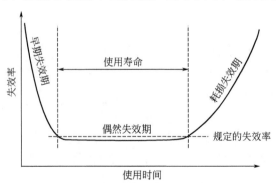

图 6-64　产品失效率的浴盆曲线

展,早期失效率的汽车产品已有大幅度的下降,很多是由于使用不当造成。偶然失效特点是失效率低而稳定,这是产品的最佳工作时期,又称使用寿命。优化设计、合理选材,采用先进的工艺技术可望进一步降低这一时期的失效率。偶然失效期后,产品的失效率又会上升,它标志产品的寿命已经进入老龄区,实时的维修和更换已磨损的零件,可延缓耗损失效期的到来。正常情况下,耗损失效一般发生在正常寿命之外。

汽车零件的早期失效,很难用材料的疲劳性能数据来进行评价。对汽车制造企业,对可靠性寿命,提出了用故障里程或使用里程的判断方式。通常商用车的使用里程下几十万公里到百万公里之间,国内企业的三包范围里程在1万～3万公里。但这一使用寿命仍属于早期疲劳断裂的范畴。

关于材料"强度"的因素评价,从大量的疲劳样本分析检验数据中得知,绝大部分是符合产品图样要求的,这一点从目前材料的技术管理和工艺控制水平上也是可以得到确认的。即使强度上发生少量的下偏移,通常不会超过强度要求的10%,用相关的疲劳强度曲线的阶比系数比较和评价,对疲劳寿命的影响会在同一个数量级的范围内波动。

表 6-1 给出了中碳合金钢 40Cr 材料在不同调质热处理工艺条件下的疲劳强度,可见材料的静强度确定之后,疲劳强度有较好的对应关系。疲劳强度与抗拉强度的关系趋势见图 6-65。

表 6-1　40Cr 钢不同调质热处理工艺的疲劳强度

热处理(840℃油淬)	硬度(HRC)	σ_b	$\sigma_{0.2}$	σ_{-1}	σ_{-1K}
		/MPa			
200℃ 60min 回火空冷	50	2005	1610	640	500
390℃ 60min 回火油冷	45	1500	1400	610	430
500℃ 60min 回火油冷	35	1125	1065	530	370
670℃ 60min 回火油冷	24	810	725	400	270

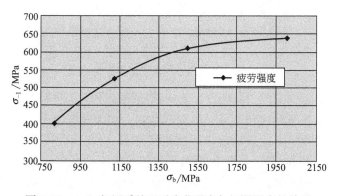

图 6-65　40Cr 钢调质处理后疲劳强度与极限强度的关系

齿轮是汽车上重要的零部件种类之一，均采用低碳合金钢经渗碳淬火工艺制造，齿轮的加工工艺和热处理工艺较为复杂，影响齿轮疲劳性能的材料和工艺因素较多。在使用过程中，对于齿轮的性能要求主要有高的弯曲疲劳强度、接触疲劳强度和抗摩擦磨损性能，这要求齿轮轮齿表面有足够的表面硬度、有效硬化层深度，同时心部的低碳马氏体或贝氏体组织提供了良好的冲击韧性。在变速器齿轮方面，国际上普遍采用了等寿命的可靠性设计方法，产品开发过程中要求其在齿轮的设计应力及寿命核算、材料的疲劳曲线、道路载荷谱及可靠性台架试验规范等技术上融为一体，既保证可靠性又不会发生过设计。

齿轮钢的弯曲疲劳极限（σ_{Flim}）是指某种材料的齿轮经长期重复的载荷作用（对大多数其应力循环数为 3×10^6）后，齿根保持不破坏时的极限应力。其接触疲劳极限（σ_{Hlim}）是指某种材料的齿轮经长期重复的载荷作用（对大多数其应力循环数为 5×10^7）后，齿面不出现进展性点蚀时的极限应力。

在标准［12］中对齿轮材料的弯曲疲劳和接触疲劳性能做了一般性质的推荐，见图 6-66 和图 6-67 所示。图中 ML 表示对齿轮加工过程中材料质量及热处理工艺的一般要求 MQ 表示对有经验的制造者在一般成本下可以达到要求的等级 ME 表示必须具有高可靠制造过程控制才能达到的等级。另外《BOSCH 汽车材料工程手册》提供的齿轮材料弯曲疲劳极限数据见表 6-2[13]。

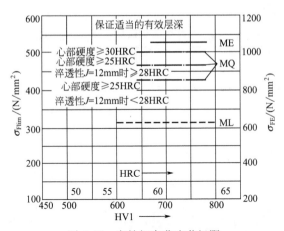

图 6-66　齿轮钢弯曲疲劳极限

有资料给出了渗碳淬火状态下，影响齿轮钢疲劳性能的因素和相对程度，见图 6-68。各要素影响程度依次是：表面晶粒度、表面残余应力、心部晶粒度、表面碳含量、内氧化、有效层深度、表面粗糙度 R_q、表面硬度、表面残余奥氏体含量和表面粗糙度 R_a 等。可见影响因素包括了组织和强度、残余压应力和表面的机械加工质量四大类。其中值得关注的是晶粒度和表面应力的影响，而且应该认为表面压应力应该与喷丸工艺有关。

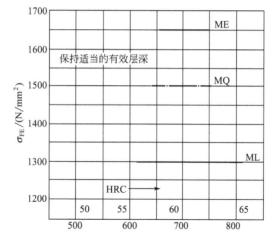

图 6-67 齿轮钢接触疲劳极限

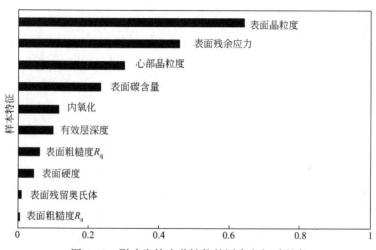

图 6-68 影响齿轮疲劳性能的因素和相对程度

表 6-2 齿轮材料弯曲疲劳强度数据

材料	状态	抗拉强度（最小）	反复弯曲应力的疲劳强度 σ_{bw}（最小）	硬度 HB (HRc)	许用根部应力 σ_{Flim}	负荷变化次数 $N_L=L_h\times 60n$ 时的疲劳系数				
						$\geqslant 3\times 10^6$	10^6	10^5	10^4	10^3
热处理钢 St60-2 C45	退火 热处理 热处理	590 685 980	255 295 410	170 200 280	160 185 245	1	1.25	1.75	2.5	2.5
St70-2 C60	退火 热处理 热处理	685 785 980	295 335 410	200 230 280	185 209 245					

续表

材料	状态	抗拉强度（最小）	反复弯曲应力的疲劳强度 σ_{bw}（最小）	硬度 HB (HRc)	许用根部应力 σ_{Flim}	负荷变化次数 $N_L = L_h \times 60n$ 时的疲劳系数				
						$\geqslant 3\times 10^6$	10^6	10^5	10^4	10^3
37MnSi5	退火 热处理 热处理	590 785 1030	285 355 490	170 200 300	160 230 270	1	1.25	1.75	2.5	2.5
渗碳钢 RSt34-2 C15	退火	335	175	100	110	1	1.25	1.75	2.5	2.5
	表面硬化	590	255	57	160	1	1.2	1.5	1.9	2.5
16MnCr5	表面硬化	1100	—	57	300	1	1.2	1.5	1.9	2.5
20MnCr5	表面硬化	1180	590	57	330	1	1.2	1.5	1.9	2.5
18CrNi8	表面硬化	1370	590	57	370	1	1.2	1.5	1.9	2.5

影响汽车零件寿命和可靠性的还有各种不同类型的材料、工艺缺陷。从疲劳分析的角度大体分为两类。

第一类是明显阻断金属材料连续性的缺陷，如孔洞（相对概念）和准裂纹、微裂纹等，会造成可观的应力集中现象，这类情况绝大部分出现在材料或零件的表面，并与各种冷、热加工工艺不合理有关，通常也是不符合设计条件要求的。在各种可靠性试验中，这些情况引发的零部件早期疲劳断裂数据应该作为异常数据处理。

第二类缺陷是指材料夹杂物的问题，其中结构钢中夹杂物的分布和判定是属于统计学的范畴，应该按照相关的标准来评定。主要包括有 A、B、C、D 等 4 类夹杂物和低倍组织的疏松和偏析缺陷。在材料的疲劳强度试验中，那些高强度材料疲劳微裂纹可能产生在夹杂物的部位，如某渗碳齿轮钢进行旋转弯曲疲劳强度试验，其疲劳断口的疲劳源起始于夹杂物处，如图6-69、图6-70所示。但应该强调该技术属性或特征已经被包含在材料的疲劳强度性能之中，除非夹杂物特殊的形状和大小超出材料标准规定之外，才考虑夹杂物对疲劳寿命的影响。

按目前的技术状态，对夹杂物和断口分析时，应慎重考虑评价方式和评价手段。譬如用扫描电镜判定目前尚不符合材料"夹杂物"的总体检验、评价规则，最好用现有标准的金相组织检验方法对夹杂物进行评级以确认其夹杂物对材料疲劳寿命的影响。今后随着冶金技术的进步、夹杂物数量降低和尺寸大小的细化，并积累有大量夹杂物和材料疲劳寿命之间关系的数据，才可进一步考虑夹杂物对疲劳性能影响的新的评价方法。

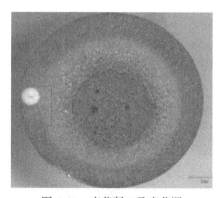
图 6-69 疲劳断口及疲劳源

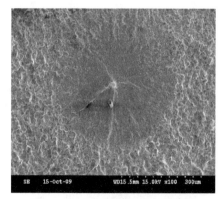
图 6-70 疲劳源起始于夹杂物处

在汽车零件的失效分析中，零件的受力仍然是第一要素。这是因为：其一是零件受力变化的幅度大，其二是影响力学的因素众多且十分活跃，而数据又具有不确定性和复杂性，其三是力学的要素总体上决定了系统或构件的疲劳失效模式。这些因素的产生原因与汽车零部件制造过程中的技术控制和管理水平、使用环境和技术状态密切相关。

例如最常见的应力集中的问题，一个不经意的机械加工痕迹或磕碰伤等产生应力集中现象等引发零件局部应力的提高可以是大幅度、甚至是成倍的，其对于疲劳寿命的影响可以是成数量级的降低。除此以外关于力学要素的变化还有如下几种。

一是所承受的动力性和承载性的载荷的异常增加，例如目前仍广泛地存在的超载问题、试验条件不适合或匹配不合理等。

二是因各机械系统在异常载荷、装配调整不合理、系统或结构运行状态或是约束的异常等条件下引起的相关结构件受力条件异常。

三是那些弹性或柔性零部件所承受的系统共振、结构不合理的应变集中等设计预见不到的过变形问题。

四是因构件的结构失稳导致的机械系统、结构功能和应力分布发生了异常变化。

实际上汽车零部件疲劳断裂所引发的原因、种类可能比上述的概括还要多，这些异常情况所引发的结构载荷及应力分布的变化幅度相当多的时候是超乎寻常的，并引起零部件的早期疲劳断裂，同时也影响了结构件疲劳开裂模式和部位。但在这些情况之中往往具体的应力幅度具有较大的不确定性，要求根据实际情况进行切合实际地评价。

表 6-3 中给出了一组发动机曲轴连杆轴颈疲劳断裂的数据，图 6-71 和图 6-72 分别给出了曲轴疲劳断裂的情况。从两个表中的数据可以看到故障里程均在数千至数万公里之间，但实际上也应该意识到，这种断裂可能仅与发动机系统中某种

异常工作状态有关，就是说对于那些记录为"数万公里"的样本数据，这种异常状态的出现仅是后来的数千公里，或者更低。即很多的情况下那些致裂的因素并不是全程存在的，而是在系统运行中某些条件的变化或缺失过程中逐渐或突发地产生的。又如图 6-73 中的曲轴疲劳断裂与其主轴颈烧瓦有关，而调查分析数据表明从轴瓦损伤致曲轴疲劳断裂的里程仅有数百公里，与车辆的总体行驶里程无关。那么该曲轴的疲劳致裂实际寿命与其正常工作状态下抗疲劳断裂能力相比，相差要远高于 3 个数量级以上。如此大的"寿命折损率"，在材料性能和工作应力之间，哪个因素会产生如此大的影响是值得考虑的。

表 6-3 某系列发动机连杆轴颈疲劳断裂的数据

序号	机型功率/kW	故障里程/km	断裂连杆颈
1	375	9018	第五
2	375	8134	第四
3	375	7319	第六
4	375	4703	第六
5	375	3015	第五
6	375	4213	第五
7	375	7610	第四
8	340	3670	第六
9	340	3396	第四
10	290	33102	第六

图 6-71 曲轴断裂形态

图 6-72 曲轴的疲劳断口

进一步分析表 6-3 给出的曲轴连杆轴颈扭转正应力疲劳断裂得出，这些曲轴的材料为 42CrMo，经过整体调质热处理和轴颈的感应淬火处理。疲劳开裂集中在第 4、5、6 缸的连杆轴颈处，裂纹源位于油孔内侧的淬火硬化层的过渡区处，个别的断口上有 135°的疲劳裂纹，行驶里程数据相对集中。这种模式疲劳断裂的概率在万分之一的数量级上。

首先根据表中给出的"使用寿命"确认曲轴的疲劳断裂失效属于早期的疲劳断裂性质，实际的寿命与预期寿命要相差1～2个数量级以上，应该是相关的力学因素发生了较大幅度的波动引发的。

关于疲劳强度，通过对材料和热处理质量的检验数据予以确认，关键的是裂纹源部位的感应淬火的质量情况，包括硬度、层深、金相组织等，其中影响最显著的应该是淬火组织粗大问题；应力因素是涉及范围最广、非常复杂、较难评价的影响要素，主要包括结构因素和动力载荷因素两大类。其中的应力因素如下，油孔结构、加工质量及可能发生的淬火裂纹的应力集中现象；4、5、6缸的连杆轴颈上油孔的方向会影响应力分布；关于动力性因素主要考虑异常的爆发力和扭振等。

6.4.2 正确区分材料性能和零部件功能

在文献［14］已对材料性能和零部件功能之间的关系进行了详细的分析和论述。近年来，随着材料科学和制造业的发展，材料性能的定义和范畴也在拓宽。针对材料不同用处，提出了一些新的表征参量和相关的试验方法。由于制造业的发展，对零部件功能也提出了许多新的要求，特别是汽车制造业的现代化、汽车设计技术的进展、计算机模拟分析技术的进展和应用，为对新型轻量化的汽车零件进行设计和计算机模拟，也提出了许多新的材料参量和相关性能数据的需求。与此同时，材料的使用环境也发生很大变化。高应力下的轻量化零件对设计和模拟提出了新的挑战，导致在材料常规性能下，设计的汽车零部件在进行模拟时难以满足零件的功能要求。同样，用某些材料的性能设计完成的零部件的功能，在设计加工之后会有很大富余。这些矛盾和问题的分析表明，汽车材料的性能和汽车零部件的功能是两个概念，它们之间既有紧密联系，又有很大不同。从材料到汽车零部件的制造过程中，要经过许多复杂的工序，其中有些工序，是提升零件的使用性能和功能的，如弹簧的喷丸强化可以使弹簧疲劳寿命成倍的提升，对齿轮的喷丸强化也有类同的功能；曲轴的辊压强化也可使曲轴的弯曲疲劳寿命有极大的提升，这些加工工艺的附加强化效果是材料性能改善难以达到的零部件功能提升的效果；但有些零件的加工工序，如焊接，它又是降低零件功能的工序。如以材料性能进行计算机模拟，未考虑焊接对零部件功能下降的影响，就会导致用材料性能模拟时，零件功能可以满足要求，而实际零部件使用时，其寿命不能满足使用要求。因此，基于以上情况，对汽车零部件进行失效分析时，不仅要考虑材料的性能数据，更要考虑加工工艺过程对材料性能和零部件的功能是提升或下降。在零件失效分析时，考虑材料性能对零件失效的影响时还应寻求与零部件性能更密切的材料性能的表征参量。如零部件的加工工艺过程中引入了较多的残留应力,在考虑或分析零件使用过程中的应力场时,应该综合考虑零件中的残留应力场,将两种应力场进行叠加后的合成应力场才是作用于零件上影响其使用寿命的应力场,最完整和可靠的做法是既测量于材料所制零件的功能有直接关系的参量和数据,又要测量零部件的功能和标准参量,逐步建立起材料性能和零部件功能的数据库,以这些工作为依据,对失效零件进行相关性能测试、断口形貌分析,综合比对后得出零件失效分析的准确的概念。同时用这样的分析结果才可为零件性能的提升和失效的预防,提出确切的改进措施,也为充分发挥材料和零部件功能的潜力提供依据,为汽车轻量化高性能零部件的开发提供合理选材和先进的成形工艺。

6.4.3 充分利用和发挥计算机模拟的手段

在以往的失效分析的程序和工作中,引用计算机模拟的手段较少。计算机模拟发展到今天,不仅是一个优化设计的有效手段,更是在失效分析中也是一个有利的工具。在失效分析中,用计算机模拟可做以下内容。

① 对零件的受力进行计算分析。对以材料静态力学性能为设计依据所制作的零件,通过计算机模拟,可以计算零件最大的受力点和相对应的应力值。根据零件制作后的材料性能,进行比对,计算出零件使用中的安全系数。

② 利用计算机模拟对零件制作的工艺过程进行模拟,并通过各种工艺过程中的数据库,各种微观组织和性能的模型,从而预测零件加工工艺后的材料的性能和零部件的功能。

③ 根据零件的功能,模拟零件在各类载荷、应力场、随机载荷作用下的零件疲劳寿命,从而可以节省大量的试验时间和工作量。

④ 根据零件的加工工艺过程,零件的组织和性能,残留应力场,以及零件工作中所承受的载荷模式和应力场,对零件的失效模式和疲劳寿命进行预测,从而判断零件失效原因是设计问题、加工工艺问题还是使用中的问题。

⑤ 在零件功能确定后,利用计算机模拟输入各种边界条件、使用环境与应力场,从而模拟出零件的寿命和失效模式与零件经过分析后的实际疲劳寿命和失效模式比对,找出零件失效的原因。

⑥ 在零件的使用环境、承受的各种应力场确定后,通过改变零件功能的相关数据,用计算机模拟计算出零件的使用寿命和失效模式,为零件性能的提升、质量的改进提供措施和方案。

显然,计算机模拟在零件失效分析中的应用,是一个有力的手段,计算机模拟和分析结果的可靠性是与各类数据库的积累密切相关。失效分析数据库的建立为计算机模拟和应用提供了必要条件,但是应该说明再好的计算机模拟结果也不能代替试验,但可以节省各类实验的次数和工作量。

6.4.4 疲劳断裂分析的认识过程

目前关于疲劳的失效模式、机理、材料疲劳性能、各种影响因素等理论和数据都已经有较多的积累。关于汽车零部件的疲劳失效分析，国内外相关的工程技术人员也已经做了大量的工作。但如何能够把已有的理论、经验和积累真正有效地应用到实际的失效分析中去，则还需要长期地实践和积累，是一个不断地深入的过程。机械系统或结构件疲劳失效模式是多种多样的，在失效分析中涉及零部件的强度、结构强度、系统状态和外界条件的组合及变化等等，认识这些问题则是要在大量的实践中不断地认识和理解失效案例，进行辨别、比较、归纳和积累，并系统地分析对待各种问题。

在汽车零部件的疲劳断裂分析过程中，要熟悉相关的汽车技术的"技术状况"，和使用环境，这两种情况总体决定了实际的失效模式，涉及产品设计、产品试制、产品的可靠性试验、零部件制造和装配技术水平以及使用的工况等，而且还包括汽车企业内部各个层面上的技术管理水平。例如对于载重车，国内各主要厂商的研发、制造技术及管理水平大体相同，其各主要总成和零部件所出现的失效模式和阶段特性具有类同性。

20世纪70～80年代发动机连杆总成的疲劳断裂捣缸问题比较突出。产生这一问题的原因，一是连杆螺栓松动的问题，目前已得到解决；二是连杆体的疲劳断裂问题。为解决连杆体的疲劳断裂问题曾对连杆的材料的强韧性进行过大量的分析和实践，目前已大量使用胀断连杆。经过大量试验，已经认识到承受典型的大压小拉交变载荷，其疲劳断裂主要是对于各种不良的表面状态和机械加工应力集中的敏感性所造成，即对连杆疲劳影响更多的是表面质量因素，从而提出了对连杆体采用喷丸强化的工艺。现在连杆体疲劳断裂捣缸问题几乎没有发生。

中、重型车转向臂的疲劳断裂问题，在不同的阶段有不同因素的敏感性。20世纪80年代，某车型的换型过程中，其转向下臂发生了小批量的弯曲疲劳断裂问题，见图6-73(a)所示，其原因是由于整车动力性有较大的提高，而转向传递系统仍然采用原车型的结构，导致结构强度不足。该零件疲劳断裂主要表现出对来自于地面的冲击载荷的敏感性。

随后一些载重车配置动力辅助转向装置，则转向上臂和转向垂臂的弯曲疲劳断裂时有发生，分别见图6-73(b)和图6-73(c)所示。这两种零件的疲劳断裂主要表现出了对动力转向载荷的敏感性，经过分析重点考虑到零件的结构强度和刚度问题，并排除圆角处的制造质量因素的影响，使问题得以解决。

一些零件的早期疲劳断裂问题，还表现出了对材料或工件表面状态、零件结构和应力场、系统中零件之间的配合状态等诸多较为强烈的敏感因素。造成国内产品技术、制造、管理等综合性能的不良，在商用车方面，国内应用环境非常的

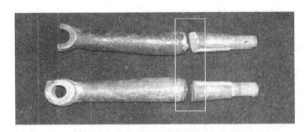

(a) 转向下臂疲劳断裂

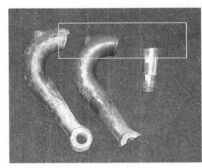

(b) 转向上臂疲劳断裂

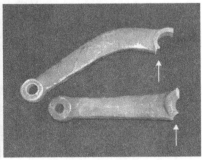

(c) 转向垂臂疲劳断裂

图 6-73　转向臂疲劳断裂

恶劣，严重超载，也是许多零件异常损坏的重要因素。

目前国内重载牵引车的制动鼓热疲劳问题长期的存在（图 6-74），这与重载下坡长时间进行刹车减速有关，使制动鼓磨损和热疲劳复合损伤，导致制动鼓早期破碎失效。

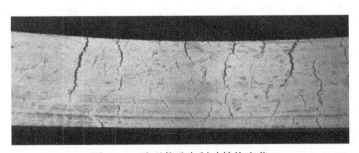

图 6-74　重型载重车制动鼓热疲劳

长期以来国内因制造成本而广泛采用 60Si2Mn 钢材制造的重载车钢板弹簧。60Si2Mn 材料的淬透性和热处理工艺问题，制造厂家采用高温淬火，晶粒粗大，对承受冲击载荷下的钢板弹簧的疲劳性能产生了极大的不良影响，导致钢板弹簧早期疲劳失效的发生，见图 6-75 所示。

因此材料或失效分析者应该充分地考虑到疲劳性能、疲劳应力和疲劳寿命三者之间的关系,材料的疲劳强度只是对材料疲劳寿命影响的一个方面,断口上的夹杂物是疲劳开裂表征之一,对疲劳失效中,疲劳寿命折损情况应参照材料的疲劳曲线和相关数据进行相关分析。

图 6-75　与晶粒粗大相关的板簧弯曲疲劳断口

6.4.5　对疲劳断裂认识的阶段性

在实际的汽车零部件疲劳断裂分析过程中,通过实践逐步使认识深入,通过大量积累使认识实现量变到质变。实际中对失效模式认识经常受到技术数据和失效机理方面认识的限制,也受到失效分析知识、技能和经验的限制,对不同零件失效模式认识的本身也随着技术的发展具有阶段性,从而使我们对于疲劳断裂的分析在不同的时期具有局限性和阶段性。

在失效分析中,充分地认识到不是所有的失效案例分析都会有明确或准确的结果或结论,对具体的案例和技术报告可以考虑提出一些倾向性意见,或者需要关注的因素,而不能急于下定论或结论。

对载重车的前悬架钢板弹簧前卷耳疲劳断裂特性的分析是汽车零件疲劳断裂认识局限性和阶段性的一个典型例子。例如自 20 世纪 80 年代以来,国内各种载重车的前悬架钢板弹簧前卷耳疲劳断裂持续地在发生,成为了较为突出的一个问题,一直到目前为止还是一种时有发生的失效形式,断裂的部位见图 6-76(a),疲劳断口见图 6-76(b) 所示,性质属于单向弯曲疲劳开裂。

在当时的断裂分析过程中,当时主要考虑过该部位因局部结构问题而导致该部位热处理组织不良、喷丸不好等原因,也考虑过载荷过大的因素等。目前广泛采用了在第二片簧上加辅助卷耳只是解决卷耳片断后的辅助支撑问题所采取的措施,并不是解决首片弹簧卷耳的断裂问题。

经过后续长时间对各种车型该问题的观察分析以后,逐步明确了卷耳片断裂的原因。该类型疲劳断裂均发生在前簧前卷耳处,极少在后簧卷耳开裂,应该是制动力、制动时和颠簸过程的向前冲击性质载荷造成的,主要应强调载荷的冲击能量。也就是该部位疲劳开裂与颠簸过程中的动态冲击载荷和制动时向前的冲击载荷及整备质量等因素密切有关。

(a) 疲劳断裂的前板簧前卷耳

(b) 前簧前卷耳的疲劳断口

图 6-76 某载重车的前悬架钢板弹簧前卷耳疲劳断裂

分析卷耳片疲劳开裂的关键是找到疲劳开裂时的弯曲疲劳载荷的来源和受力方向，只有向前冲击的载荷才能在此部位构成最大弯矩；而重力作用指向地面的弹性弯曲载荷在该部位构成的弯矩最小。该问题看似不太复杂，但却经过了较长时期的认识过程。也可以说各种认知经常是在不断地实践和自我深化的过程中逐步地深入的。

6.4.6 疲劳失效的过程和零件所在系统的相关性

汽车零部件的疲劳开裂和断裂是一个过程，因此对零件失效模式的分析，很多情况下不仅仅是一个断口模式的分析问题，对疲劳开裂过程的分析涉及到汽车或机械系统运行的各种工况、条件和关系，需要找出各种系统运行异常情况的表征，对那些正常或异常的接触和损伤、变形等痕迹，需要判定其与零件失效的相关性——相干或不相干性。这些异常的表征可以有两种情况，其一是证明系统运行状况异常，例如齿轮轮齿齿面的偏斜接触，可以用于证明轮齿的受力不均并引起轮齿的偏侧疲劳打齿；其二是已经影响到系统的运行状态而直接引发了疲劳断裂失效，例如钢板弹簧的表面擦伤可以引发疲劳裂纹的萌生。

这些异常的接触和损伤是失效模式的一种特殊的表现形式，可以理解为零件失效过程的一个组成部分，属于一种没有被引起关注的"隐形"失效，相比之下零件的疲劳断裂则属于另一种导致功能完全丧失的"显性"失效形式。因此在这种情况下，那些与系统异常运行状态相关的接触、损伤痕迹的观察分析、表达及论述显得尤为重要。

某发动机凸轮轴的失效是零件疲劳失效的过程和零件所在系统的相关性的一个例子，该零件在一段时间内发生小批量疲劳断裂，原因是发动机润滑油道中清洁度较差，缸盖［图 6-77(a)］、凸轮轴轴瓦均早期磨损［图 6-77(b)］，属于隐形失效。这种磨损引起凸轮轴径向约束的逐步丧失,导致凸轮轴弯曲变形并疲劳开裂。其中一台缸盖连续更换了 3 件凸轮轴［图 6-77(c)］,3 件凸轮轴依次的工作里程和估算的使用频次见表 6-4,缸盖各轴瓦的最终磨损量见表 6-5 所示。在该案例中,凸轮轴的疲劳断裂里程与轴瓦异常磨损量及所产生的弯曲挠度有关,而且凸轮轴的疲劳寿命随着磨损量和挠度的增加而下降。

从另一个角度讲,这也可以称为失效形式的转化问题,其中包括一部分较为隐蔽的失效过程,最终的失效形式仅是前期"隐性失效"引起应力集中或附加弯矩的反应;如前期或相关的失效形式信息收集不到,或不被关注,就会影响分析的思路和结果。凸轮轴作为扭转轴的一个整体,设计有足够的扭转刚性或结构强度,当产生一些隐性失效时,凸轮轴就会失去了中间及各轴颈的有效支撑或约束,使凸轮轴弯曲结构强度或刚性不足。

(a) 缸盖结构

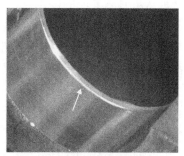
(b) 轴瓦磨损情况

(c) 同一台发动机连续断裂的3件凸轮轴

图 6-77 某发动机凸轮轴的失效

表 6-4 三件凸轮轴的使用里程

凸轮轴编号	断轴里程/km	估算凸轮轴工作频次/万次
1号-1	6750	2160
1号-2	1350	432
1号-3	800	256

表 6-5 各轴颈的磨损量分布情况

轴瓦编号	1号	2号	3号	4号	5号
磨损量/mm	0.10	0.50	0.60	0.40	0.10

6.4.7 汽车零件失效分析时的共性和个性问题

对汽车零部件疲劳开裂分析时，要考虑认识、归纳、应用和借鉴疲劳分析的共有技术特性，同时也要关注失效零件的特殊技术特性和表征。

比如在进行因"主轴颈及轴瓦烧蚀"而引起发动机曲轴疲劳断裂的问题分析时，就涉及到了两种技术要素。其一是因轴瓦烧蚀导致曲轴回转约束的丧失所引发的"附加弯矩"概念；其二是曲轴曲柄结构在弯曲条件下表现出来的"应变集中"的特性。这些基本的概念经过大量的实践验证和归纳，成为了类似结构件疲劳断裂分析中，考虑结构条件和系统运行问题的基本理念之一，并在实时的技术应用中不断地加深和扩展。

在大量的疲劳断裂分析实践中认识到"力学要素"是疲劳断裂分析的"第一要素"，这种认识具有广泛的适用性，已成为考虑零件疲劳断裂问题的一个基本理念。同时"力学要素"也表现出了最为活跃和复杂的特性，在力学要素这个技术层面上涉及到载荷特性、系统特性和结构特性等。

把握好零件疲劳断裂影响因素技术特性的共性和特性之间的关系，有助于理顺和简化疲劳断裂分析的思路，抓住主要影响因素，关注相关影响因素，把复杂的问题简单化，以提高分析思维的效率和质量。

(1) 疲劳断裂的起裂源

疲劳断口通常由三部分组成，疲劳裂纹的起裂源、扩展区和最后断裂区，这是疲劳断裂的共性。不同汽车零件的疲劳断裂都会具备这三个部分。由于不同零件的组织、性能、强度和零件所承受的应力场不同，导致起裂源的位置、裂纹扩展区的大小和最后断裂区的组织形貌等都不相同。以起裂源为例，从共性来讲，裂纹源是产生在构件应力场中应力最大的（危险）部位，如弯曲结构的最大弯矩的表面处或是应力集中部位，也就是讲疲劳裂纹源的分布是应力场分布的一种最直接和简明的表达形式。

裂纹源的产生还可以用"强度-应力干涉模型"为基础，解释疲劳裂纹为什么过早的萌生；另一类是表面的某些敏感因素可以引起或转化成疲劳微裂纹，如腐蚀疲劳和微动磨损等都可以引起疲劳裂纹的早期萌生。

(2) 疲劳断裂分析与技术规范的应用

工程技术的规范化程度很高，所谓规范是指做事要遵守流程和规则。一般工程技术规范的制定是遵循"可靠"和"可行"原则，这些规范包括设计、工艺、流程等，是保证产品功能的技术依据。很多技术规范是在实践中总结、提升和完善的，因此技术规范也是产品失效分析的基本技术依据。

目前所遇到的许多零件失效，是未严格遵守技术规范或者是由于经验不足，主观判定的失误所造成，因此应该加强技术管理和进行必要的可靠性试验，也就是建立完善的 FMEA（Failure Mode and Effects Analysis 的缩写）管理系统，它是在产品/过程/服务等的策划设计阶段，对构成产品的各子系统、零部件，对构成过程、服务的各个程序逐一进行分析，找出潜在的失效模式，分析其可能的后果，评估其风险，从而预先采取措施，减少失效模式的严重程度，降低其可能发生的概率，以有效地提高质量与可靠性，确保顾客满意的系统化活动。

失效分析的目的是找出准确的失效原因，并提出预防失效的措施，因此失效分析时必须尊重事实和客观规律，所提出的预防措施也必须与技术规范相一致，并充分利用产品功能失效原因的分析结果和技术规范之间的关系（直接或间接的）。但应该说明，有时失效的因素和技术规范中的规定可能会有一些偏离，比如材料的强度，在检验时可能是合格的，符合规范的要求，此时的失效有可能不是材料的因素造成，可能是加工因素（如零件表面的刀痕），表面的强化工艺（如喷丸不足或过喷丸）不妥，都会引起零件早期失效。显然，失效分析既要以一系列的规范准则为依据，也要考虑一些综合因素，即失效原因的多样性和分析技术的灵活性。

6.5 疲劳断裂分析与结构因素的再认识

工程中结构是指各组成要素之间的相互关系，相互作用的方式。同任何客观事物一样，汽车零部件都是以一定的结构形式存在、运动和变化。

任何具体事物的系统结构都是空间结构和时间结构的统一，故这种系统结构是多种多样。系统的功能或汽车零部件功能是指一个特定的物质系统或者一个特定的汽车零部件所具有的作用、能力和功效。功能可分为内部功能和外部功能，结构与功能是相互作用的，结构系统内各组件的功能也是相互的。系统的结构规定和制约着系统功能的性质、水平、范围、大小。在疲劳的失效分析中，其结构概念包含了"机械结构件"和"机械运行系统"两个主要的范畴，两者有机地结合在一起，互为条件，有时辅以外界的环境条件，引发或决定了汽车结构件多种多样的失效形式。汽车又是一个非常复杂的运动机械，它包括了动力、承载、减震及速度、制动和方向控制等大量、繁杂的机械系统，形式多样。因此其汽车零部件的疲劳失效也多与其运行条件密切相关。

6.5.1 零部件的基本结构特征与疲劳断裂模式

按照经典的材料力学，结构件可分为拉压杆、弯曲和剪切梁、扭杆等，其承受的载荷形式有拉压、弯矩、扭矩、剪力（矩）等。这些载荷形式分别为正应力、剪应力、正应力与剪应力的复合应力的分布形式或应力场。图 6-94 给出了材料力学中最基本的结构、加载方式、应变、应力特征和开裂模式。但该开裂模式总体上讲是以静载荷为基础的应力开裂模式，其与应力状态和材料的强度性能表现出明确的对应关系。

由于汽车部件的结构及其相关机械系统的组成非常复杂，会构成某些结构件的组合及衍变，并以相应的失效形式表现出来，系统地认识这些结构形式有助于我们对失效模式的理解，同时失效的模式也是我们分析结构失效的第一手资料。

表 6-6 的加载模式与图 6-12 中给出的经典弯曲疲劳断口模式相对应，图中典型疲劳断口模式分别表现出了对加载形式、载荷的大小和应力集中的敏感性，所表达的也是失效模式对各种力学要素的相互依存关系和疲劳断口的演变过程。其中加载方式主要决定了裂纹源、裂纹扩展线和终断区域的方位关系，载荷的大小除了决定终断区域的面积比例大小外，还与应力集中要素一起带来了疲劳断口的多源性特性。该弯曲疲劳断裂断口模式体现了一个综合的力学要素特征，也就是说拉压和弯曲的疲劳断口模式表达了一个综合的力学模型。而扭转疲劳断口引起应力状态较软，疲劳开裂模式是一个强度和力学模型的综合表达形式。图中所示旋转弯曲疲劳断口实际上是一个从单源性断口向多源性断口转变的过程，除去考虑导致引起演变的力学要素以外，这里面还隐含着一个从"偶然性"向"必然性"转化的过程。也就是说"单源性"的疲劳源的产生具有某种程度上的"偶然性"，而"多源性"的开裂则是在高的载荷及应力集中的作用下表现出了疲劳开裂的"必然性"模式，并可以延伸到裂纹萌生条件及失效的"概率"概念中。

表 6-6　基本结构及力学条件的应力和开裂模型

载荷类型	变形方向		断裂形式	
	正向	切向	正断	切断
拉伸 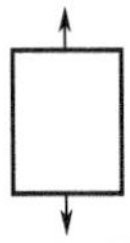 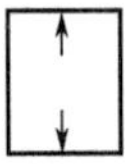  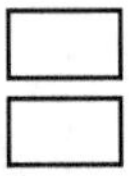 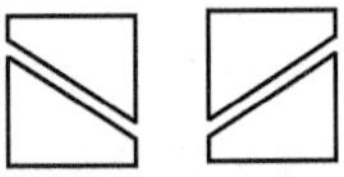				
压缩 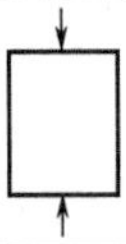 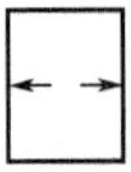  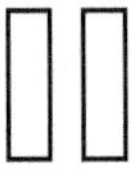 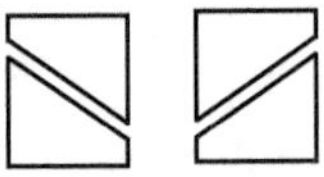				
剪切 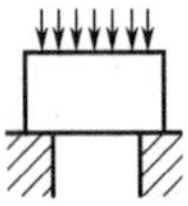  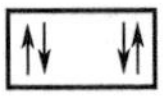  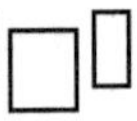				
扭转 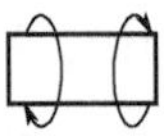 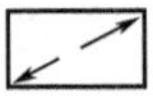   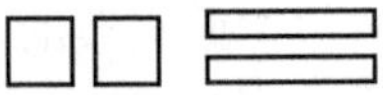				
纯弯曲 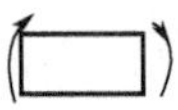 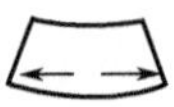   				

续表

载荷类型		变形方向		断裂形式	
		正向	切向	正断	切断
剪切弯曲					
压入					

图 6-78 示出了齿轮多个轮齿的疲劳开裂的照片，该图示出了疲劳源产生的偶然性与多元性开裂失效模式的实例。该例子是一个多工位的零件。其他实例还有相关性组合件（如法兰螺栓的串行失效）、并联件（如多缸发动机的连杆、活塞）以及总成及车辆的大概率并行失效等。这些失效实例可以推论出汽车零件高的失效概率，主要与异常载荷的及高应力集中相关。异常载荷中隐含着系统和结构因素，这些因素对高应力、高应力集中产生贡献和影响程度，从而对疲劳裂纹源的萌生的条件和倾向的产生影响。

图 6-78 主动锥齿轮所有轮齿同时开裂

6.5.2 汽车部件结构对零件的力学要素和疲劳性能的影响

材料或零件疲劳裂纹萌生机制和静载荷断裂不同，构件的疲劳开裂和静载荷开裂对结构的敏感性也不相同。零件的静载荷开裂对"表面质量"或"应力集中"要比疲劳开裂的敏感性要低得多。

一般疲劳的"力学要素"是指疲劳应力的大小和（脉动）性质。在汽车结构件中广义的力学因素应该包括零件的结构、载荷形式和应力场、部件系统的运行条件、状态、零部件中各零件的配合关系与接触的形式、支撑条件和约束关系等。这些复杂的力学要素,就决定了结构件疲劳失效的模式,开裂的形式和开裂的部位等。同时汽车构件的疲劳还与目前汽车技术的状态,包括开发、制造和使用环节等有着对应的关系。

机械结构的功能主要是靠机械零部件的几何形状及各个零部件之间的相对位置和运动、约束关系实现的,任何零件都不是孤立存在的,而构成零件的要素有形状、尺寸、精度及表面质量、刚性等。同时零件处于部件中,其受力和工作状态又受部件中各零件的功能和相互关系的影响。因此零件的疲劳失效和结构密切相关。

在考虑零件的断裂模式时,必须考虑到部件的结构和载荷形式,并考虑零件所处的结构即系统构件、工况相结合,以合理考虑它的载荷形式和特定的应力场。

疲劳断裂分析应首先确定失效模式,了解和观察零件的功能、结构、断裂部位、疲劳源及断口的形貌,并了解和零件相关的个各种约束、接触的情况和状态,分析其应力和应力场特性。

在系统中的结构件需要满足产品图样的各种技术属性,并和其关联件保持预期的关系。当零件的某些技术属性出现不合理的情况,或是与预期的关联件的关系发生偏离,如应力集中、约束、干涉、间隙等要素发生偏离,同时因此改变了结构件力学模式和应力场。这种系统性的偏离虽然使相关的结构件仅处于弹性变形的范围,还远未达到静载荷的塑性变形和开裂条件,但可能成为构件疲劳断裂的诱因。

在系统中结构件的特性经常会随时间出现一种动态的变化,如系统中出现异常的热膨胀、意外的摩擦磨损、紧固件的松动等,这些变化会给结构件自身、或是相关零件带来异常的疲劳载荷。这种系统偏离的变化有时会导致一种新的失效模式产生或者转化、掩盖着另一种失效模式。比如曲轴、凸轮轴主轴颈轴瓦的磨损引起主轴的弯曲疲劳断裂就是其例,即轴瓦磨损后主轴颈支撑或约束点逐渐缺失,改变了这些系统中轴类的抗弯曲刚性,最终引起弯曲疲劳断裂,这种改变具有"进行性"或"突发性"等特性。

图 6-79(a) 和图 6-79(b) 分别示出了变速器输出轴齿轮卡环和发动机活塞环

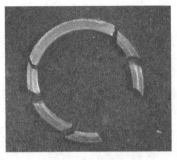
(a) 卡环疲劳断裂

(b) 活塞环疲劳断裂

图 6-79 卡环疲劳断裂和活塞环疲劳断裂

的疲劳断裂形式,其疲劳开裂的共同特点是零件上多处发生开裂,即是一种"连续性"的疲劳断裂过程。

6.5.3 系统中的应力和应变集中对汽车结构件疲劳断裂的影响

汽车作为行走和运输机械,主要功能总成有:发动机、离合器、变速器、传动轴、驱动桥、悬架、车身等;各总成系统的功能有动力和动力传递、承载、减振、转向、制动等;组成系统的零部件的种类有梁、杆、轴、齿、圈类、支架、板、滚动体、紧固和连接摩擦件等,在考虑机械系统中的零件失效时,就必须考虑系统中的刚性、配合关系、连接及支撑、约束条件、干涉的交互作用、零部件的应力、应变场、零件的结构强度、承受的应力和应变集中、弯曲结构和附加弯矩、三矩叠加、结构失稳等多种因素。

(1) 关于应力集中

结构件承受载荷时,在形状、尺寸急剧变化的局部出现应力显著增大的现象称为应力集中。这种现象产生在轴肩圆角、键槽、油孔和刚性配合、材料表面或内部各种缺陷等部位。应力集中的表征参量是应力集中系数(K)。

应力集中度仅与圆角的形状以及受力状态有关,与荷载的大小无关。材料应力集中敏感性与材料强度有关,塑性变形会缓解应力集中。脆性材料对应力集中的敏感性高于塑性材料。图 6-80 示出了不同零件结构的以应力线走向和应力线密度所表征的应力集中示意图。从零件的宏观结构因素到微观的材料缺陷,应力

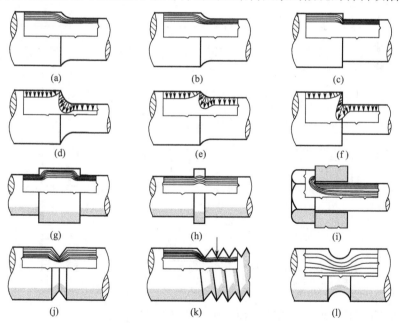

图 6-80 不同结构的应力集中示意

集中对于疲劳断裂都是敏感的诱发因素之一。

实际的零件和材料中，都不可避免地存在不同程度的应力集中，在的零部件疲劳断裂中，很多情况下疲劳源是产生在各种应力集中的部位。表 6-7 给出了不同尺寸形貌的有效应力集中系数 K_σ、K_τ（其中，$K_\sigma = \frac{(\sigma_{-1})_d}{(\sigma_{-1})_k}$，$K_\tau = \frac{(\tau_{-1})_d}{(\tau_{-1})_k}$，$(\sigma_{-1})_d$ 和 $(\sigma_{-1})_k$ 分别为光滑试样和缺口试样正应力下的疲劳强度，$(\tau_{-1})_d$ 和 $(\tau_{-1})_k$ 分别为光滑试样和缺口试样剪应力下的疲劳强度）。其他的还有"环槽类""螺纹、键、花键、横孔类"、"轴孔配合边缘"等类结构均会产生应力集中效应。另外零件表面的打磨、加工刀痕、磕碰伤、微裂纹以及那些较大的孔洞型缺陷和微裂纹，都是经常地引起疲劳开裂的应力集中源。

汽车零部件特别是在各种台架试验中，因各种各样的应力集中因素引起早期疲劳断裂的情况是非常常见的，而且绝大部分均与生产管理不到位有关，它会在经济上和产品开发进度上给我们带来非常大的损失。从表 6-7 所列数据并结合零件或材料的疲劳曲线可以看出，应力集中可降低疲劳寿命的一个或多个数量级，因此对于那些异常的应力集中因素必须给予足够的重视。

表 6-7　圆角处的疲劳缺口应力集中系数

$(D-d)/r$	r/d	K_σ σ_b/MPa								K_τ σ_b/MPa							
		400	500	600	700	800	900	1000	1200	400	500	600	700	800	900	1000	1200
2	0.01	1.34	1.36	1.38	1.40	1.41	1.43	1.45	1.49	1.26	1.28	1.29	1.29	1.30	1.30	1.31	1.32
	0.02	1.41	1.44	1.47	1.49	1.52	1.54	1.57	1.62	1.33	1.35	1.36	1.37	1.37	1.38	1.39	1.42
	0.03	1.59	1.63	1.67	1.71	1.76	1.80	1.84	1.92	1.39	1.40	1.42	1.44	1.45	1.47	1.48	1.52
	0.05	1.54	1.59	1.64	1.69	1.73	1.78	1.83	1.93	1.42	1.43	1.44	1.46	1.47	1.50	1.51	1.54
	0.10	1.38	1.44	1.50	1.55	1.61	1.66	1.72	1.83	1.37	1.38	1.39	1.42	1.43	1.45	1.46	1.50
4	0.01	1.51	1.54	1.57	1.59	1.62	1.64	1.67	1.72	1.37	1.39	1.40	1.42	1.43	1.44	1.46	1.47
	0.02	1.76	1.81	1.86	1.91	1.96	2.01	2.06	2.16	1.53	1.55	1.58	1.59	1.61	1.62	1.65	1.68
	0.03	1.76	1.82	1.88	1.94	1.99	2.05	2.11	2.23	1.52	1.54	1.57	1.59	1.61	1.64	1.66	1.71
	0.05	1.70	1.76	1.82	1.88	1.95	2.01	2.07	2.19	1.50	1.53	1.57	1.59	1.62	1.65	1.68	1.74
6	0.01	1.86	1.90	1.94	1.99	2.03	2.03	2.12	2.21	1.54	1.57	1.59	1.61	1.64	1.66	1.68	1.73
	0.02	1.90	1.96	2.02	2.08	2.13	2.13	2.25	2.37	1.59	1.62	1.66	1.69	1.72	1.75	1.79	1.86
	0.03	1.89	1.96	2.03	2.10	2.16	2.16	2.30	2.44	1.61	1.65	1.68	1.72	1.74	1.77	1.81	1.88
10	0.01	2.07	2.12	2.17	2.23	2.28	2.28	2.39	2.50	2.12	2.18	2.24	2.30	2.37	2.42	2.48	2.60
	0.02	2.09	2.16	2.23	2.30	2.38	2.38	2.52	2.66	2.03	2.08	2.12	2.17	2.22	2.26	2.31	2.49

下面例举了一些以应力集中而产生失效的典型例子。

图 6-81 为某发动机螺栓因头部冷镦圆角过小而产生疲劳开裂的情况；

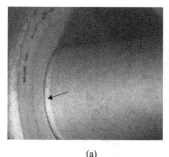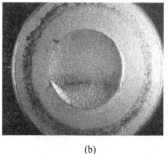

图 6-81　某发动机螺栓因头部冷镦圆角过小产生疲劳开裂

图 6-82 是某发动机曲轴的连杆颈圆角机械加工尖角引起的早期弯曲疲劳开裂；

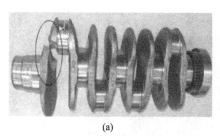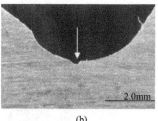

图 6-82　某发动机曲轴的连杆颈圆角机械加工尖角引起的早期弯曲疲劳开裂

图 6-83 所示为某前轴因表面不合理的打磨而引起了疲劳开裂；

图 6-84 所示为某前轴工作面存在有不合理的打印标记而引发早起疲劳断裂；

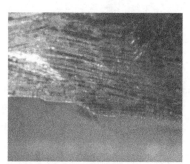

图 6-83　某前轴因表面不合理的打磨而引起了疲劳开裂

图 6-84　某前轴工作面存在有不合理的打印标记而引发早起疲劳断裂

图 6-85 所示为某驱动桥壳因铸造表面粘砂引起疲劳开裂；

图 6-86 是扭杆弹簧因表面严重的磕碰伤而早期剪切疲劳断裂；

图 6-85 某驱动桥壳因铸造
表面粘砂引起疲劳开裂

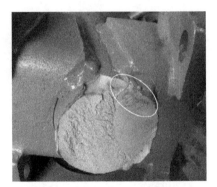

图 6-86 扭杆弹簧因表面严重的
磕碰伤而早期剪切疲劳断裂

图 6-87 示出了某承载轴因支架焊接区域临近最大应力区域而引起疲劳开裂。

图 6-87 某承载轴因支架焊接区域临近最大应力区域而引起疲劳开裂

导致疲劳开裂的各种材料、工艺缺陷或应力集中因素远多于所列举的这些情况。

(2) 关于应变集中

这里应变集中定义为：受载零件或结构在形状尺寸突然改变处出现应变增大的现象。应变集中处就是应力集中处。在疲劳断裂件的结构分析中，应变集中的概念与应力集中有相似之处，但也不尽相同。在汽车的结构件中，因其结构形式或尺寸的明显改变，导致其局部的结构刚性或承载形式发生了改变，局部结构刚性降低，进而在承受载荷的过程中使得构件的整体形变过多地集中在特定结构的区域内，或是局部产生了过多的变形，这种现象称为应变集中。这种结构力学模式可以与应力集中同时发生，但二者尚难以建立相互之间的定量关系。

这种结构上带来的"应变集中"现象，在弯曲、拉压、扭曲等各种结构上均有发生，应变的集中会带来局部的应力的大幅度提高而引起疲劳开裂，这大多与局部的抵抗弹性变形能力不足，或者是与整体结构各部分变形抗力相差太大造成。

较为典型的结构是曲轴的曲柄结构，这是个弯曲结构问题，即曲柄的抗弯模量与主轴颈和连杆颈相比均有较大差异，一旦曲轴具备了某种条件时，其弯曲挠度大部分将有曲柄来承担，因而曲轴的弯曲疲劳断裂主要是发生在曲柄的部位，曲轴的结构简图示于图 6-88(a)，曲轴曲柄的弯曲疲劳断口示于图 6-88(b)。

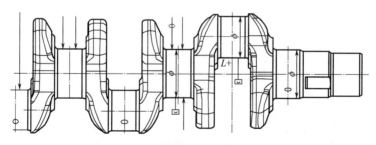

(a) 曲轴的轴颈、曲柄结构

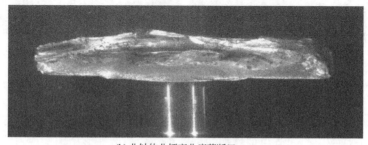

(b) 曲轴的曲柄弯曲疲劳断口

图 6-88　曲轴的结构及曲柄疲劳断口

在日常的疲劳分析过程中会碰到的较多的是拉伸状态下的"弓形结构"（见图 6-89）。显而易见在拉伸状态下，弓形结构的弯曲部分、特别是各个结构拐点处将承受不同的弯矩的作用，这是因为附带的弯曲结构在特定（拉伸）载荷形式下，不同部位刚性差异较大，总体结构的拉伸变形将主要由弯曲结构部分来承担，将此种现象称为"应变集中"。而弯曲应力的不均匀性，将使危险点处的应力幅值大幅度提高而降低结构的疲劳寿命，此种条件下，在图 6-89 中梯形结构的疲劳开裂倾向将明显地高于弧形结构。

某进气管内弯处在使用中疲劳开裂，如图 6-90(a) 所示。该零件因工艺问题

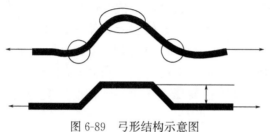

图 6-89　弓形结构示意图

在内弯处产生了严重的褶皱，使得弯曲管结构的局部变为了"波纹管"，而疲劳开裂则发生在皱褶弯曲的根部[图 6-90(b)]。对于这种情况，内弯处在随机拉伸载荷作用下，局部"波纹"或"弯曲皱褶"结构会导致该区域的弹性变形分布极不均匀，在皱褶的根部，即局部弯曲载荷最大处产生疲劳裂纹。对于这种情况如果是一个"实心件"则属于"应力集中"的结构范畴，但对于薄壁管件则可归为"应变集中"的概念范畴。

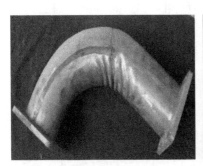 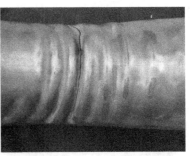

(a) 进气管内弯处疲劳开裂　　　　(b) 疲劳开裂发生在皱褶弯曲的根部

图 6-90　某进气管内弯处的疲劳开裂

传统的车架横梁，其槽型结构的一侧通常为梯形[见图 6-91(a)]。但这种结构在过量的扭曲变形中，其转角处的弯曲结构会产生应变集中，导致弯曲疲劳开裂[见图 6-91(b)]；如适当地增加结构的柔性，即把梯形结构变成弧线结构会缓解弹性变形的突变或应变集中，以延长构件的弯曲疲劳寿命。

 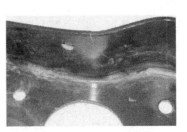

(a) 横梁的梯形弯曲结构　　　　(b) 横梁弯曲疲劳开裂裂纹

图 6-91　车架横梁结构及开裂裂纹

某离合器助力泵回位弹簧为锥形结构，但由于其有效圈数较少，螺距分布不均致使其周圈的刚度有较明显的差异，使用过程中发生了批量的倾斜性塑性变形失效，如图 6-92 所示。图中可见其变形均发生在有效圈数较少的一侧，因该侧的刚性较小，变形应力相对较高，故导致了该螺旋簧发生了具有应变集中性质的偏斜塑性变形，从而导致在变形应变集中的一侧可能发生疲劳失效。

图 6-92 回位弹簧的偏斜性塑性变形

6.5.4 弯曲结构与疲劳断裂

汽车结构件中，无论是弯曲结构的形式、还是疲劳失效中的弯曲疲劳开裂模式，从形式上和频次上都是最常见的，因此这里对弯曲疲劳断裂进行进一步的讨论。构件的弯曲结构有着弯矩不均匀性和危险截面应力分布不均匀性的结构特性，特别是那些刚性的结构和应力集中引起的疲劳断裂，对于弯曲结构表现出了极大地敏感性。

通常的弯曲结构是以悬臂梁和简支梁为主体的。但实际上系统中构件的弯曲结构和及其载荷具有异常的复杂性和多变性，特别是在那些刚性零件的配合中对于相互的配合误差及精度会表现出了特殊的敏感性。其中还有很多隐性或难以分析和计算的弯曲结构或异常的弯曲载荷。

"附加弯矩"作为一种概念还没有一个准确的定义，它一般是指那些在异常"弯曲结构"和"弯曲载荷"条件下所产生异常致裂弯矩。"附加弯矩"所涉及到的技术范围非常的宽泛，主要的要素大体包括有：约束的丧失、不足或异常、基准或定位的偏离、配合不良、干涉及接触区域的异常、刚性不足及结构失稳等情况，大多属于系统性的异常。而这些要素之间又是互相关联的。基于上述的各种情况，本节中将从不同的角度讨论、分析与弯曲结构相关的疲劳断裂事例。

(1) 关于系统中的约束

对物体运动所施加的几何学方面、运动学方面或力学方面的限制称之为"约束"。对于机械结构来讲，通过各种形式的连接和配合，使各相关零部件之间的功能协调发挥，而约束又是保障零部件有规律运行的基本条件。系统中结构一旦失去或偏离了正常的约束条件，构件会偏离正常的运行轨迹，导致整体或局部结构承受异常的弯矩，其典型的几种情况如下。

① 轴承约束　轴承包括滑动轴承和滚动轴承两大类，而就约束功能讲则分为轴的径向定位和轴向定位两种；轴承和锥轴承同时具有不同能力的径向和轴向定位能力，滑动轴承和圆柱轴承则主要是径向定位。滑动轴承的失效引起系统中轴类零件失效的典型案例是曲轴见图 6-93。其中（a）是曲轴的轴瓦磨损和烧蚀，导致曲轴弯曲或旋转弯曲疲劳断裂。（b）凸轮轴主轴颈及其轴瓦的磨损和烧蚀，

所导致凸轮轴弯曲或旋转弯曲疲劳断裂。这类系统中两种轴类件的共同特点是多轴颈的支撑结构，在弯曲的载荷条件下自身的弯曲刚性不足，需要多轴颈轴承分段支撑约束，一旦其主轴颈因磨损而失去有效支撑约束，就可能产生弯曲疲劳开裂。

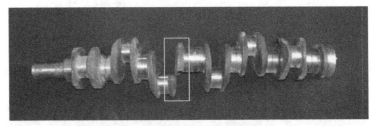

(a) 曲轴主轴颈异常磨损、烧蚀引起疲劳断裂

(b) 凸轮轴轴瓦异常磨损引起疲劳断裂

图 6-93　曲轴失效案例

圆锥滚子轴承如磨损后间隙过大，会使相关轮、轴零件的轴线倾斜，并会给零件带来各种的附加弯矩。图 6-94 示出了半轴附加弯矩产生疲劳开裂的例子。在这一系统中驱动桥半轴法兰盘与车轮轮毂靠螺栓连接并输出扭矩，轮毂与车轴之间为一对锥轴承支撑，如果这对锥轴承的调整间隙过大，就会影响轮毂的回转稳定性，以至于导致半轴法兰盘的旋转弯曲疲劳断裂。

图 6-94　半轴法兰盘旋转弯曲疲劳开裂

在变速箱中，轴、齿之间也存在着轴承约束与轮齿的附加弯矩之间的关系，如产生附加弯矩，将影响到斜齿圆柱齿轮齿面的接触偏斜，所表现出来失效形式相对要复杂一些。

齿轮轮齿也是一种悬臂梁结构，该结构的特点是梁的宽度远大于长度。因此其齿面啮合区域在齿长方向所表现出的偏斜接触，将会很大程度上地影响齿面接触应力的分布和齿根弯矩的分布。一般齿轮在满载时的接触区域应该大于 75%，这种接触区域的偏斜可以等效地看成悬臂梁结构有效横截面的减小，这将会导致轮齿疲劳的寿命下降，是轮齿承受附加弯矩的另一种形式。

齿面接触区域偏离一直是齿轮早期疲劳中最常见的失效形式，其影响因素轮齿的加工精度，齿轮及齿轮轴线的倾斜等。在轻型车变速器中圆柱斜齿轮的螺旋角较大，轮齿的轴向推力也较大，从而对齿轮的轴向稳定性（甚至包括同步器）及各主轴的锥轴承间隙都提出了较高的要求。图 6-95(a) 示出了某轻型车变速器输出轴轴颈上滚针轴承的偏斜磨损，轴颈挡边已经疲劳掉块。这些情况均说明该齿轮工作中在轴向载荷的作用下发生了回转性的倾斜，图 6-95(b) 则是该齿轮接触区域严重地偏向一侧的接触和剥落情况，图 6-95(c) 则为该齿轮齿面剥落坑应力集中引起的疲劳打齿情况。即这种情况已经构成了齿轮中心线与输出轴的中心线的倾斜相交。

(a) 输出轴颈滚针偏斜磨损

(b) 齿面的偏斜接触及剥落

(c) 剥落坑引起的疲劳打齿

图 6-95　某轻型车变速器输出轴轴颈

② 摩擦约束　螺栓（含铆钉）锁紧力矩或摩擦力不足也会引起螺栓弯曲疲劳断裂问题，传递扭矩的法兰类螺栓和支架类螺栓是这类失效的代表。螺栓锁紧后，被连接件之间的载荷传递主要是由被锁紧件接触面上的摩擦力来承担的（见图 6-96），摩擦力等于锁紧压力与摩擦系数的乘积。无论是锁紧力不足，还是载荷过大，当接触摩擦面发生微量的相对移动后，螺栓将承受弯曲应力。根据螺栓及锁紧结构的不同，可分别在螺帽根部或螺纹杆部发生弯曲疲劳断裂。

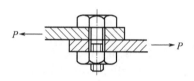

图 6-96　螺栓锁紧传递载荷示意

图 6-97(a) 和图 6-97(b) 为某悬置螺栓杆部疲劳的断裂情况，从其断口可见为不规则的冲击性载荷导致断裂的。

(a) 螺栓杆部疲劳断裂　　　　　(b) 弯曲疲劳断口

图 6-97　螺栓杆部疲劳断裂和弯曲疲劳断口

③ 压紧约束　多片簧悬架钢板弹簧中心孔疲劳断裂问题是锁紧约束的另一种典型案例。在重载车上，特别是双驱动桥自卸车的平衡悬架弹簧，由于工况恶劣，U 形螺栓锁紧成为了一个大问题，失去了有效地锁紧后，板簧的平直段会承受较大的弯曲载荷，加上中心孔的应力集中现象，在中心孔部位往往会发生高应力低周的疲劳断裂，分别见图 6-98(a) 和图 6-98(b)。

(a) 板簧中心孔疲劳断裂

(b) 板簧中心孔疲劳断裂断口

图 6-98　板簧中心孔疲劳断裂和断口

④ 结构刚性不足　机械系统和构件因具有足够的刚性，是保证相关零件和总成承载时抵抗过度的弹性变形或变位的关键结构要素之一，同时也是结构件的疲劳开裂失效的影响因素之一。

少片簧悬架的钢板板簧中心孔疲劳开裂问题就属于这类失效问题，图 6-99 (a) 为少片簧悬架的示意图，其结构特征是各片之间没有接触，最大的弯矩均在平直段的根部。经过较长时间的跟踪分析，发现伴随着少片簧中心孔疲劳断裂 [见图 6-99(b)]，出现了较多该悬架板簧压板、垫板的弯曲疲劳断裂和变形问题

[见图 6-99(c)]。综合这种情况应该少片板簧平直段如果没有自身的刚性结构加强，多片等长叠加，平直段产生反背弯曲变形的倾向，需要板簧盖板给予刚性压紧约束，如果盖板的结构强度或刚度不足，会导致了弹簧盖板承受了附加弯矩并弯曲疲劳断裂［见图 6-99(d)］。

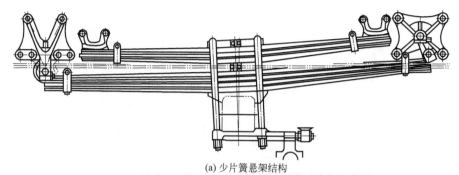

(a) 少片簧悬架结构

(b) 少片簧悬架板簧中心孔疲劳断裂

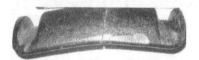

(c) 不同类型的少片簧压板弯曲和疲劳断裂

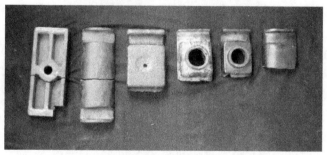

(d) 不同类型的少片簧压板和垫板疲劳断裂

图 6-99 少片簧悬架

⑤ 关于支撑刚性　关于支撑刚性问题引起批量失效的典型案例，是载重车驱动桥的齿轮疲劳打齿问题；其原因是差速器轴承座支撑刚性不足，重载情况下

从动锥齿轮偏移，导致主齿轮齿的接触区域向齿顶和小头偏移，引起批量的齿顶推裂并疲劳打齿，见图 6-100(a) 和图 6-100(b)，即在倒车的过程中产生打齿。

(a) 主动锥齿轮齿顶推裂并疲劳打齿

(b) 主动锥齿轮齿顶推裂并疲劳打齿

图 6-100　主动锥齿轮分析

⑥ 轴心定位偏差问题　汽车中传递动力和运动机械的各总成之间，其连接大多属于刚性连接，这种连接要求相关总成之间有较高的机械加工精度和定位基准，以保证良好的传递功能。如果相关的精度和基准没有有效地保证，则会发生轴线之间的偏差，而导致相关零部件之间的运行产生干涉或传递不顺。对于那些刚性很大的零件，丝毫的偏差会带来破坏性载荷及应力。例如发动机上前置轮系以及气泵系总成的定位问题、飞轮与离合器以及离合器与变速器输入轴等的衔接定位问题等，另外花键轴杆类零件的台架试验也会遇到这类问题。

最典型的这类结构问题是发动机曲轴第一曲柄的弯曲疲劳断裂，分别见系列图 6-101 所示，其原因应是发动机前端轮系的相关轴颈的中心定位偏差、或是齿轮间隙过小，导致曲轴前端承受了异常弯矩的作用。同时还会引起相关的气泵曲轴、高压油泵轴等疲劳断裂。这是一类非常典型的"附加弯矩"疲劳断裂问题。

图 6-102 所示是在强化台架试验中，扭杆花键疲劳开裂的情况，这种情况被认为是试验夹具对中不良，导致周圈花键受力不均，个别花键载荷过大所致。

(a) 曲轴第一曲柄的弯曲疲劳断裂

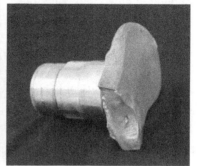

(b) 第一曲柄弯曲疲劳断裂　　　　　　(c) 第一曲柄弯曲疲劳断裂

图 6-101　曲轴第一曲柄弯曲疲劳断裂不同视角图

图 6-103 为变速箱输出轴齿座花键的弯曲疲劳情况，可见其花键工作面上有严重的摩擦磨损现象，说明同步器齿座工作中有明显回转摆动的现象，这种情况与齿轮的轴向推力、齿轮和同步器总成的轴向稳定性有关。该花键原则上仅承受恒定扭转载荷，当齿座与输出轴的配合发生了回转性的轴线交叉问题时，啮合的花键的位移性滑动导致其承受了疲劳载荷并引发断裂。

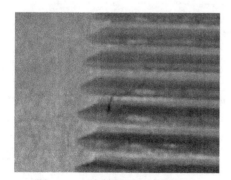

图 6-102　半轴花键的疲劳开裂　　　　图 6-103　输出轴齿座花键疲劳开裂

图 6-104 示出了变速器输入轴齿轮疲劳打齿的情况，其发生在台架试验中，分析确认是试验机输出端（相当于离合器）与变速箱输入轴中心线对中误差较大

导致的,这种情况可以从输入轴花键的磨损情况得以证明。

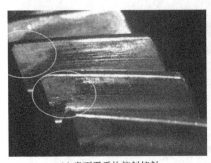
(a) 齿面严重的偏斜接触

(b) 偏侧疲劳源的疲劳断口

图 6-104　变速器输入轴齿轮疲劳打齿

⑦ 结构失圆　各种环、套类结构,以及一些铰链和类似的结构是一类较为常见的结构。例如以同步器零件为代表回转运动的构件,在工作中可能承受脉动的挤胀、挤压和拉伸等载荷的作用产生结构失圆变形。图 6-105 所示为环形结构受力失圆后的正应力分布图,正应力分别分布在纵向的内表面和横向的外表面。失圆后零件某些部分将承受弯曲应力,汽车上这类零件通常都是刚性较弱的零件,导致其变形并疲劳开裂的载荷或是变形量一般并不太大。

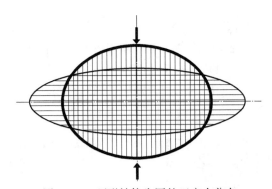

图 6-105　环形结构失圆的正应力分布

同步器同步环的疲劳开裂一度在轻型车变速箱上时有发生,见图 6-106(a),该零件内锥面与同步锥锥体配合。同步环疲劳开裂可以伴随着内锥面螺纹特定形态的磨损,但一般收集不到相匹配的同步锥,这会给失效分析带来一些困难。从同步锥锥面上异常[倾斜的,见图 6-106(b)]的接触痕迹分析,这是一条椭圆形的轨迹,可以认为接触过程中同步环受到了交变性的失圆扩张载荷,而这种情况又会影响到同步的效果,也加快疲劳开裂。

(2) 关于短悬臂梁

悬臂梁是结构件中最常见的结构之一,典型的结构件包括转向节、转向

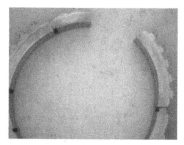

(a) 同步环疲劳开裂　　　　　　　　(b) 同步锥锥面异常的接触痕迹

图 6-106　同步环疲劳开裂和同步锥锥面异常的接触痕迹

臂、各种支架、齿轮的轮齿及轴的花键等。但随着悬臂梁长度的逐步减短、高度的（有效直径）相对增加的过程中，在梁的根部最危险截面处的最大正应力（第一主应力）方向也随之发生改变，它会导致弯曲疲劳模式发生变化。

图 6-107(a) 和图 6-107(b) 示出了重型载货车主减速器的主动锥齿轮轮齿的弯曲疲劳断裂形式。图中可见齿根的疲劳裂纹已经偏离了以垂直梁的中线为主体的开裂形式，而向基体纵深发展。图 6-108 给出了短悬臂梁结构和弯曲疲劳裂纹走向的趋势图，可见随着悬臂梁长高比（L/H）的减小，齿根的主应力方向在发生着变化，甚至会衍变成一种近似的"台阶"结构。从某种意义上说，当 $L \leqslant H$ 的时候，结构已经脱离了传统的悬臂梁弯曲结构的应力分布形式。实际上在这种结构的衍变过程中，短悬臂梁结构的应力模式则是弯曲正应力和剪切正应力共同作用的结果。

(a) 同步环疲劳开裂　　　　　　　　(b) 弯曲疲劳断裂

图 6-107　重型载货车主减速器的主动锥齿轮轮齿的弯曲疲劳断裂形式

以这种重卡的主动锥齿轮特殊的弯曲疲劳模式为例，经过了对大量的疲劳打齿和断齿的比较和分析，认为这种断裂形式正表明主动锥齿轮轮齿的受力合理，为正常的轮齿弯曲疲劳失效形式，但这种失效形式较为少见。大量的疲劳打齿是在异常的载荷条件下发生的，如图 6-109(a) 和图 6-109(b) 的疲劳打齿就是与齿的接触区域偏移有关。

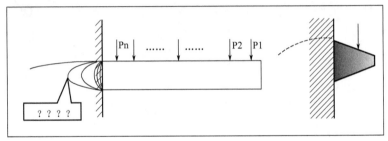

图 6-108 短悬臂梁结构示意

(a) 异常的疲劳打齿1

(b) 异常的疲劳打齿2

图 6-109 短悬臂梁结构及异常的疲劳打齿

(3) 剪切结构问题（短悬臂梁的另一种表现形式）

剪矩在常规的结构件的疲劳断裂分析中很少见到，但实际上汽车零件与剪矩相关的疲劳失效还是较为常见。图 6-107(a) 和图 6-107(b) 的两种主动锥齿轮的疲劳打齿情况，就属于剪切应力疲劳开裂，这属于一种异常的失效模式。该情况也说明了剪矩的作用大多与短悬臂梁结构有关。从这一情况中得知，随着悬臂梁长度的逐步减短，抗弯能力在不断的提升；随着弯曲载荷的提高，结构的剪矩也在加大。当 $L \leqslant H$ 的时候，剪矩的幅值或其剪切应力已经可以参与到结构的疲劳破坏的过程中，而且与剪矩相关的疲劳断裂通常与载荷或结构异常相关。

另一个例子是曲轴连杆轴颈的正应力疲劳开裂问题，其疲劳开裂的模式见图 6-110(a) 所示，这种疲劳开裂通常起源于连杆轴颈的油孔，可以看到其疲劳断口几近为一个非常规则的平面，与轴颈的轴线呈 45°角，通常的情况下均把这种断裂归结到扭转正应力疲劳的范畴中。当我们观察该断口与半轴的扭转正应力断口［图 6-110(b)］的差异时，可以看到其只相当于扭转断口的一部分，从结构应力图［图 6-110(c)］上看，连杆颈已经偏离出曲轴主轴颈的中心线，承受着来自两侧曲柄非对称的剪矩载荷及应力的作用［图 6-110(d)］，因此这种情况属于来自于两侧的曲柄剪矩正应力疲劳开裂。

之所以强调这种概念上的差异，旨在提高我们关于结构、载荷形式和失效模式的认知和分析能力，同时也强调对剪切结构及其开裂失效模式的注意。

(a) 曲轴连杆轴颈的正应力疲劳开裂

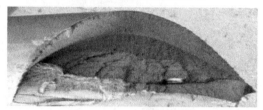

(b) 扭转杆正应力开裂端口

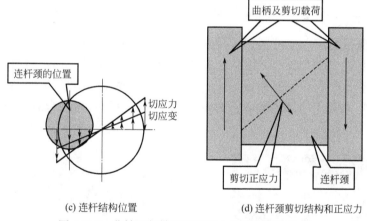

(c) 连杆结构位置　　(d) 连杆颈剪切结构和正应力

图 6-110　曲轴运行轴颈的正应力疲劳断裂及分析

6.5.5　汽车零部件结构中的组合应力问题

结构的传统的应力分析过程中，主要包括拉压、弯曲、扭转和剪切四种独立的结构形式，有些结构的情况疲劳开裂模式会同时具有两种的独立结构形式的表现,比如短而厚的齿轮轮齿结构可以弯断或剪断。其中拉压和弯曲结构通常以正应力衍生剪应力的演变方式,而扭曲和剪切结构则以剪应力衍生正应力的演变方式。在实际的结构件断口分析过程中,会遇到不同结构的应力场叠加,这需要我们通过具体的断口形式反求出其结构和载荷的特性。

某驱动桥双级减速器主动圆柱齿轮轴颈的疲劳断裂情况所于图 6-111(a)。从其轴颈的失效模式上看属于正应力的旋转弯曲疲劳断口,断口成小角度(约 15°~20°)的锥形,断口的方向应该与弯矩正应力(90°)和剪矩正应力(45°)的矢量和的方向垂直〔见图 6-111(b)〕。从结构及应力与断裂的相互关系综合地考虑这种情况,一般认为"剪矩"参加到疲劳破坏的过程中,可理解为零件的工作载荷处于异常状态。

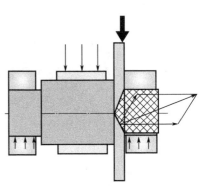

(a) 主动圆柱齿轮轴颈疲劳断裂　　(b) 结构和力学分析图

图 6-111　某驱动桥双级减速器主动圆柱齿轮轴颈的疲劳断裂及结构和力学分析图

曲轴曲柄的弯曲疲劳断裂较为常见,其弯曲疲劳断口往往带有结构不对称的情况,见图 6-112 所示。粗略地解释该断口的非对称性是与曲轴扭曲载荷有关,但精确地分析应该是曲柄弯矩和扭矩正应力叠加的结果。曲柄在该截面上的这种扭矩来自于前述的连杆颈的剪切结构。曲轴的弯扭复合载荷下的疲劳断口见图 6-113。

图 6-112　曲轴曲柄的弯、扭组合断口　　图 6-113　曲轴的弯扭复合载荷下的疲劳断口

6.5.6 系统结构对零件失效形式的影响

机械系统中一些零件的疲劳形式，随着结构的变化会发生相应的变化。这种情况分为两类，一类是结构件随着疲劳裂纹扩展其局部的结构或是力学形式会发生变化，而引起失效形式的变化；另一类是在动力传动的系统中由于局部零部件的结构强度进行调整或强化，引起零件失效的模式或失效零件的转移或转换。

第一类情况中包括以半轴和扭杆为代表的扭转花键轴类零件。图 6-114 中 (a)~(c) 给出了典型的扭杆纵向剪切疲劳开裂情况。观察其整个的疲劳开裂过程和断口，可分以下几个阶段，首先是随机的花键齿的短悬臂梁式弯曲疲劳开裂，见图 6-114(a)，花键的疲劳裂纹向纵深扩展，其开裂原因通常认为与周圈花键受力不均有关。裂纹随后越过花键转为扭转正应力扩展，这种疲劳开裂模式的转换是由于裂纹应力集中提供的扭转正应力开裂的应力条件，该条件已经优于短悬臂梁裂纹扩展条件；随后又很快转成为扭转纵向剪应力扩展［见图 6-114(b)］，这一转换的首要条件是台架试验有足够的形变量，其次也需要扭杆良好的强韧性组合及原始裂纹的应力集中；最后当纵向剪切裂纹扩展到了远大于扭杆的直径后，扭转结构失稳，转成其他的形式使零件最后断裂［见图 6-114(c)］。最终的断裂形式因各方面的条件制约会有很多的模式或差异。

详细的观察分析和讨论这种失效模式的转换，可以将疲劳裂纹的扩展、变换理解成结构件的结构和载荷形式的变化，各种变化形式经历了从量变到质变的过程。在进行这类疲劳失效模式分析时，要注意失效模式的变换。

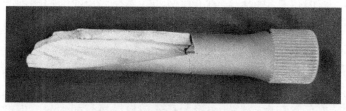

(a) 扭杆的纵向剪切疲劳开裂

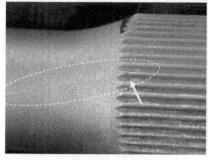

(b) 花键弯曲疲劳开裂

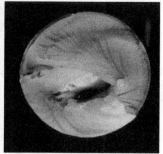

(c) 最终横向剪切疲劳开裂

图 6-114 典型的扭杆纵向剪切疲劳开裂情况

另一类失效模式转换是指在机械系统中相关零部件之间的转换。图 6-115 是柴油发动机燃油泵的动力输入系统，该系统主要由齿轮传动轴、十字弹片联轴节及输入轴组成。某发动机在实验过程中十字弹片联轴节经常出现弯曲疲劳断裂的情况，针对该种断裂情况，采用了增加联轴节十字弹片的措施，由最初的 2~3 片逐步加到了 6~7 片，这时发生了齿轮输入轴的扭转疲劳断裂的疲劳破坏形式的转换。经过分析确认，这种相关零件之间疲劳断裂形式的转换主要是齿轮轴与输入轴的轴心偏差过大，超出了弹性联轴节的能力范围；十字弹片的制造精度和装配误差也会影响这种断裂模式的转换。一味地增加弹片数量，导致弹片总成刚性增加，提高了抗弯能力，使齿轮轴的受力过大，导致了齿轮轴的断裂。

图 6-115　联轴节和油泵传动轴之间开裂失效的转换

整个动力传动系统中，这种在各种总成及零部件之间的失效的转换是十分常见的，复杂的，有时也是很难控制的。这包括从离合器片的磨损烧蚀起始，经变速器、传动轴、减速器至半轴为止，在那些相对薄弱的环节经常会出现不同零件较为集中失效，且具有接续性。

又如散热器和中冷器工作中均出现了热疲劳性质的失效，其原因均系使用温度较高，结构面积较大及边框的刚性约束，热变形积累过大等引起。这将首先引发局部"散热片"的挤压失稳塑性变形，最终引发散热管的失效。但散热器和中冷器中散热管的结构形状差异导致了两种失效模式。图 6-116(a) 示出了热疲劳开裂的散热器总成，图 6-116(b) 为散热器散热片失稳变形和散热管热疲劳开裂形态和部位；图 6-116(c) 为散热管及散热片的结构、散热管热疲劳开裂的部位。图 6-117(a) 为热疲劳开裂的中冷器，图 6-117(b) 为中冷器散热片失稳变形形态和部位，图 6-117(c) 为散热管及散热片的结构、中冷器散热管热疲劳变形的趋势。

两种散热管的热疲劳失效形式的差异在于散热管的结构不同，其中散热器的散热管为扁管结构，在受到失稳散热管的约束侧向拉力时尖端弯矩过大，发生开裂；而中冷器为宽管结构，在受到失稳散热管的约束侧向拉力时端头弯矩较小，管路产生失稳变形，使整个散热管趋于形成椭圆形。在失效分析中，不同结构不同的失效模式比对分析，有利于开拓失效分析的思路。

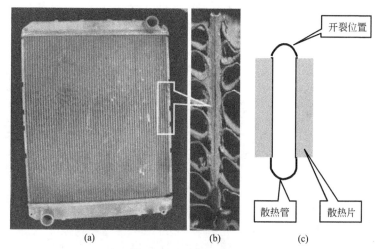

图 6-116　散热器散热片失稳变形和疲劳断裂

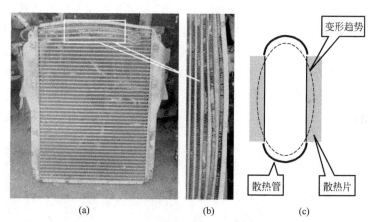

图 6-117　热疲劳开裂的中冷器及疲劳变形趋势

6.5.7　零件的结构失稳与失效

典型的结构失稳而引起失效模式有两种，一种是传统的压杆失稳弯曲带来的"附加弯矩"而产生的失效；另一类是软轴拉线线束的受力不均，引起应变集中而产生的失效。

重载载重车的车架在驾驶室后端面的下部附近［见结构图 6-118(a) 箭头所示部位］，发现了一种疲劳开裂。开裂情况示于图 6-118(b)，疲劳开裂发生在槽钢的上边缘，即常规的简支梁结构的压应力槽边，可见疲劳开裂发生在一个"凹陷"变形的结构失稳部位,该失稳的产生是零件承受了巨大的冲击性的弯曲载荷。疲劳开裂的产生是车架扭曲变形导致槽边承受拉伸载荷,这一拉伸载荷导致局部的"凹陷"变形部位承受弯曲载荷,从而导致疲劳开裂。换句话说,"凹陷"部位在拉伸的变形中将会承受由"应变集中"产生的附加弯矩。

(a) 车架结构失稳部位　　　　　　　(b) 车架失稳变形部位并疲劳开裂

图 6-118　重载载重车的车架失稳及疲劳开裂

图 6-119(a) 示出了汽油发动机连杆压杆失稳弯曲产生的失效。这种弯曲失效如果不能够及时地发现或更换零件,将会导致疲劳断裂并发生捣缸事故 [见图 6-119(b)]。连杆的弯曲失稳可能与活塞缸内有不可压缩的物质或是爆发压力过大有关。连杆弯曲后会产生附加弯矩,杆部将同时承受拉伸和弯曲的组合载荷,弯矩的分布沿杆身不一致,并在弯矩最大处附近发生疲劳断裂。连杆的失稳弯曲变形后疲劳断裂而导致的捣缸和因捣缸而导致的连杆疲劳断裂是两种不同情况,只有通过对连杆断口两侧的连杆弯曲的接续性分析或是对活塞缸口的位置分析,予以确认。

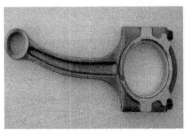 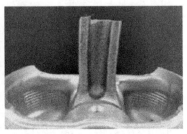

(a) 连杆结构失稳弯曲　　　　　　　(b) 连杆失稳并疲劳断裂

图 6-119　汽油发动机连杆压杆失效

钢丝绳(软轴)的疲劳断裂,也属于结构失稳范畴。在过渡的,非正常弯曲条件下,包括弹性的或塑性的局部变形等,导致钢丝绳中各钢丝的受力不均,而逐个或分批的断裂直到全部断裂。

图 6-120(a)～(c) 示出了玻璃升降器钢丝型软轴台架试验时样品的断裂情况,其中图 6-120(a) 中可以见到个别钢丝已经疲劳断裂,如这种断裂接续发展,

将会导致钢丝软轴的整体断裂,见图 6-120(b)。将钢丝软轴的固定挡块去除后,可见装卡时挡块根部钢丝绳已经弯曲塑性变形,见图 6-120(c)。这改变了其整体结构和受力的均匀性,同时构成不合理的弯曲载荷,致使钢丝绳中的钢丝开裂后发生接续性疲劳断裂。

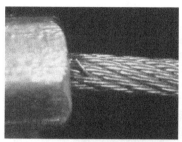 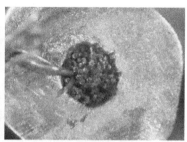

(a) 个别钢丝疲劳断裂   (b) 软线整体断裂

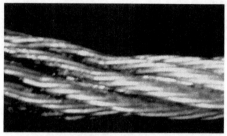

(c) 挡块装卡时的弯曲变形

图 6-120 玻璃升降器钢丝型软轴台架试验时样品的断裂情况

以上可以看出,造成零件失效的原因是多方面的,有选材问题、设计问题、加工工艺、使用环境等多种因素造成,有时任何一点小的疏忽就会造成不该发生的失效。例如某公司生产的转向传动轴,使用一段时间后,在远低于设计寿命的情况下发生断裂,断裂形貌见图 6-121,断口具有典型的扭转疲劳断口特征,图 6-122 示出了裂纹源的微观形貌,箭头示出了裂纹源的位置,两个裂纹源沿转向传动轴表面产生,并各自沿周向扩展,裂纹前沿相遇后发生交汇,交汇处形成

 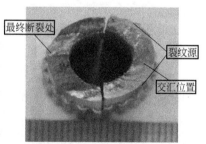

图 6-121 断裂转向传动轴的宏观形貌

台阶，交汇处微观形貌见图 6-123(a)，另一侧裂纹扩展直至断裂，最终断裂形貌见图 6-123(b)。轴向传动轴表面存在明显的车加工痕迹，痕迹与螺纹相似，裂纹源都在类似于螺牙的近顶端萌生。对零件用钢化学成分、金相组织和夹杂物分析结果表明，零件用钢、夹杂物正常，因此造成零件早期失效原因是表面粗糙的加工刀痕造成的应力集中和起裂源，缺口的扭转疲劳寿命远低于光滑试样，因此，避免零件早期失效的措施是提高表面加工精度，避免粗糙螺纹状加工表面造成应力集中引起失效[15]。

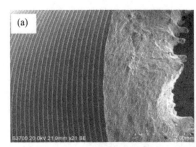 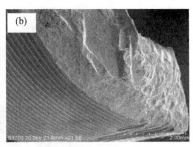

图 6-122 断口裂纹源处形貌

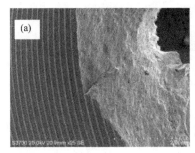 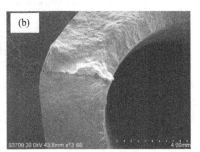

图 6-123 （a）裂纹交汇处形貌和（b）最终断裂处形貌

6.6 小结

本章综述了汽车金属材料零部件的失效分析与预防的思路和方法，首先介绍了金属材料及零部件的疲劳特性、金属材料疲劳开裂的机理、疲劳失效模式和影响疲劳性能的因素，随后提出认识疲劳失效的思路及要点，应用可靠性分析原理，对疲劳失效的多样性和差异性进行预测。基于疲劳断裂的多样性，展示了疲劳失效的各种相关因素，特别强调了结构因素对疲劳失效的明显影响，如后桥齿轮的失效，其诱因为桥壳的刚性不足，因此做好零件的失效分析和预防，从系统工程进行考虑，包括设计因素、相关结构因素、材料因素、工艺因素和使用环境等，需要多专业、多角度来观察认识汽车零件的失效。根据零件失效的情况，在分析后提出失效分析原因，从而找出预防失效的措施，是失效分析与预防的最终目标，而零件的断口分析，正是失效机理、失效模式一个有力的旁证，因此失效分析没有千篇一律的思考模式，必须针对不同零件、不同使用环境、不同失效情况进行具体的分析，在下结论之前，还必须有很好的试验验证与失效原因的推理相一致，所提出的失效原因和预防措施必须通过生产实践的考验。

参 考 文 献

[1] 马鸣图. 弹簧钢应变疲劳特性的研究 [C]. 中低碳弹簧钢应用研究和系列产品开发论文集，中汽总公司重庆汽车研究所编，1991年，重庆，p102-114.

[2] 陈蕴博，马鸣图，王国栋. 汽车用非调质钢的研究进展 [J]，中国工程科学，2014，No2，p4-17.

[3] Thomas H. Courtney, Mechanical Behavior of Materials [M]，McGraw-Hill Companies Inc. 2nd ed，2000

[4] 上海交通大学金属断口分析编写组. 金属断口分析 [M]. 北京：国防工业出版社，1979.

[5] 王仁智，吴培远编著. 疲劳材料失效分析 [M]. 北京：机械工业出版社，1987.

[6] Don H. Wright, Testing Automotive Materials and Components [M]，SAE Inc. Warrendale，PA 15096001，1993.

[7] 马鸣图. 汽车用合金结构钢的现状和研究进展（一）[J]. 汽车工艺与材料，2004，No1，p1-5.

[8] 马鸣图. 汽车用合金结构钢的现状和研究进展（二）[J]. 汽车工艺与材料，2004，No2，p7-11.

[9] Dale H. Breen. Fundamentals of Gear Stress/Strength Relationships-Materials [C]. Gear Design, Manufacturing and Inspection Manual, SAE Inc. 400 Commonwealth Drive Warrendale, PA 15096001，p43-56.

[10] 马鸣图. 汽车用合金钢的现状和研究进展 [C]. 中国汽车工程学会. 世界汽车技术发展研究报告，2003，p114-138.

[11] 中国机械工程学会编著. 机械产品失效分析与质量管理 [M]. 北京：机械工业出版社，1986.

[12] GB/T 8539-2000《齿轮材料及热处理质量的一般规定》（等效 ISO 6336-5：1996《渐开线圆柱直齿轮和斜齿轮承载能力计算方法第5部分：材料强度和质量》）.

[13] 中国汽车工程学会组织翻译. BOSCH 汽车材料工程手册 [M]. 北京：北京理工大学出版社，1999.

[14] 马鸣图. 轮材料性能和零部件功能之间的关系 [J]. 热处理，Vol29，(2014)：No2，p1-13.

[15] 卢书媛，顾伟，王卫忠等. 汽车转向传动轴断裂原因分析 [J]. 机械工程材料，2014，No2，p102-104.

第7章
典型汽车零件的摩擦与磨损

7.1 概述

摩擦是自然界中普遍存在的一种现象，只要有相对运动，就一定有摩擦相伴。从辩证地看，同任何事物一分为二相同，摩擦既是人类赖以生存的必需，同时摩擦也给人类带来了巨大的损失，如果没有摩擦，人类就无法行走，行驶中的机动车辆就无法停止运行，摩擦现象与我们的生产生活息息相关，皮带传动、物件抛光都是摩擦为人类服务的例子，也就是说摩擦给我们的生活提供了很多便利，然而摩擦现象造成的结果——磨损，这是人类不愿意看到和接受的，例如常见的汽车轮胎、齿轮、轴承的磨损等，汽车发动机和传动系统的摩擦不仅会带来严重磨损后果、同时还带来发动机巨大的消耗。据不完全统计，人类能源的1/3~1/2消耗于摩擦磨损，汽车运动构件和机器零件由磨损引起的失效占30%[1]，因此磨损失效已成为三大失效方式（腐蚀、疲劳、磨损）之一。早在1965年，英国的摩擦学专家H. P. Jost对英国工业界现状调查指出，如果在英国工业界应用摩擦学的知识，预计每年可减少摩擦损失5亿多英镑[2]。美国在1981年公布了由于磨损造成的损失达1000亿美元，其中材料消耗为2亿美元，相当于材料年产量的7%；20世纪90年代，我国冶金、矿山、农机、煤炭、电力和建材等六个部门不完全统计，每年由于磨料磨损需要补充的备件达100万吨，相当于15亿~20亿美元[3]。由此可见，摩擦磨损造成的经济损失十分巨大。

据美国知名汽车咨询公司IHS automotive公布数据显示，到2011年底，包括重型卡车等车型在内，估计全球共有9.79亿辆汽车在路上行驶。而到了2012年底，全球汽车总量已突破10亿辆，这意味着全球汽车轮胎在用量将达60多亿条。而为了确保安全，每辆汽车平均行驶3万~5万公里就需更换一次轮胎，其正常使用时间约为4~5年。经推算可知，2012年全球轮胎报废量约为13亿条。2012年全球新增车辆约8000万辆，需轮胎4.8亿条，每年轮胎总需求量约为17.8亿条，其中报废轮胎的价值约为3000多亿元。由于轮胎的磨损、消耗造成了大气环境污染，而报废轮胎的回收再生及掩埋也会造成严重的环境污染。据ANRPC（Association of Natural Rubber Producing Countries 天然橡胶生产国协会）统计，2011年全球橡胶（天然、合成）产量约为2500万吨，每年用于制造轮胎的生胶用量约占世界生胶消耗量的50%～55%。

磨损给中国汽车工业带来巨大损失，典型摩擦损失的构件有轮胎、制动材料、发动机中三对摩擦副、变速箱及车内各类齿轮等，每年因这些构件功能丧失造成亿元的损失。由于汽车中的摩擦还会引起早期失效事故，如轮胎磨损会引起爆胎，刹车片磨损会引起早期失效或开裂，齿轮磨损会引起传动系统失效，发动机耐磨件的磨损会引起发动机功能的下降和早期失效，因此世界各国对汽车磨损给予极大关注，采取各种措施提高零件的耐磨性，或采取措施降低磨损。本章将论述摩擦磨损的基本概念和典型零件的摩擦磨损失效。

7.2 摩擦的定义与分类

摩擦是指两个相互接触的物体在外力作用下发生相对运动，或具有相对运动趋势时，在接触面之间产生的切向运动阻力，称为摩擦力，而这种现象称为摩擦。显然在这种情况下，摩擦仅与两个物体接触部分的相互作用有关，而与物体内部状态无关，所以又称为外摩擦；而阻碍同一物体各部分之间相对位移的摩擦称为内摩擦。

两个相互接触的物体构成了一对摩擦副，根据摩擦副运动和表面状态，摩擦可有以下分类[4]。

(1) 按摩擦副的运动状态分类

① 静摩擦　即一个物体沿着另外一个物体有相对运动趋势时产生的摩擦，静摩擦随着作用于物体上的外力变化而变化。当外力大到克服最大静摩擦力时，物体就开始宏观运动；静止的汽车要开动，首先就要克服静摩擦力。

② 动摩擦　即一个物体沿着另外一个物体表面相对运动时产生的摩擦，阻碍物体运动的切向力称为动摩擦力，动摩擦力通常小于静摩擦力。

(2) 按摩擦副的运动形式分类

① 滑动摩擦　即物体的接触表面相对滑动时产生的摩擦，例如发动机中的活塞和活塞环。

② 滚动摩擦　在力矩作用下，物体沿表面滚动时产生的摩擦，例如轴承、滚珠和套圈之间的运动，汽车轮胎和地面之间的摩擦等。

③ 滑动与滚动复合型摩擦　即物体接触表面既有滚动，又有滑动产生的摩擦，例如汽车齿轮相互运动时就是此类复合型摩擦。

(3) 按摩擦副的表面润滑状况分类

① 纯净摩擦　即摩擦相互接触的表面没有任何吸附膜和化合物存在时的摩擦，这种情况只是在接触表面产生塑性变形，或者在真空中的摩擦才能发生。

② 干摩擦　即在大气条件下，摩擦表面之间的名义上没有任何润滑剂存在

时的摩擦，例如汽车中刹车片和刹车毂之间的摩擦。

③ 边界润滑摩擦 即摩擦表面有一层极薄的润滑膜存在时的摩擦，这层膜称为边界膜，厚度为 $0.01\mu m$，甚至更薄，例如发动机中曲轴和轴瓦的摩擦、活塞销和连杆轴瓦之间的摩擦都属于这类摩擦。

④ 流体润滑摩擦 即相对运功的两物体表面完全被流体隔开的摩擦，流体可以是液体时称为液体摩擦，当是气体称为气体摩擦，流体摩擦是摩擦发生在流体内部。

⑤ 固体润滑摩擦 即相对运动的两物体表面有固体润滑剂时的摩擦，例如汽车中涂有石墨润滑脂轴承的摩擦。

(4) 按摩擦副所处的工况和条件分类

① 正常摩擦 指机器设备的摩擦副在正常温度、压力和速度下工作时的摩擦。

② 特殊工况条件下的摩擦 指现代机器设备中摩擦副处于高温、高速、低温、真空、辐射等特殊环境下工作时的摩擦，其摩擦磨损性能各具特点，因此称之为特殊工况条件下的摩擦。

7.3 摩擦理论

7.3.1 早期摩擦理论

早期的摩擦理论是由意大利科学家在 1508 年明确提出了摩擦力的概念，摩擦力与物体重量成正比，而与法向接触面积无关。至 1785 年，法国科学家库伦正式提出了摩擦定律，被称为经典摩擦定律，表述如下。

① 摩擦力与作用于摩擦面的法向载荷成正比，即：

$$F = \mu L \tag{7-1}$$

式中，F 为摩擦力；L 为法向载荷；μ 为摩擦系数。

② 摩擦力的大小与名义接触面无关。

③ 静摩擦力大于动摩擦力。

④ 摩擦力的方向与滑动速度无关。

⑤ 摩擦力矩的方向总是与接触面间的相对运动速度方向相反。

近年来，人们对摩擦的深入研究发现，经典库仑定律有一实际情况不符之处，对于普通材料，摩擦力与法向载荷成正比，即摩擦系数为常数，但实际上摩擦系数与材料、环境条件有关的综合系数，它不仅与摩擦副的材料性质有关，还与摩擦表面的温度、光洁度、表面污染情况等有关。当压力较大时，对某些极硬的材料（如钻石）和软材料（如聚四氯乙烯），摩擦力与法向载荷并不成线性关系；由于对于具有一定屈服点的材料，摩擦力的大小与名义接触面积无关，而对于弹性材料（如橡胶）或黏弹性材料（如某些聚合物）的摩擦力与名义接触面积大小存在某种关系，特别是对于某些很干净和光滑的表面，当承受很大载荷时，由于接触面之间出现强烈的分子吸引力，故摩擦力与名义接触面积成正比。对于黏弹性材料，其静摩擦系数不一定大于动摩擦系数，对很多材料，摩擦系数与滑动速度无关。虽然这些与库仑定律有矛盾之处，但作为经典的摩擦定律，在汽车中仍然有很多应用，例如测定板材冲压时摩擦系数对冲压成形性的影响，多少板材摩擦系数的测定多数还是采用库仑定律。

7.3.2 滑动摩擦理论

为了解释滑动摩擦时的一些现象，先后有人提出了机械啮合理论，该理论认为由于两摩擦表面上凹凸不平的微凸体在发生相对运动时，相互啮合阻碍了物体的相对运动，摩擦力就是这些啮合点切向阻力的总和，摩擦系数为粗糙斜角的正切值 θ，即表面越粗糙，摩擦系数越大，该理论示意图见图 7-1。另外，也有人提出分子作用理论，认为产生摩擦力的主要原因在于摩擦表面的分子作用力，即当两物体接触时，一种材料的原子从它们接触表面的吸引力范围内被拉出时要消耗一定的能量，所以构成了摩擦阻力，随后的研究表明，摩擦是由分子运动键的断裂过程所引起的，由于表面和次表面分子周期性的拉伸、破裂、松弛导致的能量消耗。1950 年英国剑桥大学有人提出摩擦的黏着理论，该理论认为，当金属表面相互压紧时，它们只在微凸体的顶端接触，由于接触面很小，微凸体的压力很高，足以引起塑性变形和牢固粘着，使接点发生冷焊，这种冷焊点在表面相对滑动时被剪断，这就构成了粘着力的粘着分量；当较硬的材料滑过较弱材料的表面时，较硬材料的微凸体会对较弱材料表面产生犁削作用，这就构成了摩擦力的犁削分量，总的摩擦力就是两种分量之和。

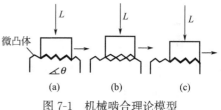

图 7-1 机械啮合理论模型

7.3.3 滚动摩擦理论

滚动摩擦理论可分为两类，一类传递很大的切向力，如汽车的主动轮，另一类为传递很小的切向力，称为自由滚动。图 7-2 为一轮子沿固定基础的滚动，当转过角度 Φ 后，轮轴相对基础转动了 $R\Phi$，这种运动称为无滑动滚动或纯滚动。

滚动摩擦系数 μ_r 可定义为驱动力矩 M 与法向载荷 L 之比，即：

$$\mu_r = M/L = F_0 R/L \tag{7-2}$$

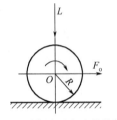

图 7-2 沿平面滚动的物体

式中，μ_r 是一个具有长度因子的量纲，其单位为 mm；还有一种无量纲摩擦系数，其定义是滚动驱动力 F 在单位距离上所做的功与法向载荷之比。

$$\mu'_r = A\phi/L\Delta S = \mu_r/R \qquad (7\text{-}3)$$

滚动摩擦阻力主要来自微观滑动、弹性滞后、塑性变形和黏着作用等方面，汽车运动时车轮与地面的摩擦就属于这种滚动摩擦。

7.4 影响摩擦的因素

影响摩擦和摩擦系数的因素很多，大体可归纳为两类，即材料本身因素和摩擦传统因素。

当摩擦副是同一种金属或非常类似的金属，或这两种金属可能形成固溶合金时，摩擦就会较为严重，例如铜-铜摩擦系数可达 1.0 以上，铝-铁、铝-低碳钢摩擦系数大于 0.8，不同金属或亲和力很低的金属构成的摩擦副，如银-铁、银-低碳钢摩擦系数仅为 0.3。材料的弹性模量越高，摩擦系数越低；强度越高，摩擦系数也越低；表面粗糙度越大，摩擦系数越高，有时非常光滑的表面，其摩擦系数也会很大，例如玻璃-玻璃。当滑动摩擦时，由于塑性变形使接触面积增大，造成摩擦系数升高；滚动摩擦产生的粘着接点分离时，其方向是垂直界面的，因此没有接触面积增大的现象。

摩擦环境对摩擦力和摩擦系数会产生明显的影响，一般情况下，高温下的摩擦副的摩擦系数增大，其特性主要取决于两金属的高温强度、可融合性及所形成表面膜的情况，表面膜可以是摩擦之前材料的氧化膜，摩擦过程中形成的反应膜和加入的润滑剂形成的润滑膜，只要表面膜能起到润滑剂的作用，就会减轻黏着，降低摩擦系数。冷冲压时钢对钢模具的摩擦系数为 0.1～0.15，当高温热冲压时，如热冲压成形，摩擦系数上升到 0.4 以上，常见材料的摩擦系数见表 7-1。

表 7-1 常见材料的摩擦系数

摩擦副材料	摩擦系数 μ		摩擦副材料	摩擦系数 μ	
	无润滑	有润滑		无润滑	有润滑
钢-钢	0.15	0.1～0.12	青铜-夹布胶木	0.23	—
	0.1	0.05～0.1	青铜-树脂	0.21	—
钢-软钢	0.2	0.1～0.2	青铜-硬橡胶	0.36	—
钢-不淬火的 T8 钢	0.15	0.03	青铜-石板	0.33	—
钢-铸铁	0.2～0.3	0.05～0.15	青铜-绝缘物	0.26	—
	0.16～0.18		铝-黄铜	0.27	0.02
钢-黄铜	0.19	0.03	铝-青铜	0.22	—
钢-青铜	0.15～0.18	0.1～0.15	铝-钢	0.3	0.02
		0.07	铝-夹布胶木	0.26	—

续表

摩擦副材料	摩擦系数 μ		摩擦副材料	摩擦系数 μ	
	无润滑	有润滑		无润滑	有润滑
钢-铝	0.17	0.02	硅铝合金-夹布胶木	0.34	—
钢-轴承合金	0.2~0.3	0.04	硅铝合金-树脂	0.28	—
钢-夹布胶木	0.22	—	硅铝合金-硬橡胶	0.25	—
钢-冰	0.027	—	硅铝合金-石板	0.26	—
	0.014		硅铝合金-绝缘物	0.26	—
石棉基材-铸铁或钢	0.25~0.4	0.08~0.12	钢-粉末冶金材料	0.35~0.55	—
皮革-铸铁或钢	0.3~0.5	0.12~0.15	木材-木材	0.4~0.6	0.1
木材(硬木)-铸铁或钢	0.2~0.35	0.12~0.16		0.2~0.5	0.07~0.1
软木-铸铁或钢	0.3~0.5	0.15~0.25	麻绳-木材	0.5~0.8	
毛毡-铸铁或钢	0.22	0.18		0.5	
软钢-铸铁	0.18~0.2	0.05~0.15	45 淬火钢-聚甲醛	0.46	0.016
软钢-青铜	0.18~0.2	0.07~0.15			
铸铁-铸铁	0.15~0.18	0.15~0.16	45 淬火钢-聚碳酸酯	0.3	0.03
		0.07~0.12			
铸铁-青铜	0.28	0.16	45 淬火钢-尼龙 9	0.57	0.02
	0.15~0.21	0.07~0.15	(加 3%MoS2 填充料)		
铸铁-皮革	0.55,0.28	0.15,0.12	45 淬火钢-尼龙 9	0.48	0.023
铸铁-橡胶	0.8	0.5	(加 3%玻璃纤维填充物)		
皮革-木材	0.4~0.5	—	45 淬火钢-尼龙 1010	0.039	—
	0.03~0.05	—	(加 3%玻璃纤维填充物)		
铜-铜	0.2	—	45 淬火钢-尼龙 1010	0.07	—
青铜-黄铜	0.17	0.02	(加 3%玻璃纤维填充物)		
青铜-硬橡胶	0.25	—	45 淬火钢-氯化聚醚	0.35	0.034
青铜-石板	0.25	—	45 淬火钢-苯乙烯-丁二烯-丙烯腈共聚体 (ABS)	0.35~0.46	0.018
青铜-绝缘物	0.27	—			
青铜-青铜	0.16				
青铜-青铜	0.15~0.20	0.04~0.1			

7.5 磨损的分类与评定

两个相互接触或相对运动表面发生的摩擦,其必然结果是发生磨损。汽车中许多运动构件都是由零件装配而成,其相互连接零件之间及汽车运动与外部物体接触时,都会发生摩擦与磨损,如汽车车轮、变速箱中齿轮、轴承、活塞环与缸套、曲轴主轴颈与轴瓦等都是发生摩擦磨损,磨损是造成材料和能源损失的重要原因。

7.5.1 磨损的分类

至今尚没有一条简明的定量定律，即确切统一的磨损定义。英国机械工程师协会给出的磨损定义：由于机械作用造成的物体表面材料的逐渐损耗；也有人给指出磨损是由于摩擦结合力的反复扰动而造成的材料破坏；也有人定义为由于机械作用、间或伴有化学和电的复合作用，造成物体工作表面在相对运动中不断损耗的现象称为磨损。显然，磨损并不局限于机械作用，也伴随有化学和电化学作用所承受的腐蚀磨损；由于界面放电作用而引起物质转移的电火花磨损；由于伴同热效应而产生的热磨损。磨损仅发生在运动物体材料的表面，非表面材料的损失和破坏不包括在磨损范围之内。磨损是一个渐进过程，其材料损失包括直接耗失材料和材料转移，磨损引起的材料破坏包括产生残余变形、表面精度和光洁丧失等，因此磨损是十分复杂的微观动态过程。

不同的磨损机制，磨损发生的破坏和机理均不相同，而在实际工况中，材料磨损是多种机理同时存在，常见的磨损机理分类为黏着磨损、磨料磨损、冲蚀磨损、微动磨损、疲劳磨损等。

(1) 黏着磨损

黏着磨损是相互接触的表面上微凸体不断形成黏着点和接点断裂而导致摩擦表面破坏，并形成磨削的过程。黏着磨损是一种常见的磨损形式，约占磨损的25%，齿轮、涡轮、刀具、模具和轴承等零件的失效都与黏着磨损有关。根据摩擦表面破坏的程度，黏着磨损可分为以下几种。

① 轻微磨损　接触面上接触点的破坏基本发生在黏着面上，表面材料的转移非常轻微。

② 擦伤磨损　接点剪切主要发生在较软金属的浅层内，有时硬金属表面也有擦痕，接点的黏结强度比两种金属都高，转移到硬表面的黏结物可擦伤较软材料的表面。

③ 撕脱　它是比擦伤更为严重的黏着磨损，接点强度比两接触面任一方的剪切强度更高。

④ 咬死　即摩擦副之间的黏着面积较大，不能作相对运动。

影响黏着磨损的因素很多，一类是摩擦副本身的材质和性能，如材料成分、组织和性能等；另一类是摩擦的工作条件，如载荷、速度、环境因素等。

(2) 磨料磨损

由硬颗粒和凸起物使材料产生迁移而产生的磨损称为磨料磨损，工程机械、农业机械和矿山机械的许多构件发生的磨损多属于这类磨损。在汽车中轮胎是典型的磨料磨损；其他相对运动的构件都处于密封状态，因此磨料磨损产生的失效案例不多，有时密封件失效或者发动机中燃烧产物使原来润滑较好条件下的磨损转变为磨料磨损，但这只是加速汽车构件失效的因素，而不是主导因素。

磨料磨损机理有两类，一类是由塑性变形控制的磨损机制，当材料与塑性材料表面接触时，会存在两种由磨粒磨损使材料去除的方式，即犁沟和微切削；另一类是脆性断裂控制的磨损机制，即脆性材料在磨粒作用下造成材料微观断裂形成磨损。

(3) 其他类型磨损

① 冲蚀磨损　这类磨损是指流体和固体粒子对材料表面进行冲击所造成的磨损。例如，水轮机叶片、各种泵类叶片的磨损就是典型的冲蚀磨损，由于水轮机的工作环境在冲蚀磨损中还会生产穴蚀。

② 微动磨损　即两个摩擦表面之间发生小振幅的相对运动引起的磨损。典型的微动磨损发生在机械零件配合较紧密的部位，如铆接、键销连接、螺栓、齿轮以及各类吊桥的钢丝绳多发生微动磨损。

③ 真空磨损　这种磨损是指接近的金属表面接触时会发生强烈的黏着，其摩擦系数高达 2~10，甚至更高，摩擦副的滑动常常发生咬死。在摩擦界面形成了很强的金属键合，当表面拉开时，往往会发生材料从一个表面向另一个表面的转移，即形成磨损。

④ 腐蚀磨损　石油化工、矿山冶金和汽车等机械上的许多零件，不仅受到磨损，而且还受到环境介质的强烈腐蚀，从而产生腐蚀与磨损的交互作用，大大加速了零件的失效，这种磨损称为腐蚀磨损。

7.5.2　影响黏着磨损和磨料磨损的因素

影响黏着磨损的因素如下。

① 摩擦副的相溶性　两对金属摩擦副互溶性好，则黏着磨损的倾向就大，金属晶格类型系统、晶格常数、电子密度和电化学性能相近，互溶性大，容易发生黏着磨损。

② 晶体结构　一般条件下，面心立方晶体结构的金属黏着倾向大于密排六方结构，且密排六方结构的 c/a 值越大，则抗黏着磨损性能越好。

③ 显微组织　一般地说，多相金属比单相金属黏着的可能性小，金属化合物比单相固溶体的粘着倾向小，细晶粒比粗晶粒的耐磨性好，片状珠光体比粒状珠光体耐磨性好，回火马氏体比淬火马氏体耐磨性好，下贝氏体比马氏体的耐磨性好。残余奥氏体量在摩擦过程中转变为马氏体或贝氏体，有利于提高钢铁材料的耐磨性，如果残余奥氏体量较多，摩擦过程中没有 TRIP 效应，则采用较软的残余奥氏体不利于耐磨性的提高；而摩擦过程中，由于大量的残余奥氏体分解为马氏体，增加了材料的脆性，这也不利于材料耐磨性。

④ 表面状态　金属表面通常有一层氧化膜覆盖，坚韧而牢固的氧化膜有利于改善金属的黏着磨损；硬而脆的氧化膜容易发生破裂和剥落，不利于提高黏着

磨损抗力；液体、固体润滑膜有利于提高材料的黏着磨损抗力。

⑤ 载荷和速度　在一定的载荷范围内，载荷增加，磨损增加；当载荷规定不变时，黏着磨损随滑动磨损速度的增加而降低。摩擦副表面温度的升高会导致表面强烈的氧化、相变、软化，甚至表面微区熔化，因此其对黏着磨损的影响是一个复杂过程。

影响磨料磨损的因素

磨粒磨损的影响因素很多，其各影响因素如图 7-3 所示。即包含有设计性能、磨料特征、工况条件、材料特征等因素，而这些因素之间相互联系，相互影响，相互作用。

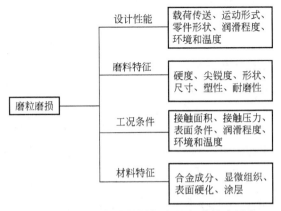

图 7-3　磨料磨损系统结构中的各种影响因素

7.5.3　磨损的评定

目前对磨损的评定方法还没有统一的标准，由于磨损的机理和失效模式都不相同，因此其评定方法和评价参量也难以统一，常见的评定方法有磨损量、磨损率、耐磨性等参量。

① 磨损量　评定材料的磨损量有三个基本参量，长度磨损量 W_L、体积磨损量 W_V、重量磨损量 W_w；长度磨损量是指磨损过程中零件表面长度发生的改变量，体积磨损量和重量磨损量是指磨损过程中零件体积和重量的改变量。在实验室中，往往先测定重量磨损量，然后再换算成体积磨损量，进行比较和分析，对于密度不同的材料，用体积磨损量来评定磨损程度比重量磨损量有更好的合理性。实验室常用的摩擦磨损试验机 MM200、MM1000 都是用重量和体积磨损量来评定试样磨损的。

② 磨损率　在所有情况下，试样的磨损都是时间的函数，因此也用磨损率来表征材料的磨损特性，如单位时间的磨损量，单位摩擦距离的磨损量等。

③ 耐磨性　即在一定工作体积下材料耐磨损的特性，耐磨性分为相对耐磨性和绝对耐磨性。

相对耐磨性（ε）是指两种材料 A 与 B 在同样的系统的外部条件下磨损量的比值，其中材料 A 是标准（或参考）试样，磨损量 W_A 和 W_B 一般用体积磨损量，特殊情况下可使用其他磨损量。

$$\varepsilon = W_A / W_B \tag{7-4}$$

绝对耐性：可用给定条件的磨损率或磨损量来表示。

7.6　提高材料耐磨性的方法和途径

人们基于磨损类型及其影响因素的了解，提出了改进耐磨性的方法和途径，根据零件工作特点、经济因素、资源条件选择综合性能良好的耐磨材料，并结合零件摩擦面的工况开发了一系列表面强化的方法，包括表面化学热处理、电镀耐磨层和减摩层、热喷涂和堆焊高合金材料、激光表面强化、物理和化学气相沉积等，现简单介绍一些提高材料耐磨性的方法和途径。

7.6.1　开发耐磨材料

(1) 耐磨的钢铁材料

① 耐磨铸钢　它是一种常用的耐磨材料，包括中锰耐磨铸钢和高猛耐磨铸钢。在中锰钢中加入铬、稀土，调整合适的碳含量，制作成高硬度的淬火水泥磨球和耐磨衬板；高锰铸钢的锰含量在 13% 以上，其广泛用于工程机械的履带板和其他承受高冲击的耐磨件。

② 耐磨铸铁　它是一种广泛应用的耐磨材料，主要包括球墨铸铁、蠕墨铸铁、高猛铸铁、普通白口铸铁、铬系白口铸铁等。轻轨中的制动盘用的就是蠕墨铸铁；汽车发动机的缸体中也大量应用蠕墨铸铁；乘用车的刹车盘、商用车的制动蹄片也大量使用球墨铸铁和蠕墨铸铁，这类汽车零件不仅要求高的耐磨性、适当的摩擦系数，还要求摩擦系数的稳定性以及零件的热疲劳性能。在制动盘材料中加入铌可以有效细化铸铁制动盘的组织，进而提高其耐磨性。

(2) 减摩和自润滑的高分子材料

大型矿山汽车制动系统使用的衬套为钢背加聚四氟乙烯的复合材料，这种材料有三层组成，外层为钢背，主要起支持作用，在钢背上烧结上一层铜网或铜粉，随后再用压延和烧结结合的方法附上一层减摩的聚四氟乙烯，这就制成了具有自润滑的复合材料，将这种板材采用卷管成型方法制成自润滑的衬套，命名为 DU 衬套，聚四氟乙烯具有良好的减摩和自润滑作用，使用过程中不需要加润滑油孔，已广泛用于矿用车制动凸轮轴衬套，该产品三层结构见图 7-4(a)；DX 为少润滑衬套，其有机聚合物层由 DU 的聚四氟乙烯更换为聚甲醛，但在轴套与轴类接触的表面上，压制了很多圆形的储油圆坑，由于聚甲醛的承压能力高于聚四氟乙烯，所以这类衬套广泛用于汽车转向节衬套，装配时一次性涂上润滑脂，随后使用过程中基本不需要另外涂油，只是在大修时清理更换一次润滑脂即可，这样大大减少了汽车的加油点，与原来全部滚动轴承相比，使用这类轴承的成本下降，可靠性提高，这类自润滑和一次性润滑的衬套还可以用于无法进行润滑的部位，如原子能加速器，就使用聚四氟乙烯衬套，DX 的三层结构见图 7-5(b)；由 DU、DX 板材卷至呈的各类衬套见图 7-5[5]。本书作者在 1965～1966 年底为满足法国贝利埃引进大型矿用车的需要，曾进行 DU、DX 的系统研究[6]，并进行了成果的国产化，试制出了大型矿用车所需要的无润滑和少润滑 DU、DX 轴承，减摩效果达到得了贝利埃公司要求的水平，产品和当前北美 GBB 公司的产品相近[5]。

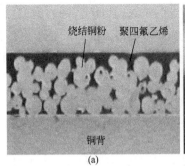
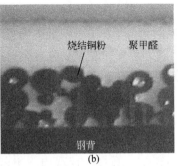

图 7-4 (a) DU、(b) DX 轴承三层结构示意

图 7-5 DU、DX 各类衬套

近年来，高分子聚合物及其复合材料摩擦学特性和应用研究越来越多，目前这类材料可分 6 大类，见表 7-2。这些材料在减摩和摩擦学方面的应用见表 7-3。

表 7-2 聚合物及复合材料

类别	聚合物及复合材料组成
无填充剂的热塑性聚合物	聚四氯乙烯(PTFE) 尼龙(PA) 高密度聚乙烯(HDPE)

续表

类别	聚合物及复合材料组成
有充填剂的热塑性聚合物	碳纤维增强塑料
	尼龙+油
高温聚合物	聚酰亚胺+充填剂
薄层材料	PTFE+充填剂/青铜
	PTFE 基薄层
	PTFE+玻璃纤维
	PTFE+碳、石墨
	PTFE+青铜
有充填剂的 PTFE 增强固性塑料	PTFE+玻璃纤维，MoS_2
	PTFE+云母
	酚醛树脂+石棉
	酚醛树脂+棉丝

表 7-3 聚合物及复合材料在减摩和摩擦学方面的应用

组别	材料	密封	齿轮	磨粒状态	高压压力	水	轴承	滑道	高温	压缩环	核能
1	PEFT	√					√	√			
	尼龙		√	√							
	HDPE	√	√	√		√	√				
2	尼龙+MoS_2			√			√				
	尼龙+油			√			√				
3	聚酰亚胺+充填剂	√	√						√	√	√
4	PRFE+Pb 青铜				√		√		√		√
	PRFE+玻璃纤维						√				
5	PRFE+碳、石墨	√					√				
	PRFE+青铜						√				
	PRFE+MoS2	√					√				
6	酚醛树脂+石棉		√		√	√				√	
	酚醛树脂+棉丝		√			√	√			√	

7.6.2 表面强化

摩擦是由两个相互接触面间发生的物理化学现象，因此表面的性质改变，特别是表面强化肯定对摩擦副的表面特性和耐磨性有显著的影响，这里所说的表面强化是指利用各种物理、化学、机械的工艺方法使材料表面获得特殊的成分、组织和性能，以提高其耐磨性和抗蚀性，延迟其摩擦副的使用寿命的表面强化技术。表面强化技术是一门涉及材料科学、冶金、物理学、化学等基础学科交叉的边缘学科，属于高新技术范畴，材料的磨损腐蚀、疲劳等失效现象多起源于材料表面，因此表面强化是提高材料表面抗磨、耐蚀和抗疲劳的有效方法。利用表面强化技术既可提升现有零件的表面性能和整体寿命，还可修复已磨损和失效的零件，是一种有效的再制造技术，并可显著地节约材料和能源，有利于环境保护。表面强化技术可分为以下几类。

(1) 激光表面淬火强化及化学热处理技术

激光表面淬火强化方法是利用高能量的激光束以一定的扫描速度照射被处理的金属表面，在极短的时间内，激光的能量可被金属表面吸收而产生高温，使金属表面产生形变，金属表面高速冷却又可实现快速冷却时的相变，从而实现快速强化。激光表面强化生产效率很高，汽车上应用的典型构件有缸套内壁的激光螺旋线扫射形成的螺旋硬化层，可以显著提高缸套耐磨性，而又不发生任何变形。激光强化是通过激光处理后使晶粒和亚结构特别细化，高速相变使强化的组织位错密度显著增加，因此其硬度和强韧性提高 20%～40%，耐磨性提高 5～10 倍；由于激光处理的冷却速度极高，有时在处理层形成非晶态组织，从而赋予激光处理层一些更特殊的性能。另外，激光也广泛用于零件的激光涂覆。

表面渗碳、渗氮、渗硼、渗流、硫-碳-氮三元共渗等表面热处理技术，操作简单、成本低、效率高，以大规模用于各类汽车耐磨件，如齿轮、轴类、冲压模具和刀具等。值得指出的是，这些表面及热处理技术是通过多种因素提升材料性能的，例如表面感应淬火不仅提高材料硬度，而且由于淬火的组织转变引起的表面压应力，在改善表面耐磨性的同时，也提高了疲劳寿命，各种花键轴采用这种淬火技术就是如此。

(2) 电镀、热喷涂和堆焊

各种耐磨镀层可以通过电镀的方法赋予零件表面更高的耐磨性，近年来，电镀技术有复合镀、化学镀、电镀、电刷镀等，镀层在改善材料外观、增加硬度、提高耐磨性、耐蚀性及减摩性的同时，也改善和取得其他热光电等物理性能，如果用于工件的修复和再制造，还可以使工件的磨损尺寸得到修复。另外，电镀还可以薄壁零件的制造，如江西五十铃柴油机缸套使用就是由薄壁圆钢管电镀硬铬而制造。根据镀层的要求，还可进行合金镀层，如在耐磨的镀层中先镀铬提高耐磨层的结合力，再镀镍-磷，也可在镀层中加入减摩物（MoS_2、WS_2）或耐磨硬质离子，镀层最重要的是保证其结合力。

热喷涂和堆焊是用热源将要涂覆或堆焊的材料熔融或加热呈半熔融状态后涂覆在基体表面的处理方法。热喷涂技术使用高速气流将熔融或半熔融的材料（金属陶瓷或高分子材料）雾化呈粒状，加速喷射到经过预处理的基体表面形成具有某些具体特性的表面涂层；堆焊是利用热源（电弧、等离子、火焰、激光）将具有特定性能的合金熔化并涂覆在基体材料表面，以达到耐磨、耐蚀、耐热的目的。与热喷涂不同，堆焊过程中基材表面发生熔化，与堆焊层有一定厚度的混合，并在两种材料间形成冶金过渡区；而喷涂层大多与基材处于机械嵌合或者微区的扩散结合状态，热喷涂和堆焊可以将各种合金材料（镍基、钴基、铁基）涂覆到基体表面。在汽车中，热喷涂和堆焊已经广泛用于高性能气门的生产，在高性能气门的裙部都堆焊有铁-镍-钴-铬合金，以提高气门的耐热性、耐磨性和抗氧化性，同时热喷涂和堆焊也广泛用于零件的修复和再制造；热喷涂还可以喷涂陶瓷材料，如在柱塞泵喷涂 Cr_2O_3 以提高耐热性和耐磨性；在一些滑动摩擦表面上喷涂高分子材料或者离子注入以提高材料的耐磨性，在汽车领域也有大量应用，如活塞环就用离子注入方法提高耐磨性。

(3) 化学气相沉积

化学气相沉积是利用气相化学反应在待处理的基材表面上成核、长大和成膜的处理过程，一般化学气相沉积速度很快，每分钟沉积可达几微米至几百微米，可以沉积金属膜、非金属膜和各种复合膜，通常用化学气相沉积来制取超硬涂层膜，如碳化钛、氮化钛、碳氮化钛、三氧化二铝、碳化铬，由于这些金属的碳氮化物的薄膜质地坚硬，与金属及合金材料的相容性差，因此当与钢铁材料摩擦时常表现出优良的抗黏着磨损性，在各种耐磨刀具上已有广泛应用。表 7-4 列出了气相沉积法获得的耐磨镀层。

表 7-4 气相沉积法获得的耐磨镀层

物理性能 \ 化合物	TiC	Cr_xC_y	TiN	$Ti(C_xN_y)$	Al_2O_3
硬度($HV_{0.05}$)	3300/4000	1900/2200	1900/2400	2000/2300	2200/2600
熔点/℃	3160	1600/1780	2950	3050	2040
密度/(g/cm³)	4.92	6.68/6.7	5.43	5.18/5.2	3.98
热膨胀率(200~400℃)/%	4.48×10^4	4.48×10^4	4.48×10^4	4.48×10^4	4.48×10^4
电阻(20℃)/Ω	85	75	22	50	10^{14}
弹性模量/(kg/mm²)	4.48×10^4	3.8×10^4	2.56×10^4	3.52×10^4	3.9×10^4
推荐膜厚/μm	4~15	8~12	4~13	6~10	1~3
色泽	银灰	灰	金黄	浅灰	乳白
摩擦系数	0.15/0.25	0.79	0.49	0.37	0.15

(4) 物理气相沉积

利用加热或放电等物理方法促使固体蒸发后凝结在准备涂层的基材表面形成镀膜。物理气相沉积采用方法有真空蒸镀、离子镀、电弧离子镀、非平衡磁控溅射镀等，其优点是沉积层形成温度低，膜的沉积速度比化学气相沉积快。近年来，利用 CVD 和 PVD 技术相互渗透而发展新型的气相沉积技术，如离子化学气相沉积（PCVD），这类技术具有成膜温度低、膜层致密度高、与基体附着力强等优点，同时还可以沉积出非晶态膜和有机聚合膜。物理气相沉积能在基材形成硬质耐磨镀层，如碳化物、氮化物、氧化物、碳氮化物、硼化物、软质减摩层、防蚀层等功能镀层；硬质耐磨镀层主要用于各种刀具和模具，如丝锥、钻头、滚刀、铣刀等，其使用寿命可大大提高，用碳氮化钛镀膜的滚刀比未镀层的滚刀寿命提高 3～5 倍。汽车轻量化和安全件的发展需要，汽车冲压件的模具已由原来的球铁和铸铁改为模具钢，如 Cr12MoV、SKD11 等钢种，为进一步提高冲压模具的耐磨性，通常采用物理气相沉积镀层，考虑到生产效率和成本，目前一种新的趋势是采用化学热处理（低温辉光离子氮化和物理气相沉积镀层相结合）的方法，物理气相沉积在汽车零件上典型成功的应用是纳米碳涂层来提高喷油嘴的耐磨性；发动机喷射技术发展和应用，如电控直喷发动机、柴油机喷油系统的喷油嘴要求较高耐磨性，同时还应该具有抗燃油燃烧物质污染的能力。由英国 TEER[7] 开发的纳米碳镀层，不仅赋予喷油嘴高的耐磨性，而且还使喷油嘴具有高的抗燃油燃烧物质污染，极大地提高了喷油嘴的耐磨性和使用寿命，延长了喷油嘴清洗维护使用周期，降低了喷油嘴成本。

为了进一步改善超硬镀层的耐磨性和减摩性能，从 20 世纪 90 年代开始发展超硬耐磨和减摩镀层，这种镀层采用物理气相沉积的方式，先沉积超硬的碳氮化钛镀层，再沉积二硫化钼减摩镀层，已在一些结构件（如轴承的外圈钢球保持架）上应用，同时也在一些阀件和模具上应用。

近年来，为提高结构耐热合金、超高温合金及一些特硬质材料刀具的耐磨性，TEER 公司开发了一种 Cr-Ti-Al-N 的多层超硬镀层，其镀膜过程是在闭合磁控溅射镀层装备中先经 20min 真空放电离子清洗基材表面，然后涂一层 0.2μm 的 Cr 连接层，再涂 0.1μm Cr-N 底层，再涂 0.2μm 梯度 Cr-Ti-Al-N 层，最后涂 4μm 的纳米 Cr-Ti-Al-N 镀层膜，每层之间的周期为 10～20nm，每一单层膜的厚度为 6nm，Cr-Ti-Al-N 的多层微观结构见图 7-6，相关性能见表 7-5[7]。

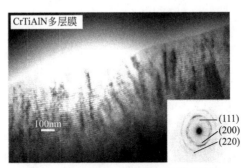

图 7-6 Cr-Ti-Al-N 的多层的微观结构

表 7-5 Cr-Ti-Al-N 多层超硬镀层的性能

涂层类型	硬度(HV)	拉伤载荷 L_c/N	压痕 R_c(150kg)	摩擦系数(μ)	耐磨性/[m³/(N·m)]
CrAlN	约 3000	>60	HF～1	约 0.6	<10^{-17}
CrTiN	约 3500	>60	HF～1	约 0.7	<10^{-16}
CrTiAlN	约 3500	>60	HF～1	约 0.7	<10^{-17}

续表

涂层类型	硬度(HV)	拉伤载荷 L_c/N	压痕 R_c(150kg)	摩擦系数(μ)	耐磨性/[m^3/(N·m)]
CrTAlVN	约3500	>60	HF~1	约0.6	<10^{-17}
CrAlVN	约3000	>60	HF~1	约0.6	<10^{-17}
CrMoTiAlN	约3000	>40	HF~1	约0.35	<10^{-17}
CrAlYN	约3000	>60	HF~1	约0.6	<10^{-17}
CrTiAlNO	约3500	>60	HF~2	约0.6	<10^{-17}
CrAlNO	约3000	>60	HF~2	约0.6	<10^{-17}
CrZrAlN	约3500	>60	HF~2	约0.5	<10^{-17}
Crbased+MoS_2	约1100	>100	HF~2	约0.05	<10^{-17}

PVD 和 CVD 等各类涂层的性能、特点和处理方法的比较见表 7-6。

表 7-6 各种涂层处理方法的比较

表面处理方法	环境条件/Pa	母材温度/℃	沉积速度/(μm/mm)	膜厚	黏合性	涂层性能	成本	可能涂覆的物质	其他
化学气相沉积	常压~400	900~1100	0~0.5	几微米~几十微米	很好	很好	中	金属、合金、碳化物、氮化物、硼化物Ⅰ、氧化物	公害容易治理
真空镀	≤10^{-5}	常温或常温以上	约0.5	几微米	差	差	高	金属、合金、几乎所有的无机物、少数有机物	公害容易治理
阴极溅射	10^{-2}~10^{-3}	常温或常温以上	约0.1	几微米	中	中	高	金属、合金、几乎所有的无机物	公害容易治理
离子镀	10^{-2}~10^{-4}	150~550	零点几微米	几微米~几十微米	很好	很好	高	金属、简单的化合物	公害容易治理
喷涂	常压	150~200(溶化处理1100℃)	—	任意	差(熔化处理-好)	差	低	金属、合金、氧化物	公害容易治理但有噪音
电镀	常压	常温~100	0.3μm~几微米	通常0.1mm以下	中	中	低	金属、合金	必须治理公害
化学	常压	50~100	0.01~0.1nm	通常0.1mm以下	中	好	中	Cu, Ag, Ni-P, Co-P	必须治理公害
盐浴法	常压	800~1100	—	几微米~几十微米	好	低	低	碳化物等	公害治理容易

7.7 不同磨损类型和零件选材

不同类型的磨损对零件要求具备的性能见表 7-7，不同工作条件下建议选用耐磨材料见表 7-8，选择超硬耐磨涂层的处理方法见表 7-9。

表 7-7 不同类型的磨损对零件要求具备的性能

序号	磨损类型	要求材料具备的性能
1	磨料磨损	有比磨料更硬的表面，较高的加工硬化能力
2	粘着磨损	互相接触的相配材料溶解度应较低，在工作表面温度下，抗热软化能力好，表面能低
3	冲蚀磨损	在小角度冲击时材料要有高硬度，大角度冲击时有高韧性
4	接触疲劳	高硬度高韧性，精加工时加工性能好，流线性好，要去除硬的非金性夹杂物，表面无微裂纹
5	腐蚀磨损	无钝化作用时，要提高其抗腐蚀介质侵蚀能力，兼有抗腐蚀和磨损性能
6	微动磨损	提高抗环境腐蚀的能力和高的抗磨料损性能，使磨损时形成软的腐蚀产物，同相配表面具有不相容性
7	高温磨损	在加热时仍具备高的热硬度，能形成硬面韧的玻璃状氧化表面。在更高温度时有抗快速氧化能力（包括考虑摩擦热的因素）热扩散能力强
8	高速磨损	有高的热扩散能力、良好的耐热冲击性能，热膨胀系数小，高熔点

注：某些耐蚀合金的钝化膜因磨料磨损会加重被侵蚀的程度。

表 7-8 不同工作条件下建议选用耐磨材料及所要求的性能

工作条件	要求的性能	选用材料
高应力、冲击	韧性高，有加工硬化性能	奥氏体锰钢、适当厚度的橡胶
低应力、滑动	高硬度，稍低韧性，可快速更换	整体淬火或表面热处理、堆焊、陶瓷表层
	基体材料较便宜，替换时间可稍长	陶瓷、石砖、混凝土
	高耐磨性，不考虑成本	碳化钨
凿削性磨损	高韧性	常用金属如铁和钢，堆焊
湿、腐蚀条件	耐腐蚀性	防锈金属、陶瓷、橡胶、塑料
低应力；细颗粒接触，少量磨料	低摩擦系数	聚乙烯、聚四氯乙烯、光滑金属表面
高温	抗开裂、剥落、热冲击能力，有一般的耐高温特性	含铬的合金铸钢或钢，某些陶瓷
最小的停车期限	容易更换	任何可以用螺栓固紧在一定位置上的材料和（或）无需维护的材料

续表

工作条件	要求的性能	选用材料
弯曲、不均匀、不规则的表面和形状	任意一种或上述几种要求的综合性能	表面堆焊金属，大多数可黏合的材料
苛刻和热的工况条件		表面堆焊

表 7-9 选择超硬耐磨涂层的处理方法

技术条件及影响因素	火焰喷涂	熔融喷涂	电镀涂层	堆焊
工艺方法	用丝或粉状材料，通过等离子弧、氧火焰或射流，喷向经喷砂处理过的零件表面，形成一个涂层	通常是通过氧火焰，将粉末状的合金喷涂在预制表面上形成涂层，也可用电炉、氧火焰或感应圈来熔融	利用化学熔解或悬浮作用产生电镀层	利用氩弧或氧乙炔作为热源用焊条得到覆盖涂层
影响因素或限制条件	喷射角及喷射距离会对工作能力有影响	喷射角及喷射距离会对工作能力有影响	一般无限制	除了内径影响焊丝和焊枪操作外，一般无限制
变形	除了对很薄的量具外，一般无限制	如同火焰喷涂一样，过度的喷熔处理（1000℃）会引起变形	一般无限制	由于产生局部高温梯度而可能造成变形
表面准备	应当注意在表面处理后立即进行耐磨涂层操作，以防止在粘接或熔融表面上重新氧化			
相容性（热膨胀）	一般无限制	基体材料和涂层之间的膨胀系数相容性是重要因素	一般无限制	基体材料和焊丝的膨胀系数与焊接相容性是重要因素
对零件的影响	某些涂层可能导致基体金属疲劳强度降低	在某些环境条件下，硬而低塑性的涂层会使基体金属的疲劳强度降低	涂层可能会使疲劳强度有些降低，因此必须解决高强度金属的氢脆问题	疲劳强度会有所降低，但取决于涂层的类型和厚度
力学性能	采用涂层通常不增加基体金属的强度，特别是当零件修复之前，用机加工方法切掉磨损损坏部分时，应当考虑这个因素			
涂层的牢固性	对刃口缺陷很敏感（承受冲击或载荷）只能靠机械锁紧作用来固定	冶金粘接，低塑性的涂层可能对高的冲击载荷比较敏感	小心注意刃口部位	合金化的界面黏结，涂层致密牢固

续表

技术条件及影响因素	火焰喷涂	熔融喷涂	电镀涂层	堆焊
加工性能	只能用研磨方法加工,某些涂层不再加工	通常用研磨加工,但某些涂层可以用其他加工方法	只能用研磨加工	通常用研磨加工,但某些涂层可以用其他加工方法
推荐的最终厚度	最佳：0.20～0.25mm 最大 0.40mm 最小 0.08mm 取决于涂层类型和使用条件	最佳：0.50～0.75mm 最大 1.25mm 最小 0.25mm	最佳：0.08～0.12mm 最大 0.25mm 最小 0.01mm	一般没有厚度限制,对轻载工程用途,大约正常厚度为 0.75mm 最佳 0.75mm 最大 0.25mm
经济性	适用于大面积厚涂层	较贵	适用于大批量,小面积或小零件生产	缺点是单件操作,但涂层厚且牢固(不考虑变形问题)
表面质量	涂层内部的多孔性可能妨碍表面光洁度测量	正常工程用的光洁度	正常工程用的光洁度	正常工程用的光洁度

注：在选择这种涂层方法时应当保证在电镀层与基体材料之间不至于产生电化学腐蚀。

7.8　汽车中的磨损失效

7.8.1　刹车制动毂磨损、热疲劳和断裂

　　由于刹车制动失灵造成的各种事故不胜枚举,其中有刹车失灵酿成撞车的;有因刹车失灵使汽车冲入道路之外或深沟中造成车毁人亡。2012 年 5 月 29 日,在锡-宜高速公路宜兴方向阳山路段上,一辆客车司机驾驶尼奥普兰客车以每小时 94km 速度正在行驶,被迎面飞来的一个重物击碎前挡风玻璃,打中腹部和手臂,导致肝脏破裂,司机以惊人的毅力使客车停在高速路的停车路段,避免了全车乘客的伤亡和引起相关的重大交通事故。该司机送医院抢救无效死亡。制动毂的破碎,一般情况下不会发生,发生这种情况可能与制动毂的制造质量、磨损、冷热疲劳以及超载引起的制动力过大等一系列因素有关。经有关单位分析,飞来的重物为迎面货车的制动毂碎片,长约 30cm、宽 15cm,厚 1cm,重约 2.5kg,是个不规则的环形碎片,该制动毂失效时的厚度已经严重磨损,通常这类制动毂的厚度在 5cm 以上,其材料由钒钛铸铁制造,目前我国行驶中的卡车一般都会超载,不少司机为保证超载运行,将钢板弹簧加片、加厚使用,但制动系统是根据原来的车型设计,在超载时是难以改变的,对于一些山区的货车,为提高制动效应,使制动毂进行制动时降低发热温度,常用浇水冷却以提高制动性能,在冷却过程中虽然开始摩擦系数稳定性改善,但由于冷热作用会使制动毂产生热

疲劳。

一般铸铁的热疲劳性能远逊于球墨铸铁，而且导热性能不如蠕墨铸铁，热疲劳应力会导致萌生热疲劳裂纹，当热疲劳裂纹变长、变宽，逐步形成热疲劳裂纹网，最终会导致热疲劳开裂[8]。在高的热疲劳循环载荷下服役，虽然灰口铸铁的热疲劳性能良好，但是其力学性能较低，特别在卡车严重超载，制动毂的负荷加重，而制动毂严重磨损后承受制动力截面厚度严重缩减，在高速运行条件下急刹车时，制动力远超过严重磨损的制动毂所能承受的应力，导致制动毂破裂，再加高速运行碎块飞出，而迎面开来的长途客车速度也较高，以致造成司机严重受伤，并险些酿成更严重的车毁人亡事故。

治理超载是改进汽车制动性能的一个有力措施，但同时如能采用强韧性更高的蠕墨铸铁制造制动毂可以提高抗热疲劳性能，而蠕墨铸铁本身热导率较好，可以提高热疲劳抗力，并减少热疲劳断裂的事故。在同样条件下，蠕墨铸铁的抗拉强度比一般铸铁提高1倍，强塑积提高3～5倍，热导率较高，因此用蠕墨铸铁比目前的普通铸铁制造制动毂，既可以轻量化，又可以提高耐磨性，同时也可以减少热疲劳开裂的可能性。

7.8.2 变速箱齿轮的接触疲劳、咬蚀和剥落

汽车齿轮是动力传动系统的主要构件，特别是变速箱齿轮和后桥齿轮，它们是汽车正常行驶的重要构件，其失效模式为：齿根弯曲疲劳断裂、磨损（见图7-7）、划痕擦伤，齿形剥落变形，硬化层下的剥落，齿轮常见的失效模见第六章图6-39。摩托车齿轮箱和重型车变速箱齿轮失效的实物见第六章图6-35～图6-37。在齿轮中还有疲劳断裂，疲劳点蚀使齿轮外形发生变化，使齿轮硬化层下的疲劳开裂，这几种失效模式见第6章图6-38[9,10]。

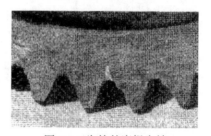

图7-7 齿轮的磨损失效

中国汽车齿轮性能和寿命与国外差距较大，齿轮钢消耗量大，而且轻量化效果与国外差距也较大[11]。

① 齿轮钢消耗量大　2011年中国汽车产量1864万辆，其中乘用车1390万辆、运动型SUV134万辆，多功能型MPV车45万辆，交叉型乘用车25万辆，商用车约500万辆，共消耗齿轮钢230万吨。

② 齿轮寿命低　据中国齿轮协会的统计数据，中国汽车后桥齿轮钢的寿命约10万～15万公里，而国外的后桥齿轮钢的寿命高于60万公里，最高可达100万公里；抗磨损性能非常好。

③ 齿轮功能不如国外　齿轮功能与国外也有明显差距，主要表现在国产主减速器体积大、重量重、传动震动和噪音大、传动效率低等方面，造成以上问题的核心原因就是主减速器的主从动齿轮（准双曲面螺伞齿轮）尺寸大、承载能力小、产品精度低。

④ 轻量化水平低于国外　我国某车型后桥从动齿轮直径为 $\phi240mm$，而国外某车型后桥从动齿轮直径为 $\phi205mm$。而直径减少了 10mm，重量降低了约 15kg。

齿轮失效的原因很多，影响齿轮擦伤、疲劳点蚀的因素见图 7-8 所示，影响齿轮疲劳断裂的因素见图 7-9。

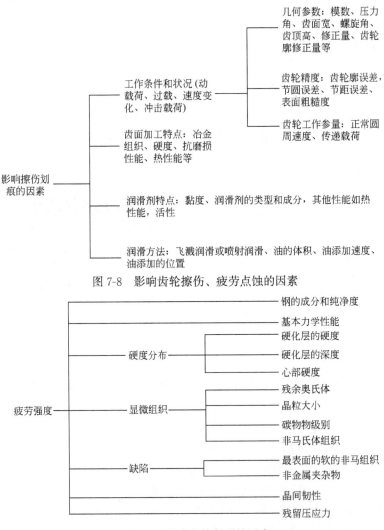

图 7-8　影响齿轮擦伤、疲劳点蚀的因素

图 7-9　影响齿轮断裂的因素

中汽院有关专家曾承担相关项目对我国齿轮用钢现状进行系统调研，同时对齿轮钢的弯曲疲劳性能、接触疲劳性能、Brugger 弯冲试验、喷丸强化工艺以及齿轮的热处理工艺进行大量研究，从而提出了改进齿轮钢性能、工艺各方面的具体要求，根据齿轮失效模式、影响因素和工作环境，对齿轮用钢提出如下要求[12,13]。

(1) 合金成分

作为汽车用齿轮钢其合金成分应尽量简单，由于齿轮钢的用量非常大，目前每年超过 250 万吨，因此尽量不含贵重的合金元素，汽车齿轮希望性能好，而且价格便宜，世界各国齿轮钢系列都不相同。德国的 Cr-Mn 系合金成分简单，价格便宜，而通过一系列的冶金工艺和处理工艺保证齿轮性能，日本多用 Cr-Mo 系，美国多用 Cr-Ni-Mo 系和 Cr-Ni 系，法国多用 Cr-Ni 系和 Cr-Ni-Mo 系，我国齿轮钢系列较为复杂，是根据引进技术和产品的需要而冶炼生产的，造成品种繁杂，批量不够，进而影响到产品的炉次、成本以及冶金产品的生产和计划管理，我们倾向于 Cr-Mn 系再加微合金化处理，既保证性能又有合理的性价比，表 7-10 列出来德国大众所用的齿轮钢全为 Cr-Mn 系，但采用精益生产，根据齿轮的截面大小和淬透性不同要求，合理地调节控制碳含量和铬锰的含量，另一个特点是硅含量特别低，Si≤0.12%，这可以有效地降低渗层的内氧化和非马氏体组织，淬透性的控制范围很窄，同一批次 4 个单位，一般为 7 个单位，此外添加硫元素提高切削性能。

表 7-10 德国大众公司的轿车齿轮用钢

编号	化学成分/%							夹杂物 K4	淬透性 J11
	C	Si	Mn	P	S	Cr	Al		
TLVI4220	0.17~0.22	≤0.12	1.10~1.15	≤0.035	0.02~0.035	1.0~1.3	0.02~0.035	≤φ50mm K4≤30 φ51~φ130 K4≤40	33~39
TLVI4221	0.14~0.19	≤0.12	1.0~1.40	≤0.035	0.02~0.035	0.8~1.2	0.02~0.035		29~35
TLVI4124	0.20~0.25	≤0.12	0.60~0.80	≤0.035	0.02~0.035	0.8~1.2	0.02~0.035		22~28
TLVI4125	0.23~0.28	≤0.12	0.60~0.80	≤0.035	0.02~0.035	0.8~1.2	0.02~0.035		24~31
TLVI4129	0.25~0.30	≤0.12	0.60~0.80	≤0.035	0.02~0.035	0.8~1.2	0.02~0.035		28~35

(2) 冶金工艺

国外齿轮钢的先进工艺都采用氧化物冶金，用 Al 脱氧，钢中含有较高的铝含量，Al：0.02%~0.055%，同时又严格控制钢的纯净度，对直径≤50mm 的棒材 K4≤30，直径 51~130mm 棒材，K4≤40；氧含量≤5ppm；德国有些钢号中特别明确规定不允许用 Ti 脱氧脱氮，并规定有铝氮比，当钢中氮含量在 90~130ppm 时，铝氮比≥3，最小≥2.5；

提高热轧棒材的尺寸精度，特别是对精锻齿轮钢，要求精度更高，对轧材的表面缺陷深度进行规定，直径 60mm 以下的缺陷深度≤0.3mm，直径 60mm 以上的缺陷深度≤0.005×棒材直径；表面不允许有全脱碳，即使有脱碳，但 0.1mm 深的表面区域内脱碳后的碳含量必须在钢号规定的碳含量之内；如果采用连铸坯，必须电磁搅拌，压缩比应大于 6；以 20MoCr4 为例，合金成分和淬透性见图 7-10 所示。

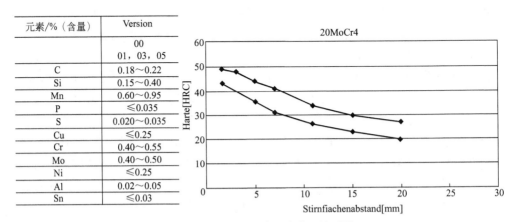

元素/%（含量）	Version 00 01, 03, 05
C	0.18~0.22
Si	0.15~0.40
Mn	0.60~0.95
P	≤0.035
S	0.020~0.035
Cu	≤0.25
Cr	0.40~0.55
Mo	0.40~0.50
Ni	≤0.25
Al	0.02~0.05
Sn	≤0.03

图 7-10　20MoCr4 合金成分和淬透性

(3) 晶粒度

齿轮钢要求细晶粒，而晶粒度的检测方法尽量和齿轮钢的加工工艺相近，以德国某公司的晶粒度评价方法为例，其工艺如图 7-11 所示。

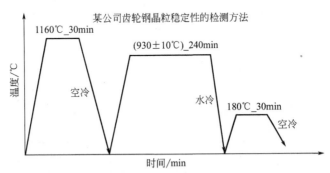

图 7-11　德国某公司齿轮钢晶粒稳定性的检测标准

(4) 方形偏析和夹杂物对齿轮的影响

相同牌号不同钢厂之间存在差异，相同牌号相同钢厂不同锭型之间存在差异。齿根附近疏松明显，圆钢疏松偏析框过大，热处理变形过大，见图 7-12(a)，轮齿截面致密光滑，圆钢致密质量好，热处理变形小，见图 7-12(b)。

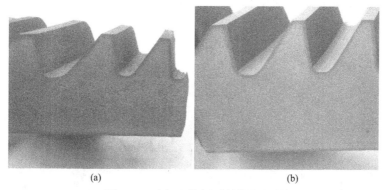

图 7-12　疏松和偏析对齿轮的影响

评定锭型偏析框大小与形状，对于圆锭和锭型偏析形状呈正方形偏析框尺寸不大于 1/2 半径，建议齿轮钢不采用矩形坯；柱状枝晶长短也有规定，齿轮钢的柱状枝晶长度求不大于 8mm。

(5) 齿轮钢的带状组织

所谓的带状组织，是指渗碳钢中平衡组织状态下，其珠光体和铁素体沿轧制方向分布，呈条带型，这种情况下是碳的偏析所引起。

带状组织的产生实际上是金属结晶时较为粗大的低碳奥氏体枝晶析出的结果，如采用连铸坯规格较小，轧材的尺寸不能满足重型车后桥齿轮大规格材料压缩比和带状组织的规定的要求。在扎制的钢材中，因成分偏析引起的沿轧制方向分布的带状组织非常常见，如图 7-13 所示（Cr-Mn-Mo 或 Cr-Ni-Mo），这种组织严重时会影响到工艺性能和零部件的质量。

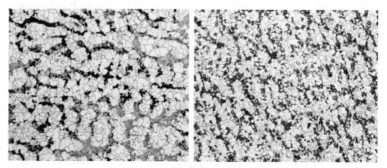

图 7-13　齿轮钢带状组织示意

齿轮材料的淬透性一般较高，为改善加工性能，通常要采用等温退火处理，在实际的等温退火过程中，因严重的带状偏析仍有可能在原有的珠光体条带区析出马氏体或（粒状）贝氏体组织，会影响后续的机械加工性能，也表明珠光体区的合金含量异常；宽带状的合金成分的偏析导致了两个区域淬透性的很大差异，最终导致不同区域的硬度明显差异，加工成齿轮后导致变形的差异。退火后不同部位带状组织形貌见图 7-14。

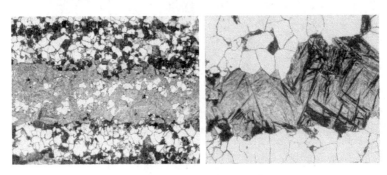

图 7-14　退火后不同部位带状组织形貌

带状组织的另一影响是齿轮渗碳淬火后有效硬化层过渡区（中碳区）易产生黑带组织，这实际上是在渗层中合金元素贫化区转变成了中碳马氏体和贝氏体的混合组织，并会产生如下影响（图 7-15）。

① 该区域与原材料中的铁素体区域对应，该贝氏体组织硬度偏低，将对齿轮的接触疲劳性能产生不良影响。

② 影响了齿轮渗碳淬火的有效硬化层深度及其测定的准确性，影响的测量值可在 0.10~0.20mm［有效硬化层是指渗碳层表面到硬度 550（HV）距离的深度］。

图 7-15　带状组织对硬化层深度测量的影响

带状组织偏析珠光体和铁素体区域合金元素含量的差异，在珠光体区 Si、Mo、Cr、Mn 等含量明显高于铁素体区，由此导致两区域的淬透性明显差异；图 7-16 为 SEM 能谱测量的结果。

在 GB 13299《钢的显微组织评定方法》中有明确的带状组织级别评定方法。但该标准的总体组织评价思路是珠光体的连续性，对带宽没有控制，见图 7-17，不适合渗碳（齿轮）钢。

项目	珠光体区	铁素体区
SiK	0.62	0.39
MoL	0.69	0.44
CrK	1.51	1.28
MnK	1.27	0.95
FeK	95.91	96.94
总计	100	100

图 7-16　带状组织引起的成分差异

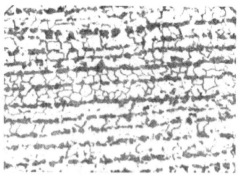

图 7-17　GB/T 13299 中的带状评级图

7.8.3　发动机排气阀的冲击磨损失效

某柴油发动机排气阀运行 8000 小时后，检修动力缸时 24 个排气阀有 4 个出现裂纹，对此进行分析[14]，发盘底部的棱边出现裂纹，开裂部位见图 7-18，裂纹长度为 5~13mm。对排气阀的不同部位进行化学成分分析，阀杆的化学成分符合用材规定，阀基部位为高 Cr-Ni-Mo 合金，阀的裙部堆焊 Fe-Ni-Cr-Co 合金。阀杆组织为回火索氏体，阀盘的头部为奥氏体耐热钢，其组织见图 7-19（a）、(b)，阀基部位的组织为 Ni 基合金加细小的金属间化合物，见图 7-19（c），但晶粒度比图 7-19（a）、(b) 要粗一些。堆焊层为 Fe-Ni-Co 合金，其堆焊层的外层为 Fe-Ni-Co 合金的固溶体＋共晶组织＋析出碳化物，见图 7-20（a），堆焊融合区的组织为 Fe-Ni-Co 合金的固溶体＋共晶组织，见图 7-20（b），堆焊层与阀基扩散区的组织为固溶体＋晶内析出物，见图 7-20（c）。

图 7-18　排气阀的表面裂纹

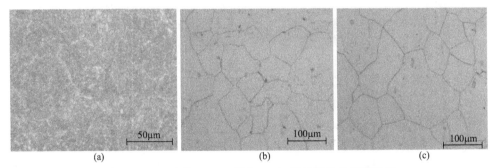

图 7-19 (a) 阀杆、(b) 阀头、(c) 阀基部位的显微组织

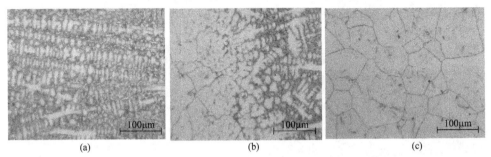

图 7-20 堆焊层不同部位 (a) 外层、(b) 熔合区、(c) 扩散区的显微组织

对失效排气阀进行硬度检测，经 8000h 循环使用后，涂层区硬度下降到 HRC 35 以下，甚至低于对接部位热影响区的硬度，根据 Fe-Ni-Co 合金的成分，一般涂层的硬度为 HRC 48~55，组织为 Co 基固溶体＋碳化物，高温下保持较好的耐磨性、抗氧化性和耐蚀性，抗氧化性可达到 800℃，而失效开裂后的涂层组织为固溶体＋共晶组织＋晶间析出碳化物，大量的碳化物析出在晶界上，并导致硬度下降，对断裂的 2 号排气阀进行断口观察，断口的涂层部位覆盖有大量的腐蚀产物，裂纹源处于涂层的表面，涂层表面存在二次显微裂纹，由表面向内部扩展，见图 7-21。在裂纹的扩展区为解理断裂特征，使用过程中燃烧烟气的热腐蚀和密封面的冲击磨损导致涂层密封面产生缺陷，涂层表面的显微空洞加速了裂纹扩展导致失效。基体部位的断口裂纹扩展第一阶段为解理断裂，断口上由河流状花样，通过多角度晶界时的表面形态见图 7-22(a)，河流花样有众多小河流，通过晶界后合并成大的河流花样，扩展方向向着阀基的内部，表面有解理台阶；裂纹扩展的第二阶段，其拉应力轴与裂纹平面垂直，处于张开型的应变状态，正断面上出现疲劳辉纹并且在裂纹扩展的垂直方向存在二次裂纹见图 7-22(b)，裂纹扩展的第三阶段：由于受力状态和方向的改变，断口表面仅存在少量的疲劳辉纹和韧窝，沿晶二次裂纹见图 7-22(c)；裂纹扩展的第四阶段：断裂特征为沿晶断裂，见图 7-23，断口存在沿晶二次裂纹；并且在断口晶界部位可看到沿晶碳化

物。晶界碳化物的存在将严重地降低材料的性能。

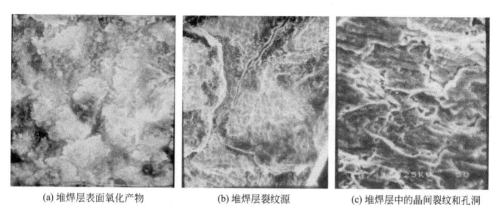

(a) 堆焊层表面氧化产物　　(b) 堆焊层裂纹源　　(c) 堆焊层中的晶间裂纹和孔洞

图 7-21　堆焊层部位的断口表面形貌

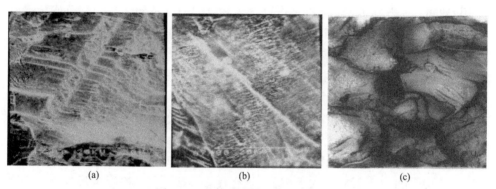

(a)　　(b)　　(c)

图 7-22　基体裂纹扩展的 SEM 形貌

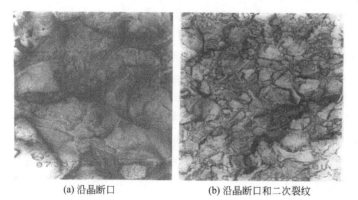

(a) 沿晶断口　　(b) 沿晶断口和二次裂纹

图 7-23　基体裂纹扩展的第四阶段

综上分析可知，断口表面覆盖了大量的腐蚀产物，具有高温氧化腐蚀特征；裂纹源位于堆焊层表面，燃烧时的热腐蚀和复杂冲击应力磨损，导致密封表面产生缺陷；而堆焊层的显微孔洞加速了缺陷的萌生和裂纹的扩展，导致失效；基体断口为典型的疲劳断裂特征；裂纹扩展的第一阶段，断口表面存在大量的河流花样、解理台阶和剪切唇；裂纹扩展的第二阶段，断口表面存在大量的疲劳辉纹；裂纹扩展的第三阶段，断口表面仅存在少量的疲劳辉纹和韧窝，沿晶二次裂纹；裂纹扩展的第四阶段，断裂特征为沿晶断裂，断口存在沿晶二次裂纹；并且在断口晶界部位可看到沿晶碳化物。

7.8.4 矿用汽车翻斗的冲击磨损失效

矿用汽车的翻斗主要用于运输矿石，在矿石装车时承受严重冲击，其冲击力一般为一立方米铲斗将矿石落下冲击到翻斗的底板和壁板上，矿石装满后运到指定地点，翻斗倾翻倒下矿石，这一过程是严重的磨损，总体构成矿石对翻斗车的冲击磨损。一般 25t 车的翻斗自重为 3t 以上，底板采用 Q235 或 Q345，侧板多采用 Q235，这类翻斗车寿命在冲击磨损下较低，通常不到 1 年，一是底板受到冲击产生严重变形，由于翻斗凹凸不平，凸出部分磨损严重，使用不到 1 年就会磨穿，二是由于翻斗本身重 3t 以上，也严重影响汽车载重量。瑞典 SSAB 公司开发了一种用于自卸车的耐磨板，可使原来翻斗车底板厚度由 10～12mm 降至 6～7mm，使翻斗大大轻量化，有效提高翻斗车的载重量，这种耐磨材料在未使用前，基体平均硬度为 HB256，表面受到冲击后硬度提高到 HB380，这种钢板越使用，强度越高，高的表面硬度具有高的耐磨性，而基体硬度可保证良好的力学性能，该钢种的屈服强度为 790MPa，抗拉强度大于 900MPa，延伸率大于 15%，冲击韧性（-20℃）大于 30J，具有良好焊接性能、冷弯成形性等。它除了用于翻斗车外，还有用于混凝土的搅拌车，混凝土搅拌车有很多承受冲击、滑动摩擦的构件，特别是水泥导出的流料槽，使用这种材料后，可提高寿命 3 倍以上，同时还减薄了厚度。在水泥搅拌车上用 3～5mm 的这类钢板，可使很多原本不可能的设计变为现实，使罐体厚度减到 2mm，可以制造出强度更高、耐磨性更好、重量更轻的混凝土搅拌车。这类钢板还用于垃圾收集运输车，采用普通高强度钢制造的后装式的垃圾车寿命较短，主要是由于钢板磨损较快所造成，垃圾的成分复杂，往往有较硬的磨料，5mm 或更薄的钢板适合制造全新的、轻量化的耐磨垃圾车。这类钢板在翻斗车、混凝土搅拌车、垃圾车应用见图 7-24；这类高强度钢板还用于工程机械吊背、重型商用车的大梁，可以有效减轻重量，实现轻量化和节能减排。

7.8.5 汽车轮胎的磨损

2012 年中国汽车保有量达 1.2 亿辆，汽车产量约 1900 万辆。新增汽车轮胎约 1.14 亿条，轮胎寿命按 4 年计算（或按 5 万公里计算），轮胎报废量达 1.5 亿

图 7-24 瑞典 SSAB 公司耐磨钢板在翻斗车、混凝土搅拌车、垃圾车应用

条,价值约为 360 亿元。由于轮胎的报废造成了巨大的经济损失,同时根据轮胎用材的组成、轮胎的磨损及轮胎的回收,还会造成严重的环境污染,特别是重金属污染。

(1) 轮胎组成和构造

轮胎主要由橡胶(天然橡胶、合成橡胶)、炭黑、金属、纺织物以及多种有机、无机助剂(增塑剂、防老剂、硫磺和硫化锌等组成)。其中橡胶约占轮胎重量的 45%~48%。硫在轮胎中起到硬化橡胶并防止其高温变形的作用,约占轮胎总量的 1%。炭黑用来强化橡胶并增强摩擦阻力,约占 22%。轮胎中含有《控制危险废物越境转移的巴塞尔公约》所控制的物质,如铜化合物、锌化合物、镉、铅及其化合物、硬脂酸以及有机卤化物等,这些物质以化合物或合金元素的形式存在于轮胎内,约占轮胎总重量的 1.5%。其主要原材料见图 7-25。

典型轮胎主要由胎面、胎侧、刚丝带束层、胎体帘子布层、气密度及胎圈等部分构成,见图 7-26。

(2) 轮胎寿命的评定

轮胎的失效是典型的磨料磨损,是滚动和滑动摩擦的结合。正常行驶是滚动摩擦,刹车是滑动摩擦,有时又是滚动和滑动相结合的方式。各国对轮胎磨损寿命的评定标准大致相同,美国、日本、中国的标准如下所示。

美国:轿车用轮胎磨损极限为花纹沟槽深度不低于 1.0mm。

日本:货车、客车用轮胎磨损极限为花纹沟槽深度不低于 3.2mm,轿车用磨损极限为花纹沟槽深度不低于 1.6mm。

中国:货车、客车用轮胎磨损极限为花纹沟槽深度不低于 2.0mm,轿车用磨损极限为花纹沟槽深度不低于 1.6mm。

由于不同车型、不同路面,轮胎的行驶工况不同。再加上轮胎对环境老化比较敏感。因此还有其他形式的轮胎寿命评定标准,具体如下。

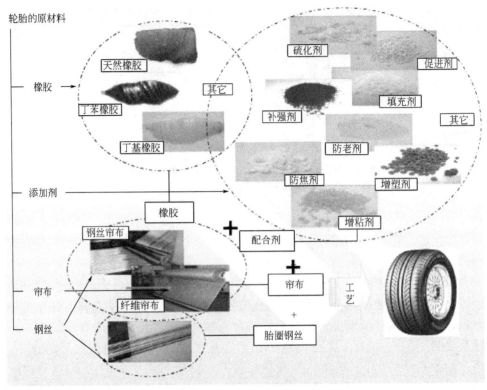

图 7-25 轮胎的主要原材料

图 7-26 典型轮胎构造图

里程标准：结合路况 3 万～5 万公里。沥青平整路面 5 万公里，沙石崎岖路面 3 万公里。当超过 3 万公里时，沙石路面易爆胎。如遇雨雪湿滑路面时，胎纹挤排水功能丧失，摩擦系数、车轮附着力数减小，容易造成制动安全事故。

时间标准：5～8 年。橡胶自然老化，软胎 8 年，硬胎 5 年。

胎面标准：胎面被扎四次以上的轮胎；胎侧被轧或剥落的轮胎；胎面被扎直

径超过 4mm 的轮胎；胎肩被扎的轮胎。

（3）轮胎的损坏形式及原因

轮胎损坏的主要形式有胎面磨损、帘线松散、折断和帘布脱层以及胎体扎伤、刮伤和爆胎等。造成轮胎损坏的主要原因是汽车行驶时，轮胎不断受力变形的结果。不正确使用会造成轮胎的早期损坏，而导致轮胎损坏的直接原因有以下几个方面。

胎面磨损：其原因是轮胎与路面产生相对滑转、滑移和摩擦。汽车行驶时，胎面除了承受来自地面的垂直反作用力外，还承受胎体变形及汽车行驶时产生的切向应力和横向反作用力，使得轮胎与地面的接触面存在不同程度的相对滑移。汽车在起步、加速和紧急制动时，胎面与路面之间的滑移率最大，胎面对路面的滑移率越大，胎面磨损越严重。

帘线折断、松散和帘布脱层：其原因是轮胎变形时产生胎体内部的拉伸、压缩应力，在拉压应力反复作用下引起帘线材料疲劳、强度下降，当应力超过帘线强度时，帘线就会折断。轮胎变形还使帘布层之间产生剪切应力，当剪切应力超过帘布与橡胶之间的黏附力时，就会出现帘线松散和局部帘布层脱层。

胎温对轮胎损坏的影响：在汽车行驶过程中，轮胎快速反复变形，轮胎内摩擦产生摩擦热，车速越高轮胎在单位时间里产生的摩擦热越多，同时外胎与内胎间及轮胎与路面之间因摩擦也要生热，使轮胎温度上升。高温会使轮胎材料的力学性能下降，加速轮胎的机械-化学磨蚀磨损。同时轮胎温度过高，也容易造成帘线松散、折断和帘布脱层，甚至引起爆胎。例如：当温度由 0℃升高到 100℃时，橡胶强度及与帘线间的黏附力大约降低 50%。

胎体扎伤、刮伤及爆胎：胎体扎伤、刮伤的原因是尖锐障碍物较多，驾驶员开车时对行驶路线选择不当。爆胎的原因是轮胎过度磨损、帘线松散、折断和帘布脱层、胎体被刮伤或扎伤，以及胎温过高，特别是在汽车颠簸时轮胎受到动载荷较大。另外，当轮胎气压不足时，轮胎承受周期性应力，造成轮胎疲劳损伤，也会造成爆胎。

（4）延长轮胎寿命的措施

通过以上对轮胎损坏形式及寿命影响因素的分析可知，延长轮胎的使用寿命，关键在于降低轮胎磨损，防止不正常的磨损和损坏。主要有以下几种措施：选择合适的轮胎；合理装配；合适的胎压；正确装载；控制车速；注意轮胎温度；保持车况良好；提高驾驶技术等。

（5）轮胎的回收及其对环境的影响

轮胎的回收技术主要有：翻新、原形利用、热裂解、生产硫化物橡胶粉、能量回收、填埋及生物降解。回收技术简介及其对环境的影响见表 7-11。

表 7-11 轮胎的回收技术及其对环境的影响

回收技术	技术简介	优点	不足及对环境的影响
翻新	利用现有轮胎进行翻新再利用	延长轮胎的使用寿命;节约大量的橡胶资源;减少新轮胎生产过程中的污染物排放和能源消耗	翻新硫化过程中溶剂、胶合剂和橡胶化合物所产生的挥发性有机化合物,对环境和人类健康有一定的危害
原形利用	通过捆绑、剪裁等方式,将废旧轮胎用于船舶的护舷、防波护堤坝等	充分利用轮胎良好耐腐蚀性及弹性强的特点	利用量有限,仅占轮胎利用总量的1%
热裂解	在无氧或氧浓度极低不会引起燃烧的情况下的热降解过程	可提取具有热值的燃气、油类、炭黑及钢铁	提取的燃气热值低、油类能量值不高;技术复杂、成本高;容易造成二次污染;裂解产生的气体存在着泄漏污染以及爆炸的危险;我国的土法炼油,已造成了巨大的环境影响及生态破坏
生产硫化橡胶粉	由废旧轮胎碾磨成分散度良好的橡胶颗粒。主要有常温破碎(最高操作温度约120℃)和低温破碎(冷却到−80℃以下破碎)两种破碎方式	生产污染小、利用率高、可生产高附加值且能循环使用的新产品	常温破碎对环境的主要影响是噪声、粉尘以及硫化物、氮化物的排放。低温破碎制备液氮的成本较高,尚处于实验阶段
能量回收	通过衍生燃料(TDF)燃烧的方式回收能量	热值高、水分和灰分含量低等	产生二噁英、呋喃等持久性有机污染物;镉、镍、铅等重金属污染
填埋及生物降解	—	—	填埋地点减少、成本升高、降解时间过长;生物降解较困难,处于实验阶段

另:越积越多的轮胎露天堆放,不仅占用大量土地,而且极易滋生蚊虫传播疾病(登革热),严重恶化环境、破坏植被,并可能引发火灾,被称之为"黑色污染"。

(6) 生命周期评价方法在轮胎产业中的应用

生命周期评价方法 LCA (Life Cycle Assessment) 是一种新的评估方法。对于汽车零部件而言,它是对于汽车零部件从"摇篮"到"坟墓"再到"再生"这一循环中对能耗或环境影响的评估方法。最早提出 LCA 评估的是美国阿冈实验室,他举的一个生动例子是生物柴油的应用。对生物柴油的 LCA 评估是从化肥生产开始到生物柴油的制取,再到生物柴油在发动机中的应用这一完整的过程中，生物柴油对能耗、环境、发动机排放以及发动机工况和性能等方面影响的全过程评价。轮胎是一个典型的汽车零部件，它的 LCA 评估应该从橡胶的生产开始，包括橡胶园所用的化肥，到轮胎的制作使用，再到轮胎的磨损、报废、回收处理和再生这样一个全过程对环境和能耗的影响。显然 LCA 评估是个系统工程，需要进行大量的数据积累，建立相应的评估模型。这一工作在我国才刚刚开始，但这种评估方法，无疑能给汽车行业的发展提供科学的决策依据，显然对汽车零部件也应该进行相应的 LCA 评估。

7.8.6 汽车其他磨损件

汽车发动机中三对摩擦副是有润滑情况下的摩擦磨损件，例如活塞和活塞环的耐磨性关系到活塞和缸套的使用寿命以及整个发动机的功能、油耗、排放。在活塞环方面，国内外做了大量工作，其中物理沉积涂层是提高耐磨性，降低摩擦的有效手段，发动机使用减小磨损的关键是避免油品的污染、活塞的烧蚀以及气门和活塞的积碳，保证活塞的良好润滑。

另一对摩擦副是曲轴和轴瓦，目前曲轴的处理工艺与轴瓦的匹配良好，在使用周期内不应出现问题，关键是保证曲轴良好的润滑性，避免出现润滑油不足导致由润滑磨损变为干磨损，使轴瓦磨损拉伤，另外保持润滑油的干净，定期更换润滑油是保证发动机曲轴和轴瓦正常使用的重要因素。

气门和气门镶座也是一对重要的摩擦副，一般情况下不会发生什么问题，但由燃油发动机改为燃气发动机时，这对摩擦副的磨损由于润滑条件的改变会增加，因此这对摩擦副改为燃气发动机时相关的性能匹配应作适当调整。

7.8.7 热冲压硬化时的模具的磨损

热冲压成形最早是由瑞典在汽车行业中应用的，该工艺是获得超高强度钢复杂冲压成形件的一个有效的重要手段和方法。应用热冲压成形工艺，即可提升汽车的安全性，又能实现轻量化的一种其他方法难以代替的先进成形工艺[15,16]，工艺的流程为

（1）下料。将板料或预成形零件加入到加热炉中。

（2）加热。在加热炉中将材料加热到 AC3 温度左右，对钢材进行充分的奥氏体化。该温度根据材料的性能，板料的形状，相变机理和最终零件的形状来确定，加热温度一般在 900～950℃之间。

（3）板料定位。在将板料放入模具中之前，需要合理的定位。

（4）装载。用特殊的不导热夹具将板料装载到模具当中。

（5）成形。压机合模，将板料加工成零件。

（6）淬火。模具合模之后，立即开始淬火过程，以 10～20℃/s 的速度将零

件均匀冷却到150~200℃。准确的冷却速度和最终的淬火温度通过热力学有限元仿真计算得到。

（7）卸料。将加工好且已冷却的零件从压力机上取下来。

（8）切边与冲孔。将零件进行激光切割或者冲孔处理。

（9）喷丸（可选）。若采用裸板，则需进行喷丸处理以去除零件表面氧化铁皮。

从上述工艺过程可以看出，在热冲压的同时，零件在模具中淬火，成形和高强度均在冲压中完成，因此热冲压的关键技术之一是模具的设计、制造和使用。模具寿命的高低，不仅涉及冲压过程的连续性，同时还影响到零件的成本和性价比。由于在模具中要完成成形和相变，热冲压成形模具的结构就很复杂，不仅模面要满足形状的要求，而且模具中开有水道，通过水流和固体的传热，将冲压成形件的热量带走，进行淬火，因此模具结构复杂，制造成本高。模具的工况比较复杂，其失效的模式有热疲劳开裂、工件冲压时氧化物的脱落产生的磨粒磨损，模具的延寿一方面是提高热疲劳性能，另一方面就是提高耐磨性。这类模具通常由H13模具钢或更好导热性和热疲劳性能的类似的钢制造，其耐磨性是通过表面涂层来提升。

由于热冲压成形板坯的温度是一个变化过程，其摩擦系数既和表面形态有关，又和工件的温度有关。冲压过程中的变温过程既影响摩擦力和摩擦系数，又影响冲压力和板材的成形性，随后模子中的冷却效果又影响相变过程和零件的强韧性，因此热冲压成形过程中的摩擦学，已经引起该专业科研人员的广泛兴趣，并进行了一系列的研究，为对模具失效本质的认识和模具的延寿，提供了一些基础数据和方法。

7.9 小结

摩擦是自然界中普遍存在的一种现象，摩擦的负面效应就是磨损，它是机械和汽车零件三大失效模式之一。

本章结合摩擦、磨损的原理和汽车典型零件的摩擦-磨损失效模式进行了相关论述，汽车中磨损失效的零件主要集中于发动机和传动链，发动机三对摩擦副：活塞-活塞环、活塞环-缸套、曲轴-轴瓦，配气系统的三对摩擦副：凸轮-挺杆、气门-气门座、气门-气门导管，这六对摩擦副都是在一定润滑状态下的滑动摩擦，主要设计选材合理、制造工艺精良和良好的润滑条件，这六对摩擦副都可以满足使用要求；传动系统的摩擦副主要是齿轮，齿轮的主要失效模式为接触疲劳、黏着磨损和单齿弯曲疲劳。就目前而言，由于我国齿轮钢的冶金质量和国外同类产品尚有差距，齿轮寿命远低于国外，齿轮的冶金质量、热处理工艺、黏着磨损的试验方法等均需要深入研究，文中以列举相关失效模式和改进措施。

汽车中由于磨损而产生失效的典型零件有车轮，由于车轮是橡胶件，对橡胶件磨损失效的报到较少，再加上车轮的磨损影响因素更为复杂，包括轮胎的花纹、轮胎的结构、车轮的附着力与摩擦性能的合理匹配等，因此对车轮磨损的定量试验研究还有待于深入进行。

近年来，汽车用高强度钢和先进高强度钢发展很快，各种特种车辆用高度钢包括冲击疲劳的 TRIP 钢等，在减少矿山用翻斗车、水泥搅拌车、垃圾运输车摩擦磨损损失，延长车辆使用寿命等方面取得了较大的进展，但与国外同类型车辆和构件相比，其轻量化水平和耐磨件的寿命均有一定差距，因此，如何将汽车中耐磨件的功能提升与材料性能改进结合起来，仍需进行大量的研究，深化认识摩擦、磨损的机理，必将对我国汽车构件摩擦损失的降低提供更有意义的技术支撑。

参 考 文 献

[1] Hutchings M I. Tribology：Friction and Wear of Engineering Materials. Great Britain. Edward Arnold，1992.
[2] 邵荷生，曲敬信，许小棣，等.摩擦与磨损 [M].北京：煤炭工业出版社，1992.
[3] 刘家俊.材料磨损原理及其耐磨性 [M].北京：清华大学出版社，1997.
[4] 陈华辉.摩擦与磨损.马鸣图，沙维.材料科学和工程研究进展.北京：机械工业出版社，256-320.
[5] GGB North America. Self-Lubricating Bearings，Prelubricated Bearings. New Jersey.
[6] 马鸣图. DU、DX 轴套.汽车资料，1976 年 14 期.重庆重型汽车研究所出版.
[7] S. C. Yang. Magnetron Sputtering Techniques and Applications. China and Britain ultrahard material coating technology seminar. Chongqing，2000，April.
[8] 重庆汽车研究所，华中理工大学.汽车常用铸铁材料强度和断裂特性的研究.中汽总公司"七五"重点科技攻关项目鉴定资料，1992 年 6 月.
[9] Don H. Wright. Testing Automotive Materials and Components [C]. SAE，Inc，1993，Warrendale PA. USA，P149-168，Detroit.
[10] Yoshisa Miwa，Masayuki Suzawa，Yukio Arimi，etal. Carbonitriding and hard shot peening for High-strength Gears in Gear Design AE15 [C]. SAE inter 1990，USA，Warrendale，PA，P413-421，Detroit.
[11] 马鸣图，陈一龙，惠荣，等.特殊钢在新型汽车领域中的应用研究.翁宇庆，陈蕴博，刘玠等.特殊钢在先进装备制造业应用中的战略研究.北京：冶金工业出版社，2012：72-116.
[12] 重庆汽车研究所，綦江齿轮厂.重型 ZF 变速箱齿轮钢国产化应用研究 [R].汽车齿轮钢鉴定会议资料，1991 年 4 月.